Paraguay

entdecken

Dritte vollständig überarbeitete, aktualisierte und ergänzte Auflage
- mit GPS Koordinaten -

Der praktische Reiseführer

Lesertipp

Wenn Sie Ergänzungen, Korrekturen oder Vorschläge haben, schreiben Sie uns. Der Verlag und die Autoren freuen sich über alle Zuschriften.
Wird Ihr Vorschlag in der nächsten Ausgabe übernommen, erhalten Sie ein Freiexemplar.

Wir bedanken uns für die Hilfe und Unterstützung bei unseren Recherchen bei
Herrn Wilfried Giesbrecht, Loma Plata und
den Mitarbeitern von DeSdelChaco
Herrn Dirk Peter Gärtner, Concepción
und bei unserem Freund
Herrn Alfred Penner, Asunción

Weiterhim danken wir allen, die zum Gelingen dieses Buches beigetragen haben, den „Fotomodellen" und den ungenannten Helfern.

W.P. Schüller - H.A. Wagner

Paraguay entdecken

Dieser praktische Reiseführer wurde speziell für den Reisenden aus dem deutschsprachigen Raum und dessen Bedürfnisse geschrieben.
Diesem Buch liegen weder andere deutschsprachige oder fremdsprachige Reiseführer zugrunde.

1. Auflage 2005
2. Auflage 2008
3. Auflage 2011- vollständig überarbeitet, aktualisiert und ergänzt, mit GPS Daten

Bibliografische Information der Deutschen Bibliothek

ISBN 978-3-9811460-6-6

Layout: W. Schüller, H. Wagner
Druck: LokayDRUCK, Reinheim, www.lokay.de
gedruckt mit umweltfreundlichen Spezialfarben aus nachwachsenden Rohstoffen

Verlag:
Stefan Wagner Verlag
Karlstr. 8
69214 Eppelheim
Tel.: +49 6221 765820

www.stefan-wagner-verlag.de
www.reisefuehrer-paraguay.de
info@stefan-wagner-verlag.de

Printed in Germany

Titelbild: Regierungspalast Asunción *Doppelseite: Blick über die Bucht auf Asunción*

Inhaltsverzeichnis

Der paraguayische Chaco

Vorwort zur 3. Auflage

Schneller als erwartet war auch die zweite Auflage des Reiseführers - Paraguay entdecken - vergriffen. In der dritten Auflage möchten wir allen, die am Land Paraguay interessiert sind, einen vollständig überarbeiteten, aktualisierten und erweiterten Reiseführer zur Verfügung stellen.
Neben neuen touristischen Zielen wurden für neuralgische oder nicht ausreichend ausgeschilderte Punkte GPS Koordinaten eingefügt, sodass auch mit einfachen GPS-Geräten eine Orientierung erleichtert wird. Die ausgewiesenen Koordinaten wurden mit einem Garmin-Gerät erstellt.

Viele Fotos geben schon vor der Reise einen ersten Eindruck über das „Besondere" des Landes Paraguay.

Wir wünschen Ihnen mit diesem Buch einen schönen Aufenthalt und viele positive Erfahrungen.

Die Autoren und der Verlag

Im paraguayischen Pantanal

Einleitung

Paraguay, ein Land der neuen Welt, steckt geschichtlich gesehen noch in den Kinderschuhen. Knapp 500 Jahre sind seit der Entdeckung und Kolonisierung durch die Spanier vergangen.
In den letzten Jahren ist Paraguay interessanter geworden und viele Europäer wollen das Land kennenlernen.
Aber Vorsicht! Das „Virus Paraguay“ darf man nicht unterschätzen. Viele haben es schon erfahren. Einmal infiziert lässt es den „Befallenen“ nicht mehr los.
Eigentlich weiß niemand so genau, woran das liegt. Touristisch gesehen ist Paraguay ein noch wenig erschlossenes Land. Es liegt nicht am Meer, auch fehlen markante Hochgebirge; großartige, imposante Sehenswürdigkeiten sucht der Besucher vergebens. Eine Infrastruktur zum Wandern oder Radfahren ist selten vorhanden.
Vielleicht ist es die unkomplizierte Lebensweise ohne Hektik und Stress, die die Menschen aus der „alten Welt“ beeindruckt. Hier arbeitet man, um zu leben, nicht wie bei uns, wo die Arbeit das ganze Leben bestimmt.
Der Gegensatz zwischen der roten Erde Ostparaguays, der saftig grünen Vegetation, den tropischen Blüten und dem intensiv blauen Himmel, der hier immer etwas höher zu sein scheint, als bei uns, fällt sofort ins Auge.
Es gibt keinen kalten, grauen Winter; selbst zu dieser Zeit erblühen die Lapachobäume und zaubern gelbe, rote und rosa Farbeffekte in die Landschaft.
Der Sprung in die technische Neuzeit zeigt sich nicht mehr nur in den großen Städten Asunción, Ciudad del Este und Encarnación, sondern beginnt auch in ländlichen Bereichen. Hier trifft man auf alles, was man im Computer-Zeitalter kennt: viel Verkehr, üppige Einkaufsmöglichkeiten und quirliges Leben. Letzteres ist bestimmt durch typisch südländisches Flair. Große, bunte Märkte zeigen alles, was das Land hergibt. Straßenhändler werben mit ihren vielfältigen Produkten, exklusive Geschäfte wechseln sich mit kleinen Läden ab, Großbanken und Konzerne errichten ihre Hochhäuser; hier konzentriert sich das paraguayische Geschäftsleben. Große Supermärkte und moderne Tankstellen, sogar mit Bistros, sprießen aus dem Boden.
Daneben findet man an großen Kreuzungen unter anderem bettelnde Menschen, Zeitungsverkäufer und die typischen „Scheibenputzer“, die auch blitzblanke Autoscheiben putzen wollen, nur um ein paar Guaranies zu verdienen.
Der Gegensatz zwischen Stadt und Land ist immer noch recht groß; je weiter man sich von den Städten entfernt, desto einfacher leben die Menschen. Jedoch sind inzwischen auch hier Handys üblich und mobiles Internet mit USB-Stick möglich. Das weitläufige Land ist nur von wenigen gut asphaltierten Straßen durchzogen, sodass manche Gegenden zum Teil heute noch bei schlechtem Wetter sehr schwer zu erreichen sind. Aber im Bereich Straßenbau hat sich in den vergangenen Jahren einiges getan und wird zurzeit weiter intensiv vorangetrieben. Die Menschen wohnen auf dem Land jedoch immer noch in meist einfachen Häuschen, leben von dem, was der Boden hergibt und fast ein Drittel der Gesamtbevölkerung zieht ihr Wasser immer noch aus dem Brunnen. Sozialhilfe oder Arbeitslosengeld sind in Paraguay Fremdworte; die medizinische Versorgung für die Bevölkerung krankt immer noch erheblich. Jeder muss sehen, wovon er lebt. Immer noch verdienen viele sich ein wenig Geld zum Leben durch Gelegenheitsarbeiten.
Hier wird der Gegensatz von Arm und Reich ganz deutlich. Dieser Unterschied bildet im Augenblick noch keinen sozial-politischen Sprengstoff, obwohl sich die Preise in

den letzten Jahren erheblich erhöht haben. Paraguay ist kein Billigland mehr.
Paraguay ist kein statisches Land: Was heute ist, ist morgen nicht mehr; was es heute noch nicht gibt, ist kurze Zeit darauf vorhanden. Neue Straßen werden asphaltiert, Hotels und Restaurants entstehen aus dem Nichts und sind kurze Zeit darauf plötzlich wieder geschlossen. Das Entwicklungs- und Wirtschaftspotenzial ist groß. Wenn man die Korruption in den Griff bekommt, gibt es für Paraguay nur einen Weg, nämlich vorwärts und nach oben.
Seit einigen Jahren versucht man, das Land auch touristisch zu erschließen und für Besucher interessanter zu gestalten. Reiseagenturen bieten Rundfahrten und Besichtigungen an, Estancias öffnen ihre Tore für Touristen, die das typische Landleben kennenlernen möchten. Die Naturparks und Naturreservate werden ausgebaut. Viele kleine Museen stellen Erinnerungen aus der kurzen Geschichte, die neben der Arbeit der Franziskaner und Jesuiten durch zwei Kriege geprägt ist, aus.
Aber das Schönste ist es, das Land auf eigene Faust in individueller Zeit- und Wegeplanung zu erkunden: das fruchtbare Ostparaguay mit seinen Zuckerrohr-, Weizen-, Mais- und Sojafeldern sowie den großen Rinderweiden und den unberührten Naturarealen spricht für sich. Dazwischen entdeckt der Besucher die Hinterlassenschaften und künstlerischen Schätze aus der Zeit der Franziskaner und Jesuiten.
Die einsame Weite Westparaguays, der Chaco, hat ihren besonderen Reiz; die ersten Siedler bezeichneten ihn auch als „die grüne Hölle". In diesem Bereich liegen heute die blühenden Kolonien der Mennoniten und viele Großestancias, die sich der Rinderzucht widmen; hier sind zugleich sehr bedeutende Naturschutzgebiete ausgewiesen.
Paraguay ist eine Reise wert, egal aus welchen Intentionen heraus. Zum Gelingen soll dieser Reiseführer mit seinen ausführlichen Informationen beitragen.

Blick von der Zentralbank auf das Zentrum Asuncións

Vor der Reise – Planung einer Paraguayreise

Klima und Reisezeiten

Das Klima in Paraguay kann man je nach Region als subtropisch bis tropisch bezeichnen. Als Binnenland, weitab vom Meer, hat das Klima kontinentalen Charakter. Da keine Gebirge nach Norden und Süden vorhanden sind, können sowohl warme Winde aus dem äquatorialen Bereich als auch Winde aus dem kalten Patagonien ungehindert einfallen. Somit kann sich die Temperatur innerhalb weniger Stunden erheblich ändern.

Bedingt durch die Lage auf der Südhalbkugel sind die Jahreszeiten in Paraguay genau denen Europas entgegengesetzt und auch entsprechend ausgeprägt.

Die Sommermonate Dezember, Januar und Februar sind die heißeste Zeit, aber auch sehr regenreich. Es ist durchaus möglich, dass es mehrmals pro Woche wie aus Kübeln schüttet. Aber ein tropischer Regenguss ist so schnell vorbei, wie er kommt. Oft begleiten heftige Gewitter und Stürme diese Niederschläge. Es werden Tageshöchsttemperaturen von über 40 Grad erreicht.

In den Monaten März, April und Mai ist in Paraguay Herbst. In dieser Zeit werden auch viele Früchte reif und geerntet. Im März und April kann es noch gut warm sein. Der Mai kündigt dann den bevorstehenden Winter an. Ein heftiger, zum Teil stürmischer Südwind bringt kalte Luft aus Patagonien und Temperaturstürze von 10 bis 15 Grad innerhalb einer Stunde sind keine Seltenheit.

Den Winter (Juni, Juli, August) kann man mit einem schlechten deutschen Sommer vergleichen, jedoch scheint meist die Sonne. Tagestemperaturen von über 29 Grad sind durchaus möglich. Nachts können aber je nach Gegend Temperaturen nahe dem Gefrierpunkt oder wenig darunter erreicht werden. Schnee kennt man in Paraguay nicht. Reif in den frühen Morgenstunden kommt manchmal vor, selten treten strichweise Hagelschauer auf.

Die trockenste Zeit ist der Frühling (September, Oktober, November). Jetzt steigen die Temperaturen wieder bis über 30 Grad. Der Nordwind bringt warme Luft vom Äquator, und in der Natur beginnt es zu wachsen und zu blühen.

Welches nun die beste Reisezeit ist, muss der Besucher selbst entscheiden, denn nichts ist so unzuverlässig wie das Wetter. So hat jede Jahreszeit ihre Reize, ihre Vor- und Nachteile.

Informationsbeschaffung:

Vertretungen Paraguays in Deutschland

Botschaft der Republik Paraguay
Hardenbergstrasse 12
10623 Berlin
Tel.: +49 30 3199860
Fax: +49 30 31998617
E-Mail: embapar@embapar.de
www.embapar.de (im Aufbau)

Honorargeneralkonsulat von Paraguay
Andreas Maske
Elbchaussee 439
22609 Hamburg
Tel.: +49 89 88166165
Fax: +49 89 88166111
E-Mail: conhonparaguay@aol.de
www.vivaparaguay.de

Vertretungen Paraguays in der Schweiz

Botschaft der Republik Paraguay
Kramgasse 58
3011 Bern
Postadresse: Postfach 523, 3000 Bern 8
Tel.: +41 31 312 32 22
Fax: +41 31 312 34 32
E-Mail: embapar@embapar.ch
www.embapar.ch

Honorarkonsulat der Republik Paraguay
Rue de la Serre 4
2001 Neuchatel
case postal 2021
Tel.: +41 913 7520
FAX: +41 913 7525

Vertretungen Paraguays in Österreich

Botschaft der Republik Paraguay
Prinz Eugen Straße 18/7
1040 Wien
Tel.: +43 1 505 4674
Fax: +43 1 941-9898
E-Mail: embaparviena@chello.at

Honorarkonsulat der Republik Paraguay
Josef Str. 13
3100 St. Polten
Tel.: +43 2742 72222
FAX: +43 2742 7222210
E-Mail: maria-angeles@hiedler.at

Vertretungen Deutschlands in Paraguay

Botschaft der Bundesrepublik Deutschland
Avenida Venzuela 241
Asunción
Tel.: +595 21 214009, 202757
Fax: +595 21 212863
E-Mail: info@asuncion.diplo.de
www.asuncion.diplo.de

Honorarkonsulat der Bundesrepublik Deutschland
Call Jorge Memel 631
Encarnación
Tel.: +595 71 204041, 203335
Fax: +595 71 202682
E-Mail: encarnacion@hk-diplo.de

Honorarkonsulat der Bundesrepublik Deutschland
Av. Primero de Febrero
Casilla de Correo 1153
Neu-Halbstadt,Colonie Neuland/ Chaco
Tel.: +595 493 240319
E-Mail: neu-halbstadt@hk-diplo.de

Honorarkonsulat der Bundesrepublik Deutschland
Av. Paraná 77, Paraná Country Club
Ciudad del Este
Tel.: +595 61 577737
Fax: +595 61 570630
E-Mail: ciudad-del-este@hk-diplo.de

Vertretung der Schweiz in Paraguay

Embajada de Suiza
Juan E. O'Leary 409 esq. Estrella,
Edificio „Parapiti“ 4° piso - Ofs. 419/423
Asunción
Tel.: +595 21 448022 oder 490848
Fax : +595 21 445853
E-Mail: asu.vertretung@eda.admin.ch

Vertretung Österreichs in Paraguay

Honorarkonsulat
Av. Aviadores del Chaco 1690,
Casilla de Correo 582
Asunción
Tel.: +595 21 6133 16
Fax: +595 21 6133 23
E-Mail: consul@consuladoaustria.com.py

Fremdenverkehrsamt in Paraguay

Secretaria Nacional de Turismo
Öffnungszeiten: montags bis freitags 7:00 Uhr bis 13.:30 Uhr
Av. Palma 468, Nähe 14 de Mayo
Asunción
Tel.: +595 21 441530
Fax: +595 21 491230
E-Mail: infosenatur@senatur.gov.py
www.senatur.gov.py

Weitere touristische und andere Informationen im Internet:
www.auswaertiges-amt.de/diplo/de/Laenderinformationen/01-Laender/Paraguay/html (Reisehinweise)
www.eda.admin.ch/eda/de/home/reps/sameri/vprg/rhpar.html (Reisehinweise)
www.de.wikipedia.org/wiki/Paraguay
www.wikivoyage.org/de/Asunción
www.gtz.de/de/weltweit/lateinamerika-karibik/642.htm
www.zp30.com.py (Nachrichten in deutscher Sprache)
www.staff.uni-mainz.de/lustig/guarani (Infos zu Guarani)
www.claudia-chaco.com (private HP mit Infos über den Chaco)
www.proparaguay.de (deutsch)
www.icpa-gz.org.py (Deutsch-paraguayisches Kulturinstitut)
www.cosmotourist.de/reisen/d/i/166/t/paraguay/ (Reiseberichte)
www.mre.gov.py (paraguayisches Außenministerium - spanisch)
www.presidencia.gov.py (HP der Republik Paraguay - spanisch)
www.presidencia.gov.py (Aktuelle Nachrichten - spanisch)
www.abc.com.py (Aktuelle Nachrichten - spanisch)
www.mca.gov.py/webtermi.htm (Terminal de Autobus, Asunción)
www.wetteronline.de/Paraguay/Asuncion.htm (Aktuelles Paraguaywetter)

Sprachen
Nach der Amtssprache Spanisch ist die indigene Sprache Guaraní die zweite offizielle Landessprache. Beide Sprachen werden nebeneinander verwendet und zum Teil auch gemischt. Guarani ist außerhalb der Städte die Umgangssprache. Als Europäer wird man diese Sprache kaum erlernen. Daneben findet man in den großen Städten mittlerweile auch junge Menschen, die Englisch verstehen und sprechen. In den Kolonien der Mennoniten, sowie in Kolonien mit deutschen Auswanderern wird auch

Plattdeutsch bzw. Deutsch gesprochen.

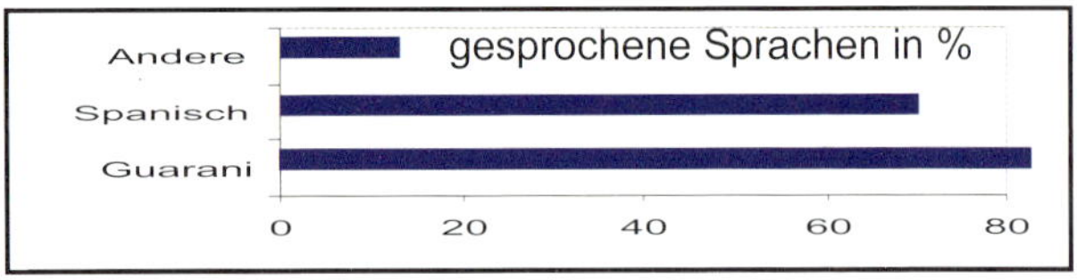

Der Tourist, der schon ein wenig Spanisch spricht, wird sich fast überall im Land verständlich machen können, auch wenn sich für manche Begriffe andere Wörter entwickelt haben als im Hochspanisch.

Hilfreich sind die beiden in der Kauderwelsch Reihe des Reise Know How Verlages erschienen Büchlein. Band 5: Spanisch für Lateinamerika, Band 34: Guarani für Paraguay, oder ein Sprachkurs bei IDIPAR in Asunción.

Gesundheitliche Vorsorge

Für den Aufenthalt ist eine private Auslandskrankenschutzversicherung mit einem zuverlässigen Reiserücktransport wichtig.

Das staatliche Gesundheitssystem IPS ist marode, deshalb wird man immer einen privaten Arzt oder ein privates Krankenhaus aufsuchen. Hier sind die Rechnungen sofort in bar bzw. mit Kreditkarte zu begleichen.

Eine individuelle Reiseapotheke ist unabdingbar; sie sollte neben den persönlichen Medikamenten unbedingt ein Mückenabwehrmittel und eine Heilsalbe zur Behandlung von juckenden Mückenstichen beinhalten. Außerdem ist ein Mittel gegen Durchfallerkrankungen zu empfehlen. Ausführliches unter: **Special Gesundheit**

Weitere Informationen :Tropeninstitute (Auswahl)

Institut für Tropenmedizin Berlin
Spandauer Damm 130, Haus 10
14050 Berlin
Tel.: +49 30 301166 www.charite.de/tropenmedizin

Abt. Infektions- und Tropenmedizin
der Ludwig-Maximilians-Universität München
Leopoldstr. 5
80802 München
Tel.: +49 89 2180 13500
Fax: +49 89 336038
www.tropinst.med.uni-muenchen.de

Abt. f. Infektions- und Tropenmedizin
Klinik für Innere Medizin IV der Universität Leipzig
Härtelstr. 16 - 18
04107 Leipzig
Tel.: +49 341 9724971

Abt. für Tropenhygiene und Öffentliches Gesundheitswesen der Universität Heidelberg
Im Neuenheimer Feld 324
69120 Heidelberg
Tel.: +49 6221 562905
Fax: +49 6221 565204

Bernhard-Nocht-Institut für Tropenmedizin
Bernhard-Nocht-Str. 74
20359 Hamburg
Tel.: +49 40 42818 0
www.bni.uni-hamburg.de

Internetseiten zum Thema Reisemedizin
www.auswaertiges-amt.de (aktuelle Reise- und Sicherheitshinweise)
www.crm.de
www.fit-for-travel.de
www.netdoktor.de/Gesund-Leben/Reisemedizin
www.frm-web.de

Hotlines:
Adressen deutschsprachiger Ärzte und nahegelegener Krankenhäuser :
Die Deutsche Botschaft hält auch eine aktuelle Liste deutschsprachiger Ärzte für den Notfall bereit. (siehe Adressen im Anhang)
ADAC +49 89 767677

Airport Silvio Pettirossi

Anreise

Luftweg

In der Regel wird man nach Paraguay den Luftweg benutzen. Eine direkte Verbindung mit Europa besteht nicht. Der internationale Flughafen Silvio Pettirossi, der 6 km außerhalb Asuncións in dem Bereich des Vororts Luque liegt, wird derzeit hauptsächlich von der brasilianischen Fluglinie und Star Allianz Partner TAM Linhas Aéreas mit ihrer Tochtergesellschaft TAM Mercosur, www.tam.com.br angeflogen.
Außerdem fliegen
> Aerolineas Argentinas
> PLUNA (uruguayische Fluggesellschaft)
> TACA (peruanische Fluggesellschaft)
> Aerosur (bolivianische Fluggesellschaft) und
> GOL, www.voegol.com.br nach Asunción
Von Europa kommend bestehen u.a. Flugverbindungen mit TAM, Lufthansa, Swiss Air oder TAP über verschiedene europäische Drehkreuze nach Sao Paulo/ Rio de Janeiro oder mit IBERIA und Aerolineas Argentinas nach Buenos Aires. Von dort aus muss man weiter nach Asunción. Die Preise liegen derzeit je nach Saison ab etwa 1000 Euro. Die Gesamtreisezeit beträgt je nach Fluglinie und Anschlussflügen 14 bis 20 Stunden.
Für ihre spezielle Flugverbindung und die dazugehörenden Bedingungen, Umsteigen, Durchchecken von Gepäck, sowie zulässiges Gewicht erkundigen Sie sich bitte ausführlich im Reisebüro Ihrer Wahl, da diese Konditionen permanenten, teils gravierenden Änderungen unterworfen sind.
Beachten Sie, ob Ihre gewählte Fluggesellschaft eine Allianz mit der weitertransportierenden Airline hat und das Gepäck bis Asunción durchgecheckt werden kann.
Hinweis: Je mehr Umsteigestationen Sie auf Ihrer Reise haben, desto unsicherer ist es, dass das gesamte Gepäck gleichzeitig mit Ihnen ankommt; beachten Sie dies bereits beim Packen der Koffer.
Vom Flughafen aus verkehren der Linienbus 30 und Taxi in die Innenstadt Asuncións. Die Bushaltestelle befindet sich ca. 100 m außerhalb des Flughafengeländes. Die Fahrt in die Innenstadt dauert etwa 20 Minuten.

Straße

Die Zufahrtsstraßen von Sao Paulo nach Foz de Iguazu (Brasilien) / Ciudad del Este und von Buenos Aires nach La Posadas (Argentinien) / Encarnación sind gut ausgebaut.

Hauptgrenzübergänge von und nach Paraguay finden sich in:
Ciudad del Este/ Foz do Iguazu - Paraguay/ Brasilien
Encarnación/ Posadas - Paraguay/ Argentinien
José Falcon bei Asunción/ Clorinda - Paraguay/ Argentinien
Infante Rivarola im Chaco - Paraguay/ Bolivien
Hinweis: Für einen Grenzübertritt von und nach Bolivien sind die Grenzformalitäten für Paraguay in Mariscal Estigarribia abzuwickeln (nicht durchgängig besetzt)
Weitere Grenzübergänge:
Pedro Juan Caballero/ Ponta Pora - Paraguay/ Brasilien
Hinweis: Da beide Städte zusammengewachsen sind, muss man die Grenzformalitäten bei der jeweiligen Dirección General de Migraciones erledigen, die aber nicht durchge-

hend geöffnet haben.
Bella Vista del Norte/ Bela Vista - Paraguay/ Brasilien
Hinweis: Hier gibt es für Ausländer keine Möglichkeit Grenzformalitäten zu erledigen.
Salto del Guairá/ Guairá - Paraguay/ Brasilien (nicht immer besetzt)

Ein- und Ausreise
Für die Einreise benötigen Deutsche, Österreicher und Schweizer einen gültigen Reisepass, der mindestens drei Monate über den Aufenthalt hinaus gültig ist. Damit ist ein Aufenthalt bis zu drei Monaten möglich. Eine Verlängerung um noch einmal max. drei Monate ist bei der Dirección General de Migraciones, *Eligio Ayala Ecke Caballero,* Tel.: 492908 und 446066 in Asunción gegen eine Gebühr möglich.

TAM MERCOSUR
TARJETA INTERNACIONAL DE EMBARQUE / DESEMBARQUE INTERNACIONAL
EMBARKATION / DISEMBARKATION CARD
(FAVOR COMPLETAR CON LETRA IMPRENTA)
(PLEASE PRINT)

1- Número de vuelo / Flight number: PZ ~~Ihre~~ Flugnummer
2- Nombre y apellido / Name and surname: Herr Frau Fräulein — Sr. Mr. / Sra. Mrs. / Srta. Miss.
Name Vorname
3- Fecha de nacimiento / Date of birth: Geburtsdatum — Tag (Día/Day) Monat (Mes/Month) Jahr (Año/Year)
4- Lugar de nacimiento / Place of birth: Geburtsort (Ciudad/City) Land (País/Country)
5- Nacionalidad / Nationality: Nationalität
6- Tipo y número de documento / Type and number of identity document: CI / DNI / X Pasaporte Passport — Passnummer
7- País de residencia / Country of residence: Heimatland
8- Pasajeros que llegan - Puerto de embarque / Arriving passengers - Port of embarkation: Abflughafen
Pasajeros que salen - Puerto de desembarque / Departing passengers - Port of disembarkation: (Ankunftsflughafen bei Abreise)
9- Motivo del viaje / Reason of the trip: Grund der Reise — X Turismo Tourism / Seminarios Seminars / Negocios Business / Otros Others
10- Dirección en Paraguay / Address in Paraguay: Adresse Ihrer Unterkunft
Unterschrift wie im Pass — Firma del Pasajero / Signature of Passenger
(EXCLUSIVAMENTE PARA USO OFICIAL)
(FOR OFFICIAL USE ONLY)

Im Flugzeug muss man eine Einreiseerklärung „landingcard“ ausfüllen, die zusammen mit dem Pass bei der Einreise vorgelegt werden muss. Zeitweise wird zusätzlich eine Erklärung darüber verlangt, dass weder Samen, noch tierische Produkte, noch mehr als 10.000 USD eingeführt werden. Bei einer Zwischenlandung in Brasilien oder Argentinien muss man beim Umsteigen im Transitbereich keine „landingcard“ ausfüllen.
Bei der Ausreise ist dieselbe Prozedur fällig, jedoch ist zusätzlich der Nachweis über die gezahlte Flughafensteuer von z.Zt. 120.000 GS oder der Gegenwert in USD notwendig. Je nach Fluggesellschaft sind diese Gebühren bereits im Flugpreis enthalten.

Wichtiger Hinweis: kurzfristige Grenzübertritte von Paraguay aus in die Nachbarländer:
Bei Grenzübertritten von Paraguay nach Brasilien sind im kleinen Grenzverkehr bei Foz do Iguazu keine Ein- und Ausreisestempel im Pass nötig.
Will man jedoch die Cataratas auf der argentinischen Seite besuchen, so muss man sich schon bei der Ausreise in Ciudad del Este nach Brasilien selbst darum kümmern, einen Ausreisestempel des paraguayischen Zolls an der Freundschaftsbrücke zu erhalten. Bei der Einreise nach Argentinien erhält man immer einen Einreisestempel im Pass, dasselbe bei der Ausreise. Den brasilianischen Zoll interessiert das nicht. Bei der Rückkehr über die Freundschaftsbrücke nach Paraguay muss man sich wieder selbstständig einen Einreisestempel holen.
Analog gilt das für alle Grenzübertritte in die Nachbarländer Paraguays.
Diese ausführliche Beschreibung deshalb, weil der Zoll im Flughafen bei der Ausreise

aus Paraguay speziell nach diesen Aus- und Einreisestempeln sucht. Es ist nicht möglich, z.B. einen argentinischen Einreisestempel zu haben, ohne vorher in Paraguay ausgereist zu sein. In diesem Fall wäre man in zwei Ländern gleichzeitig gewesen. Für diesen Fehler verlangt der paraguayische Zoll eine nicht unerhebliche Strafe von ca. 50 USD. Dieses Problem der Stempel im Pass kann auch bei einer der häufigen Straßenkontrollen zu größeren Schwierigkeiten führen.

Einreise mit dem eigenen Fahrzeug, z.B. Wohnmobil

Reist man auf einer Rundreise durch Südamerika mit dem Wohnmobil nach Paraguay ein, muss man zusätzlich zu seinem Pass, einen Internationalen Führerschein, den Autopapieren für das Fahrzeug, ein Carnet de Passage vorlegen (ADAC oder anderer Automobilclub). Den Ein- bzw. Ausreisestempel muss man sich bei der zuständigen „Migracion" mitunter selbst abholen. Daneben muss man sein Fahrzeug bei der zuständigen Stelle beim Zoll, „Dirección General de Aduanas", anmelden, wo man ein entsprechendes Dokument ausgestellt bekommt, das man bei der Ausreise wieder vorlegen muss. Neben 2 Warndreiecken ist ein funktionstüchtiger Feuerlöscher mit entsprechendem Gültigkeitsaufkleber mitzuführen.

Zoll

Reisegepäck für den persönlichen Gebrauch ist zollfrei. Für Spirituosen und Tabakwaren gelten die allgemeinen Bestimmungen für den Eigenbedarf.
Bei der Einreise wird jedes Gepäckstück gescannt, stichprobenweise geöffnet und der Inhalt oberflächlich durchsucht.
Hier lohnt es sich gleich am Gepäckband einen Gepäckträger zu nehmen, das beschleunigt meist den Ablauf. Dieser sollte je Gepäckstück mit 1 USD entlohnt werden.

Währung

Die Landeswährung ist der paraguayische Guarani (PYG, intern auch GS).
Münzen gibt es in den Werten 100, 500, 1 Mil.GS (=1000GS). Sie sind silberfarben; kleinere und andersfarbige alte Münzen werden nicht mehr akzeptiert.
Scheine gibt es in 2000, 5000, 10.000, 20.000, 50.000 und 100.000 GS Werten.
Der Wechselkurs ist vom Dollar abhängig.
Durchschnittliche Entwicklung des Guarani in Bezug auf 1 Euro:

2005	2006	2007	2008	2009	2010
8200 GS	7300 GS	6.500 GS	6.600 GS	6700 GS	6200 GS

Ausländische Währung kann bis zu einem Gegenwert von maximal USD 10.000 eingeführt werden. Die Wechselkurse der Wechselstuben „Cambios" differieren teilweise, sodass ein Vergleich durchaus lohnend sein kann. Auch auf der Straße bieten Geldwechsler immer wieder ihre Dienste an. Hier ist besondere Aufmerksamkeit angebracht. Es treten immer wieder gefälschte 50.000 GS Scheine auf. In Geschäften und Medien werden die Merkmale dieser Scheine dann beschrieben.
Besonders zu erwähnen ist der 2000 GS Schein, der zu den wenigen Polymerbanknoten der Welt gehört und seit 2009 im Umlauf ist.
Günstig ist eine Kombination aus Bargeld und Kreditkarten (Visa und Master). In großen Hotels, größeren Restaurants, großen Supermärkten und auch in manchen Souvenirläden in Asunción oder Ciudad del Este kann man mit Kreditkarte bezahlen (allerdings

Das Münzchaos ist beendet. Seit dem 8. Januar 2011 gibt es nur noch 3 silberfarbige Münzen: 100 GS, 500 GS, 1Mill GS

Sie zeigen auf der Vorderseite bekannte Gebäude Ruinen von Humaitá, Zentralbank, Panteón) und auf der Rückseite die Präsidenten Gral. Diáz, Gral. B. Caballero und Mcal. Francisco S. López.

Auf der Vorderseite der Scheine sind Personen des öffentlichen Lebens abgebildet. Auf der Rückseite sieht man: fahnentragende Männer, den Regierungspalast, des Unabhängigkeitstag 14.Mai 1811, Gebäude der Zentralbank, Ausschnitt einer Gitarre, das Wasserkraftwerk Itaipú

Zu beachten ist: In naher Zukunft sollen drei Nullen der Währung gestrichen werden, sodass dann 10.000 GS 10 GS entsprechen; dies soll die Buchhaltung vereinfachen. Ein genauer Termin für die Umstellung steht noch nicht fest. Münzen und Scheine werden beibehalten.

ist dann ein Handeln um den Preis nicht möglich).

Hinweis: *In Supermärkten wird man manchmal nach der Cedula-Nummer gefragt; die Auskunft, dass man Tourist ist, erübrigt diese Angabe meist oder kann durch die Pass-*

Nummer ersetzt werden.

Leider funktionieren Kreditkarten mit Sicherheitschips oftmals in kleineren Geschäften, Tankstellen oder auch bei höheren Beträgen nicht. Auch bei telefonischer Nachfrage der Geschäfte bei ihrem Servicecenter ist mitunter keine manuelle Freigabe möglich. Es bleibt zu hoffen, dass man in Paraguay dieses Problem bald in den Griff bekommt. Eine Alternative bieten die Bankautomaten „cajero automatico", die in größeren Städten Banken angegliedert oder auch in Supermärkten zu finden sind. Die gängigen Kredit- oder Bankkarten funktionieren in der Regel einwandfrei.

Abhebungen sind in der Regel bis 1.500.000 GS möglich; dies jedoch mehrfach (3 bis 4 mal) hintereinander. Zeitweise oder je nach Karte fallen am Bankautomaten direkt pro Abhebung 25.000 GS Gebühren an.

Aktueller Wechselkurs unter: www.oanda.com

Reisen im Land

Sicherheit

Die Kriminalität nimmt auch in Paraguay zu. Beachtet man jedoch ein paar Regeln, die auch für den Raum außerhalb Mitteleuropas gelten, wird man als Tourist kaum überfallen werden. Zu diesen Vorsichtsmaßnahmen gehören: größere Geldbeträge und Flugticket im Hotelsafe einschließen lassen oder gut verwahrt am Körper tragen; keinesfalls in Hand-, Umhänge- oder Gürteltaschen. Besondere Vorsicht bei Menschenansammlungen wie zum Beispiel auf Märkten walten lassen. Von wichtigen Papieren wie Pass, Flugticket, Impfpass immer Kopien anfertigen.

Der Pass wird in Paraguay oft bei Polizei-/ Straßenkontrollen benötigt, daher sollte man ihn griffbereit haben.

Länderinfos zur aktuellen Sicherheitslage unter: www.auswaertiges-amt.de

Straßenkarten/ Stadtpläne

Viele Karten sind nicht unbedingt auf dem neuesten Stand oder können Fehler aufweisen. Eine große Auswahl an Land-, Straßen- und Detailkarten in verschiedenen Maßstäben, sowie Luftaufnahmen erstellt und verkauft das Instituto Geografico Militar auf der Avda. Artigas, Nähe Avda. Perú in Asunción.

Stadtpläne gibt es auch in der Innenstadt in Buch- und Schreibwarengeschäften, „Librerias".

Die Mapa de Rutas, 1:1.250.000, Ausgabe 2005, zeigt schon Straßen als asphaltiert, deren Asphaltierung erst in der Planung ist und auch 2010 noch aussteht oder gerade erst begonnen wird.

Der Touring Club Paraguay hat 2007 Straßenkarten von Ostparaguay und dem Chaco herausgegeben.

Aufgrund oft mangelnder Ausschilderung sind bei Fahrten in den ländlichen Bereich ein Kompass oder ein einfaches GPS-Gerät sehr hilfreich. Deshalb werden im Folgenden für unübersichtliche Punkte GPS Koordinaten angegeben.

Busverkehr – Colectivos

In Asunción besteht ein dichtes Netz von Buslinien. Fahrpläne sind im Stadtverkehr weitgehend unbekannt. Beim Umsteigen ist der Fahrpreis erneut fällig, der vom Fahrer kassiert wird; Verbundlinien gibt es nicht. Eine Busfahrkarte im Stadtgebiet soll aufgrund gestiegener Treibstoffpreise auf 2800 GS angehoben werden.

Ebenso sind die meisten Orte im Land mit dem Bus (Colectivo) zu erreichen. Ausgangpunkt ist das Terminal de Omnibus an der Ecke der Avda. Argentina/ Avda. Fernando de la Mora, außerhalb des Zentrums.
Viele Busse sind veraltet und entsprechen nicht den europäischen Vorstellungen.

Taxi

In den Städten gibt es zahlreiche Taxisammelpunkte, „Parada de Taxi". Die gelb/schwarzen Fahrzeuge sind oft wie die Colectivos veraltet und der Taxameter funktioniert nicht immer. Es ist ratsam, vor Fahrtbeginn den Preis auszuhandeln.
Vom Flugplatz abgehend gibt es nur private Taxis, diese kosten ins Zentrum etwa 130.000 GS. Eine Fahrt zum Flughafen vom Zentrum mit einem gelb-schwarzen „Funktaxi" kostet etwa 60.000 GS bis 90.000 GS.

Überlandbusse

Im Terminal de Omnibus, außerhalb des Zentrums gelegen, an der Ecke der Avda. Argentina/ Avda. Fernando de la Mora haben über 100 Anbieter ihre Büros, daneben gibt es Aufenthaltsräume und Restaurants, Möglichkeiten zur Gepäckaufbewahrung, Telefon, Post und Einkaufsmöglichkeiten.

Terminal de Omnibus in Asunción

Die großen Busgesellschaften für nationalen und internationalen Verkehr sind: Nuestra Señora de la Asunción (NSA), La Encarnaceña, R.Y.S.A., NASA - Golondrina, Pluma, Yacyreta

Busverbindungen innerhalb Paraguays:
Zwischen den großen Städten verkehren täglich auch klimatisierte Überlandbusse mit bequemen Sitzen. Fahrkarten sollte man einige Tage vorher kaufen, um sich einen Platz zu reservieren.

Exemplarisch hier einige Preise:
nach Ciudad del Este: 40.000 bis 95.000 GS
nach Encarnación: 50.000 bis 70.000 GS
nach Coronel Oviedo: 20.000 GS
nach Concepción: 60.000 GS
nach Villarrica: 30.000 GS
nach Filadelfia: 70.000 GS

Außerdem verkehren mehrmals wöchentlich (teilweise auch als Nachtfahrt) Busse von Asunción aus nach Brasilien (Sao Paulo und Río de Janeiro), Argentinien (Santa Fé, Rosario, Córdoba y Buenos Aires) und Uruguay (Montevideo), Santa Cruz (Bolivien), Lima (Peru) und vielen anderen Destinations.
Exemplarisch einige Preise:
nach Foz de Iguazu, Brasilien: 85.000 bis 105.000 GS
nach Rio de Janeiro, Brasilien: 400.000 GS
nach Sao Paulo, Brasilien: 300.000 GS
nach Buenos Aires, Argentinien: 160.000 GS
nach Santiago de Chile: 400.000 GS
nach Santa Cruz, Bolivien: 250.000 bis 280.000 GS
nach Lima, Peru: 250.000 GS
Aktuelle Informationen fast aller Anbieter (Abfahrtszeiten und Preise) findet man unter:
www.mca.gov.py/webtermi.html
www.bus-america.com/empre_PA_Fs.htm

Inlandflüge/ Rundflüge
werden unter anderem neben TAM von Aerotax (www.aerotax.com), AeroCentro

(www.aerocentro.net) durchgeführt.
Vom Flughafen Asunción aus gibt es private Lufttaxis, „aerotaxis", mit denen man abgelegene Orte, große Estancias und die Kolonien im Chaco erreichen kann. Der Eingang zu diesem Bereich liegt vor dem eigentlichen Flughafengelände.
Möchte man sich Asunción oder eine andere Gegend des Landes von einer Cessna aus ansehen, so besteht die Möglichkeit, einen Rundflug zu unternehmen. Dazu fährt man Richtung Flughafen, wendet dort über den Kreisverkehr und fährt auf der Gegenfahrbahn zurück. Jetzt liegt rechts zuerst der Eingang zu „aerotaxi" und kurz danach die Einfahrt zur Flugschule „escuela de aviación". Dort fragt man im Büro nach der Möglichkeit eines Rundfluges. Eine Flugstunde kostet etwa 280 bis 300 USD.

Mietwagen

Wer das Land individuell kennenlernen und bereisen möchte, wird auf einen Mietwagen zurückgreifen müssen.
Möglichkeiten ein Fahrzeug zu mieten, hat man gleich am Flughafen. Neben der internationalen Firma Hertz, die Diesa/ VW angeschlossen ist, gibt es hier auch andere Anbieter. Externe Anbieter übergeben das Fahrzeug am Flugplatz oder holen den Kunden zwecks Fahrzeugübergabe ab und bringen diesen dann bei Rückgabe auch wieder zum Flugplatz. Ein Wagen mit Klimaanlage ist auf jeden Fall empfehlenswert.
Ein Mittelklassewagen (Gol – etwa Polo) kostet pro Tag 40 bis 70 US $ incl.100 Freikilometer/ Tag. Wochenpreise sind günstiger. Kreditkarte und internationaler Führerschein werden benötigt (Mindestalter 21 Jahre). Je nach Reisebüro oder privatem Anbieter in Paraguay lässt sich ein Mietwagen schon von Deutschland aus buchen.

Will man mit dem Fahrzeug einen Abstecher zu den Cataratas in Brasilien machen, wird das meist toleriert. Argentinien wird in der Regel abgelehnt. Hier wäre eine Carta Verde (internationale Versicherung, die auch tageweise möglich ist) nötig. Sprechen Sie Ihren Autovermieter ausdrücklich darauf an, da besonders die argentinische Seite der Cataratas außergewöhnlich schön ist.
Hat man Probleme mit dem Mietauto oder gar einen Unfall, so muss man sich mit der Vermieterfirma in Verbindung setzen. Die Telefonnummern sind in den Mietunterlagen enthalten.
Auswahl: (internationale Vorwahl: +595)
National Rent-a-car, Asunción, Yegros 501/Cerro Corá, Tel.: 021 492157, Fax: 021 445890, E-Mail: info@national.com.py - www.national.com.py
Hertz, Asunción, Flughafen, Tel.: 021 645600 oder, 646100; Stadtbüro: Avda. Eusebio Ayala km 4,5, Tel.: 021 605708, Fax: 021 503721, www.hertz.com.py
Trans-Guaraní, Hotel Portal del Sol, Avda. Denis Roa 1455, Tel.: 021 609395 (über Klassentours: www.klassentours.com) oder www.portaldelsol.com/guarani.html
Avis Rent a Car, Eligio Ayala 695, Ecke Antequerra, am Plaza Uruguaya Tel.: 021 446233, E-Mail: reservas@avis.com.py - www.avis.com.py
Touringcars, Estados Unidos 1231, Ecke Rodrigues de Francia, Tel.: 021 375091, www.touringcars.com.py
Reina Mietwagen, Caacupé, www.reina-mietwagen.com, Tel.: 0981 674350

Schiff
Ausflugsfahrten gibt es vom kleinen Hafen „Puerto Enramada“ (Asunción) aus oder auch vom Playa Montevideo am Ende der Calle Montevideo an der Bahia. Von kleinen Barkassen, "lanchas", aus hat man einen Blick auf das Zentrum und man fährt hinaus auf den Rio Paraguay bis nach Chacoí (Abfahrtszeiten im Tourismusbüro, Av. Palma 468 erfragen).
Mehrtägige Flusskreuzfahrten auf dem Rio Paraguay von Asunción oder Concepción aus bis ins Pantanal hinein sind buchbar über www.cruceroparaguay.info. Das große, einem „Raddampfer“ nachempfundene Fluss-Schiff verfügt über etliche Kabinen verschiedener Ausstattung und liegt im Hafen von Asunción. Büro: Presidente Franco 982, Edificio Mocipar 3er Piso Oficina 302,
E-Mail: crucero@cruceroparaguay.info
Barco Cacique II verkehrt regelmäßig zwischen Asunción und Vallemí. *Abfahrt: mittwochs 7:00* am Playa Montevideo, Nähe Hafen Asunción. Zwischenstopp in Concepción donnerstags, gegen Mittag, Ankunft in Vallemí, freitags nachmittags. Rückkehr: montags Mitternacht. Info Tel.: 021 492829 (montags und dienstags)
Lancha Aquibadan verkehrt einmal die Woche zwischen Concepción und Bahia Negra über Fuerte Olimpo und wieder zurück. Abfahrt in Concepción: *dienstags vormittags* Rückkehr: *sonntags Mitternacht.* Info Tel.: 031 42435
Barco Siete Cabrillas (www.sietecabrillas.com) lädt zu Ausflugsfahrten von Concepción aus ein. Angelausflüge von Concepción: Info: Agencia Aventura, Tel.: 031 42742 oder 0971 819822, E-Mail: agenciaaventura@gmail.com

Eisenbahn
Eisenbahnverbindungen existieren in Paraguay nicht mehr. Die Fahrten mit dem „Tren de Lago“, eine touristische Attraktion von Asunción nach Areguá mit einem historischen Zug wurden auf unbestimmte Zeit eingestellt.

Unterkünfte

In Asunción und in den großen Städten Ciudad del Este, Encarnación und Concepción gibt es Hotels aller Kategorien und Preislagen. Entlang der asphaltierten Rutas haben sich in den letzten Jahren immer mehr Hotels, deren Standard recht unterschiedlich sein kann, angesiedelt. Für ein Doppelzimmer (2 Pers.) in einem Mittelklassehotel zahlt man in der Regel 160.000 GS bis 250.000 GS. Es ist zu empfehlen, die Zimmer zuvor anzusehen. Neben Hotels gibt es einfachere Unterkünfte, Hospedaje, die oft familiär geführt sind, und Hostels, einfachere Unterkünfte, in großen Städten ähnlich Jugendherbergen. Klären sollte man auch, ob ein Frühstück inklusiv ist. Im Allgemeinen haben die Hotels und Hospedajen immer geöffnet, wenn sie nicht für immer ihre Pforten geschlossen haben. Dann kann es auch sein, dass man vergessen hat, das Schild zu entfernen.Hinter jeder Tour befindet sich eine Auswahl aktueller Hotels und Unterkünfte. Außerdem findet man eine Hotelliste nach Departements und Städten geordnet bei www.senatur.gov.py unter Infos Paraguay, Alojamiento.

Inzwischen haben sich auf dem Land Estancias und ländliche Anwesen auf Touristen eingestellt, bieten Unterkunft und meist auch Vollverpflegung an. Hier ist immer eine Voranmeldung, bzw. Buchungsanfrage zu empfehlen. www.turismorural.org.py unter Estancias

Achtung: Die häufig neben den Straßen liegenden Motels sind in Südamerika im Gegensatz zu Europa in Paraguay immer Stundenhotels.

Campingplätze in europäischem Sinne sind in Paraguay praktisch mit wenigen Ausnahmen unbekannt. Unter Camping versteht der Paraguayer ein sich über den Tag hinziehendes Picknick auf einem „Campamiento“, meist ohne (größere) Infrastruktur. Nur ganz selten bleibt man an ausgewählten Plätzen über Nacht. Freies Zelten ist weder möglich noch ratsam.

Möglichkeiten zum Campen, bzw. Stellplätze zum Übernachten gibt es

> am Lago Ypacaraí in San Bernadino **Camping und Hostel Brisa del Mediterraneo**. Hierbei handelt es sich um eine Freizeitanlage mit Ferienhäuschen und Möglichkeiten sein Zelt aufzustellen. www.campingparaguay.org, (spanisch) www.paraguay-unterkunft.webnode.es (deutsch)

> im **Parque Nacional Tati Yupi** bei Hernanderias,
> im **Parque Manantial**, etwa 35 km von Encarnación entfernt an der Ruta 6
> im **Parque Nacional Ybycuí**, 70 km von Carapeguá, Duschen, aber keinerlei andere Versorgungsmöglichkeiten.
> im **Parque Nacional Cerro Corá,** 40 km von Pedro Juan Caballero
> **Rancho Laguna Blanca**, 27 km Erdstraße von der Ruta 3, Freizeitgelände mit Möglichkeit zum Campen, www.lagunablanca.com.py (Anmeldung erforderlich); Verpflegung nur in der Hochsaison.
> **Balneario Pinamar**, 5 km von Piribebuy über eine 7 km lange Erdstraße, großzügige Freizeitanlage mit Übernachtungsmöglichkeiten, Restaurant und Campingarealen www.pinamar.con.py - ganzjährig geöffnet
> **Balneario Chololó**, 13 km von Piribebuy, Freizeitanlage mit Hotelrestaurant; ganzjährig geöffnet

Kleidung

Da es in den Monaten Dezember bis März mit Schattentemperaturen bis 40 Grad und häufigen Regenfällen tropisch-schwül-heiß wird, sind leichte Kleidung und eine entsprechende Kopfbedeckung unverzichtbar. Dabei sollte es sich möglichst um luftdurchlässige Baumwoll- oder Leinenkleidung handeln. Shorts für Männer sind auch heute noch in der Öffentlichkeit ein unübliches Outfit, da der Paraguayer immer auf korrekte Kleidung Wert legt. Desgleichen trägt man auch keine Sandalen, sondern geschlossenes Schuhwerk oder auf dem Land „Flip-Flops“. Wegen der teils heftigen, aber kurzen Regengüsse ist ein Regenschutz sinnvoll.

In den Wintermonaten Juni bis August ist es ratsam, auch etwas wärmere Kleidung dabei zu haben. Die Tagestemperaturen können zwar bis ca. 29 Grad steigen, jedoch kann die Temperatur in der Nacht leicht bis in den Frostbereich fallen. So ist es angenehm, am Morgen oder Abend einen Pullover oder eine wärmende Jacke überziehen zu können.

Da viele Unterkünfte keine Heizung haben oder sich die Klimaanlage nicht auf „heizen“ umstellen lässt, ist es empfehlenswert, in dieser Jahreszeit für die Nacht zusätzlich etwas Warmes zum Anziehen mitzunehmen; besonders ein paar dicke Wollsocken sollte man keinesfalls vergessen.

Sollte einmal etwas fehlen, lassen sich die meisten Dinge alle günstig in der Hauptstadt Asunción kaufen.

Blick in die Ebene von Paraguarí

Allgemein Wissenswertes über Paraguay

Geografische Lage

Paraguay und Bolivien sind die einzigen Binnenländer in Südamerika. Paraguay liegt im Zentrum des Kontinents und erstreckt sich zwischen dem 19. und 27. Grad südlicher Breite und dem 54. und 62. Grad westlicher Länge. Der südliche Wendekreis verläuft etwa auf der Höhe der Stadt Concepción in der Nähe des kleinen Ortes Belén. Die unmittelbaren Nachbarländer sind im Norden Bolivien, im Osten Brasilien und im Süden und Westen Argentinien. Die meisten Grenzen werden durch Flüsse gebildet: Im Westen sind das der Rio Pilcomayo und der Rio Paraguay, im Süden und Südosten, sowie wird das Land durch den Rio Paraná begrenzt. Im Nordosten sind es der Rio Paraguay und sein Nebenfluss, der Rio Apá. Paraguay hat in etwa die Form der alten Bundesrepublik, ist aber mit einer Größe von 406.752 km² um ca. ein Achtel größer als das heutige Deutschland.

Landschaftsformen

Der Rio Paraguay teilt das Land in zwei landschaftlich und klimatisch unterschiedliche Teile: Ostparaguay und Westparaguay.

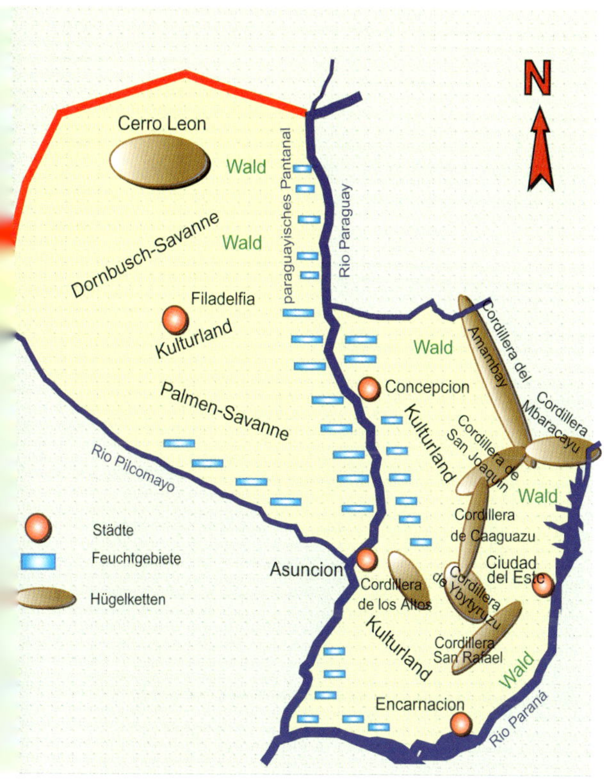

Ostparaguay ist geprägt durch bewaldete Hügelketten und große, flache mit Palmen durchsetzte Weideflächen sowie Sumpflandschaften. Die Erhebungen der Hügel liegen zwischen 400 m und 850 m und befinden sich hauptsächlich in den Departements Amambay, Concepción, Caaguazú, Paraguarí, Cordillera und Guairá.

Besonders markant sind die teils unbewaldeten Felsformationen, die man zwischen Yby Yaú und Pedro Juan Caballero findet. Diese gehören zur Cordillera de Amambay und sind ein Grenzgebirge zu Brasilien. Der höchste Punkt ist hier der Hügel „Punta Porá" mit 700 m. Die Cordillera de Mbaracayú, ebenfalls ein Grenzgebirge zu Brasilien schließt sich an die vorangegangene Hügelkette an, verläuft aber 120 km lang von West nach Ost. Ihr höchster Punkt liegt auf brasilianischem Gebiet, dies ist der „Pan de Azúcar" mit 500 m Höhe. Weitere Hügelketten sind die Cordillera de Caaguazú, die sich von der Cordillera de Mbaracayú bis Coronel Oviedo zieht, die Cordillera de los Altos zwischen Caacupé und Paraguarí, die Cordillera Ybytyruzú bei Villarrica und die Cordillera de San Rafael mit gleichnamigem Nationalpark.

Entlang des Rio Paraguay, der in Brasilien entspringt, eine Länge von ca. 2.000 km hat und im Süden von Paraguay in den Rio Paraná mündet, erstreckt sich eine ebene Flusslandschaft mit weiten Überschwemmungszonen, zum Teil bis zu 150 km Breite. Der Rio Paraguay ist zwischen 350 und 600 m breit. Der Paraná, der eine Länge von etwa 682 km hat, mündet bei Buenos Aires in den Rio de la Plata und somit in den Atlantik. Er stellt zusammen mit dem Rio Paraguay eine wichtige Verkehrsader dar. Er hat ein wesentlich stärkeres Gefälle als der Rio Paraguay. Daher nutzen zwei Wasserkraftwerke das große Wasservorkommen des Rio Paraná, Yacyretá bei Encarnación und Itaipú bei Ciudad del Este. Der Rio Pilcomayo entspringt in den Anden und erreicht eine Länge von 1.650 km. Er mündet in der Nähe Asuncións in den Rio Paraguay. In Zentralparaguay wurde viel Kulturland geschaffen, dass je nach Gegend als Acker- oder Weideland genutzt wird.

Waldreiche Landschaft um Caacupé

Palmensavanne im Unteren Chaco

Westparaguay, der Chaco Boreal, ist ein Teil des Gran Chaco. Diese Savannenlandschaft, die im Osten vom Rio Paraguay oft überschwemmt wird, steigt von 80 m am Rio Paraguay bis auf etwa 350 m ü.d.M. an der bolivianischen Grenze an. Die Landschaft ändert sich mit den Niederschlägen von Osten nach Westen. Im niederen Chaco prägen mit Palmen durchsetzte Weiden und Sumpflandschaften das Landschaftsbild, das dann im mittleren Chaco von Dornbusch, Kakteen und Sukkulenten abgelöst wird. Im hohen Chaco wird diese Vegetation noch extremer. Hier liegt auch der Parque Nacional Defensores del Chaco mit der Berglandschaft des Cerro León, 600 m ü.d.M. (Näheres siehe unter Chaco). Entlang des Paraguayflusses ziehen sich die Ausläufer des brasilianischen Pantanals, einem riesigen Feucht- und Überschwemmungsgebiet mit seiner eigenen Fauna und Flora.
Die Schönheit der Natur kann man besonders in den unzähligen Naturschutzgebieten erleben. Verteilt über das ganze Land sind diese mehr oder weniger für den Tourismus erschlossen und erreichbar. Dort findet man Natur pur. Die Nationalparks (Parques Nacionales) bieten neben ihrer Natur mitunter auch einen geschichtlichen Hintergrund z.B.: Parque Nacional Cerro Corá, Parque Nacional Vapor Cué, Parque Nacional Ybycuí. Besondere Informationen über die verschiedenen Nationalparks bekommt man im Internet unter:
www.procosara.org/de/san-rafael
www.salvemoslos.com.py/index.htm

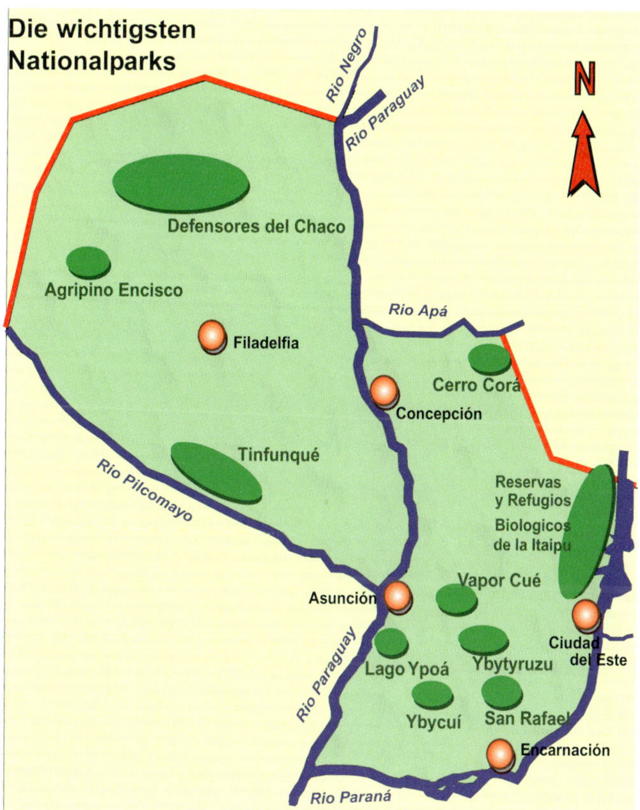

Pflanzen- und Tierwelt

1. Pflanzen

Die Vegetation Paraguays ist aufgrund der Lage zwischen Tropen und Subtropen und Regenwald bis Halbwüste sehr vielfältig.

Dem Besucher Ostparaguays fällt in erster Linie der Gegensatz zwischen dem grünen Land und der roten Erde auf. Weite Weideflächen sind durchsetzt mit den typischen Palmen Ostparaguays**, den Cocoteros.** Der schlanke, säulenartige Stamm hat je nach Standort bis zu 10 cm lange Stacheln, denen man nicht zu nahe kommen sollte. Aus dem gelben Blütenstand, der im Dezember aus einem braunen, haarigen bis zu 80 cm langem Hüllblatt herausbricht seinen süßen Duft verströmt und der zur Weihnachtszeit in kaum einem Haus fehlt, entwickeln sich mehr als 100 kleine, runde Einzelfrüchte. Die grüne Palmenkrone bildet einen schönen Kontrast zu dem oft tiefblauen Himmel. Diese Palmen können sehr vielseitig verwendet werden. Beispielsweise wird aus den kleinen Früchten Öl gewonnen, das zu Seife, Speiseöl und Biodiesel verarbeitet wird.

Cocotero-Palme

Die Früchte und Blätter dienen als Futter für Rinder, werden aber auch zum Flechten von Körben verwendet. Die Wurzeln der Keimlinge werden im Mate und Terere als Medizin und Gewürz verwendet.

gelb blühender Lapacho

Wer im August/September in Paraguay unterwegs ist, kann die üppig blühenden **Lapachobäume** nicht übersehen. Gelb, rosa oder rot leuchten sie weithin. Die Blüten brechen erst nach kalten Nächten auf. Er kann Höhen bis 20 m erreichen. Ganze Straßenzüge leuchten dann nicht nur in Asunción in rot und rosa. Das harte, schwere Edelholz wird gerne als Bauholz und zum Möbelbau verwendet. Aus der Rinde wird ein Tee gewonnen, dem bei vielen Krankheiten eine heilende Wirkung zugeschrieben wird.

Hauptsächlich in den Monaten November bis Januar blüht der

blühender Flammenbaum

Flammenbaum und zaubert mit seinen vielen orangefarbenen bis scharlachroten Blüten ein Meer von Farbe in die Landschaft. Der 10 bis 15 m hohe Baum mit seiner ausladenden Krone bildet nach der Blüte bis zu 60 cm lange schwarz-braune Fruchthülsen, in denen die Samen liegen.
Bei den Fahrten durchs Land fallen besonders auch die großen **Mangobäume** auf.
Die Paraguayer lieben den Mangobaum, der bei fast keinem Häuschen auf dem Lande fehlt. In Form und Größe erinnert er an einen Kastanienbaum. Der immergrüne Mangobaum bietet mit seiner großen, weit ausladenden, dichten Krone und den ledrigen Blättern einen kühlen Schatten, unter dem man sich gern zusammensetzt, unterhält oder die Stille genießt. Tausende blassgelbe Blüten bilden einen Blütenstand. Meist handelt es sich bei diesen Bäumen um die wilden Mangos, deren grüngelbe Früchte goldgelbes, saftiges, aber fasriges Fruchtfleisch haben. Die Mangofrüchte sind sehr schmackhaft und hohe Vitaminträger. Mittlerweile sind

Mangobaum mit Blüten

auch die veredelten Mangobäume mit den großen uns aus Europa bekannten Früchten weit verbreitet. Die Erntezeit der Veredelten reicht von

Jacarandablüten

November bis März.

Ebenso auffallend ist der **Jacaranda** (Palisander). Mit seinen gefiederten Blättern und seinen lila Blüten, die in Rispen stehen, wirkt er sehr filigran. Jede einzelne kleine Blüte hat die Form einer Glocke und zeigt damit, dass er zur Familie der Trompetenbaumgewächse zählt.

In Asunción verwandelt dieser Baum die Avda. Mcal. López im Frühjahr, im September/ Oktober in ein lila Blütenmeer.

Ceiboblüte

Besonders schön anzusehen ist auch der oft wild wachsende **Ceibo** (Korallenbaum). Ihn erkennt man an den korallenroten Blüten, die in langen Rispen angeordnet sind. Oft findet man diesen Baum auch als Strauch am Straßenrand. Auf Guaraní heißt er nach einer legendären Indianerprinzessin „Anahí".

Bei Fahrten durch das Land fällt immer wieder der in kleinen Inseln wachsende hohe **Bambus** auf. Die bis zu 30 m hohe Graspflanze steht in Gruppen oder bildet kleine Wäldchen.

Pflanzen, die wir hier in Mitteleuropa mühsam auf der Fensterbank hegen und pflegen, wachsen in Paraguay in größerer Ausgabe ohne viel Pflege im Freien. So findet man große Exemplare des **Weihnachtssternes**, der hier zu einem Strauch von über 2 m Höhe wachsen kann. Die **Engelstrompete**, die wir als Kübelpflanze kennen, blüht hier in freier Natur und wird als „clarineta de guerra" (Kriegsklarinette) bezeichnet. **Hibiscus** und **Bougainvillea** blühen fast das ganze Jahr und bilden große Büsche. Riesige Exemplare von **Gummibäumen** wachsen in Gärten und auf Plätzen.

Der **Christusdorn** mit seinen vielen kleinen Stacheln und winzigen, roten oder weißen Blüten wird hier als Zaunersatz verwendet und heißt im Volksmund „veame no tocame" (schau mich an, aber berühr mich nicht!).

Wunderschön anzusehende Exemplare verschiedener Aufsitzerpflanzen, Tillandsien, wachsen an den Stämmen oder in Astgabeln von

Tillandsie

Wasserhyazinthe

Bäumen, aber auch an Stromdrähten. In sumpfigem Gelände oder an den Ufern der Flüsse gedeihen und blühen die Wasserhyazinthen. Oft treiben abgerissene Pflanzen in Form kleiner Inseln auf dem Wasser und zeigen die enorme Strömung des Flusses an. Daneben gibt es eine große Anzahl weiterer Bäume, Büsche und blühender Pflanzen. Diese hier alle zu beschreiben, würde den Rahmen eines Reiseführers sprengen.

Nutzpflanzen

Eine Nutzpflanze, der der Besucher immer wieder begegnet, ist vor allem **Zuckerrohr,** das hier als Futterpflanze für die Rinder angebaut wird. Außerdem wird daraus der bekannte Zuckerrohrschnaps „Caña“ gewonnen, der auch als Grundlage des bekannten Caipirinha dient. In den letzten Jahren hat sich Paraguay zu einem wichtigen Exporteur von Bio-Zucker entwickelt. Die Zuckerrohrfelder erinnern ein wenig an Schilfflächen. Zuckerrohr kann durchaus eine Höhe bis zu acht Meter erreichen. Aus den Stängeln wird der Zuckerrohrsaft gepresst, der auch frisch getrunken werden kann. Zuckerrohrpressen sieht man oft in den Vorgärten oder am Straßenrand stehen. Die Produkte, die aus dem Zuckerrohr gewonnen werden, werden in der entsprechenden Jahreszeit am Straßenrand verkauft. Als „Casero“, Hausgemachtes, wird Sirup oder Zuckerbrot (ähnlich dem uns bekannten Quittenbrot) angeboten. Auch werden die Stängel des Zuckerrohres gekaut, da deren Mark nicht nur sehr süß

Zuckerrohr *Zuckerrohrpresse*

und schmackhaft, sondern auch ein hoher Energieträger ist. Ein für Paraguay sehr wichtiger Baum bzw. Busch ist **Yerba Mate** (Ilex paraguayensis). Aus seinen Blättern und Zweigen wird in einem speziellen Verfahren der Mate Tee hergestellt. Dieser Baum, der einen kurzen Stamm und viele verzweigte Äste hat, trägt lederartige grüne Blättchen und kann bis über 10 m Höhe erreichen.

Mandiocapflanzen

Maniok, **Mandioca**, war ursprünglich eine wild wachsende Pflanze; heute ist sie kultiviert und wird auf Feldern angebaut. Ihre bis zu 40 cm langen Wurzeln sind rübenartig verdickt und wie die Kartoffel sehr stärkehaltig. Aus diesem Grunde war „mandioca“ schon das Grundnahrungsmittel der indigenen Bewohner. Auch heute fehlt „mandioca“ bei keiner Mahlzeit. Die Büsche werden bis 3 m hoch und tragen handförmige Blätter. Die essbaren Wurzeln haben eine braune Schale, das Fleisch ist weiß bis gelblich. Gekocht ist Maniok unserer Kartoffel ähnlich, aber erinnert in ihrem Geschmack leicht an Edelkastanien. Die rohe Maniokwurzel enthält in den äußeren Schichten Blausäure, die aber durch Schälen teils entfernt und durch Kochen zerstört wird.

Bananenstauden werden meist auf großen Feldern kultiviert, es handelt sich hierbei in der Regel um die hiesige Art „Banana Karapé oder die brasilianischen Goldbananen.

Orangen, Zitronen, Limonen, Mandarinen, Pomelos, dies alles reift in den Monaten April bis August.

Auch die sehr vitaminreiche **Guave**, hier als „guayaba“ bezeichnet, wächst auf strauchartigen Bäumen und trägt mehrmals im Jahr Früchte.

Wassermelonen (sandías), **Honigmelonen** (melones) reifen im Dezember und werden in großen Mengen auf den Märkten und am Straßenrand angeboten.

Papayas (hier unter dem Namen „mamón“ bekannt) wachsen schnell aus einem Samen zu einem bis 6 m hohen Stängel, der an seinem oberen Ende die Blätter und die melonenartigen Früchte trägt, die viel Vitamin C enthalten.

Die Passionsblume (die Nationalblume Paraguays), deren Früchte wir als

Guave: Frucht und Blüte

Maracuja (Passionsfrucht) kennen, wächst mit den langen Ranken an Zäunen entlang; hochgezogen bildet diese Kletterpflanze große Schattendächer.
Ananas, besonders die kleinen Sorten, haben hier einen ausgeprägt süßen Geschmack. Obwohl der uns bekannte Name Ananas aus der Guaranísprache kommt, ist diese Frucht in Paraguay unter dem spanischen Namen „piña" bekannt.

Kakteen
Natürlich findet man in Paraguay auch verschiedene Sorten von Kakteen.
Besonders im Chaco sind die großen **Kandelaberkakteen** zu finden. Alte Pflanzen nehmen schon fast die Ausmaße von Bäumen an. Ihre weißen Blüten öffnen manche Kakteen nachts. Der **Schlangenkaktus** kann bis 1 m hoch werden und trägt rote oder weiße Blüten. Blüten und Früchte sind essbar. Auch die **Feigenkakteen** mit ihren gelb-orange-farbenen Blüten und Früchten sind hier zu finden.

Bei den hier aufgeführten und beschriebenen Pflanzen handelt es sich um eine Auswahl, der der Tourist fast immer begegnen wird.
Die Pflanzenvielfalt ist jedoch um ein Mehrfaches umfangreicher.

Kakteenvielfalt

2. Tiere

Die Fauna Paraguays ist ebenfalls sehr vielfältig, doch wird der Besucher, der als Tourist Paraguay bereist, nur einen kleinen Teil davon in freier Natur erleben. Ebenso wie in Europa leben viele Tiere im Verborgenen. Einigen Vogelarten wird man häufiger begegnen. Die Schwärme grüner **Sittiche** sind nicht zu überhören, wenn sie kreischend über das Land fliegen. Der kleine, meist grün-blaue **Kolibri** lässt sich in der Nähe blühender Pflanzen sehen und schwirrt mit dumpfem Surren oft ganz nahe an den Menschen vorbei.

Kolibri

Pitoqué

Der **Kardinal** fällt durch seinen weithin leuchtenden roten Kopf auf, ansonsten ist er weitgehend weiß und hat etwa die Größe eines Sperlings. Ebenso weit verbreitet ist der **Pitoqué** (Schwefeltyrann), den man an seinen Farben leicht erkennt. Der gelbe Bauch und der weiße Hals leuchten weit. Rücken und Kopf sind schwarz, wobei um den Kopf ein weißer Strich verläuft. Diese Vögel sind ca. 23 cm groß und stehen auf der Roten Liste gefährdeter Arten 2007. Deutlich zu hören, aber schwer zu sehen, sind die **Spechte**, die hier „pajero carpintero" (Zimmermannsvogel) genannt werden. Unermüdlich klopfen einige an die Stämme der Bäume. Andere Arten fressen Insekten oder Früchte.

In feuchten Gegenden sind **Reiher, Störche** und andere Sumpfvögel heimisch. Der Gesang der vielen Vogelarten steigert sich besonders in den Morgen- und Abendstunden zu einem vielstimmigen Konzert, in das sich dann auch das Getrommel der Kröten, das Jaulen und Pfeifen der Glasfrösche mischt, das bisweilen an das Wimmern eines kleinen Kindes oder an Kätzchenschreie erinnert.

Das **Wasserschwein** (Carpincho) ist mit über einem Meter Länge das größte lebende Nagetier und sieht wie ein übergroßes Meerschweinchen aus. Diese Tiere leben meist sehr versteckt an Fluss- und Seeufern.

Sieben der acht Gattungen der **Gürteltiere** leben in Paraguay. Sie werden hier allge-

links: Kugelgürteltier - „tatu bolito"

oben: Carpincho

mein mit dem Namen aus der Guaranísprache „tatu“ bezeichnet. Sie leben in Erdhöhlen, sind nachtaktiv und daher meist in freier Wildbahn nur mit viel Glück zu sehen. Mit ihrem festen Knochenpanzer sind sie ein Relikt aus vergangenen Zeiten.

Eidechsen und **Leguane** verschwinden

rechts: Schienenechse - Tejú

unten: grüne Eidechse

oft schnell im Gebüsch.

In abgelegenen Waldstücken halten sich gerne **Kapuzineräffchen** oder **Brüllaffen** mit ihren Familien auf.

Ein seltenes und besonderes Ereignis ist es, wenn man zufällig in der Dämmerung oder nachts auf einen **Südamerikanischen Baumstachler** (wissenschaftlich: Sphiggurus) trifft. Was sich recht utopisch anhört, ist ein Tier, das teils mit den Stachelschweinen, teils mit Meerschweinchen verwandt ist und dessen Körperbau ganz an das Leben in Bäumen angepasst ist. Der lange Schwanz dient neben den Krallen an den Füßen als Hilfe beim Klettern. Auffallend ist die kleine „Stupsnase“.

Südamerikanischen Baumstachler

Schlangen in Paraguay

Beim Besuch einer Estancia oder bei Überlandfahrten in abgelegene weniger bewohnte Gegenden kann man schon einmal auf Schlangen stoßen. Es gibt unterschiedliche Arten aus der Familie der Nattern. Die **grüne Strauchnatter** (leicht giftig) ist tagaktiv, die **Patagonien-Strauchnatter** (giftig) und die **Mato Grosso-Strauchnatter** sind wei-

oben: Patagonien-Strauchnatter

rechts: grüne Strauchnatter

ter anzutreffende Spezies. Man kann auch auf eine kleine **Boa** (ungiftig) oder eine **Korallenschlange** treffen. Von der Letzteren gibt es in Aussehen, Färbung und Muster ähnlich aussehende Tiere, die ungiftig sind. Man spricht von der echten Koralle, die sehr giftig ist, aber durch ihr extrem kleines Maul und die weit hinten stehenden Zähne ist ein

oben:
Mato Grosso-Strauchnatter

links:
echte Korallenschlange

unten: Lanzenotter

Unfall nicht sehr wahrscheinlich.
Jararaca und **Klapperschlange** gelten als die gefährlichsten Schlangen Paraguays.
Die Bothrops Jararaca, hier in Paraguay nur kurz Jarara oder 5-Minuten-Schlange genannt, gehört zur Gattung der giftigen Lanzenottern. Der Lebensraum der Klapperschlangen ist vorwiegend der Chaco (siehe Speciel 15).
Im Allgemeinen flüchten Schlangen vor Menschen. In Zuckerrohrfeldern, feuchten Gebieten, unter Steinen oder in Erdhöhlen ist immer äußerste Vorsicht geboten.
In den Flüssen und Bächen Paraguays, aber besonders in den riesigen Urwaldflüssen Rio Paraguay und Rio Paraná gibt es verschiedene Fischarten. Am bekanntesten sind: Der **Surubí** zählt mit einer Länge bis 1,50 m und 80 kg zu den größten Flussfischen der Welt. Der **Dorado** ist ein sehr kampfstarker Fisch und wehrt sich unermüdlich und ausdauernd gegen die Angel. Er kann bis 1 m lang und 20 Kilogramm schwer werden. **Pacú:** Diese Art wird bis zu 12 Kilogramm schwer und hat exquisites, sehr zartes Fleisch, das gern gegrillt wird. **Bagres** werden ca.1 Kilogramm schwer und sind beliebt für Suppen. Das Fleisch des **Corvina** ist dem des Dorado ähnlich und sehr köstlich. Der in den Flüssen vorkommende **Piranha** ist in der Regel, außer bei Blut im Wasser, recht ungefährlich.
Nicht zu vergessen sind die kleinsten unter den Lebewesen. Ungefährlich und schön anzusehen sind die **Glühwürmchen,** die fast zu jeder Jahreszeit mit Beginn der Dämmerung zu leuchten beginnen. Unangenehmer sind die **Moskitos**, die außer im Winter, Juni, Juli und August, besonders in der Dämmerungsphase, aber auch tagsüber über die Menschen herfallen.
Einige weitere in Paraguay einheimische Tiere kann man in der zoologischen Abteilung des Jardín Botánico in Asunción oder im Parque Fauna y Flora bei Ciudad del Este betrachten.

Pflanzen und Tiere des Chacos siehe ***Special 15***

Die geschichtliche Entwicklung Paraguays in Strukturen mit Hinweisen zu touristischen Sehenswürdigkeiten

bis 1525	Verschiedene indigene Volksstämme besiedeln das Gebiet des heutigen Paraguays. Der erste Europäer, der Paraguay entdeckte, war der Portugiese Alejo García.
ab 1536	Die Spanier dringen in das Gebiet zwischen Rio Paraguay und Rio Paraná ein. Dort leben die ackerbauenden Guarani - Indianer, die nur geringen Widerstand leisten.
1537	Die Spanier gründen die Stadt Asunción am Rio Paraguay und haben über diesen Fluss und den Rio Paraná direkten Zugang zum Atlantik. *Denkmal von Juan de Salazar y Espinoza - Asunción - Plaza Independencia*
ab 1537	Die ersten Franziskanermissionare arbeiten als Wanderprediger
1543	Das Gebiet Paraguays wird dem spanischen Vizekönigreich Peru angegliedert. Die Verschmelzung von Guaranis und Spaniern setzt ein - die Mestizen bilden eine Oberschicht.
ab 1570	Die reinrassigen Guaranis ziehen sich in die unzugänglichen Tropenwälder zurück.
1580 bis 1599	Gründung der ersten Franziskaner-Reduktionen *Kirchen in Altos, Yaguaron, Atyrá*
1588	Die ersten Jesuiten kommen nach Paraguay.
1604	Die Jesuiten gründen die ersten Reduktionen. *San Ignacio, Trinidad*
1640	Die Reduktionen werden immer wieder von Sklavenjägern angriffen.
1767	Die Jesuitenpadres werden aufgrund eines Dekretes des spanischen Königs deportiert. Die Guaranís flüchten wieder vor den Skalvenjägern und Kolonialherren in die Wälder.
1776	Paraguay wird dem spanischen Vizekönigreich "Rio de La Plata" angegliedert.

9. März 1811	Die Schlacht bei Tacuary: die argentinischen Truppen werden geschlagen.
1811	Am 14. Mai erklärt Paraguay seine Unabhängigkeit gegenüber Spanien und Argentinien. *Casa de la Independencia - Asunción*
1813	Spanien erkennt die Unabhängigkeit Paraguays an. Ein gewählter Kongress ruft die Republik aus. An der Spitze stehen José Gasper R. de Francia und Fulgenico Yegros.
1814	Die Regierungsform Paraguays wechselt in eine Präsidialrepublik. Francia übernimmt die alleinige Macht. Es beginnt ein Aufschwung in der Agrarwirtschaft. Die Grenzen zu den Nachbarländern werden geschlossen.
1844	Carlos Antonio López, übernimmt die Macht. Es öffnet die Grenzen und baut eine schlagkräftige Armee auf. Der wirtschaftliche Aufschwung geht weiter. *Bahnhof, Regierungspalast - Asunción*
1862	Sein Sohn Francisco Solano López übernimmt nach dem Tod des Vaters die Macht. López versucht, das Gebiet durch einen Krieg mit Brasilien, Argentinien und Uruguay zu vergrößern. *Panteón - Asunción*
1864 bis 1870	Triple-Allianz-Krieg *Nationalpark Vapor Cué* *Nationalpark Ybycuí - La Rosada*
1870	März : S.López fällt in der Schlacht gegen Brasilien, der Krieg ist beendet. Paraguay hat große Gebiete und 80% der männlichen Bevölkerung verloren. Das Land ist verwüstet, die Wirtschaft ruiniert. *Nationalpark Cerro Corá*
	Trotz einer liberalen Verfassung wechseln sich jetzt bis zum Beginn des 20. Jh. verschiedene Diktaturen ab. Mehrere Staatsstreiche und bürgerkriegsähnliche Unruhen zwischen den Konservativen (Colorados) und den Liberalen (Azules) verhindern einen Aufschwung im Land.
1881	Die ersten deutschen Einwanderer kommen nach Paraguay. *San Bernadino*
1912	Eligio Ayala wird Staats- und Regierungschef.
	Unter seiner Regierung bis 1928 findet eine innenpolitische Stabilisierung und ein wirtschaftlicher Aufschwung statt.

1927	Die ersten Mennoniten siedeln in Loma Plata. ● *Museum in Loma Plata*
1932 bis 1935	Chacokrieg gegen Bolivien ● *Fortín Boquerón* *Fortín Isla Poí* Waffenstillstandsabkommen 12. Juni 1935
1938	21. Juli Friedensvertrag mit Bolivien
1939	General José Felix Estigarribia setzt Wirtschafts- und Sozialreformen durch. Es kommt wieder zu innenpolitischen Unruhen.
1940	Wegen der immer wiederkehrenden Unruhen wird eine neue Verfassung erlassen. Der Regierungschef ist jetzt auch gleichzeitig Oberbefehlshaber der Streitkräfte.
1947	Unter Präsident Higinio Morínigo werden in einem letzten Bürgerkrieg die Rebellen geschlagen. Diese fliehen nach Brasilien und Argentinien.
1954	General Alfredo Stroessner, Sohn eines Bayern und einer Indianerin, kommt durch einen Putsch an die Macht und stürzt den Präsidenten Federico Chaves. Stroessner regiert das Land trotz einer demokratischen Verfassung bis 1989 diktatorisch. ● *Cerro Lambaré - Asunción* *Museo de la Memoria - Asunción*
1975	Beginn des Gemeinschaftsprojektes Brasilien/Paraguay, das Wasserkraftwerk Itaipú. ● *Wasserkraftwerk Itaipú bei Ciudad del Este*
1983	Baubeginn des binationalen Wasserkraftwerkes bei Ayolas; ein Gemeinschaftsprojekt von Argentinien und Paraguay
1984	Das Wasserkraftwerk "Itaipú" wird in Betrieb genommen.
1988	Papst Johannes Paul II besucht Paraguay und weiht die Kathedrale von Caacupé ein. ● *Kathedrale in Caacupé*
1989	Stroessner wird gestürzt. Der neue Präsident wird der Anführer des Putsches General Andrés Rodriquez. Die Medienzensur wird aufgehoben und Oppositionsparteien zugelassen.
1992	Eine neue demokratische Verfassung wird erlassen. Es gibt keine unmittelbare Wiederwahl eines Präsidenten.

1993	Als Sieger aus den ersten demokratischen Wahlen geht Carlos Wasmosy (Colorado Partei) als neuer Staats- und Regierungschef hervor. Eine Verbesserung der Infrastruktur erfolgt; gegen Stroessner, der im brasilianischen Exil lebt, wird Haftbefehl erlassen.
1995	Argentinien, Brasilien, Uruguay und Paraguay schließen sich zu einer Wirtschaftsgemeinschaft "Mercosur" zusammen.
1996	Gegen Wasmosy wird wegen Korruption Anzeige erstattet. Es folgen ein Generalstreik und blutige Auseinandersetzungen, die den Rücktritt von Wasmosy zur Folge haben. Monti wird in vorgezogenen Neuwahlen Regierungschef.
1998	Alle 20 Turbinen des Wasserkraftwerkes "Yacyreta" bei Ayolas sind in Betrieb *Ayolas - Wasserkraftwerk Yacyreta* Neuer Präsident wird Raúl Cubas Grau von der Colorado Partei.
1999	Vizepräsident Arga wird auf offener Straße erschossen. Cubas Grau tritt zurück. Luis Angel Ginzáles Macchi wird Übergangspräsident.
2000	Putschversuch durch Anhänger des ehemaligen Generals Oviedo.
2003	Nicanor Duarte Frutos wird Präsident. *neues Senatsgebäude in Asunción*
2004	Oktober: Präsident Frutos besucht Deutschland
Nov 2006	Besuch des spanischen Königs Juan Carlos I in Paraguay
2007	Im März dieses Jahres besuchte der Bundespräsident Horst Köhler als erstes deutsches Staatsoberhaupt das Land Paraguay.
August 2008	Nach über 60 Jahren endete die Regierungsphase der Colorado Partei nach freien Wahlen. Fernando A. Lugo Méndez wird neuer Staatspräsident Fernando Lugo war bis 2005 katholischer Bischof des Departements San Pedro. Er will sich als Präsident für ein besseres Gesundheits- und Bildungswesen und weniger Korruption einsetzen. Die "First Lady" ist seine Schwester Mercedes Lugo Méndez.

oben: Palacio Legislativo - neuer Senat

unten: Ex-Palacio Legislativo - alter Senat

Entscheidende Schlachten in der Geschichte Paraguays

Die Schlacht von Tacuary (1811) - Der Weg in die Unabhängigkeit

Nachdem Napoleon in Spanien einmarschierte und der spanische König abgesetzt war, begann der Zerfall des spanischen Kolonialreiches in Südamerika.
Der Unabhängigkeitserklärung Paraguays gegenüber der spanischen Krone ging die Schlacht am Rio Tacuary voraus.
Paraguay wollte sich, wie andere Gebiete auch, von Spanien und vom Vizekönigreich Rio de La Plata lossagen. Dieses erhob aber Anspruch auf die Provinz Paraguay und schickte Ende des Jahres 1810 General Manuel Belgrano mit einer Streitmacht nach Paraguay.

Gemälde - Ende der Schlacht bei Tacuary

Die paraguayischen Truppen setzten sich massiv zur Wehr und leisteten am 19. Januar 1811 in Paraguarí erfolgreich Widerstand. Belgranos Streitmacht musste zurückweichen. Nach einer weiteren Schlacht am 9. März 1811 am Rio Tacuary kapitulierte Belgrano und zog sich mit seinen Truppen nach Buenos Aires zurück.
Infolgedessen wurde der spanische Gouverneur abgesetzt und musste seine Macht an die Paraguayer übergeben.
In der Nacht vom 14. auf den 15. Mai wurde die Unabhängigkeit Paraguays in Asunción im „Casa de la Independencia“ proklamiert. Erst im Jahre 1813 erkannten Spanien und Argentinien diese Unabhängigkeitserklärung formell an.

Der „Große Krieg“ gegen die Triple Allianz (1864 bis 1870)

Der Triple-Allianz-Krieg (Dreibund-Krieg), einer der blutigsten und vernichtendsten Kriege der Weltgeschichte, wird in Paraguay auch als der „Große Krieg – Guerra Grande“ bezeichnet.
Diktator Francisco Solano López überfiel Brasilien, nachdem sich Brasilien und Argentinien in die Politik des mit Paraguay befreundeten Uruguays eingemischt hatten. Außerdem wollte er einen Zugang zum Meer, sowie gleichzeitig das Staatsgebiet vergrößern. Argentinien verweigerte den paraguayischen Truppen den Durchgang durch sein Staats-

Francisco Solano López
unten: Tafel im Mueum Cerro Corá

gebiet, denn auf diesem Umweg wollte López den Süden Brasiliens angreifen. Aufgrund dieser Weigerung nahmen paraguayische Soldaten die argentinische Stadt Corrientes ohne Kriegserklärung ein.
Am 1. Mai 1865 schlossen sich Brasilien, Argentinien und Uruguay zur Triple Allianz gegen Paraguay zusammen, da die mit Paraguay befreundete Regierung Uruguays inzwischen nicht mehr an der Macht war.
Zunächst war López mit seinen Truppen ob der größeren Anzahl seiner Soldaten und einigen Uneinigkeiten der Gegner im Vorteil. Ab 1867 gewannen die Widersacher Paraguays aufgrund der wesentlich größeren Ressourcen die Oberhand. In der folgenden Zeit verlor Paraguay immer mehr blutige Schlachten. 1869 musste López nach einer weiteren verlorenen Schlacht bei Barrero Grande (heute Eusebio Ayala) die Hauptstadt Asunción aufgeben.

Er unterlag mit 6.000, meist Kindersoldaten und Jugendlichen, einer Übermacht von 20.000 Gegnern und floh mit wenigen Getreuen in den Norden des Landes, in die Cordillera de Amambay. Dort sammelte er noch einmal einige Tausend Menschen um sich, darunter abermals viele Kinder, Alte und auch Schwache.
Sein 16-jähriger Sohn, Coronel Panchito, führte die „Kinder-Armee“ an. Die paraguayi-

schen Truppen wurden im Gebiet des Cerro Corá von brasilianischen Soldaten eingekesselt und zur Kapitulation aufgefordert. López lehnte ab und wurde am Rio Aquibadan am 1. März 1870 getötet. Mit ihm fielen viele seiner Getreuen, darunter sein Sohn Panchito und der Vizepräsident.

Am 20. Juni 1870 wurde ein Friedensvertrag geschlossen, in dem Paraguay große Teile seines Staatsgebietes an Brasilien und Argentinien abtreten musste. Die Bevölkerung war bis auf Frauen, Greise, Kinder und ein paar Tausend Männer vollständig vernichtet worden. Bis 1876 war Paraguay von brasilianischen Truppen besetzt.

Eusebio Ayala - Denkmal für die gefallenen Kinder in der Schlacht von Acosta Ñu

Der Chaco-Krieg (1932 bis 1935)

Die Grenze zwischen Paraguay und Bolivien im oberen Chaco war nicht eindeutig festgelegt. Beide Seiten versuchten schon lange vor dem Krieg, immer wieder vorgeschobene Posten und Stellungen in diesem unwirtlichen und dünn besiedelten Gebiet auszubauen.

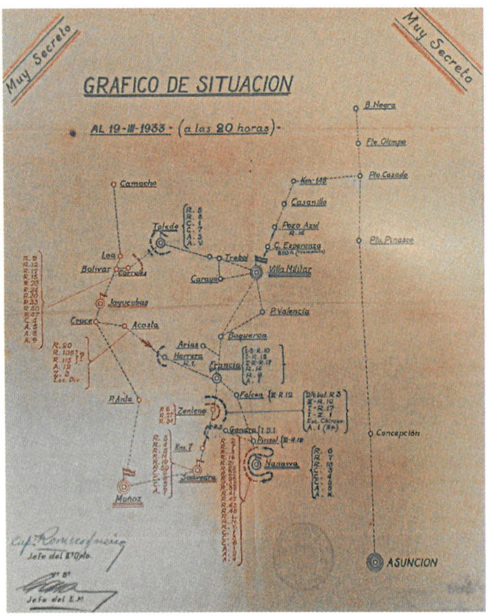

Museum Fortín Boquerón - Lageplan

Die Kriegserklärung erfolgte durch Bolivien, das einen Zugang über den Rio Paraguay zum Atlantik anstrebte. Außerdem kursierten Spekulationen über Ölvorkommen im Chaco, die sich zuerst nicht aber später doch bewahrheiteten.

Der Chaco-Krieg war ein Graben-Kampf-Krieg, in dem Waffen, Panzer und Doppeldecker aus dem 1. Weltkrieg eingesetzt wurden. Diese wurden aus Europa, unter anderem von Frankreich und England, geliefert.

Die paraguayischen Truppen waren in taktischer Hinsicht besser organisiert. Die Bolivianer waren zahlenmäßig überlegen und besaßen auch die besseren Waffen. Über 100.000 Menschen verloren in diesem Krieg ihr Leben.

Der „Sieg" war auf Seiten Paraguays. Ein Waffenstillstandsabkommen am 12. Juni 1935 beendete die Kampfhandlungen. Erst am 21. Juli 1938 wurde in Buenos Aires ein Friedensvertrag zwischen Pa-

Artilleriegeschütz aus dem Chaco-Krieg

raguay und Bolivien geschlossen.
Der größte Teil des umkämpften Chacos wurde Paraguay zugesprochen. Somit hatte Bolivien aber zumindest ein Kriegsziel erreicht und sich durch einen schmalen Landzugang zum Rio Paraguay den Zugang zum Atlantik geöffnet.

Die Symbole Paraguays

Die Flagge

Die heutige Flagge Paraguays wurde am 27.11.1842 offiziell eingeführt. Sie besteht aus drei gleich breiten horizontalen Streifen, von oben nach unten in den Farben rot, weiß und blau. Sie trägt auf der Vorder- und Rückseite jeweils im weißen Streifen unterschiedliche runde Wappen und ist damit eine der wenigen Fahnen der Welt, bei denen sich Vorder- und Rückseite unterscheiden. Das nationale Wappen war im Laufe der Zeit einigen kleineren Veränderungen unterworfen. Heute hat es in seiner Mitte einen gelben fünfzackigen Stern im blauen Kreis. Dieser symbolisiert die „Mai-Sonne" des 14. Mai 1811, dem Unabhängigkeitstag. Um diesen Kreis biegen sich ein Palmzweig und ein Olivenzweig, die im unteren Scheitelpunkt verflochten und nach oben geöffnet sind. Im roten Kreisring stehen die Worte „REPUBLICA DEL PARAGUAY".

Die andere Seite zeigt das heutige Wappen des Finanzministeriums, einen sitzenden Löwen, neben dem ein Stab mit einer darauf sitzenden phrygischen Mütze steht. Darüber stehen im roten Rand zusätzlich die Worte „PAZ Y JUSTICIA" (Frieden und Gerechtigkeit).
Die nationalen Wappen, die sich auf der Fahne befinden, sieht man auch an vielen öffentlichen Gebäuden; sie können durchaus in ihrer Ausführung variieren.

Der Staat Paraguay heute

Regierung

Mit der Verfassung vom 20.6.92 ist Paraguay eine präsidiale Republik, an deren Spitze der Staatspräsident steht, der auf 5 Jahre gewählt wird.
Das Parlament setzt sich zusammen aus der Exekutiven, der der Präsident, der Vizepräsident und 10 Minister angehören, und der Legislativen, die aus dem Nationalkongress mit der Abgeordnetenkammer (80 Mitglieder) und dem Senat (45 Mitglieder) besteht. Die Judikative, die höchste Gerichtsinstanz, ist der Oberste Gerichtshof mit 9 Mitgliedern.
Die wichtigsten Parteien sind die „Colorados“ (ANR – Asociación Nacional Republicana), die „Azules“ (PLRA – Partido Liberal Radical Auténtico), PPQ - Partido Patria Queria, UNACE - Unión Nacional de Cuidadanos Eticos, PPS - Partido Pais Solidario, PEN - Partido Encuentro Nacional sind in der Opposition. Unter Präsident Lugo wurde 2008 nach mehr als 60 Jahren die Regierung der Colorados durch eine Koalition mehrerer Parteien (Alianza Patriótica para el Cambio - APC) abgelöst.
(Hinweis: die paraguayischen „Roten“, Colorados, entsprechen den deutschen „Schwarzen“, Christdemokraten).

Verwaltung

Seit 1992 ist Paraguay in 17 Verwaltungsbezirke (Departementos) und den Distrikt Asunción (Distrito Capital) aufgeteilt. Die Verwaltungsbezirke gliedern sich wiederum in Bezirke (distritos) und Gemeinden (municipalidades). (siehe Departements)

Die **Nationalhymne** gibt es seit 1846; der Text stammt von Francisco Esteban Acuña de Figuera, die Musik komponierte Francisco José Debali. Sie besteht aus sieben Strophen, nach jeder Strophe singt man den Refrain. der Inhalt der Nationalhymne erinnert an den Freiheitskampf, Gleichheit und Gerechtigkeit.

Als **Nationalpflanzen** betrachtet man die Passionsblume und den Lapachobaum.

Passionsblume

Lapachoblüten

Indigene Bevölkerung in Paraguay

Heute leben auf dem Gebiet Paraguays noch 17 verschiedene indigene Gruppen. Diese werden fünf Sprachgruppen zugeordnet. Insgesamt leben knapp 50.000 Menschen indigener Abstammung in Paraguay. Als Tourist wird man aber nur mit einigen wenigen Indianern in Berührung kommen.

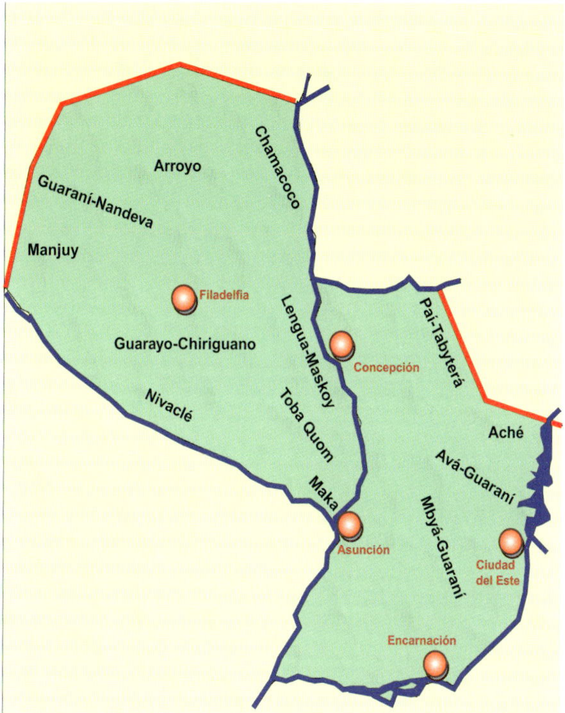

I: Die Sprachfamilie der Tupí-Guaraní wird von sechs verschiedenen Stämmen gebildet. Vier dieser Stämme leben in *Ostparaguay* und zählen zusammen etwa 2.100 Mitglieder.

1. Im Gebiet des Departements Amambay an der Grenze zu Brasilien findet man die **Paí-Tabyterá**. Etwa 11.000 Personen gehören zu dieser Gruppe, von denen die meisten in Brasilien leben. Sie betreiben Ackerbau, Fischfang und arbeiten auch gelegentlich auf den Farmen in der Umgebung.

2. Die **Mbyá** Guaraní leben in den Departements Caaguazú, Caazapá und Itapúa, aber auch im benachbarten Argentinien und Brasilien. Sie besitzen kein eigenes Land und leben oft noch in sehr ärmlichen Verhältnissen.

3. Vor allem im Nordosten des Landes in den Departements Canindeyú und Alto Paraná an der brasilianischen Grenze siedeln die **Ava Guaraní.** Diese Gruppe hat viel Kontakt zu der weißen Bevölkerung. Sie lebt von der Landwirtschaft und vom Fischfang und hat in Arroyo Guazú ein Berufsbildungszentrum aufgebaut, das einzig in seiner Art ist. Dort werden indianische Lehrer und Lehrerinnen sowie Landwirte und Gesundheitshelfer ausgebildet.

4. Die **Aché** sind ein indigener Stamm, der in den siebziger Jahren sehr verfolgt und daher fast ausgerottet worden wäre. Die Aché unterscheiden sich stark von den anderen Tupi-Guaranis und leben sehr zurückgezogen. Im Departement Canindeyú und dort besonders im Nationalpark Mbaracayú haben sie die ausdrückliche Erlaubnis zu jagen, zu fischen und auch noch auf traditionelle Weise zu leben. Doch gibt es schon einige wenige Mitglieder, die sich ausbilden lassen und dann außerhalb des Parks arbeiten.

Die beiden restlichen Stämme haben eine Stärke von ca. 2.000 Menschen und ihren *Lebensraum im Chaco.*

5. Die **Guarayo - Chiriguano** leben hauptsächlich im Bereich der Städte Filadelfia und Mariscal Estigarribia. Dadurch haben sie sich schon der Kultur der dort lebenden Bevölkerung angepasst und arbeiten als Handwerker verschiedener Sparten. Sie sprechen

das in Paraguay weitverbreitete Guaraní, können aber, bedingt durch ihren Umgang mit den Mennoniten, manchmal auch ein wenig plattdeutsch.

Indiandersiedlung an der Ruta 5

Der Großteil dieses Stammes lebt allerdings in Bolivien (weit mehr als 50.000 Menschen).

6. Im äußersten Norden zwischen Mariscal Estigarribia und der bolivianischen Grenze, sowie auch jenseits der Grenze leben die **Guarani Ñandeva**. Sie sprechen neben ihrer eigenen Sprache auch Guaraní. Ihre Lebensweise ist bedingt durch ihren Lebensraum sehr ärmlich und zurückgezogen.

II: Die Familie der Lengua/Maskoy

umfasst vier Stämme (**Angaité, Guaná, Lengua, Sanapaná, Toba Maskoy**), die sich allerdings bedingt durch ihre ähnlichen Sprachen schon untereinander vermischt haben. Sie sind zahlenmäßig die größte Gruppe im Chaco mit mehr als 19.000 Personen. Ihre Siedlungen liegen im ganzen paraguayischen Chaco verteilt: zum Beispiel zwischen Pozo Colorado und Concepción, in der Nähe von Vallemí und Puerto Casado.

Kunsthandwerk der Maká-Indianer

III: Zur Familie der Mataco gehören

1. die **Manjuy**, ein zahlenmäßig sehr kleiner Stamm von ca. 500 Personen, der südlich von Mariscal Estigarribia an sehr schwer zugänglichen Orten unter ärmlichen Verhältnissen lebt und seine eigene Sprache hat.

2. Die **Maká** mit ca. 1.200 Personen lebten früher im Chaco. Heute leben sie in einem eigenen Reservat in der Nähe der Remansobrücke, die über den Rio Paraguay in den Chaco führt. Sie sind oft in Asunción auf den Straßen, im Botanischen Garten und im Flugplatzgebäude zu sehen, wo sie ihre kunsthandwerklichen Gegenstände wie bunte Ketten, Taschen und anderen Schmuck anbieten.

Ihr Reservat kann von Touristen gegen Eintritt besucht werden. Dort tragen sie ihre traditionelle Kleidung, verlangen aber auch einen guten Obolus für das Fotografieren.

Maká-Indianer im Reservat nahe Asunción

3. Im Bereich des Flusses Pilcomayo bis hinauf nach Mariscal Estigarribia leben die **Nivaclé,** ein Stamm mit ca. 12.000 Personen.

IV: Die Familie der Zamuco

umfasst zwei Stämme mit insgesamt etwa 3.500 Mitgliedern:

1. Die **Chamacoco** siedeln im Departement Alto Paraguay. Sie leben vom Fischfang und von der Jagd, einige halten auch Hühner, Rinder, Schweine und Ziegen und betreiben Ackerbau. Viele von ihnen sprechen auch das gebräuchliche Guaraní oder Spanisch und sind äußerst kultiviert. Andere sind noch sehr stark den alten Traditionen verbunden.

2. Die **Ayoreo**, auch unter dem Namen „Moro" bekannt und lange Zeit gefürchtet, lebten bis 1962 wild und ohne Kontakt zu den Weißen in den Wäldern des nördlichen Chacos. Es gibt dort auch heute noch kleine Gruppen im Gebiet des Cerro León, die ohne Kontakt nach außen leben wollen. Sie jagen und sammeln zum Lebensunterhalt und leben auf ihre traditionelle Weise.

V: Die Familie der Guaicurú

besteht aus nur einem Stamm, der **Toba quom** genannt wird. Der größere Teil von ihnen lebt in Argentinien. Eine Minderheit von etwas mehr als 1.400 Personen ist im unteren Chaco zu finden. Es gibt von ihnen nur wenige Siedlungen. Viele der Toba quom leben als Nomaden am Straßenrand der Trans-Chaco auch heute noch unter äußerst ärmlichen Verhältnissen. Ihre Plastikplanen-Hütten sieht man während einer Fahrt in den Chaco. Von dort aus begeben sie sich zum Fischfang zu den Teichen des Hinterlandes und sammeln Honig, den sie am Straßenrand verkaufen.

Aus dem Leben der Nivaclé

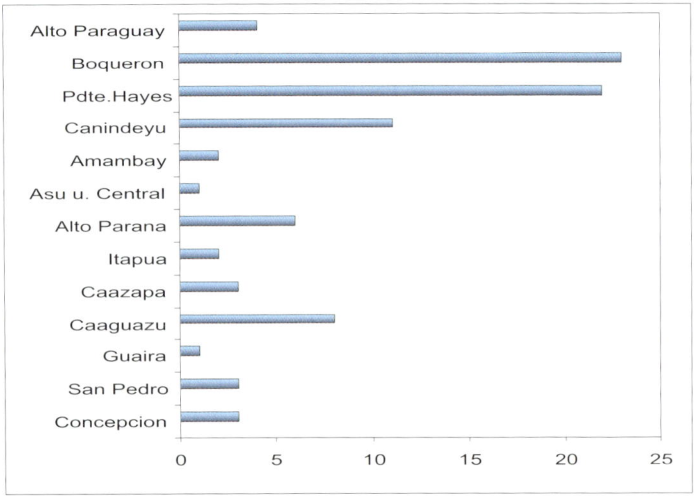

Anteil der indigenen Bevölkerung der Departements in %

Wer in den Bereich der Chaco-Kolonien fährt, hat dort eventuell Gelegenheit ein Dorf der Nivaclé zu besuchen.

Diese Gruppe ist auch unter dem Namen Chulipí bekannt. Bis vor etwa 50 Jahren hatten sie noch eine halbnomadische Lebensweise. Sie lebten in einer Art Großfamilie, die ihr eigenes Jagd- und Wohngebiet besaß und ihre Grashütten immer in der Nähe der wichtigsten Nahrungsquellen aufbaute.

Heute, nach der Erschließung des Chacos und der Besiedlung durch die Mennoniten, können sie ihre Lebensweise nicht mehr fortführen. Jetzt leben sie in bäuerlichen Gemeinschaften im Zentralchaco und an den Ufern des Pilcomayoflusses. Ursprünglich waren sie Jäger, Sammler und Fischer. Auf durch Brandrodung geschaffenen kleinen Flächen bauten sie gelegentlich unter anderem Mais und Manioka an und hielten sich Schafe und Ziegen. Heute betreiben sie Ackerbau oder / und arbeiten als Saisonarbeiter auf Estancias oder als Hilfsarbeiter in den Kolonien. Die Nivaclé sind gute Maurer und arbeiten viel im Hausbau. Die Frauen sind ausgezeichnete Weberinnen und stellen wunderschöne Ponchos, Decken und Wandbehänge aus Schafswolle her. Die Stoffe haben geometrischen Zeichnungen oder Streifen in verschiedenen Farben. Aus den Blättern der Caraguatá-Pflanze werden die Fasern gezogen und in der Sonne getrocknet. Mehrere einzelne Fasern werden in einer besonderen Art mit der Hand zu Fäden zusammengefasst. Die fertigen Fäden werden in einem Farbbad gefärbt, um dann daraus Taschen oder Hängematten zu knüpfen. Je länger das Farbbad dauert, bzw. durch mehrmaliges Wiederholen wird eine entsprechende Farbintensität erreicht. Die Farben werden aus verschiedenen Pflanzen hergestellt.

Der Blauton kommt aus der

Blüte der Caraguatá

Holzschnitzereien der Nivaclé

Rinde des Curupaybaumes. Das Harz des Johannisbrotbaumes liefert braune, graue und schwarze Töne. Aus den Schoten des Guayacan, einem Hartholzbaum wird violettgrau gewonnen. Die dunkelrote Farbe kommt aus den Wurzeln des Algarrobilla. Der Verkauf dieser Handarbeiten stellt einen zusätzlichen Verdienst dar. Die Männer, die in der Trockenzeit keine Arbeit auf dem Feld haben, stellen Schnitzereien aus dem Holz des Palosantobaumes her, deren Verkauf ebenfalls zum Lebensunterhalt beiträgt. Gegen Ende der 70er Jahre fingen sie neben den traditionellen Gebrauchsgegenständen wie Mörser und Pfeifen an, kleine Tiere zu schnitzen. Das Holz sind kleine Äste, die sie beim Brennholz sammeln finden und

deren Kernholz noch unversehrt ist. Mit einfachsten Werkzeugen bilden sie die Tiere nach, die sie von ihren Jagdzügen her kennen und geben ihnen eine eigene Ausdrucksgestaltung.

Die Arbeit ist zwischen Männern und ihren Frauen gleichberechtigt aufgeteilt. Während die Männer arbeiten, auf die Jagd- oder zum Fischfang gehen, arbeiten die Frauen zu Hause und sammeln Früchte. Sie kümmern sich um die Schafzucht, weben und fertigen den traditionellen Schmuck an. Im Ackerbau arbeiten beide. Die Frauen sind hauptsächlich für die Ernte zuständig. Alles in der Gemeinschaft gehört jedem; es gibt keinen individuellen Besitz. Die Verteilung der Lebensmittel obliegt den Frauen. Die Männer bringen die Beute der Jagd oder des Fischfangs und übergeben diese den Frauen; diese verteilen sie in der Gemeinschaft. Auch die landwirtschaftlichen Felder gehören der Gemeinschaft. Interessant ist, wie die Nivaclé ihre Kinder erziehen. Die Eltern strafen ihre Kinder nie körperlich und diese, selbst die Kleinsten, werden nicht ausgeschlossen, sondern nehmen am Leben der Gemeinschaft teil.

Auf den Spuren der Franziskaner

Im Zuge der Kolonisation Südamerikas durch die Spanier und Portugiesen wurden auch Missionare dorthin geschickt, um die Indios zu missionieren.
Unter den ersten Missionaren, die nach Paraguay kamen, waren die Franziskaner, die auch Mitbegründer vieler Orte waren.
Schon 1537 begannen die Franziskanermönche Alonso de San Buenaventura und Luis de Bolaños mit ihrer Arbeit im Raum Asunción, von wo aus sie später in entferntere Gebiete vorstießen. Zunächst besuchten sie als Wanderprediger die Indianerdörfer, die Távas.
Ab 1580 gründeten sie erste Siedlungen (reducciones), in denen sie die Indios nicht nur im christlichen Glauben unterwiesen, sondern diese unter ihrer Leitung sowohl einfache und schlichte Kunstwerke als auch Gegenstände von enormer Schönheit und hohem künstlerischen Wert schufen.
Die Franziskaner stellten auch die ersten Wörter- und Grammatikbücher in der Guaraní-Sprache zusammen.
Zwischen 1580 und 1599 gründeten sie in zeitlicher Reihenfolge Orte wie Altos, Itá, Yaguarón, Tobatí, Ypané und Atyrá.
Zu Beginn des 17. Jahrhunderts begaben sich die Missionare der Franziskaner auch in entlegenere Gebiete im Innern Ostparaguays, wo sich immer noch indigene Gruppen einer Kolonisierung entgegensetzten.
Hier gründeten sie Caazapá, Yuty und als letzte Reduktion 1797 San Juan Nepomuceno.
Von den Reduktionen der Franziskaner, die sich in einem Gebiet zwischen Asunción und Caazapá entwickelten, sind heute nur noch die typischen Kirchen mit ihren wunderschönen holzgeschnitzten Altären und Kanzeln übrig.

Religiöse Kunst - Erzbischöfliches Museum Asunción

Besonders die kunstvoll ausgearbeiteten Details der Holzschnitzereien faszinieren den Besucher. Die Figuren, Pflanzen und Symbole wurden mit aus Pflanzen hergestellten Naturfarben bemalt. Der hier geschaffene Stil ist unter dem Namen Hispano-Guaraní-Barock bekannt.
Er vereint Elemente aus dem spanischen Barock mit Figuren und Symbolen aus der Kultur der Indianer.
Die Kirchengebäude sind schlicht und haben fast alle einen beidseitig überdachten Säulengang. Zum Teil kann man noch die alte Holzbalkenkonstruktion im Innern an den Decken sehen.
Viele dieser Kirchen wurden im Laufe der Zeit restauriert, wobei man möglichst alte Teile wieder verwendete. Besonders sehenswerte Kirchen befinden sich in Yaguarón und

Altar in der Kirche von Atyrá aus der Zeit der Franziskaner

Atyrá. Aber auch in den weniger bekannten, kleineren Kirchen findet man schöne Werke aus dieser Zeit.
Ab 1617 fielen die „bandeirantes", die auch unter dem Namen „Paulistas" bekannt waren, da sie aus dem Raum Sao Paulo kamen. Die portugiesische Banditen und Sklavenhändler drangen immer wieder in den Norden Ostparaguays ein und überfielen die Reduktionen der Franziskaner. Schließlich endeten viele Überfälle mit der Zerstörung der Anlage, sodass die Bewohner in den Süden flohen, wo sie zum Teil in den Reduktionen der Jesuiten Schutz fanden.

Auf den Spuren der Jesuiten

Die ersten Jesuiten kamen ebenfalls als Wanderprediger 1588 aus Brasilien in das Gebiet des heutigen Paraguays. Im Laufe ihrer Tätigkeit gründeten sie im Gebiet zwischen dem Rio Paraguay und dem Rio Uruguay sowohl in Brasilien, Argentinien, Uruguay und Bolivien als auch in Paraguay über 30 Reduktionen.
Auf einer Synode 1603 in Asunción wandte man sich gegen die Ausbeutung der Indios als billige Arbeitskräfte durch die Kolonialherren und die Mestizen, einer Oberschicht, die durch die Verschmelzung von Indianern mit den Spaniern entstanden war. Man sah in der Trennung der Indios von der übrigen Bevölkerung den richtigen Weg.
1604 wurde von spanischen Jesuiten die erste Ordensprovinz „Paracuaria " gegründet. Die Jesuiten arbeiteten südlich des Rio Tebicuary, wo sie ab 1609 ihre Reduktionen zum Schutz der Indios gründeten, womit sie die Idee der Franziskaner weiter entwickelten.

Die nicht sesshaften Indios wurden in Siedlungen zusammengeführt (spanisch: reducir), um sie neben einer christlichen Unterweisung auch vor der Ausbeutung durch die Eroberer und den aus Brasilien immer wieder einfallenden Sklavenhändlern, den „bandeirantes“ und „mamelucos“, zu schützen. Die Missionare gewannen das Vertrauen der Urbevölkerung durch ihre eigenen Gesänge und nutzten später Lieder und rhythmische Musik dazu, um effiziente Arbeit in größeren Gruppen zu ermöglichen.
Die Reduktionen wurden auch „misiones“ oder „pueblos“ genannt und waren auf wirtschaftlichem Gebiet sehr erfolgreich.
In ihnen lebten jeweils 1000 bis 4000 oder mehr Bewohner, die eine Art landwirtschaftliche Großgemeinschaft bildeten. Die Leitung lag bei zwei Jesuiten, daneben gab es zusätzlich eine Selbstverwaltung, die durch einen eigenen Gemeinderat der Indios gebildet wurde. Außer der Landwirtschaft und der Verarbeitung ihrer Produkte war das Kunsthandwerk weitverbreitet. Es wurde eine Vielzahl von Handwerken und Künsten

Bildhafte Darstellung der Anlage einer Reduktion - Museum Cataratas de Iguazú/ Argentinien

ausgeübt: Die Indios waren talentierte Steinmetze, Holzschnitzer und Schmiede; sie beherrschten die Fähigkeit der Ziegelbrennerei, Glockengießerei, Weberei, Lederverarbeitung und stellten Silberarbeiten her. Hatten sie ein Modell, konnten sie es reproduzieren und teilweise verbessern.So entstanden ihre Musikinstrumente. Es ist bemerkenswert, in welch kurzer Zeit der Sprung aus der Steinzeit ins Zeitalter des Barocks gelang. Aus einfachen Hütten wurden Steinbauten, es entstanden barocke Kirchen nach europäischem Beispiel. Die Indios lernten es, meisterhaft mit der europäischen Musik umzugehen, ihre Chöre und Orchester haben oft auch in den Städten musiziert. Die Jesuiten lernten die Sprache der Indianer und verfassten bald wie die Franziskaner Wörter- und Grammatikbücher, sodass aus den vielen Dialekten eine einheitliche Sprache entstehen konnte.

Noch heute bewohnte Indiohäuser in Santa Rosa

Alle Reduktionen wurden nach dem gleichen Schema errichtet: Der Mittelpunkt war die Kirche, auf deren einen Seite lag der Friedhof, auf der anderen Seite das Wohnhaus der Padres, das zugleich auch die Schulräume enthielt. Neben diesem erhob sich das Gemeinschaftshaus mit den Speichern für das allgemeine Gut sowie den Werkstätten der Handwerker. Seitlich des Friedhofs befand sich das Witwenhaus, von dem ein Teil auch als Hospital verwendet wurde. Vor der Hauptkirche war stets ein großer Platz mit Statue angelegt und rings um diesen breiteten sich die einstöckigen Wohnhäuser der Indios aus.
Diese Häuser standen in mehreren

Taufbecken und Kanzel aus der Zeit der Jesuiten in Trinidad

Reihen hintereinander, die vordersten umsäumten auf drei Seiten den großen Platz. Die Dächer hatten einen weiten Vorsprung, der von Säulen getragen wurde, sodass man bei Regen trockenen Fußes durch die ganze Siedlung laufen konnte und auch bei Sonne der nötige Schatten vorhanden war.
Die Reduktionen lagen meistens in der Nähe eines Flusses, dadurch hatte man leichten Zugang zu den Handelswegen. Außerdem befanden sie sich auf einer Anhöhe – wegen der Gefahr von Überschwemmungen und Malaria. Um diese Anlagen herum dehnten sich die Felder aus: zum Beispiel Getreide, Zuckerrohr, Baumwolle und Yerba für den Mate-Tee wurden hier kultiviert. In diesem Bereich hatte auch jeder Familie ihr eigenes kleines Stück Land zum Zweck zusätzlicher Selbstversorgung.
Zwischen den Feldern lagen die Wirtschaftsbetriebe: Ziegelei, Sägewerk, Schlachthaus, Gerberei, Mühlen für Getreide und Zuckerrohr. Jede Reduktion hatte auch ihre eigene „Estancia“, eine Farm für die Viehzucht, denn diese bildete eine wichtige Nahrungsquelle.

Seitenportal der Basilika in Trinidad

Das Material für die Gebäude waren anfangs Lehm und Holz gewesen; im Laufe der Zeit baute man jedoch immer mehr aus Stein, auch die Häuser der Indios.
Die Kirchen entsprachen denen im alten Europa, daher konnten viele Menschen gleichzeitig, ob deren Größe, am Gottesdienst teilnehmen.
Zunächst kopierten die Indios lediglich mitgebrachte Werke aus Europa, doch bald entwickelten sie auch eigenständige dekorative indianische Elemente und verbanden diese im so genannten „Hispano-Guaraní-Barock“ zu einem eigenen Stil.
Wunderschöne, geschnitzte Altäre, bemalte Statuen sowie Reliefs und Sandsteinskulpturen schmückten das Innere der Kirchen. Es entwickelte sich eine außerordentliche Kunst, die auch heute den Besucher noch beeindruckt.
Nachdem der Jesuitenorden in Europa Probleme hatte und vom Papst aufgehoben worden war, wurden die Jesuiten aus Spanien und Portugal vertrieben. Dadurch wurden auch die Gegner der Jesuiten in Südamerika aktiv, da sie ihnen ihre Erfolge neideten.
Aufgrund eines Dekretes des spanischen Königs verhaftete man am 3. Juli 1767 schlagartig die Jesuiten in Asunción und deportierte im weiteren über 2500 Missionare nach

Europa. In der Folge wurden viele Reduktionen ausgeraubt und zerstört und die Bewohner in die Sklaverei geführt.
Die verschont gebliebenen Reduktionen erhielten einen Verwalter der Regierung, dem ausschließlich zum Zweck der Seelsorge ein Geistlicher aus den Reihen der Franziskaner oder Dominikaner zur Seite stand.
Dies führte über Jahre hinweg zum Niedergang der Reduktionen, die dann vollständig in den Schlachten des Triple-Allianz-Krieges zerstört wurden. Der heutige Präsident Lugo sagte rückblickend: „Die Reduktionen waren das goldene Zeitalter Paraguays..."

Aus dieser Zeit sind noch folgende Ruinen von Reduktionen in Paraguay vorhanden:

> 1. **San Ignacio**
gegründet 1610, beherbergt heute ein interessantes sakrales Kunstmuseum.

> 2. **San Cosme y Damián**
gegründet 1632, wurde für ihre während der Reduktionszeit ausgeführten Studien im Bereich der Astronomie berühmt.

> 3. **Santa Maria**
gegründet 1647, beherbergt im restaurierten Missionsgebäude ein Museum mit etwa 60 Skulpturen der Guaraní - Indianer.

> 4. **Santiago**
gegründet 1651, auf den Ruinen wurde eine moderne Kirche errichtet, in der Holzschnitzereien zu sehen sind.

> 5. **Jesús del Tavarangue**
gegründet 1658 und 1993 zum „WELTKULTURERBE" der Menschheit erklärt. Die unvollendete große Basilika ist einzigartig.

> 6. **Santa Rosa**
gegründet 1698, im Zentrum des Ortes gibt es noch gut erhaltene historische Häuser und Reste der alten Kirche sowie das Museo Jesuitico.

> 7. **Trinidad del Paraná**
ist gewiss die bekannteste Jesuiten-Reduktion, im Jahre 1706 gegründet und 1993 zum „WELTKULTURERBE" der Menschheit erklärt, zeigt den Aufbau einer Reduktion noch am besten. Um den imposanten Hauptplatz sind die Unterkünfte der Indios gruppiert. Sehenswert ist die Kirche, vor allem das Taufbecken, die Kanzel und das Portal der Sakristei; sogar eine Krypta ist unter dem Gotteshaus vorhanden.

Restaurierte Kirche in San Ignacio

Mennoniten in Paraguay

Die Mennoniten Paraguays haben eine lange Geschichte hinter sich:

Ihre Ursprünge sind in der Schweiz um 1525 in der Täuferbewegung zu suchen.
Ihren Namen bekamen sie allerdings durch einen ihrer bedeutendsten Führer, den ursprünglich katholischen Priester Menno Simons (1496-1561). Er reiste durch Holland, entlang der Nordsee und der westlichen Ostsee bis nach Danzig. Ab 1545 nannten sich seine Anhänger „Mennoniten".
Dieser Name wurde dann von der ganzen Glaubensgemeinschaft übernommen. Die Mennoniten gehören zum Verband der evangelischen Freikirchen. Die Bibel ist die Grundlage ihres Glaubens. Es gibt allerdings weltweit über zwanzig mennonitische Gruppen, die sich in ihrer Lebensweise und religiösen Praxis unterscheiden.
Aufgrund ihres Selbstverständnisses lehnen sie staatlichen Zwang, den Wehrdienst und Eidesleistungen ab und gerieten so oft in Konflikt mit Kirche und Staat. Sie taufen Erwachsene, lehnen sowohl die Kindertaufe als auch die Kirchenhierarchien ab und leben ihren Glauben im Prinzip urchristlicher Gemeinden.
Aus diesem Grunde wechselten viele Mennoniten mehrfach ihre Heimat.
Im 16. Jahrhundert verließen sie die Niederlande, um sich in benachbarten Provinzen, in West– und Ostpreußen und Danzig niederzulassen, während sich die in den Niederlanden verbliebenen, langsam den staatlichen Anforderungen anpassten und auch zu Ansehen gelangten.

Mennoniten-Kolonien in Ostparaguay - Tafel im MCC in Asunción

Erinnerung an die Flucht aus Russland

Nachdem Danzig und Westpreußen die Anerkennung der Wehrdienstverweigerung aufhoben, folgten diese Mennoniten dem Angebot der russischen Zarin Katharina II, sich in unbewohnten Gebieten Russlands anzusiedeln. Damit verbunden war die Zusicherung der Religionsfreiheit und der Verzicht auf die Ableistung des Wehrdienstes sowie eine Steuerfreiheit von 5 bis 30 Jahren.
Von den beiden Siedlungen Molotschna und Chortitza in der Ukraine aus verbreiteten sich die Mennoniten über das europäische und sibirische Russland.
Von 1873 bis 1882 wanderten die Mennoniten aus Russland, Preußen und Polen wegen der Aufhebung der Wehrfreiheit nach Kanada und in die USA aus. Etwa 18.000 Einwanderer wählten als neue Heimat das Land zwischen Kansas und Manitoba.
4.000 wanderten später nach Brasilien, Bolivien und Paraguay aus. Bereits 1927 wurde in Paraguay im Chaco die Kolonie Menno gegründet. 1930 entstand dort die Kolonie Fernheim von Flüchtlingen aus der Ukraine und dem Amurgebiet, die über China oder Deutschland hierherkamen.
Nach dem 2. Weltkrieg kamen noch einmal 14.000 Mennoniten nach Kanada, Uruguay und Paraguay. Einige gründeten hier 1947 die Kolonie Neuland.
Die ersten Mennoniten, die nach Paraguay kamen, verließen ihre Heimat Kanada, weil dort unter anderem ein Gesetz erlassen wurde, das Privatschulen und den Unterricht in deutscher Sprache verbot.
Die Regierung Paraguays machte den Mennoniten das Angebot in ihr Land zu kommen. Schon vor ihrer Ankunft waren im Jahre 1921 in dem Gesetz Nummer 514 ihre Sonderrechte verankert worden: Religionsfreiheit, Befreiung von Wehrdienst und dem Zwang Eide abzulegen, das Recht auf deutsche Schulen, eine an der Bibel ausgerichtete Verfügung über Vormundschaftsregeln und das Erbrecht von Witwen und Waisen sowie die Einschränkung des Verkaufs alkoholischer Getränke in der Kolonie sind noch heute gültig.
Am 29. Dezember 1926 kamen die ersten Mennoniten mit dem Schiff in Asunción an und wurden von dem damaligen Präsidenten Dr. Eligio Ayala sogar mit einer Rede in deutscher Sprache begrüßt. Nun fuhren sie weiter auf dem Rio Paraguay nach Puerto Casado, einem kleinen Hafen, der durch die Tanninverarbeitung entstanden war, wo sie

Heimatmuseum in Loma Plata

am 31. Dezember 1926 eintrafen.
Von hier aus mussten sie noch 200 km tiefer in den Chaco hinein, was mit großen Widrigkeiten, vielen Krankheiten und Verlusten verbunden war.
In den folgenden Jahren wurden Millionen Hektar Buschland für Viehzucht und den Ackerbau gerodet. Heute sind die hochmoderne Fleisch- und Milchverarbeitung sowie die Viehzucht in den Kolonien wichtige Grundlagen für den wirtschaftlichen Aufschwung.
Hier im Chaco werden 20% des paraguayischen Bruttoinlandsprodukts erwirtschaftet. Aus den einstigen Siedlungen in der Wildnis sind fortschrittliche Kolonien geworden. (Zum Vergleich: Das Gebiet der Kolonie Menno ist so groß wie das Bundesland Hessen) Im Laufe der Jahre haben sich auch in Ostparaguay Mennoniten angesiedelt (siehe Tabelle).
In Paraguay stellen die ca. 30.000 Mennoniten einen wichtigen wirtschaftlichen und gesellschaftlichen Faktor dar.

Heute bestehende Kolonien der Mennoniten in Paraguay

> Kolonie Menno, Chaco, gegründet 1927, 8635 Einwohner
> Kolonie Fernheim, Chaco, gegründet 1930, 4059 Einwohner
> Kolonie Friesland, Ostparaguay, gegründet 1937, 676 Einwohner
> Kolonie Neuland, Chaco, gegründet 1947, 1501 Einwohner
> Kolonie Volendam, Ostparaguay, gegründet 1947, 680 Einwohner
> Kolonie Sommerfeld, Ostparaguay, gegründet, 1948, 3020 Einwohner
> Kolonie Bergthal, Ostparaguay, gegründet 1959, 2399 Einwohner
> Kolonie Reinfeld, Ostparaguay, gegründet 1966, 197 Einwohner
> Kolonie Luz y Esperanza, Ostparaguay, gegründet 1967, 180 Einwohner
> Kolonie Rio Verde, Ostparaguay, gegründet 1969, 3240 Einwohner
> Kolonie Agua Azul, Ostparaguay, gegründet 1969, 90 Einwohner
> Kolonie Tres Palmas, Ostparaguay, gegründet 1970, 182 Einwohner
> Kolonie Santa Clara, Ostparaguay, gegründet 1972, 257 Einwohner
> Kolonie Florida, Ostparaguay, gegründet 1976, 94 Einwohner
> Kolonie Nueva Durango, Ostparaguay, gegründet 1978, 1927 Einwohner
> Kolonie La Montaña, Ostparaguay, gegründet 1982, 60 Einwohner
> Kolonie Manitoba, Ostparaguay, gegründet 1983, 695 Einwohner

Bevölkerung und Traditionen

Das Gebiet Paraguays, ursprünglich nur besiedelt von Indios, die sich mit den spanischen Einwanderern vermischten, ist heute ein Land, dessen Bevölkerung sich aus vielen verschiedenen Gruppen zusammensetzt.
Nicht nur die Spanier wanderten hier ein, sondern 1855/56 bereits Franzosen, 1872-75 Engländer, die im Zusammenhang mit dem Ausbau der Eisenbahn bei der Firma RAILWAY CO. DE INGLATERRA arbeiteten, 1893-97 Australier, 1898 –1926 Italiener, die alle hier ihr Glück und eine neue Zukunft suchten.
Einige der damals gegründeten Siedlungen gibt es heute nicht mehr oder sie existieren nur noch dem Namen nach.
Ab 1927 folgten die Mennoniten über Kanada und Russland und gründeten ihre Kolonien im Chaco, später auch in Ostparaguay.
Seit 1870 kamen auch immer wieder Deutsche nach Paraguay und gründeten seit 1881 eigene Siedlungen, so 1881 San Bernadino, 1887 Nueva Germania, 1919 Teutonia, das heutige Horqueta, 1920 Independencia. Unter Ihnen war 1907 der Botaniker Karl Friebrig, der in San Bernadino wohnte und 1910 einen Lehrstuhl an der Universität in Asunción bekam. Er war maßgeblich an der Errichtung des Botanischen und Zoologischen Gartens beteiligt.
1927 gelangten Siedler aus Polen und Russland nach Paraguay und gründeten die Kolonie Fram. Aus Österreich kamen Einwanderer in die Gegend von Villarrica und gründeten 1931 Carlos Pfannl. 1934 gründeten Sudetendeutsche aus Tschechien die Kolonie Sudetia.
Immer wieder stellten sich auch Kolonisten aus Brasilien ein und ließen sich hauptsächlich im grenznahen Departement Alto Paraná nieder.
Sogar Einwanderer aus Japan kamen ins Land und gründeten Kolonien, wie Pirapó, eine blühende landwirtschaftliche Kolonie im Departement Itapúa sowie La Colmena im Departement Paraguarí sowie Fram, La Paz und den heutigen wichtigen Wirtschaftsstandort Yguazú bei Ciudad del Este. Koreaner und andere Asiaten finden sich heute hauptsächlich in den großen Städten wie Ciudad del Este und Asunción, wo sie mehrheitlich im Handel tätig sind.

Paraguayische Kinder

Ebenso kamen im Laufe der Zeit viele Schweizer ins Land. Einer der bekanntesten Schweizer ist der Wissenschaftler Moisés Santiago Bertoni, der schon Ende des 19. Jahrhunderts mit Familie und Freunden einwanderte. Als Biologe und Agrarwissenschaftler erlangte er in Paraguay wissenschaftliche und politische Anerkennung (siehe Tour 2 Abstecher 7). In der 1994 gegründeten Schweizer Kolonie Rosaleda im Hohen Chaco leben heute nur noch wenige

Schweizer (siehe Tour 8 Abstecher 4)
Durch die vielen Einflüsse von außen fragt man sich: wer ist „der Paraguayer"?
Man könnte vielleicht sagen, es sind die Menschen, die sich aus der Vermischung der ursprünglich hier lebenden Indios mit den Spaniern und deren Nachkommen entwickelten, vor Eintreffen der vielen Einwanderer, die heute das Staatsgebiet bewohnen.
Aus diesem Grund ist es auch leicht verständlich, dass es in Paraguay heute zwei fast gleichwertig nebeneinander existierende Sprachen gibt: Spanisch und das indigene Guaraní.
Die Landbevölkerung spricht überwiegend Guaraní und man freut sich, wenn der „Fremde" ein paar Ausdrücke ihrer Sprache beherrscht und so ihre Kultur würdigt. Für die einfachen Menschen ist Spanisch oft fast eine Fremdsprache.
In den Städten kann man sich mit Castellón, wie Spanisch hier genannt wird, gut verständigen. Neuerdings findet man, vor allen Dingen unter der jüngeren Bevölkerung, auch schon etliche, die ein wenig Englisch sprechen. Das südamerikanische Spanisch unterscheidet sich in einigen Feinheiten vom europäischen Spanisch, was aber meist nicht zu Problemen führt.
Kulturell ist die Bevölkerung je nach ihrer Herkunft und ihrem Einfluss geprägt. Der indigene Einfluss zeigt sich im Bereich der Mythen und der Folklore sowie der Verwendung von Heilkräutern. Der spanische Einfluss offenbart sich im Stolz und den katholisch-europäischen Festen.

Estanciero mit traditionell gesatteltem Pferd

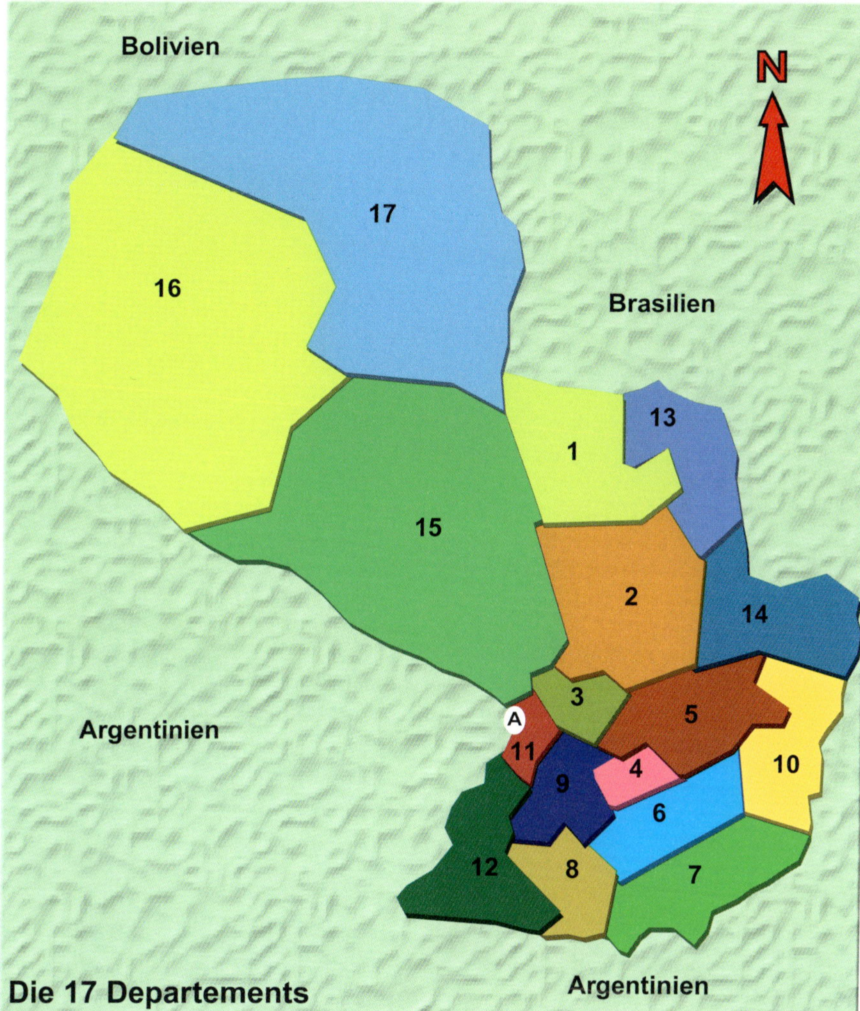

1 Concepción	7 Itapúa	13 Amambay
2 San Pedro	8 Misiones	14 Canindeyú
3 Cordillera	9 Paraguarí	15 Presidente Hayes
4 Guairá	10 Alto Paraná	16 Boquerón
5 Caaguazú	11 Central	17 Alto Paraguay
6 Caazapá	12 Ñeembucú	A Hauptstadtdistrikt

Departement 1 Concepción

Verwaltungssitz:	**Concepción**
Verwaltung:	**7 Distrikte**
Größe:	**18.0151 km²**
Einwohner:	**182.000 10 Ew pro km²**

Concepción liegt im nördlichen Teil Paraguays und hat daher schon annähernd tropisches Klima. Der gleichnamige Verwaltungssitz mit einem nationalen Flugplatz liegt fast auf dem südlichen Wendekreis.
Der Rio Paraguay ist eine wichtige Verkehrsverbindung an der westlichen Grenze und auch das Tor zum brasilianischen Pantanal. Ebenso begrenzen der Rio Ypané und der Rio Apá das Departement.
Landschaftlich bietet Concepción eine große Vielfalt; dichte Wälder und weite palmenbestandene Weiden, Ebenen und Hügelketten mit unzähligen Flüssen und Bächen.
Die Ruta 3 verbindet Yby Yaú mit Asunción, die Ruta 5 verläuft im Süden des Departements und verbindet Concepción mit Brasilien im Osten und den Verkehrsknotenpunkt Pozo Colorado im Westen. Die übrigen Wege sind Sand- oder Erdstraßen, die je nach Witterung nur schwer oder gar nicht zu befahren sind. Aus diesem Grunde ist der Handel im Departement sehr gering und nur beidseitig nahe der Rutas hat sich eine Infrastruktur entwickelt.
Im Agrarbereich liegt der Hauptschwerpunkt in der Rinder- und Hühnerzucht. Angebaut werden Manioka, Zuckerrohr, Mais, Baumwolle und Soja. Die Hauptausrichtung der Produktion liegt auf Zement, Kalk und Gips in Vallemí sowie auf Holzprodukten.

Departement 2 San Pedro

Verwaltungssitz:	**San Pedro de Yucuamandiyú**
Verwaltung:	**17 Distrikte**
Größe:	**20.002 km²**
Einwohner:	**330.000 17 Ew pro km²**

San Pedro ist das größte Departement Ostparaguays.
An seiner Westgrenze verläuft der Rio Paraguay und prägt mit seinen Nebenflüssen und ausgedehnten Sumpfniederungen die Landschaft. Die Nordgrenze bildet der Rio Ypané. Asphaltiert sind Ruta 3, die Verbindung mit Asunción, die Straße nach Cnel. Oviedo, die Ruta 10 nach Salto Guairá sowie die Ruta 11 nach San Pedro de Yucuamandyiú. Alle anderen Straßen sind nicht asphaltiert und je Wetterlage weniger gut zu befahren. Auch zu den Häfen, außer nach Puerto Antequerra, gibt es keine Asphaltstraßen. Diese sind mehr oder minder große Anlegestellen. Die Ansiedlungen dazu liegen wegen der Überschwemmungen des Rio meist etwas entfernt.
In diesem Departement befinden sich die mennonitischen Kolonien Friesland, Volendam und Rio Verde sowie die Kolonie Nueva Germania. Der Schwerpunkt ist die Rinderzucht. Die Estancias haben meist riesige Ausmaße bis über 10.000 ha. Angebaut werden überwiegend Manioka, Zuckerrohr, Soja, Mais und Baumwolle, ebenso viele Zitrusfrüchte. Es gibt nur Kleinindustrie im Bereich der Yerba-Mate Herstellung und Baumwollverarbeitung.

Departement 3 Cordillera

Verwaltungssitz:	**Caacupé**	
Verwaltung:	**20 Distrikte**	
Größe:	**4.948 km²**	
Einwohner:	**234.000**	**44 Ew pro km²**

Cordillera grenzt im Westen an das Departement Central an und ist daher auch Naherholungsgebiet für Asunción mit sehr guter Infrastruktur. Auf relativ kleiner Fläche konzentrieren sich eine Vielfalt touristischer Sehenswürdigkeiten und eine abwechslungsreiche Natur.

An seiner Westgrenze liegt der Lago Ypacaraí mit dem Ausflugsort San Bernadino. Der Höhenzug Cordillera de los Altos durchzieht das Departement.

Weitere touristische Ziele sind der Wallfahrtsort Caacupé, Tobatí, bekannt durch die Herstellung von Ziegeln und Keramikwaren, Atyrá, welches sich selbst als die sauberste Stadt Paraguays bezeichnet, der Nationalpark Vapor Cué mit Freilichtmuseum, sowie der Wasserfall „Salto Amambay" bei Piribebuy, die Naherholungsanlagen Chololó und Pinamar.

Besonders bekannt und beliebt sind die Chipas entlang der Ruta 2. Rinderzucht oder -mast findet nur auf Kleinestancias statt. Hühner sind die zahlenmäßig häufigsten Tiere. Die Kleinindustrie besteht überwiegend aus Familienbetrieben, die Chipas oder Dulce (Marmelade, Sirup) herstellen. Führend ist dieses Departement in der Ziegelsteinherstellung. Gärtnereien und andere Kleinbetriebe bieten ihre Produkte, wie Obst, am Straßenrand an.

Departement 4 Guairá

Verwaltungssitz:	**Villarrica**	
Verwaltung:	**17 Distrikte**	
Größe:	**3.846 km²**	
Einwohner:	**179.000**	**46,5 Ew pro km²**

Landschaftlich ist das Departement geprägt durch Ebenen, sanfte Hügel und Berge bis 720 m, durchzogen von Bächen und kleinen Flüssen, die kleinere und größere Wasserfälle hervorbringen. Hier liegt eingebettet in eine Allgäu-ähnliche Landschaft die von Deutschen gegründete Weinbaukolonie Independencia.

Die Ruta 8 führt nach Norden zum Verkehrsknotenpunkt Coronel Oviedo. Nach Süden führt sie ab Caazapá unbefestigt weiter nach Encarnación.

Der Verwaltungssitz Villarrica ist ein Städtchen mit vielen Häusern im Kolonialstil, einem besuchenswerten Stadtpark und ist durch die hier angesiedelten Fakultäten der verschiedenen Universitäten Zentrum der Bildung.

18 km von Villarrica entfernt liegt „Itá Letra".Der Ursprung dieser geheimnisvollen Gravuren auf einer Felswand ist unbekannt, diese werden aber gerne den Wikingern zugeordnet.

Führend ist dieses Departement in der Anpflanzung von Zuckerrohr, das hier in großen Industriebetrieben verarbeitet wird, Erdnüssen und Baumwolle. Besonders erwähnenswert ist der Anbau von Trauben und deren Verarbeitung zu Wein.

Departement 5 Caaguazú

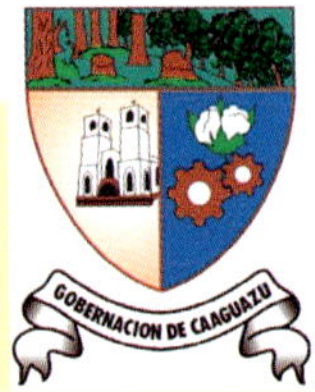

Verwaltungssitz:	Coronel Oviedo
Verwaltung:	20 Distrikte
Größe:	11.474 km²
Einwohner:	462.000 40,3 Ew pro km²

Der Gebirgszug „Cordillera de Caaguazú", der von Nord nach Süd das Departement durchzieht, ist die Wasserscheide zwischen dem Rio Paraguay und dem Rio Paraná. Coronel Oviedo, ein Verkehrsknotenpunkt, an dem aus allen Himmelsrichtungen die Überlandstraßen, die Rutas, zusammenlaufen, ist ein wichtiges Handelszentrum.
Das ehemals sehr waldreiche Gebiet der Cordillera hat hier die Holzwirtschaft und Möbelindustrie sesshaft werden lassen. Besonders im gleichnamigen Ort Caaguazú wird das Straßenbild geprägt durch die am Straßenrand ausgestellten Exponate der Holz verarbeitenden Betriebe. Dadurch ist dieses Gebiet am stärksten von der Abholzung betroffen und man versucht durch Wiederaufforstung dem entgegen zu wirken.
In diesem Departement liegt der Schwerpunkt auf der Holz- und Forstwirtschaft sowie der Holz verarbeitenden Industrie. Daneben sind in den letzten Jahren Betriebe im Bereich der Lebensmittelproduktion, der Speiseölherstellung und der Baumwollverarbeitung gewachsen. Hier wird die meiste Baumwolle Paraguays angebaut, der Zuckerrohranbau liegt an zweiter, der Weizenanbau an dritter Stelle.
Die Viehzucht spielt eine untergeordnete Rolle.

Departement 6 Caazapá

Gobernación de Caazapá

Verwaltungssitz:	Caazapá
Verwaltung:	10 Distrikte
Größe:	9.496 km²
Einwohner:	144.000 15,1 Ew pro km²

Dieses Departement wurde aufgrund des Widerstandes der Indios erst sehr spät kolonisiert. Erst die Franziskaner fanden durch Gründung von Reduktionen einen Zugang ihnen.
Früher führte die inzwischen stillgelegte Eisenbahnlinie von Asunción nach Encarnación durch dieses Departement. Heute sind die Straßenverhältnisse schwierig. Die Ruta 8, die von Nord nach Süd das Departement durchzieht, ist zum großen Teil ohne Asphalt. Nur die wenigen Kilometer von der Stadt Caazapá nach Norden zur Grenze nach Dep. Guairá sind geteert und somit die einzige Anbindung nach Coronel Oviedo zur Ruta 2 und 7 und somit nach Asunción und Brasilien. Deshalb liegt die Gegend auch heute noch in einer Art „Dornröschenschlaf". Der fischreiche Rio Tebicuary hat in diesem Gebiet seine Quellflüsse.
Die Rinderzucht ist in Caazapá eine Haupteinnahmequelle. Im Agrarbereich liegt das Departement mit dem Reisanbau an dritter Stelle der Landesproduktion. Daneben werden Mais, Baumwolle, Weizen, Tabak, Zuckerrohr und Soja angebaut. 17% der Traubenproduktion des Landes kommen von hier. Industrie konnte sich bedingt durch die schlechte Infrastruktur nur in Form von Kleinindustrie in der Baumwollverarbeitung sowie in der Wein- und Cañaherstellung entwickeln.

Departement 7 Itapúa

Verwaltungssitz:	**Encarnación**
Verwaltung:	**30 Distrikte**
Größe:	**18.525 km²**
Einwohner:	**500.000 30 Ew pro km²**

Itapúa liegt im äußersten Südosten des Landes und ist von Argentinien durch den Rio Paraná getrennt. Die Stadt Encarnación ist mit der argentinischen Stadt Posadas seit 1992 durch eine große Hängebrücke verbunden.
Durch den guten Boden gibt es große Agrarflächen, wodurch landwirtschaftliche Großbetriebe entstanden sind. Hier haben sich auch die von Deutschen gegründete Kolonien Bella Vista, Hohenau und Obligado entwickelt. Die Infrastruktur ist gut ausgebaut; neben den asphaltierten Hauptverkehrsstraßen, sind auch einige Nebenstraßen asphaltiert. Touristisch ist dieses Departement bekannt durch die Ruinen der Jesuitenreduktionen Trinidad und Jesús sowie durch den Nationalpark San Rafael.
Soja, Baumwolle, Yerba Mate, Sonnenblumen und Weizen werden in großem Stil angebaut und verarbeitet. Daneben ermöglicht das gemäßigte Klima auch den Obst- und Gemüseanbau. Mit der Schweinzucht liegt Itapúa auf Platz eins des Landes. Die gute Infrastruktur ließ die Entwicklung großer Fabriken im Bereich der Yerba-Mate-Tee-Herstellung, der Verarbeitung von Mais, Sonnenblumen und Tung zu Speiseöl sowie Industrie in den Bereichen Nahrungsmittel, Holzverarbeitung und Baustoffen zu.

Departement 8 Misiones

Verwaltungssitz:	**San Juan Bautista**
Verwaltung:	**10 Distrikte**
Größe:	**9.556 km²**
Einwohner:	**101.000 10,5 Ew pro km²**

Misiones liegt im Süden Paraguays zwischen den Departements Itapúa und Ñeembucú. Es hat im Süden mit dem Rio Paraná eine gemeinsame Grenze mit Argentinien. Hier ist auf der Insel Yacyretá beim Städtchen Ayolas als Gemeinschaftsunternehmen das gleichnamige Wasserkraftwerk mit Argentinien entstanden.
Der Name „Misiones" geht zurück auf die Jesuiten, die im 17. und 18. Jahrhundert ihre Reduktionen, auch „misiones" genannt, zwischen dem Rio Paraná und dem Rio Tebicuary errichteten. Dadurch sind in vielen Orten noch jesuitische Bauten sowie Kunstgegenstände zu finden.
Die Ruta 1 verbindet das Departement mit Asunción und Encarnación. Die ebenfalls asphaltierte Ruta 4 führt nach Pilar.
Ein großer Teil des Departements besteht allerdings aus sumpfigen Niederungen; trotzdem lässt sich dort die Rinderzucht gut durchführen. Daneben werden auch Pferde und Schafe gezüchtet. Neben Reis werden Zuckerrohr, Manioka, Mais, Baumwolle, Orangen, Bananen, Pomelos und Zitronen angebaut. Als wichtigster Industriezweig gilt die Stromerzeugung im Kraftwerk Yacyretá. Außerdem haben sich Fabriken und Betriebe der Fleisch- und Milchproduktion entwickelt, sowie die große Yerba-Mate Fabrik „Té Guarani".

Departement 9 Paraguarí

Verwaltungssitz:	**Paraguarí**
Verwaltung:	**17 Distrikte**
Größe:	**8.705 km²**
Einwohner:	**250.000 28,7 Ew pro km²**

Ein Teil der „Cordillera de los Altos“ mit ihren Tafelbergen reicht im Norden bis ins Departement Paraguarí. Ansonsten prägen vereinzelte Berge in meist ebenem Gelände mit weitläufigen Rinderweiden das Landschaftsbild.
Der Rio Tebicuary mit seinen Sumpfniederungen bildet die Südgrenze.
An der westlichen Grenze liegt ein großes, noch nicht erschlossenes Naturschutzgebiet mit dem See Ypoá und der Lagune Vera.
Der Nationalpark Ybycuí mit seinen Hügeln, Tälern, Bächen und Kaskaden sowie der historischen Eisengießerei La Rosada sind Attraktionen des Departements.
Die schönste Franziskanerkirche ist in dem Städtchen Yaguarón zu besichtigen.
Hauptanbauprodukte sind Zuckerrohr, Manioka, Mais, Gemüse, Bananen sowie Zitrusfrüchte. In den weiten Ebenen kann Viehzucht, besonders von Rindern, und in kleinerem Umfang auch von Pferden betrieben werden. Daneben spielt auch die Schweinzucht eine geringe Rolle.
Im Verwaltungssitz ist eine große Plastik herstellende Fabrik, die auch im Export tätig ist, entstanden. Außerdem liegt der industrielle Schwerpunkt in Kleinbetrieben der Kleider- und Schuhfabrikation im Distrikt Paraguarí.

Departement 10 Alto Paraná

Verwaltungssitz:	**Ciudad del Este**
Verwaltung:	**19 Distrikte**
Größe:	**14.895 km²**
Einwohner:	**708.000 47,3 Ew pro km²**

Die extrem gute Erde begünstigt im Alto Paraná den Ackerbau. Große Weizen-, Baumwoll- und Sojafelder prägen die Landschaft.
Der Rio Paraná, der die Ostgrenze zu Argentinien und Brasilien bildet, wurde durch das Wasserkraftwerk Itaipú zu einem riesigen See angestaut, an dessen Rand neue Naturschutzgebiete angelegt wurden. Der Verwaltungssitz Ciudad del Este ist ein wichtiger Handelsplatz mit eigenem internationalen Flugplatz.
Touristische Höhepunkte sind das binationale Wasserkraftwerk Itaipú, der kleine Wasserfall „Salto Monday“ und natürlich ein Besuch der berühmten Wasserfälle von Iguazú in Brasilien und Argentinien.
Im südlichen Teil des Departements liegt der wirtschaftliche Schwerpunkt im Ackerbau. Alto Paraná ist der größte Sojaproduzent des Landes. Daneben werden Manioka, Mais, Weizen, Zuckerrohr und Sonnenblumen angebaut. Die großen Viehzuchtbetriebe sind nördlich der Ruta 7 zu finden. Der industrielle Schwerpunkt liegt in der Stromerzeugung im Wasserkraftwerk Itaipú. Außerdem hat diese gute Stromversorgung viele Industriezweige angezogen. So findet man im Bereich Ciudad del Este unter anderem Lebensmittel-, Holz-, Textil- und Plastikindustrie. Im Vorort Minga Guazú ist ein großer Industriepark entstanden, der von Taiwan gesponsert wird.

Departement 11 Central

Verwaltungssitz:	**Areguá**
Verwaltung:	**19 Distrikte**
Größe:	**2.464 km²**
Einwohner:	**1.340.000 544 Ew pro km²**

Das relative kleine Departement Central schließt sich an die Hauptstadt Asunción an und dehnt sich entlang des Rio Paraguay von Nord nach Süd aus. Im Süden liegt ein großes, wenig besiedeltes Sumpfgebiet mit dem noch fast unerschlossenen Lago Ypoá. Im Nordosten, am Lago Ypacaraí findet man den Verwaltungssitz in dem Städtchen Areguá, das bekannt ist für seine Töpferkunst.
Der nördliche Teil des Departements ist wegen seiner Nähe zu Asunción gut erschlossen und dicht besiedelt. Im Bereich der Gold- und Silberschmiedestadt Luque liegt der internationale Flughafen „Silvio Pettirossi".
In San Lorenzo finden sich etliche Fakultäten der paraguayischen Universitäten. Hier vereinen sich die Ruta 1 und Ruta 2, somit haben sich hier ein Verkehrsknotenpunkt und ein Handelszentrum entwickelt. Über die Remanso-Brücke führt die Ruta 9, die „Trans-Chaco", in den Nordwesten des Landes, den Chaco.
Bäuerliche Kleinbetriebe im Bereich des Fruchtanbaus, insbesondere Erdbeeren, Bananen oder Zitrusfrüchte, sowie Gemüse liegen in diesem Departement.
Kleinere und mittlere Handwerksbetriebe haben sich im Bereich der Holzverarbeitung, Lebensmittelherstellung, Früchte- und Fleischverarbeitung entwickelt.

Departement 12 Ñeembucú

Verwaltungssitz:	**Pilar**
Verwaltung:	**16 Distrikte**
Größe:	**12.147 km²**
Einwohner:	**76.700 6,3 Ew pro km²**

Die Landschaft Ñeembucús ist geprägt durch ausgedehnte Sumpfniederungen mit ihrer charakteristischen Flora und Fauna. Im äußersten Südwesten gelegen, ist dieses Departement durch die Flüsse Rio Paraguay und Rio Paraná von Argentinien getrennt. Bis heute ist es verkehrstechnisch noch nicht erschlossen und dünn besiedelt. Einzig die Ruta 4, die viele Kilometer weit durch ein riesiges Sumpfgebiet gebaut wurde, ist asphaltiert. Sie führt von San Ignacio zur Grenz- und Hafenstadt Pilar. So ist die Verwaltungshauptstadt mit asphaltierter Straße und einem nationalen Flugplatz mit dem Rest des Landes verbunden. Die übrigen kleinen Ansiedlungen sind durch 634 km Erd- oder Sandwege miteinander verbunden.
Durch die ausgeprägte Sumpflandschaft spielt der Ackerbau hier eine sehr geringe Rolle. Neben Mais, Süßkartoffeln, Erdnüssen und Baumwolle werden Orangen und Pomelos angebaut.
Wie im unteren Chaco wird auch hier die zeitweise überschwemmte Graslandschaft als Rinderweide genutzt. Daneben werden in geringem Umfang Schafe, Pferde, Schweine und Ziegen gehalten.
Industrie gibt es nur in Pilar. Dort ist eine große Textilindustrie entstanden. Andere Betriebe arbeiten in der Fleischverarbeitung, bzw. im Bäckereibereich.

Departement 13 Amambay

Verwaltungssitz:	**Pedro Juan Caballero**
Verwaltung:	**3 Distrikte**
Größe:	**12.933 km²**
Einwohner:	**120.000 9,2 Ew pro km²**

Amambay liegt im Nordosten Paraguays und grenzt an Brasilien. Die Landschaft der Cordillera de Amambay bildet die westliche Grenze. Faszinierende rote Felsformationen und bewaldete Hügel prägen das Landschaftsbild. Vereinzelte Ausläufer dieser Bergkette reichen weit ins Departement hinein. Hier liegt der Nationalpark Cerro Corá.
Der Rio Apa und sein Nebenbach Estrella bilden nach Norden eine natürliche Grenze zu Brasilien. Der wichtigste Verkehrsweg ist die asphaltierte Ruta 5, von der Grenzstadt Pedro Juan Caballero nach Concepción. Alle anderen Verkehrswege in diesem Departement sind noch Erdstraßen.
Die Stadt Pedro Juan Caballero liegt auf einer Hochfläche auf 700 m und hat daher trotz tropischer Lage ein angenehmes und gesundes Klima. Dieser „trockene“ Grenzstreifen trennt die Verwaltungshauptstadt von der Stadt Pontá Porá in Brasilien.
In diesem Gebiet wurden in den letzten Jahren auf abgeholzten Flächen Rinderweiden geschaffen. Der fruchtbare Boden begünstigt eine gute Agrarwirtschaft. Hauptsächlich werden Weizen und Rizinus sowie Manioka, Mais, Soja, Yerba Mate, Früchte und Gemüse angebaut. Industrie gibt es nur in kleinem Umfang im Bereich der Holz- und Milchverarbeitung sowie der Lebensmittelherstellung.

Departement 14 Canindeyú

Verwaltungssitz:	**Salto del Guairá**
Verwaltung:	**10 Distrikte**
Größe:	**14.667 km²**
Einwohner:	**146.000 9,9 Ew pro km²**

Canindeyú ist ein sehr waldreiches, hügeliges und weitgehend unerschlossenes Departement im Osten des Landes an der brasilianischen Grenze. Die Straßen, die die Dörfer und Ansiedlungen untereinander verbinden, sind größtenteils unbefestigte Sand- und Erdstraßen. Nur die Verbindungsstraße nach Süden, Richtung Ciudad de Este und die Ruta 10 zum Verwaltungssitz sind asphaltiert.
An der Grenze zu Brasilien fließt im Osten der Rio Paraná, im Norden zieht sich der Höhenzug „Cordillera de Mbaracayú“ entlang der Grenze sowie Ausläufer der „Cordillera de Amambay“. Die Bergkette „Cordillera de Joaquín“ bildet die Grenze zum Departement Caaguazú. Zahlreiche Flüsse und Bäche durchziehen die Landschaft. Die Naturschutzgebiete Mbaracayú und Carapá bieten einerseits einigen indigenen Gruppen die Möglichkeit in ihrer gewohnten Weise zu leben, andererseits tragen sie zum Schutz der Umwelt bei und bewahren einen Teil ursprünglicher Natur.
Die Haupteinahmen der Bevölkerung kommen aus der Landwirtschaft. Neben Rinderzucht ist die Agrarwirtschaft sehr bedeutend. Canindeyú verfügt über Kaffeeplantagen, auf denen ein Großteil des paraguayischen Kaffees angebaut wird. Im Maniokaanbau liegt das Departement an erster Stelle. Daneben werden auch Soja, Weizen, Sonnenblumen, Yerba Mate, Bananen und Orangen kultiviert.

Departement 15 Presidente Hayes

Verwaltungssitz:	**Villa Hayes**
Verwaltung:	**5 Distrikte**
Größe:	**72.907 km²**
Einwohner:	**83.200 1,1 Ew pro km²**

Der Name des Departements erinnert an den amerikanischen Präsidenten Rutherford Hayes, der 1877/78 nach dem Dreibundkrieg Vermittler im Grenzstreit zwischen Paraguay und Argentinien war und zu hier Gunsten Paraguays entschied.
Es liegt im unteren Chaco und hat keinerlei Erhebungen. Der Rio Paraguay und der Rio Pilcomayo bilden die natürlichen Grenzen im Osten und Südwesten. Die Ruta Transchaco ist über die Remanso-Brücke die Verbindung der Region mit Ostparaguay. Die Transchaco und die Ruta 5 nach Concepción sind die einzigen asphaltierten Verkehrswege. Rechts und links der Ruta liegen verstreut viele große Estancias. Größere Ansiedlungen gibt es neben Villa Hayes nicht.
Die Landschaft ist geprägt durch weite, zeitweise überflutete Weideflächen.
Die über 2.000.000 Rindern sind die höchste Rinderanzahl Paraguays. Jedoch haben sich einige Betriebe auch auf Pferdezucht oder die Haltung von Schafen spezialisiert. Im Agrarbereich spielt der Anbau von Zuckerrohr, Sorghum (Hirseart), Süßkartoffeln, Manioka und Orangen eine Rolle. Industrie gibt es überwiegend in Villa Hayes, so zum Beispiel eine Werft für Last- und Tankschiffe und Metall verarbeitende Betriebe für die Herstellung von Draht.

Departement 16 Boquerón

Verwaltungssitz:	**Filadelfia**
Verwaltung:	**1 Distrikte**
Größe:	**91.660 km²**
Einwohner:	**45.000 0,5 Ew pro km²**

Das zweite Chaco-Departement liegt im äußersten Nordwesten. Der wichtigste wasserführende Fluss ist der Rio Pilcomayo. Ansonsten findet man viele ausgetrocknete Flussläufe oder isolierte Bäche, die sich nur bei Regen mit Wasser füllen. Im äußersten Nordwesten stößt man vereinzelt auf Sanddünen und kleine hügelige Erhebungen mit Trockenwald und Hartholzbäumen. Niedriger bis hoher Dornbusch mit dazwischen liegenden Salzlagunen und landwirtschaftliche Flächen charakterisieren die Landschaft im Bereich der Kolonien. Bemerkenswert ist eine außergewöhnliche und vielfältige Flora und Fauna.
Im Osten haben sich die mennonitischen Kolonien Menno, Fernheim und Neuland entwickelt. Asphaltiert ist neben der Trans-Chaco, die bis zur bolivianischen Grenze bei Fn. Infante Rivarola führt, die Verbindungsstraßen nach Filadelfia, Loma Plata und Neu-Halbstadt. Die übrigen Lehmstraßen werden bei Regen oft zu rutschigen Pisten.
Der Haupterwerbszweig ist hier die Rinderhaltung. Im Bereich der Kolonien werden hauptsächlich Erdnüsse, Baumwolle, Sorghum (eine Hirseart), Rizinus Sesam, Mandarinen, Orangen und Pomelos angebaut und kultiviert.
Die Milchverarbeitung der Mennoniten und ihre Produkte sind in ganz Paraguay führend. Daneben gib es Holzverarbeitung, bzw. Möbelherstellung.

Departement 17 Alto Paraguay

Verwaltungssitz:	**Fuerte Olimpo**
Verwaltung:	**3 Distrikte**
Größe:	**82.349 km²**
Einwohner:	**14.700 0,2 Ew pro km²**

Alto Paraguay liegt im Hohen Chaco und ist kaum besiedelt. Vereinzelte Berge, von denen die bekannteste Formation der Cerro León ist, sind mit tropischem Trockenwald bedeckt.

An der östlichen Grenze zieht sich der Paraguay-Strom entlang, an dem kleinere Häfen entstanden sind. Auch der historische Hafen Puerto Casado, wo seinerzeit die ersten Mennoniten auf ihrem Weg in die neue Heimat ankamen, liegt hier im Süden des Departements.

Entlang des Rio Paraguay reichen ausgedehnte Überschwemmungsgebiete weit ins Land hinein. Hier beginnt das Pantanal mit seiner reichen Tierwelt. Große Teile dieses Departements sind riesige Naturschutzgebiete, die sich bis an die Grenze zu Bolivien ausdehnen. Infrastruktur ist so gut wie keine vorhanden. Die Straßen sind ohne Ausnahme Erdstraßen und bei entsprechender Witterung schlecht zu befahren. Die Pflanzen- und Tierwelt ist hier einzigartig: gigantische Kakteen, Bromeliengewächse, Quebrachobaum, Flaschenbaum und Palo Santo; hier leben noch Puma, Jaguar, Tapir, Gürteltier, Ameisenbär, Ñandú und viele Schlangen- und Reptilienarten.

Die Rinderzucht ist die Haupteinnahmequelle; riesige Estancias liegen hier im Norden des Landes. Der Ackerbau spielt eine ganz geringe Rolle. Es werden Baumwolle, Manioka, Mais, Sorghum (Hirseart), Bohnen, Pomelos, Orangen und Bananen in geringen Mengen angebaut.

Technik in der kleinsten Hütte

rechts: Plaza de la Democracia

Asunción - die Hauptstadt

Stadtgebiet Asunción - Hauptverkehrsstraßen

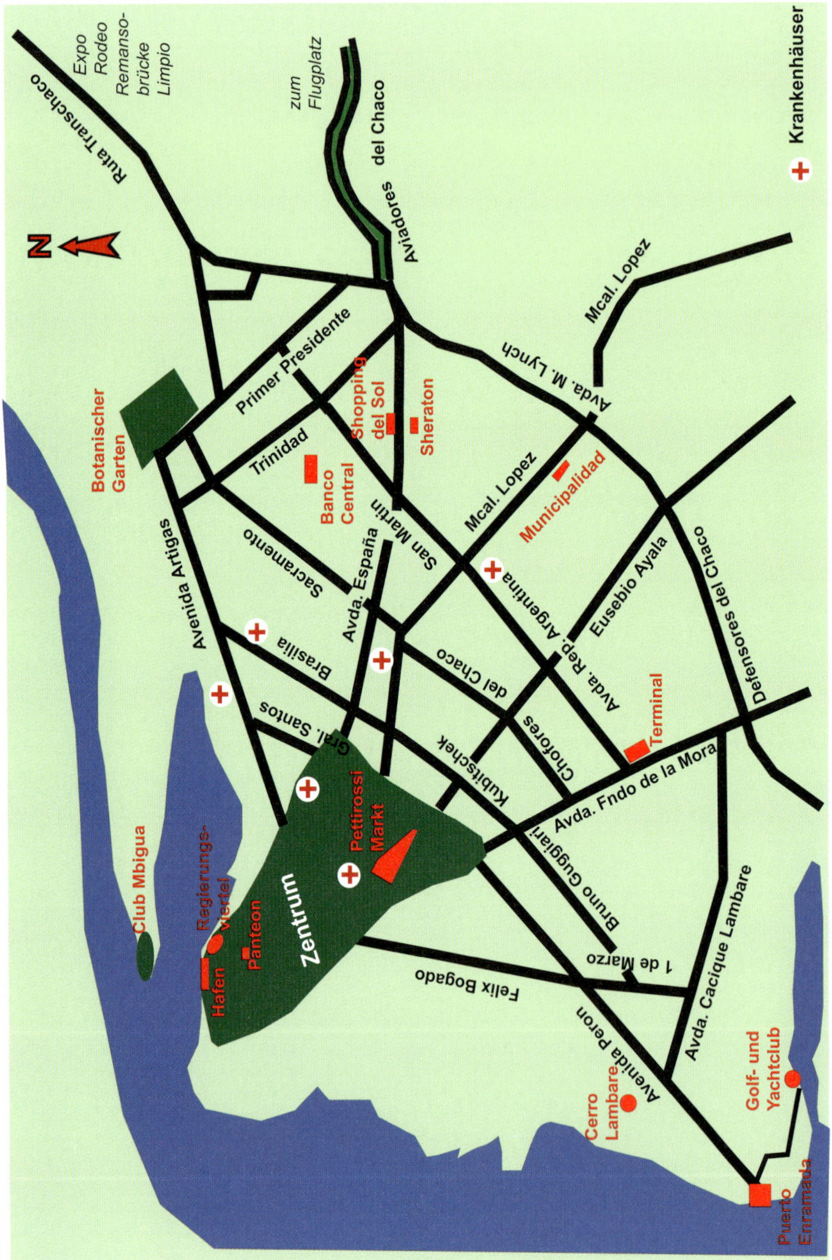

Asunción - die Hauptstadt

Wer Paraguay besucht, wird meist zu Beginn einige Tage in der Hauptstadt Asunción verbringen. Einerseits braucht man die Tage, um sich zu akklimatisieren, denn Zeitverschiebung und Klimaumstellung brauchen ihre Zeit.
In den ersten Tagen ist man früh morgens wach und fit und kann somit die kühlen Morgenstunden gut nutzen.
Von etwa fast 7 Millionen Einwohnern Paraguays leben etwa 600.000 in der Hauptstadt selbst, im gesamten Ballungsraum mit den Vororten Fernando de la Mora, San Lorenzo, sowie Mariano Roque Alonso, Lambaré, Villa Elisa und Luque sind es ungefähr 2.100.000 Einwohner.
Asunción wurde am 15. August 1537 von dem Spanier Juan de Salazar y Espinoza am Ostufer des Rio Paraguay gegründet. Dieser Tag war Mariä Himmelfahrt, deshalb nannte man diesen Ort „Nuestra Señora Santa Maria de la Asunción“. Espinoza errichtete hier einen Stützpunkt, eine Art Festung – ein „casa fuerte“.
1541 begann Martinez de Irala, ein Offizier des spanischen Gouverneurs Mendoza, Straßen anzulegen und einfache Häuser zu bauen.
Bedingt durch Schwierigkeiten mit den Eingeborenen in Buenos Aires verlegte Mendoza seinen Sitz dann nach Asunción, das nun zum Zentrum der spanischen Kolonisierung wurde. Bis 1617 blieb Asunción ein wichtiger Stützpunkt der Spanier in Südamerika und Verwaltungsstelle der Region Rio de la Plata im Vizekönigreich von Peru.

Juan de Salazar y Espinoza

Das Zentrum Asuncións in der Kolonialzeit - Casa de la Independencia

Als Paraguay 1811 seine Unabhängigkeit von Spanien erklärte, wurde Asunción zur Hauptstadt der neuen Republik. Von 1869 bis 1876 war Asunción während des Triple Allianz Krieges und danach von brasilianischen Truppen besetzt.

Casa Angulo - Avda. España 1098

Von dem ehemaligen Stützpunkt der Spanier ist heute nur noch wenig übrig.

Nach der Unabhängigkeit von Spanien hat Präsident José G. R. Francia die Stadt neu angeordnet und schachbrettartig aufgebaut, wodurch das Zentrum sehr übersichtlich gestaltet ist. Allerdings machen die vielen Einbahnstraßen dem Autofahrer, der fremd ist, oft erhebliche Mühe. Die wichtigsten Straßen in Richtung Innenstadt und wieder heraus sind die Avenida España und die Avenida Mcal. López, die Avenida Eusebio Ayala und die Avenida Artigas.

Viele Straßennamen erinnern an bedeutende Personen der paraguayischen Geschichte, sowie an wichtige Ereignisse. Eine Eigenart ist es, dass manche Straßen ab einem bestimmten Punkt einfach einen anderen Namen tragen (man beachte dazu die Markierung im Stadtplan). Da die Straßen oft kilometerlang sind, sind auf den

Blick über die Bahía a

Straßenschildern die Hausnummern des nächsten Abschnittes vermerkt.
Heute hat sich die Stadt weit über ihr ursprüngliches Areal hinaus ausgedehnt und ist in 66 „Barrios“ -Stadtteile- unterteilt.
Prachtbauten aus der Nachkolonialzeit (Ende 19. und Anfang 20. Jahrhundert) findet man auf den Straßen *Avda. España* und *Avda. Mariscal López*.
Die schönsten sind die Quinta Urrutia (*Avda. España 926*), Casa Angulo (*Avda. España 1098*) und Villa Jacquet Velilla (*Avda. Mcal. López 1435, Ecke Gral. Santos*).

Blick vom Cerro Lambaré auf Asunción

Asunción ist eine grüne Stadt, die sich über mehrere Hügel hinzieht. Steht man auf dem Hügel **Cerro Lambaré,** 150 m, am Stadtrand gelegen, erkennt man die Gartenlandschaft Asuncións, die eingebettet in eine Fluss-Schleife des Rio Paraguay liegt und auf drei Seiten vom Fluss und einer Bucht umschlossen wird.
Große Parkanlagen, z.B. der **„Parque Caballero“**, der sich entlang der *Avda. Artigas* zieht, der **Jardín Botánico** am Ende der *Avda. Artigas* und das Sport- und Freizeitgelände **„Parque Ñu Guazú“**, am Stadtrand Richtung Flugplatz gelegen, ziehen die Bewohner der Hauptstadt in ihrer Freizeit an. Überall im Stadtgebiet finden Besucher Plätze mit großen Bäumen, in deren Schatten man eine Rast einlegen kann.

'e Skyline von Asunción

Verkaufsstände - „Plaza de los Héroes“

Im Zentrum Asuncións liegen in einem großen Platz vereint die vier Teilplätze **„Plaza de los Héroes“** mit dem Panteón, **„Plaza Juan O‘ Leary“**, **„Plaza de la Democracia“** und **„Plaza de la Libertad“.** Zwischen Kathedrale, dem alten und dem neuen Senat vereinigen sich „**Plaza Independencia-Constitución“**, **„Plaza Juan de Salazar“**, **„Plaza de Armas“** und **„Plaza del Congreso“** zu einem weiteren großen Platz im Regierungsviertel an der „Bahía“ - einer großen Bucht im Rio Paraguay - . Gegenüber des Neuen Senats befindet sich der Platz **„Plaza Mcal. Francisco S. López“**. Hinter dem Palacio de Gobierno erstreckt sich an der Bucht der Platz **„Plaza Luis Maria Argaña“** sowie seitlich die Grünfläche **„Plaza de los Desperecidos“**. In der Nähe des alten Bahnhofs findet man den **„Plaza Uruguaya“**. Im Frühjahr verzaubert die Blütenpracht der Lapacho- und der Palisanderbäume sowohl die Plätze als auch die mit großen Bäumen gesäumten Straßen.

Das Leben in der Großstadt Asunción erinnert an das typische, quirlige, bunte südländische Leben. Die vielen Straßenverkäufer und kleine Märkte, auf denen man auch ein wenig handeln kann, prägen das Stadtbild. Hier verbindet sich modernes Leben mit Althergebrachtem; moderne Hochhäuser wechseln ab mit älteren Gebäuden aus der Kolonialzeit, Autos und Busse umfahren manches im Stadtbild immer seltener werdende Pferdefuhrwerk.

Hier, im Zentrum Paraguays, konzentriert sich das gesellschaftliche und geschäftliche Leben: große internationale und nationale Banken, Versicherungen, Konzerne und Airlines haben hier ihren Sitz.

In den letzten Jahren entwickeln sich immer mehr große Einkaufszentren nach amerikanischem Vorbild.

Restaurants vieler Nationalitäten und verschiedener Geschmacksrichtungen erfreuen den Besucher. Hotels aller Ka-

Einkaufszentrum „Shopping del Sol“

tegorien, Universitäten, Museen, Theater und Kinos sowie große Krankenhäuser und Schulen, Ärzte und Notare; hier findet man alles, was eine Großstadt zu bieten hat.
Asunción erkundet man am besten, je nach Geschmack, mit dem Bus und zu Fuß. Viele Buslinien durchziehen die Stadt; sie sind günstig, man zahlt immer den gleichen Preis, egal wie weit man in diesem Bus fährt.
Wechselt man den Bus, muss man aber erneut zahlen. Eine Busfahrt in Asunción ist schon ein kleines Abenteuer, da es meist keine Fahrpläne gibt. Manchmal glaubt man doch, dass es sich bei dem Busfahrer eher um einen Rallyefahrer handelt; er will möglichst viele Fahrgäste in kürzester Zeit transportieren. Das Ein- und Aussteigen geschieht teilweise bei noch rollendem Fahrzeug.
Das Zentrum selbst kann man bequem zu Fuß erkunden (siehe Stadtrundgänge). Vier parallel verlaufende Hauptverkehrsstraßen durchziehen es von *West nach Ost: die Calle Presidente Franco, die Calle Palma, die Calle Estrella und die Calle Oliva.* Die Calle Palma, die in den vergangenen Jahren neu gestaltet wurde, ist die Hauptgeschäftsstraße; hier liegt Geschäft an Geschäft.
Dazwischen finden sich Stände mit Zeitschriften, Uhren, Kleidung, allerlei Essbarem und vielem mehr. Nicht zu vergessen die Geldwechsler, die mit ihrem Ruf „Cambio" auf sich aufmerksam machen.
Für kunstinteressierte Besucher hält Asunción neben den in den Stadtrundgängen genannten Museen noch weitere bereit: Das **„Museo Barbero"(16)** auf der Avenida España 217, gegenüber dem Hotel Palmas del Sol, ist ein ethnografisches Museum und stellt typische Objekte der Guaraní-Indianer aus. *Öffnungszeiten: täglich 8:00 Uhr bis 17:30 Uhr* (die Klingel benutzen). Eintritt frei. Das **„Museo del Barro y Centro de Artes Visuales"** findet man in der Straße Grabadores del Cabichúi nahe E. Miranda, in der Nähe des Sheraton Hotels gelegen. Dieses Museum ist unterteilt in drei Bereiche: indigene und volkstümliche Kunst mit typischen paraguayischen Keramik- und Tonarbeiten sowie zeitgenössische Kunst mit einer Sammlung von Werken paraguayischer und südamerikanischer Künstler. Daneben gibt es auch wechselnde Ausstellungen. *Öffnungszeiten: mittwochs bis samstags von 15:30 Uhr bis 20:00 Uhr, samstags zusätzlich von 9:30 Uhr bis 12:30 Uhr. Eintritt: 8.000 GS.*

Im **„Museo de las Memorias"**, das auf der *Calle Chile 1066 und 1072*, zwischen den beiden Straßen *Jejuí* und *Manduvirá* liegt, wird die Zeit der Diktatur zwischen 1954 und 1989 während der Regierungszeit von Alfredo Stroessner dargestellt und aufgearbeitet. *Öffnungszeiten: montags bis freitags von 9:00 bis 16:00 Uhr* - Eintritt frei.

In diesem 1930 erbauten Haus errichtete Alfredo Stroessner sein „Hauptquartier". Als man im Jahr 1992 hier alte bis dahin unbekannte Dokumente aus dieser Zeit fand, wurde das Haus erst einmal geschlossen, um 2007 als Museo de las Memorias der Öffentlichkeit wieder zugänglich zu machen.

Büro von Alfredo Stroessner im Museo de la Memoria

Auf einem geführten Rundgang erhält man etliche Hintergrundinformationen. Im zweiten und dritten Raum ist neben den Fotos der Präsidenten Paraguays eine Zeitleiste angebracht, auf der wichtige Daten der Geschichte verzeichnet sind.
Der Rundgang führt durch Stroessners Büro mit einigen seiner persönlichen Gegenständen, wie zum Beispiel das ganz persönliche Nummernschild seiner Fahrzeuge und das seiner Familie, Freunde und Gönner. Sie waren somit frei von jeglicher Polizeikontrolle und Einschränkungen. Andere Räume zeigen politische Tafeln z.B. zur Operation Condor. Foltergerätschaften, vieles mehr und die Gefängniszellen aus dieser Zeit schließen den Rundgang ab.
Alfredo Stroessner wurde als Sohn des 1898 von Deutschland nach Paraguay ausgewanderten Oberfranken Hugo Stroessner und seiner paraguayischen Frau 1912 in Encarnación geboren. Bereits mit 16 Jahren begann er als Kadett seine militärische Laufbahn und nahm als Offizier am Chacokrieg teil. Im Alter von 41 Jahren wurde er Oberbefehlshaber des Militärs. Im darauf folgenden Jahr, 1954, putschte er gegen den Präsidenten Chaves und wurde zwei Monate später vom Kongress zum Staatspräsidenten gewählt. Er war mit einer Regierungszeit von 35 Jahren einer, der am längsten Regierenden Südamerikas. Seine Partei, die Colorados" musste erst bei den letzten Präsidentschaftswahlen 2008 ihre Macht an eine Koalition unter Präsident Lugo abgeben. Neben den jeder Diktatur anhaftenden negativen Vorgängen, Menschrechtsverletzungen bis hin zu politischen Morden und Verschleppungen, wurde in dieser Zeit die Infrastruktur verbessert. Straßen wurden gebaut oder asphaltiert, Krankenhäuser und Banken entstanden. Besonders durch das von ihm initiierte Wasserkraftwerk Itaipú gab es einen wirtschaftlichen Aufschwung. 1989 wurde auch er durch einen Putsch entmachtet und ging ins brasilianische Exil, wo er 2006 in der Hauptsatdt Brasilia verstarb.
Außer der Kathedrale sind noch die **„Iglesia de la Encarnación" (11)** und die „Iglesia Santísima Trinidad" sehenswert. Den Besuch der Ersteren, deren vollständiger Name "Nuestra Señora de la Encarnación" ist, kann man an einen der Stadtrundgänge anschließen; sie liegt etwas erhöht und man erreicht sie direkt auf der *14 de Mayo*

Iglesia de la Encarnación

etwa vier Querstraßen nach der Palma. Sie war ursprünglich eine der ältesten Kirchen Asuncións, deren Grundstein Martinez de Irala legte. Sie hat eine lange Geschichte hinter sich, während der sie mehrmals den Standort gewechselt hat. Die erste Kirche bestand aus einer Holzkonstruktion und einem Lehm-Tongemisch. Mehrmals wurde sie durch Naturereignisse zerstört, verkommen lassen und an einem anderen Ort wieder aufgebaut. A. López ließ sie auf dem höchsten Punkt der Innenstadt, wie in seiner Zeit üblich in großer Pracht, neu errichten. Allerdings fiel sie 1889 einem Feuer zum Opfer und brannte bis auf die Grundmauern ab. Ein italienischer Baumeister integrierte die Überbleibsel in die heutige Treppe, die zum großen Eingangsportal hinaufführt. 1927 erhielt die Kirche eine Orgel aus Deutschland, die 1997 mit Unterstützung der Deutschen Botschaft repariert wurde, sodass hier wieder Konzerte großer Meister stattfinden können. Die Kirche ist außer zu den Gottesdienstzeiten am Sonntag, jeweils *montags bis freitags von 16:00 bis 18:00 und samstags vormittags von 8:00 Uhr bis 11:00 Uhr geöffnet.*

Die Kirche **„Santísima Trinidad“** liegt in der Nähe des Botanischen Gartens im gleichnamigen Stadtteil. Sie wurde 1856 eingeweiht. Die Fassade mit den fünf Torbögen und dem nach oben strebenden Giebel ist mit geometrischen Formen geschmückt und wurde wie viele andere Gebäude der Stadt Anfang 2005 frisch gestrichen. Ein Bogengang führt um die Kirche herum, der Glockenturm steht an der linken Seite und endet in einer kleinen Kuppel. Im Inneren ist die abgerundete kunstvoll bemalte Holzdecke ein Blickfang. *Öffnungszeiten: montags bis freitags von 8:00 Uhr bis 11:00 Uhr und 16:00 Uhr bis 19:00 Uhr. Samstags und sonntags zu Zeiten der Gottesdienste.*

Am besten ist es, sich vom Flair dieser Stadt gefangen nehmen zu lassen, sie zu „atmen“ oder sie einfach auf den folgenden Rundgängen zu erkunden.

1 Hafengebäude

2 Regierungspalast

3 Manzana de la Rivera

4 Neues Senatsgebäude

5 Casa de la Independencia

6 Hauptpostamt

7 Altes Senatsgebäude

8 Erzb. Museum

ab hier ändern sich die Straßennamen nach links und rechts

9 Kathedrale

10 Panteón de los Héroes

11 Kirche "Encarnación"

12 Nationalmuseum "Bellas Artes"

13 Plaza Uruguaya

14 Alter Hauptbahnhof

15 Stadttheater

16 Museo Barbero

17 Museo de las Memorias

18 Tourismusbüro

19 Hotel Asunción Palace

Das Zentrum Asuncións zu Fuß auf drei Rundgängen erkunden

Als Ausgangspunkt für alle drei Rundgänge wählen wir das Panteón am Plaza de los Héroes. Dieser Punkt am Anfang der *Calle Palma* und *Calle Estrella* ist nicht zu übersehen und leicht zu finden.
Anfahrtsmöglichkeiten:
1. mit dem Bus zum Plaza de los Héroes
2. mit dem eigenen Auto in die Tiefgarage unter dem Plaza de la Democracia beim Hotel Guaraní. Die Einfahrt befindet sich in der Mitte der Plätze zwischen Panteón und Hotel.
3. mit dem eigenen Auto ins Parkhaus des Einkaufszentrums Asunción Supercentro, Einfahrt auf der *15 de Agosto*, nach Überqueren der *Oliva* 30 m links; die Einfahrt ist leicht zu übersehen.

Hinweis: Von der Dachterrasse des neuen Hotels Guaraní, die man mit dem Aufzug erreicht, hat man einen schönen Rundblick über das Stadtzentrum.

Besuch des Panteóns

Von jedem der genannten Punkte sind es nur wenige Schritte zum **Plaza de los Héroes** im Herzen des Stadtzentrums, wo sich das **Panteón Nacional de los Héroes (10)** an der Ecke der *Straßen Palma* und *Chile* befindet. Es erinnert in verkleinerter Form an den Invalidendom in Paris.
Mit dem Bau wurde 1863 auf Anordnung von Francisco Solano López, dem damaligen Präsidenten, begonnen. Es sollte eine Kapelle zu Ehren der Jungfrau Maria, der Patronin Asuncións werden. Unterbrochen durch den „Großen Krieg" wurde das Gebäude aber erst 1936 eingeweiht. Im Inneren befinden sich heute in einer Art von oben einsehbarer, runder Krypta der große, von einer paraguayischen Fahne bedeckte „Sarg des Unbekannten Soldaten", die Särge der Präsidenten Bernadino Caballero und Dr. Eusebio Ayala. In Urnen befinden sich die sterblichen Überreste der Präsidenten Carlos Antonio López und seines Sohnes Francisco S. López sowie des Generals José

Panteón Nacional de los Héroes

links: *Fensterbild im Panteón mit Bildnissen einiger Präsidenten*

Ehrenwache am Eingang zum Panteón de los Héroes

Diáz. Ebenso wird auch die Urne der „Niños Mártires de Acosta Ñu“ aufbewahrt. Diese Urne erinnert an die vielen Kinder, die als Kindersoldaten im „Großen Krieg“ auf den Schlachtfeldern ihr Leben lassen mussten. Auf zwei Plätzen sind die Namen des Mariscal José Estigarribia und Dr. Gaspar Rodriguez de Francia vermerkt. Im oberen, begehbaren Bereich findet man den Altar, Standbilder und Urnen paraguayischer Führer und Helden sowie viele Ehren- und Gedenktafeln für diese. Am Eingang steht die doppelte Ehrenwache, die sich im Wechsel aus Soldaten aller Waffengattungen rekrutiert. *Öffnungszeiten: montags bis samstags von 6:00 Uhr bis 17:30 Uhr, sonntags von 6:00 Uhr bis 11:30 Uhr*

Rundgang 1 (rot):

Nach der Besichtigung des Panteóns wählen wir die *Calle Estrella*, die auf der Rückseite des Gebäudes verläuft. Ihr folgen wir nach rechts und kommen nach der Überquerung der nächsten Querstraße *Alberdi* auf der rechten Straßenseite am bekannten Outdoor- und Waffengeschäft „Perfecta“ vorbei.

Hier biegen wir rechts in die *14 de Mayo* ein und erreichen nach Überqueren der *Palma*, der Hauptgeschäftsstraße, linker Hand an der Ecke *14 de Mayo* und *Presidente Franco* eines der ältesten historischen Gebäu-

Casa de la Independencia

de der Stadt, das **Casa de la Independencia (5)** (Haus der Unabhängigkeit). Hier wurde 1811 die Vorherrschaft der Spanier durch Ausrufung der Unabhängigkeit beendet. Das Haus wurde 1772 im Kolonialstil erbaut.
Seit 1965 ist es ein Museum und zeigt seinen Besuchern in fünf Räumen viel Geschichtsträchtiges aus der Epoche der Unabhängigkeitsbewegung.
Die Einrichtung stammt noch aus der Kolonialzeit und lässt das Leben von damals spüren, aber auch Dokumente

Ehrengarde für hohen Besuch

Der Salon - Casa de la Independencia

aus der Zeit der Befreiung sind dort zu finden.
Von einem kleinen Innenhof aus, wo zwei alte Ansichten einen Eindruck über das Stadtbild in der Kolonialzeit vermitteln und an dessen Rückwand auf einer Tafel die Unabhängigkeitserklärung zu lesen ist, betritt man nach rechts die verschiedenen Räume mit original alten Einrichtungsgegenständen. Der Rundgang führt durch die Schreibstube, „El Escritorio", das Esszimmer, „El Comedor", den Salon „La Sala", das Schlaf-

Druckpresse aus Deutschland
hergestellt 1812

zimmer, „El Dormitorio“ und die Hauskapelle, "El Oratorio“ mit sakralen Kunstgegenständen aus dieser Epoche. In jedem der Räume findet man ausführliche und übersichtliche Beschreibungen. Auf der gegenüberliegenden Seite des Hofes betritt man den Ratssaal, „El Salon Capitular“, in dem früher die Sitzungen stattfanden.

Auf der anderen Seite des Raumes steht eine Druckpresse aus dem Jahre 1812, die in Stuttgart hergestellt wurde.

Öffnungszeiten: montags bis freitags 7:00 Uhr bis 18:00 Uhr, samstags 8:00 Uhr bis 12:00 Uhr.

Auf der *Presidente Franco* geht man dann nach links zwei Ecken weiter, bis man auf die *O'Leary* stößt. Hier wendet man sich nach rechts und geht nun auf der O'Leary eine Ecke weiter. Dort erreicht man einen Häuserblock, der unter dem Namen **Manzana de la Rivera (3)** bekannt ist. Dieser Block beherbergt Gebäude verschiedener Epochen, die restauriert wurden, und gibt so einen Überblick über die diversen Baustile im Laufe der Zeit.

Benannt ist der Gebäudekomplex nach dem alten Namen einer Straße, der Calle de la Rivera. Das Areal wurde 1990 von der Verwaltung der Stadt erworben und seit 1991 restauriert und zu einem Kulturzen-

Straßenfront - Manzana de la Rivera

Innenhof im Manzana de la Rivera - Patio Lenor

trum ausgebaut. Es wird eingegrenzt von den Straßen *O'Leary, El Paraguayo Independiente, Ayolas* und *Benjamín Constant*.

Man betritt den Gebäudekomplex, der sich um den Innenhof **Patio Leonor** gruppiert, an der Ecke El Paraguayo Independiente und Ayolas durch das älteste dieser Gebäude, das **Casa Viola**, erbaut 1750. Hier ist das Museum der Stadtgeschichte mit Texten, Bildern und Karten sowie Alltagsgegenständen seit der Gründung der Stadt bis heute untergebracht. *Öffnungszeiten: täglich 8:00 Uhr bis 22:00 Uhr.* Von hier aus gelangt man ins Innere der anderen Gebäude. Über einen Flur, in dem sich der Eingang zur Stadtbibliothek im **Casa Vertuá,** 1898 erbaut, und der Zugang zum **Casa Emasa,** das heute aufgrund seiner weitläufigen Räume und Flure als Kunst- und Fotogalerie genutzt wird, *Öffnungszeiten: montags bis freitags 8:00 Uhr bis 21:00 Uhr, samstags 8:00 Uhr bis 12:00 Uhr und 18:00 Uhr bis 21:00 Uhr*, erreichen wir das **Casa Castelví.** Das im typischen Kolonialstil 1804 erbaute Gebäude hat einen kleinen, mit Säulen umstandenen Innenhof mit einem Teich, eine Oase der Ruhe. In seinen Räumen und Gängen finden wechselnde Ausstellungen statt. *Öffnungszeiten: montags bis freitags 08:00 Uhr bis 13:30 Uhr und 16:00 Uhr bis 22:00 Uhr, samstags 10:00 Uhr bis 20:00 Uhr und sonntags von 10:00 Uhr bis 19:00 Uhr.*

Zurück im Patio Leonor fällt der Blick rechter Hand auf das zweistöckige **Casa Ballario**, erbaut 1901, im neoklassizistischen Stil. Hier ist auch das Verbindungsbüro der **UNESCO** untergebracht. Treppen führen hinauf zu einer Galerie, von der aus man einen schönen Blick auf den Innenhof und die ihn eingrenzenden Gebäude hat.

Im anschließenden **Casa Serra 1 und 2**, erbaut 1912, liegen hinter einem Säulengang die großen Räume des städtischen Bild- und Tonarchivs.

Daneben, im **Casa Clari-Mestre**, auch 1912 im gleichen Stil erbaut, finden im Audito-

rium Theater- und Tanzaufführungen statt.
Zwischen diesem Gebäude und dem Casa Viola, unserem Ausgangspunkt, findet man das **Casa Clari,** erbaut Anfang des 20. Jahrhunderts. Dort ist heute die Café-Bar Casa Clari, *geöffnet 09:00 Uhr bis 24:00* Uhr, untergebracht.
Beim Umrunden des Häuserblockes kann man die verschiedenen Fassaden bewundern, sowie den Vorgarten des Casa Castelví. Auf der *El Paraguayo Independiente* steht man dann gegenüber dem **Regierungspalast – Palacio de Gobierno (2).**
Die Pläne zu diesem Gebäude stammen von dem ungarischen Architekten Franz Wismer de Morgenstern. Als Vorbild diente ihm der wesentlich größere Louvre in Paris. Der Baubeginn war 1857 während der Regierungszeit von Carlos Antonio López. Er ließ das hufeisenförmige Gebäude für seinen Sohn Francisco bauen, der das Grundstück von seinem Patenonkel Don Lázaro Rojas geschenkt bekam.
Durch den Triple Allianz Krieg wurde der Bau unterbrochen und konnte erst 1892 beendet werden. Dieser Palast war zu seiner Zeit wegen seiner architektonischen Schönheit einer der bekanntesten in Südame-

unten: Regierungspalast von der Bahia aus gesehen

oben: Vorderfront bei Nacht

rika. Seit 1894 ist das Gebäude der Regierungssitz des amtierenden Präsidenten.
Termine und Autorisation kann man nur vom Departemento de Ceremonial del Estado erhalten (Tel.: 021 4140000). Führungen sind zweimal im Monat und nur nach Voranmeldung möglich.
Links des Palastes kann man Richtung Fluss gehen.
Man passiert den Bereich des Hubschrauberlandeplatzes und gelangt an die Bucht des Rio Paraguay, an deren Ufer ein Kriegsschiff liegt.
Auf der rechten Seite des Palastes gehen wir nun einige Meter auf der *Rio Aquibadan* Richtung Fluss, um dann nach rechts in die *Calle República* einzubiegen. Dieser folgen wir entlang des links liegenden Parks, um nach einigen 100 Metern vor dem imposanten Eingang des neuen -seit 2003- **Palacio Legislativo (4)**, mit seiner großen, verspiegelten Fassade zu stehen. Die Calle República mündet nun direkt in den Platz **„Plaza Independencia"**. Zuerst passiert man das neue Denkmal, das mit seiner zerrissenen Kette an die Unabhängigkeit erinnert und zum 471. Gründungstag der Stadt 2008 errichtet wurde. Danach trifft man auf das rosa gestrichene, **alte Senatsgebäude (7)** (Ex Palacio Legislativo). Das aus der Zeit der Jesuiten stammende Gebäude war der Sitz der spanischen Gouverneure (Cabildo), danach bis 1894 der Sitz der Präsidenten und bis 2003 tagte hier der Senat. Jetzt ist darin ein Kulturzentrum mit Ausstellungsräumen entstanden.
Öffnungszeiten: dienstags bis freitags 9:00 Uhr bis 19:00 Uhr, samstags, sonntags und an Feiertagen 10:00 Uhr bis 17:00 Uhr.
Vor diesem erhebt sich das Denkmal mit der Figur des Stadtgründers von Asunción,

Spiegelfassade - Neuer Senat - Palacio Legeslativo

links: Denkmal zum 471. Gründungstag

Juan de Salazar y Espinoza. Die Wasserspiele auf dem 2003/2004 neu angelegten Platz erzeugen ein ganz besonderes Ambiente.

Etwas versetzt auf dem Areal, in Richtung Kathedrale, erhebt sich die Säule mit der Freiheitsstatue, auf deren Sockel die wichtigsten Daten aus der Stadtgeschichte zu lesen sind. Wir verlassen den Platz gegenüber in Richtung Innenstadt und gehen rechts vom Hauptquartier der Nationalpolizei, dem früheren Privatwohnsitz des Präsidenten Carlos A. López, die *Calle Alberdi* hinauf. Nach kurzer Wegstrecke stehen wir vor dem Haupteingang der **Correo Central (6)**, dem Hauptpostamt Asuncións.

Der schattige Innenhof des ehemaligen Wohnhauses aus der Kolonialzeit mit seinen tropischen Pflanzen lädt zu einer Pause ein. In der Mitte erhebt sich die Büste von Francisco S. López, auf deren Sockel die Inschrift prangt: „F. Solano López baute in Paraguay den ersten nationalen Telegrafen Südamerikas 1864". Rings um den Innenhof liegen hinter arkadenartigen Gängen die einzelnen Abteilungen:

Schließfächer, Briefmarkenverkauf usw. Außerdem befindet sich hier das **Museo Histórico Postal** mit einer schönen Sammlung und Ausstellung von Briefmarken, die jeden Philatelisten erfreuen wird. *Öffnungszeiten: montags bis frei-*

Badevergnügen vor dem Alten Senat

oben: Innenhof der Hauptpost

rechts: Neues Stadttheater

tags 7:00 Uhr bis 19:00 Uhr und samstags von 8:00 Uhr bis 11:00 Uhr. Steigt man im Innenhof die breite Treppe hinauf, befindet man sich auf einer großen Dachterrasse, von der aus man eine schöne Aussicht in den Innenhof und auf den Plaza Independencia sowie die umliegenden Gebäude hat. Im Eingangsbereich kann man nicht nur die Post nach Übersee einwerfen, sondern an einem Kiosk Ansichtskarten und zeitweise deutschsprachige Zeitungen aus Paraguay erwerben. Auf der gegenüberliegenden Straßenseite fällt der Blick auf das neu renovierte **Stadttheater (15).** Folgt man der *Alberdi* weiter, hat man drei Querstraßen weiter die Hauptstraße *Palma* erreicht. Wendet man sich hier nach links, ist man an der nächsten Ecke wieder beim Panteón. Nach rechts erreicht man nach einigen Häusern, auf der Palma 468, das **Tourismusbüro** mit seinem Ausstellungsraum für paraguayisches Kunsthandwerk und dem Informationsbereich.

rechts: Berittene Polizei in Asunción

Rundgang 2 (blau):

Vom **Panteón** aus geht man nach rechts auf der *Calle Palma* entlang der Parkanlage. In diesem Bereich bieten die Maká-Indianer oft ihre bunten handwerklichen Produkte, wie Taschen, Rucksäckchen, Bändchen und besonders Perlenketten, an.

Ab hier ändert sich der Straßenname Palma in *Mcal. Estigarribia*. An der übernächsten Ecke beginnt bereits das Gebäude des **Museo Nacional de Bellas Artes (12)**. In mehreren Sälen findet man Kunstwerke paraguayischer Künstler, Gemälde, Skulpturen und Tonarbeiten sowie öfter wechselnde Ausstellungen. *Öffnungszeiten: dienstags bis freitags 7:00 Uhr bis 19:00 Uhr, samstags 7:00 Uhr bis 12:00 Uhr.* Der Eintritt ist frei. Nach dem Besuch verlassen wir das Museum nach links, gehen weiter auf der *Mcal. Estigarribia* und stoßen bei der 3. Querstraße zentral auf den **Plaza Uruguaya (13)**. Auf dem Platz halten wir uns halb rechts, wo man auf die lang gestreckten Pavillons mehrerer großer Buchhandlungen trifft. Es lohnt sich durchaus die Ausstellungsräume zu durchstreifen und die vielen Bücher aller Sach- und Fachgebiete anzuschauen. Hier kann man auch einen Stadtplan erwerben. Der Platz selbst mit seinen sternförmig angelegten Wegen und großen Bäumen lädt zu einer Rast und zum Ausruhen ein. Zeitweise lassen sich hier auch „Wohnsitzlose" unter Plastikplanen nieder.

Auf den Seiten der Straßen *25 de Mayo* und *Antequera* befinden sich größere Geschäfte, Büros und Agenturen.

Auf der gegenüberliegenden Seite, an der *Eligio Ayala* steht das alte Bahnhofsgebäude, **Estación de Ferrocarril (14)**. Dieses Gebäude wurde wie viele andere während der

Alter Bahnhof - Asunción

Regierungszeit von Carlos Antonio López von dem italienischen Architekten Alejandro Ravizza erbaut und 1861 eingeweiht. Obwohl viele Einwirkungen aus Europa den Bau beeinflussten, enthält das Gebäude auch Elemente einheimischer Architektur. Die beiden Kolonnadengänge zeigen klassizistische Züge. Das Geländer auf dem Hauptgesims

oben: die erste Lokomotive Paraguays

rechts: restaurierter Salonwagen

wurde später hinzugefügt, ebenso die beiden Türme im neugotischen Stil. Paraguay war eines der ersten Länder Südamerikas, das eine Eisenbahn besaß. In Betrieb ist der Bahnhof nicht mehr; in ihm ist heute das **Museo Histórico Ferroviario** untergebracht. Man kann hier die erste Lokomotive mit Namen „Sapucaí" bewundern. Außerdem stehen hier ein vollständig restaurierter Speisewagen sowie ein Salon- und Schlafwagen, die man von innen besichtigen sollte. Hier fühlt man sich intensiv in die damalige, sehr vornehm wirkende Zeit , zurückversetzt. Dieses Museum betritt man von der Eligio Ayala aus und sieht gleich links die ehemaligen Fahrkartenschalter und rechts den Tisch für die zu bezahlenden Eintrittskarten. Touristen zahlen zurzeit 10.000 GS. In

Eisenbahnmuseum - ehemaliger Fahrkartenschalter

den einzelnen sich anschließenden Räumen sieht man alte Fernmeldeeinrichtungen und Telefongeräte, die Signalglocken für Ankunft und Abfahrt, Sitzbänke der ersten und zweiten Klasse und vieles Interessante mehr.

Für jeden Eisenbahnliebhaber ist dies ein besonderer Höhepunkt.

Geöffnet ist: dienstags bis freitags von 7:00 Uhr bis 17:00 Uhr, samstags uns sonntags 9:00 Uhr bis 13:00 Uhr.

Wegen des starken Verkehrs auf der *Cnel. Bogado* wählen wir für den weiteren Rundgang die *Eligio Ayala*. Dieser folgt man nach links zurück Richtung Zentrum.

An der 4. Querstraße, *Independencia Nacional,* biegen wir nach rechts ab und stehen eine Straßenecke weiter an der Kathedrale aus der Mitte des 17. Jahrhunderts. Dieses Gebäude wurde ebenfalls unter Carlos Antonio López von Alejandro Ravizza auf den Grundmauern einer älteren Kirche errichtet und 1845 eingeweiht.

Rechts des Eingangsportals ist ein Steinrelief zu sehen, das eine Begegnung von Martinez de Irala mit einigen Vertretern der indigenen Bevölkerung zeigt.

Die **Kathedrale (9)** hat die Form einer typischen 3-schiffigen Basili-

Kathedrale - Plaza de la Independencia

Steinrelief an der Kathedrale

ka. Die Renaissance-Fassade wird von zwei Glockentürmen gekrönt. Das Innere ist im typischen Kolonialstil gehalten, der barocke, holzgeschnitzte Altar zeigt Bilder von San Blas („patrón“ = Schutzheiligen von Paraguay), der Jungfrau Maria und von Petrus und Paulus.

Links neben der Kathedrale erhebt sich das alte, rote Backsteingebäude, in dem die **Universidad Católica „Nuestra Señora de la Asunción“** untergebracht ist. Geht man die Straße zwischen Kathedrale und Universität einige Meter hinein, liegt links das Erzbischöfliche Museum **„Museo Arzobispal Monseñor Juan Sinforiano Bogarín“ (8)**. Dieses Museum trägt den Namen seines Gründers, des ersten Erzbischofs Paraguays. Er sammelte über den langen Zeitraum von fünfzig Jahren, besonders auf seinen Rundreisen durch das Land, viele sakrale und historische Gegenstände.

Auch gibt es Kunstwerke aus der Zeit der Franziskaner und Jesuiten sowie verschiedene Waffen und Objekte aus dem Triple Allianz Krieg. Die Ausstellungsräume gruppieren sich um einen Innenhof mit Säulengang und tropischer Bepflanzung.

Gegen einen Obolus von 2000 GS pro Person wird man freundlich durch die Räume geführt und erhält die wichtigsten Informationen, leider nur in spanischer Sprache.
Öffnungszeiten: montags bis freitags 8:00 Uhr bis 11:00 Uhr.

Auf dem Rückweg überquert man den Platz Plaza de la Independencia bis zur Ecke *Cnel. Bogado* und *Chile.*

Letzterer folgen wir zurück bis zum Ausgangspunkt Panteón.

Maká-Souvenirs

Rundgang 3 (gelb):

Vom Panteón aus bummeln wir dem Verkehrsfluss folgend durch die Hauptgeschäftsstraße, der ***Calle Palma***. Kleine und große Geschäfte, Boutiquen, Verkaufsstände, Straßenhändler und Bauchladenverkäufer; hier wird allen Einkaufsgelüsten und Interessen entsprochen, von Kleidung und Haushaltsartikeln jeder Art, über Hightech bis zu teueren Parfümerien. Unterwegs passiert man das Tourismusbüro. Man folgt der leicht abfallenden Palma weiter entlang der Geschäfte, bis man auf die *Avda. Colón* stößt. Wendet man sich hier nach links, erreicht man nach 100 m an der nächsten Straßenecke das **Asunción Palace Hotel (19)** (ehemals Palacio Venancio López**)**. Dieses historische Gebäude mit seinen Säulen wurde für den jüngsten Sohn Venancio López von Carlos Antonio López erbaut. 1858 wurde es im Rahmen eines rauschenden Festes eingeweiht. Der Präsident besuchte seinen Sohn gern am späten Nachmittag und betrachtete mit Freunden vom schattigen Balkon aus das Treiben auf der Straße in der Nähe des Hafens. Während der Besatzungszeit durch die Brasilianer im Triple Allianz Krieg diente es als Marinehospital. Seit 1890 wird es als Hotel unter verschiedenen Namen genutzt; seit 1943 trägt es den Namen Asunción Palace Hotel.

Calle Palma - Haupteinkaufsstraße im Zentrum Asuncións

Historisches Gebäude - Asunción Palace Hotel

Wir gehen zurück zur Ecke *Colón/ Palma* und weiter hinab entlang der zahlreichen Geschäfte

Souvenirläden - Avda. Colón

unter schattigen Arkaden, die ihre landestypischen Anbote für den Besucher bereithalten. Hier ist für jeden Geschmack etwas zu finden, alles, was man als Tourist sucht oder gerne als Souvenir mit nach Hause nehmen möchte: Typische Lederwaren, meist aus hellem Rindsleder, Baumwollkleidung mit Ao-po´i-Stickerei, Ñandutí-Deckchen, Silberarbeiten oder mit Landesmotiven bedruckte T-Shirts. Die Vielfalt ist groß. Ein Qualitäts- und Preisvergleich lohnt in jedem Falle.
Am Ende der Arkaden an der spitzwinkligen Ecke zur Benjamin Constant treffen wir auf die Wache des Marine-Ministeriums. An dieser Stelle steht man schräg gegenüber dem Haupteingang des Hafengebäudes **(Puerto) (1)**.
Zur Weihnachtszeit ist rechts seitlich des Haupteingangs eine wundeschöne typische Krippe aufgebaut.

Hafengebäude

Betreten wir dieses Gebäude, finden wir uns in einer kühlen Schalterhalle wieder. Nachdem wir uns hier umgesehen haben, verlässt man das Gebäude auf der hinteren Seite und kann so einen Blick auf den Kai mit seinen Be- und Entladevorrichtungen und auf die gegenüberliegende Seite der "Bahia" werfen. Meist liegen auch einige Frachtschiffe im Hafenbereich. Manchmal sieht man das einem Raddampfer nachempfundene Ausflugsschiff "Paraguay", mit dem man mehrtägige Fahrten bis ins Pantanal unternehmen kann.
Werktags kann man bis zum Zollgebäude und dem davor liegenden kleinen Platz und seinem Denkmal an den Chaco-Krieg gehen.
Zurück in der Schalterhalle steigt man zwei Treppen nach unten zur Anlegestelle der

Denkmal an den Chacokrieg
im Hafenbereich

kleinen Fährboote, die zwischen dem Hafen und dem **Club Mbiguá** verkehren. Diese bringen Clubmitglieder und Gäste kostenlos hinüber zu der kleinen Landzunge, auf der sich eine Freizeit- und Clubanlage befindet. Schon während der Überfahrt hat man einen hervorragenden Ausblick auf Hafen, Regierungspalast und Downtown. Man fragt vor dem Ausstieg, wann es Rückfahrtmöglichkeiten gibt, ca. im Stundentakt. Bei einem Spaziergang durch die gefällige Clubanlage bieten sich immer wieder wunderschöne Ausblicke auf Fluss und Stadt. Man kann hier in wohltuendem Schatten hauptsächlich in der Saison bzw. am Wochenende etwas essen oder trinken.

Nach der Rückfahrt wendet man sich vom Hafengebäude aus nach links auf die *El Paraguayo Independiente,* passiert das Manzana de la Rivera (3) und den Regierungspalast (2) zurück bis zum Plaza Independencia; dort geht man die *Alberdi* hinauf, vorbei am Haupteingang der Correo Central (Rundgang 1). Von hier aus gehen wir den bekannten Weg über die *Palma* zum Ausgangspunkt Panteón zurück.

Fluss-Kreuzfahrtschiff im Hafenbereich und Verladekran

Besuch des Pettirossi-Marktes

Ein Besuch des Pettirossi-Marktes ist ein Muss für jeden Asunción-Besucher.

Der riesige Pettirossi-Markt erstreckt sich zwischen den Straßen *Avda. Perú, Avda. Pettirossi* und *Avda. Dr. Francia*. Täglich vom frühen Morgen durchgängig bis zum Abend (ca. 18 Uhr) sind die Stände geöffnet. Der gesamte Markt ist im Prinzip hauptsächlich nach Warengruppen geordnet.

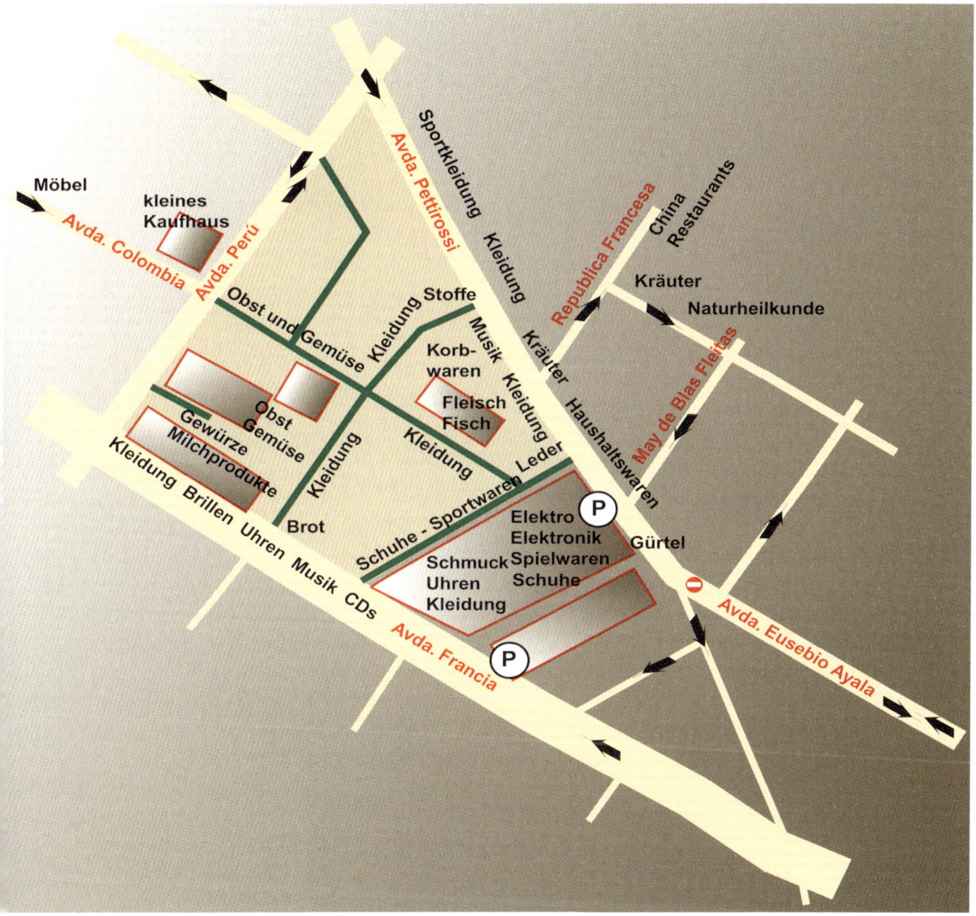

Als Ortsunkundiger fährt man am besten mit dem Bus in die Nähe des Marktes. Parkplätze sind dort schwer zu finden, außer in größeren und kleineren Parkhäusern.
Betritt man den Markt von der *Avenida Perú* her, findet man hier in erster Linie Verkaufsstände mit Obst und Gemüse aller Art, die die Vielfalt des Landes wiederspiegeln. Ein Vergleich der Preise und der Qualität lohnt sich hier immer. Wenn man weiter in den Bereich des Marktes vordringt, kommt man durch enge Gässchen mit Lederwaren, Textilien, Korbwaren sowie Lebensmitteln und Haushaltswaren.

Großes Angebot an frischem Obst

Inmitten der Stände kann man in Kartons zum Verkauf angebotene kleine Küken, Entenküken, Sittiche, Papageien und manchmal sogar Äffchen entdecken.
Hier hätten europäische Tierschützer ein weites Betätigungsfeld.
Dazwischen wird an Imbiss-Ständen alles mögliche Essbare frisch zubereitet und angeboten, ebenso eiskalte Getränke. Die Gerüche sind oft schon von Weitem zu bemerken. Einen guten Magen sollte man hier allerdings haben. Auf offene Säfte, usw. sollte man besser verzichten; Getränke kauft man sinnvollerweise in Dosen oder Flaschen.
In den engen Gässchen zwischen den Ständen tummeln sich Einzelhändler, die Seife, Socken, Gürtel und sogar Tragetaschen aus Bändchenmaterial zu günstigen Preisen anbieten.
Weiter im Inneren stößt man auf Markthallen mit Obst, Gemüse und anderen Lebensmitteln sowie Fleisch, frisches Geflügel und Fisch.
Ein Besuch bei großer Wärme ist hier für den europäischen Geruchssinn wirklich nicht sehr ange-

Angebot in der Fischhalle

Fleischhalle

nehm, weil weder Fisch noch Fleisch in der Regel auf den Verkaufstheken gekühlt werden, was man bei Temperaturen von 30 bis 35 Grad im Schatten auch deutlich wahrnimmt.

Beim Betreten des Mercado Cuatro kommt man in ein großes Gebäude, in dem in vielen kleinen Geschäften Kleider, Elektrogeräte, Schuhe und vieles mehr angeboten werden.

Entlang der Avda. Pettirossi findet man auf der linken Seite weitere Geschäfte.Hier kann man unter dem Schatten der Vordächer Haushalts- und Eisenwaren erstehen, ebenso Lederwaren, Taschen, Koffer und Sättel. Rechts reihen sich entlang der Straße Verkaufsstände aller Art. Auf dem schmalen Gehweg zwischen diesen Buden und den Häusern herrscht oft großes Gedränge, da jeder versucht sich im Schatten aufzuhalten oder dort auf den nächsten Bus zu warten.

Überall wird man freundlich begrüßt mit „adelante“ und „que busca ?“ („Kommen Sie herein!“ „Was suchen Sie?“). Aber die Aufdringlichkeit orientalischer Basare findet man hier meist noch nicht.

Geht man die *Av. Republica Francesa*, eine Seitenstraße der *Av. Pettirossi,* hinunter, trifft man an der nächsten Ecke nach rechts kleine Läden, die allerlei Kräuter und Gewürze sowie Naturheilprodukte wie Guaraná, Ginkgo, Ginseng und Aloe Vera anbieten. Im weiteren Verlauf der *Av. Rep. Francesa* kommen Liebhaber der chinesischen Küche in den Mittags- oder Abendstunden in verschiedenen Restaurants auf ihre Kosten.

Für einen Besuch sollte man sich den frühen, noch kühlen Vormittag aussuchen. Man kann leicht mehrere Stunden auf dem Markt verweilen.

Geht man von der *Avda. Perú* auf der

Tee- und Kräuterladen

Avda. Colombia hinab, trifft man alsbald auf die ersten Möbelgeschäfte. Hier wird einfaches Mobiliar in Hinterhöfen hergestellt und teilweise auf dem Gehweg noch fertig bearbeitet. Das gesamte Angebot wird hier und im Randbereich der Straße auf beiden Seiten angeboten. Die Preise sind hier naturgemäß recht günstig.

Textilangebot im Innern des Pettirossimarktes

Möbel auf der Avda. Colombia

Eingang zum Botanischen Garten

Der Botanische Garten

Der Botanische Garten liegt am westlichen Stadtrand; man erreicht ihn mit einem der Linienbusse vom Zentrum aus oder mit dem eigenen Auto über die *Avda. Artigas,* die direkt auf den Haupteingang zuführt. Eine Besonderheit dieses Botanischen Gartens ist, dass man ihn mit dem eigenen Auto befahren kann. Im Inneren sind mehrere große Parkplätze angelegt; von hier aus ist es möglich die weitläufigen, nicht mit dem Auto zugänglichen Bereiche zu erkunden. Besonders interessant sind die beiden ausgeschilderten Rundwege von 4,2 km und 2,7 km Länge.

Mit dem eigenen Auto durchfährt man den Eingangsbogen, um dann gleich am Kassenhäuschen den Eintritt zu entrichten. (Auto: GS 3.000, Erwachsene: GS 2.000) Man folgt dem Fahrweg und erreicht als Erstes das „Casa Viana-Galván“, in dem sowohl ein Naturkundemuseum untergebracht ist, als auch die Geschichte der Ureinwohner erklärt wird. Ursprünglich war dieses Haus der Sitz der Eltern von Doña Juana P. Carrillo, der Mutter des späteren Präsidenten Carlos A. López. Folgt man dem ausgeschilderten Weg weiter,

kommt man zum Casa López, dem Wochenendhaus der Familie López. Heute beherbergt es ein Volkskundemuseum, in dem Gegenstände des täglichen Lebens und native Kunst ausgestellt sind. *Öffnungszeiten der Museen: montags bis samstags 7:00 Uhr bis 18:00 Uhr, sonn- und feiertags 9:00 Uhr bis 17:00 Uhr.*

Im weiteren Verlauf gelangen wir zum Eingang des Zoologischen Gartens. Will man diesen besuchen, muss man erneut ein Eintrittsgeld entrichten. Der Zoologische Garten hier entspricht nicht den Vorstellungen eines Europäers über Unterbringung und Haltung von Tieren, so z.B. große und saubere Gehege. Man ist aber sehr bemüht, die Zustände zu verbessern. So trifft man immer wieder auf Baustellen. Sinnvollerweise benutzt man den vorgegebenen Weg, der vorbei an diversen Vogel- und Papageienarten hin zu den einheimischen Säugetieren führt, deren Lebensweise und Verbreitung auf übersichtlichen Tafeln beschrieben sind. Eine neue Attraktion sind die beiden großen Flusspferde.

Neu angelegt ist ein Areal „Habitat Natural“ mit See, in dem Äffchen, Carpincho, Tapir, Chajá und Wasserschildkröten leben.

Dem Besucher bieten sich immer wieder Ruheplätzchen unter großen, Schatten spendenden Bäumen an, wo sich oftmals auch Imbiss-Stände befinden. Für die Kleinsten gibt es Spielbereiche, für die Sportlichen Fußball- und Volleyballfelder sowie Joggingwege. Dieses Freizeitangebot wird von vielen Einwohnern Asuncións gerne zur Wochenenderholung genutzt.

Hinweis: Der Zoo ist montags geschlossen.

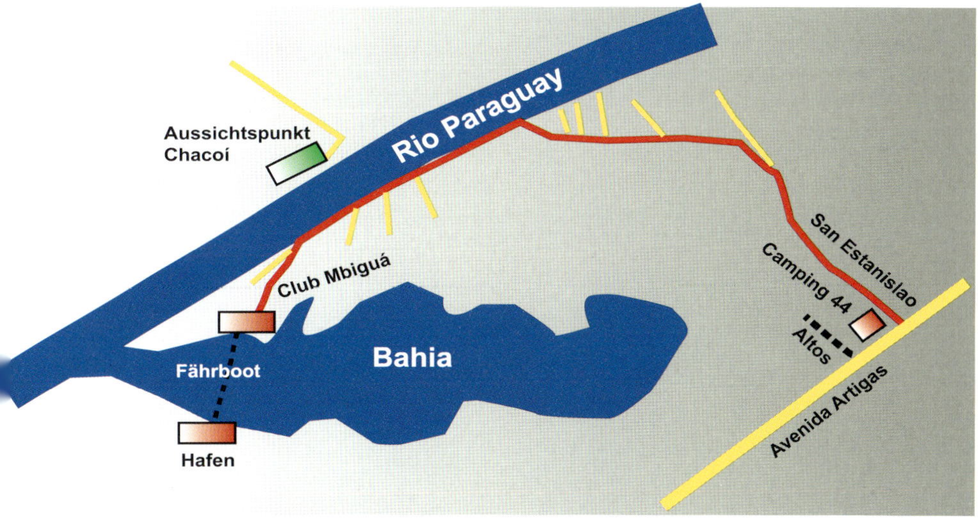

Abstecher 1: Fahrt mit dem Auto zum Club Mbiguá

Der Club Mbiguá, den man vom Hafen aus auf einer kurzen Überfahrt mit einem kleinen Fährboot erreicht, kann man auch mit dem Auto besuchen. Dabei ist zu beachten, dass bei sehr hohem Wasserstand des Rio Paraguay eventuell Teile des Weges überflutet sein könnten.

Die Fahrt beginnt auf der *Avda. Artigas*. Hier liegt, wenn man von der Innenstadt kommt auf der linken Seite das Ladengeschäft "Camping 44"; dort biegt man links in den Weg *San Estanislao* ein, **S 25°16'10.1", W 57°36'05.9"**. Zurzeit fehlt dort das Straßenschild, deshalb orientiere man sich an der Straße davor, dies ist die *Calle Altos*.

Hier folgt man der Erdstraße San Estanislao geradeaus durch ein Viertel mit kleinen paraguayischen Häuschen bzw. Hütten, bis diese eine lang gezogene Linkskurve beschreibt; an dieser Stelle muss man sich auf jeden Fall links halten. Jetzt liegen rechts und links nur noch vereinzelt kleine Anwesen. Man folgt diesem Weg, ohne bei Einmündungen rechts abzubiegen, bis man das Ufer des Rio Paraguay erreicht hat. Nach rechts und links zieht sich je nach Wasserstand ein mehr oder weniger breiter Sandstreifen. Hierher macht die Bevölkerung Ausflüge, um zu baden, zu angeln oder ein Picknick zu veranstalten. Hat man diese Stelle erreicht, wendet man sich nach links und fährt nun auf dem sandigen Uferweg parallel zum Fluss weiter. Gabelt sich der Weg, hält man sich besser nach links und fährt kurz darauf durch ein offenes Tor, der inzwischen unbewohnten "Rancho de Pescadores", und erreicht alsbald den Parkplatz des Clubgeländes. Unter Schattenbäumen kann man hier am Wochenende bzw. in der Saison erfrischende Getränke genießen oder ein kleines Gericht zu sich nehmen. Über die große Terrasse gelangt man auf die andere Seite des Gebäudes und hat nun einen herrlichen Blick über die "Bahia" hinüber auf die Skyline von Asunción, die gegenüberliegenden Hafenanlagen, den Regierungspalast und den dahinter liegenden Neuen Senat. Direkt am Ufer befindet sich die Anlegestelle des kleinen Fährbootes. Nach rechts sieht man den Übergang der Bahia in den Rio Paraguay. Besucht man den Club am späten Nachmittag, liegt Asunción im schönen Licht der Abendsonne. Alternativ betrachtet man die Fischerboote in der untergehenden Sonne auf dem Rio Paraguay.

Sandstrände am Rio Paraguay - je nach Wasserstand vorhanden

Blick vom Club Mbiguá auf die Skyline Asuncións

Abstecher 2: Ausflug zum Cerro Lambaré

Der Cerro Lambaré ist die höchste Erhebung im Bereich der Stadt Asunción.
Der 150 m hohe Hügel mit Denkmal liegt in nordöstlicher Richtung ca.10 km vom Zentrum entfernt.
Als Ausgangspunkt für eine Fahrt zum Cerro Lambaré wählen wir die Kreuzung *Avda. López/ Avda. Gral. Santos* **S 25°17'37.8", W 57°36'40.4"**. Man folgt der *Avda. Gral. Santos* nach Norden und überquert nach kurzer Fahrtdauer auf einer Brücke die breite Avda. Dr. Eusebio Ayala. Von dieser Brücke aus geht es auf guter Straße, die später *Avda. Juan Domingo Perón* heißt, ca. 5 km stadtauswärts. Hier biegt man am Schild zum Aparthotel Barcelona **S 25°20'34.7", W 57°38'16.2"** nach rechts ab und folgt dieser Straße, vorbei am Parque Yukuty. Nach einigen Metern befindet man sich bereits am Fuße des Cerro Lambaré. Nun steigt die Straße in einigen teils steilen Serpentinen hinauf zu einem Plateau mit großem Parkplatz unterhalb des Denkmals an. Von hier geht man über einige Stufen hinauf zur Basis des Denkmals, einer hohen Betonkonstruktion, bestehend aus fünf an der Basis weit gespreizten Pfeilern. Auf deren oberen Berührungspunkten setzen sich die Betonpfeiler nach oben verjüngend bis in eine Höhe von 35 m fort. Auf der Spitze steht die lebensgroße Skulptur einer paraguayischen Frau, die gerade symbolisch das Band der Unterdrückung zerreißt. In den durch die aufstrebenden Betonpfeiler gebildeten Winkeln stehen die Bronzefiguren der bedeutendsten Führer der paraguayischen Geschichte: Dr. Francia (1814-1844), Carlos Antonio López (1844-1862), Francisco Solano López (1862-1870) und Bernadino Caballero (1880-1886).
Die 5. Nische ist wieder frei. Hier stand bis 1991 die Bronzestatue von Alfredo Stroessner (1954-1989), der sich hier schon zu Lebzeiten ein Denkmal setzte. In diesem Jahr ließ der damalige Bürgermeister Asun-cións die Statue trotz Widerständen entfernen. Im geometrischen Zentrum der Basis des Denkmals steht die große aus Bronze gegossene Figur eines Indios, der stolz erhobenen Hauptes seinen Blick nach Asunción richtet.
Von hier oben hat man einen fantastischen Rundblick. In der Ferne erhebt sich die Skyline der Innenstadt. Man sieht die in üppigem Grün stehenden Häuser der Stadtteile und Vororte und den Rio Paraguay. Bei guter Sicht reicht der Blick bis weit hinein in den jenseits des Flusses be-

Landestypisches „Restaurant" am Fuße des Cerro Lambaré

Denkmal auf dem Cerro Lambaré

ginnenden Chaco.
An manchen Abenden und besonders an Wochenenden finden sich hier vor allen Dingen Jugendliche aus der Umgebung ein, um sich bei dröhnender Musik und Alkohol zu treffen.
Zurück auf der *Avda. Perón* liegt im weiteren Verlauf nach wenigen Hundert Metern rechts das Hotel Casino Itá Enramada. Die Avda. Perón endet am Puerto de Enramada. Folgt man kurz vor dem Eingang des kleinen Hafens links der asphaltierten Straße, erreicht man alsbald den **Golf y Yacht Club Paraguayo**, **S 25°22'06.9", W 57°38'00.1"**, der direkt am sandigen Ufer des Rio Paraguay liegt.
Ist man beim aus roten Backsteinen erbauten Hochhaus L´Excelsior angelangt, hat man sein Ziel erreicht. Einige Meter weiter parkt man direkt beim Eingangsgebäude in

rechts: Indiofigur unter dem Denkmal
unten: Blick auf Asunción

Aussicht auf den Golfplatz am Rio Paraguay

einer gepflegten, blühenden Gartenanlage. Man betritt das Gebäude beim Empfang und durchquert die Halle, um auf der anderen Seite auf die weitläufige Terrasse zu gelangen. Von hier aus hat man einen großartigen Blick den Rio Paraguay hinauf und hinunter. Unterhalb der Terrasse befindet sich der sandige und gepflegte clubeigene Badestrand mit seinen Sonnenschirmen. Wendet man den Blick in Richtung Pool, sieht man bereits ganz nah den beginnenden Areal des Golfplatzes.
Im Bereich um das Clubgelände liegen viele prachtvolle Villen umgeben von gepflegten, tropischen Gärten.

Strand vom Golf- und Yachtclub

Einkaufszentrum „Shopping del Sol" zur Weihnachtszeit

Abstecher 3
Ausflug zum Fischerhafen und zum Aussichtspunkt Chaco-í am Rio Paraguay

Ausgangspunkt: Innenstadt Asunción

Entfernung:
Innenstadt - Remansobrücke: 20 km und Remansobrücke - Chaco-í: 22 km

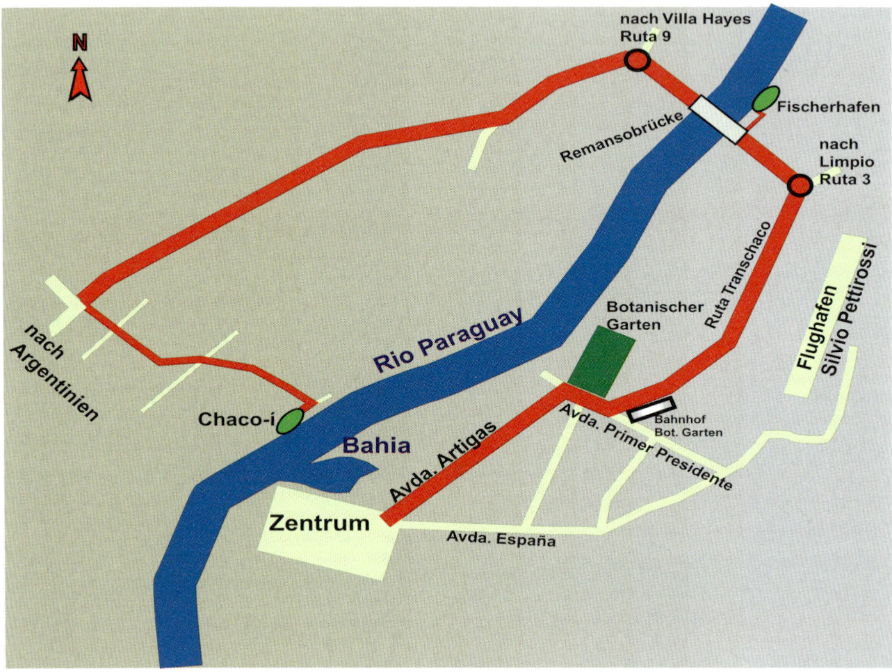

Dieser Ausflug führt zum Fischerhafen von Asunción und zu einem Aussichtspunkt auf der anderen Seite des Rio Paraguay mit einem schönen Blick auf die gesamte Skyline Asuncións. Für diesen Kurzausflug sollte man sich vorher die Tageszeit gut überlegen, Ab dem frühen Nachmittag steht die Sonne am Günstigsten, wenn man die Stadt Asunción über den Fluss hinweg fotografieren möchte. Gegen Abend liegen Stadt und Fluss im Licht der untergehenden Sonne. In beiden Fällen kann man bei geschickter Planung einen Imbiss im Fischerhafen einplanen, was etwa ab 11 Uhr möglich ist.
Sinnvollerweise verlässt man Asunción über die ***Avda. Artigás***, vorbei am Militärinstitut bis zum Eingang des Botanischen Gartens. Dort biegt man nach rechts in die Primer Presidente ab, um dann den Wegweisern zur Remansobrücke/ Transchaco zu folgen. Die vierspurige *Ruta Transchaco* wird auf beiden Seiten von kleineren und größeren Geschäften und Verkaufständen gesäumt. Hier haben sich Supermärkte und Einkaufszentren angesiedelt. Der Verkehr ist in beiden Richtungen meist sehr stark, besonders sollte man auf die Ampeln achten, die gerne auf der anderen Seite der Kreuzung stehen

und manchmal leicht übersehen werden können. Vorbei am großen Ausstellungsgelände der Expo und der Anlage des Rodeos, wo große Viehauktionen stattfinden, geht Asunción unmerklich in den Vorort Mariano Roque Alonso über. Wir folgen der Straße bis zum großen Kreisverkehr mit der Beschilderung "Puente Remanso, Argentina, Transchaco" und biegen hier nach links ab.

Frische Fische

Wir folgen der neuen, breiten und geradlinig verlaufenden Straße, die direkt auf die Remansobrücke zuführt. Sie überspannt den hier über 700 m breiten Fluss in hohem Bogen.

Etwa 30 m vor der Mautstation, **S 25°11‘16.6“, W 57°32‘31.5“,** hält man sich rechts und biegt auf ein gepflastertes Sträßchen ab, das in einigen Bereichen in sehr schlechtem Zustand mit großen Löchern und teilweise nur einspurig befahrbar ist. Nach etwa 600 m folgt man dem **zweiten** kleinen Weg nach links, **S 25°11‘01.9“, W 57°32‘19.3“,** hinunter zum Fluss, um kurz darauf auf einem freien Platz im **Fischerhafen** anzukommen. Hier sollte man das Auto am Rand stehen lassen und zu Fuß an den Ständen, die direkt am Wasser angesiedelt sind, vorbei gehen, um das reichhaltige Angebot an großen Flussfische, wie z.B. Surubi, Bacú oder den kleineren Dorado anzuschauen. In den Monaten der Schonzeit im Sommer sind die Stände geschlossen. Die in den vergangenen Jahren entstandenen kleinen Fischlokale sind jedoch teilweise geöffnet. Hier

Fischrestaurant

werden etwa ab 11 Uhr Fischgerichte aus frischen Fischen oder anderes Delikates serviert. Da die Fischer in der Regel nicht aufdringlich sind, kann man sich hier in aller Ruhe umschauen. Mit etwas Glück sieht man auch einen der alten Fischerkähne.
Um im weiteren Verlauf den Aussichtspunkt Chaco-í zu erreichen, muss man den gleichen, gepflasterten Weg zurückfahren. Bei der Einmündung auf die Transchaco biegt man nach rechts zur Mautstelle ab und entrichtet dort die 5000 GS Gebühr für die Überfahrt über die Remansobrücke. Auf der Fahrt über die zweispurige Brücke, auf der Hal-

Die Remansobrücke führt über den Rio Paraguay in den Chaco

teverbot herrscht, hat man nach links einen wunderschönen Blick längs des Flusses bis hin zum Zentrum und zur Skyline Asuncións. Den großen Kreisverkehr nach der Remansobrücke verlässt man in Richtung Argentinien. Jetzt führt die Straße durch ebenes landwirtschaftlich genutztes und dünn besiedeltes Gebiet.
Nach etwa 15 km biegt man an einer recht großen Kreuzung nach links, **S 25°13'52.7", W 57°41'33.6",** nach Pto. Nanawa ab. Auf der asphaltierten Straße überquert man nach kurzer Fahrt eine abenteuerlich anmutende Brücke, die mit Vorsicht zu überfahren ist. Nach weiteren 3,6 km endet der Asphaltbelag und die Fahrt geht auf einer Sand-/ Erdpiste weiter. Rechts führt der Weg nach Nanawa.
Wir fahren jedoch auf der breiten Piste, die meist gewalzt ist, weiter geradeaus Richtung Chaco-í und erreichen nach etwa 3 km das Ufer

Ausblick von der Brücke

des Rio Paraguay.
Bei **S 25°15'20.0", W 57°38'20.7"**, biegt man nach rechts Richtung Club Chaco-í ab und stellt sinnvollerweise auf den nächsten Metern in der Nähe einer kleinen Kirche das Fahrzeug ab. Entlang des Flusses gibt es schöne Ausblicke auf die Stadt, die in ihren kleinen Booten arbeitenden Fischer und die im seichten Uferbereich wachsenden und blühenden Wasserpflanzen. Die Aussicht reicht über die Halbinsel Mbiguá und die dahinter liegende Bahia bis hinüber zum Zentrum Asuncións. Ganz rechts fällt das erhöht liegende Gebäude der Banco Central auf.

Schwenkt man den Blick von da aus weiter nach links, erkennt man den weißen Regierungspalast mit seinem viereckigen Turm, gleich daneben den neuen Senat mit seiner extravaganten Bauweise und die beiden Türme der Kathedrale.

Auf dem Weg nach Chaco-í

Fischer auf dem Rio Paraguay bei Chaco-í

Abstecher 4
Rundfahrt mit dem Auto nach Areguá, an den Lago Ypacaraí, in die Berge von Altos und über Limpio zurück nach Asunción - ca 140 km

Ausgangspunkt: Bereich Shopping del Sol, Hotels Sheraton und Ibis

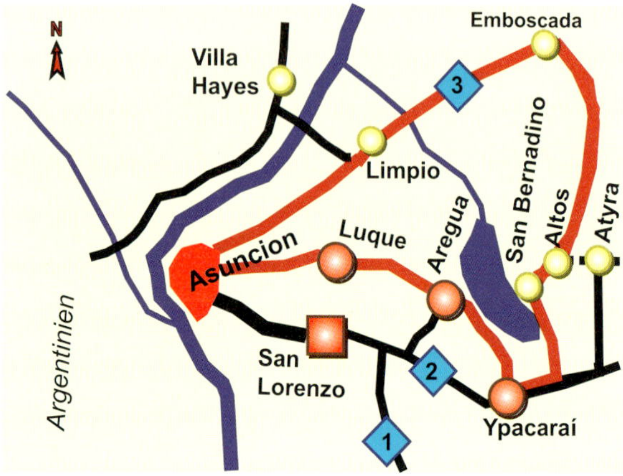

Diese Rundfahrt ist für eine Tagestour mit dem Auto gut geeignet. Man erreicht Areguá vom Ausgangspunkt aus am besten über die *Aviadores del Chaco,* die Richtung Flugplatz verläuft. Nach dem großen Gebäude „Confederación Sudamericana de Futbol“, das mit seinen vielen Fahnen nicht zu übersehen ist, biegt man scharf rechts ab, fährt zwischen altem und neuen Gebäude vorbei bis zu nächsten Ampel; hier biegt man nach links auf eine vier-

Die Gebäude der Confederación Sudamericana de Futbol und Stadion

spurige Avenida ab. In Luque (siehe Tour 1) folgen wir der Hauptstraße durch die kleine, lebhafte Stadt bis zur neu angelegten Parkanlage zwischen den beiden Fahrbahnen der Avenida Humaitá, wo man nach rechts abbiegt und dann nach einigen Hundert Metern dem Wegweiser nach links, **S 25°16'20.0", W 57°29'12.0",** nach Areguá folgt. Die sich im Ausbau befindende Straße führt durch eine bewohnte Gegend, um nach 12 km nach einer Links- und Rechtskurve den Verwaltungssitz des Departements Central zu erreichen, der auch für sein Kunsthandwerk bekannt ist.

Areguá, 1539 von Martinez Iralá gegründet, liegt eingebettet zwischen sanften Hügeln am Südufer des malerischen Ypacaraí Sees und ist schon von je her ein Naherholungsgebiet der Asunciòner Bevölkerung gewesen. Bei einem Rundgang sieht man inmitten grüner Gärten noch alte Sommerhäuser aus der Kolonialzeit, an denen leider der Zahn der Zeit schon kräftig genagt hat. Im Zentrum Areguás sollte man sich die Zeit nehmen, um an den bunten Ständen mit ihren verschiedensten Töpferwaren entlang zu gehen. Hier wird alles angeboten von buntem Kitsch bis zu wirklich schönen, auserlesenen, traditionellen Tongefäßen, Krügen, Schalen und Figuren. Typisch sind die indianischen Motive auf den Gefäßen. Die bunt leuchtenden Vögel aus dem leichten Balsaholz fallen in allen Größen und Arten, vom Papagei, über den Tukan

Kunsthandwerk in Areguá

Blick auf den See von der Kirche in Areguá

bis hin zum Sittich ins Auge. Im November ändert sich das Bild ein wenig. Jetzt findet man hier vermehrt Krippenfiguren in allen Ausführungen zu erschwinglichen Preisen. Man sollte sich nicht scheuen, einmal einen Hinterhof eines solchen Töpferbetriebes zu besuchen. Freundlich wird man empfangen und kann so die traditionelle Handarbeit kennenlernen, das Mischen und Formen des Tons, die Arbeit mit der Töpferscheibe und den Brennvorgang.

Biegt man im Zentrum Areguás bei ***S 25°18'36.3", W 57°22'59.8"*** *nach rechts auf die Mcal. Estigarribia ab, besteht die Möglichkeit vorbei an der auf einem Hügel erhöht liegenden Kirche, von deren Vorplatz aus man einen herrlichen Blick auf den See hat, das Naturdenkmal „Cerro Koí" zu besuchen. Man folgt der Straße auf der linken Seite der Kirche vorbei an typischen, niedrigen Kolonialhäusern, die rings um die Kirche angeordnet sind und erreicht nach 2,3 km vom Ausgangspunkt auf einer Kuppe rechts das Eingangsportal zum* ***Monumento Natural Cerro Kói, S 25°19'38.7", W 57°23'51.2"****. In diesem Bereich ist es sinnvoll sein Auto abzustellen, da der Erdweg in keinem besonders guten Zustand ist. Nach 600 m und 20 Höhenmetern zu Fuß steht man vor der roten Gesteinsformation, die mit ihren hexagonalen Ausformungen aus Sandstein eine tektonische Besonderheit in Südamerika ist. Für jeden Interessierten aber besonders für Hobbygeologen ein interessanter Platz.*

oben: Gesteinsformationen Cerro Koí

unten: Lago Ypacaraí bei Areguá

Fährt man beim Ausgangspunkt im Zentrum ***S 25°18'36.3", W 57°22'59.8"*** *nicht nach rechts, sondern nach links immer geradeaus, passiert man den alten Bahn-*

hof aus der Kolonialzeit, der der Endpunkt des mittlerweile eingestellten Tren de Lago war. Nach 200 m erreicht man direkt am See eine Freizeitanlage mit Strandbad und Ruhebänken. Mit etwas Glück bieten hier Fischer eine Rundfahrt mit ihren kleinen Ruderbooten ab 15.000 GS an. Am gegenüberliegenden Ufer sieht man den Ort San Bernadino am Fuße der Cordillera de los Altos liegen.

Areguá ist aber auch bekannt als Erdbeerstadt. Während der Erdbeerernte von Juli bis Oktober/November werden die auf den Feldern angebauten Früchte frisch am Straßenrand angeboten. Daneben werden auch Tomaten und andere Obst- und Gemüsesorten gepflanzt, da der Boden sehr fruchtbar ist. Man fährt nun weiter, etwas abseits am See entlang, vorbei an den neu gestalteten Strandbädern „Playa Municipal" von Areguá und Ypacaraí und geplanten Urbanisationen nach spanischem Vorbild bis man in **Ypacaraí,** auf die Ruta 2 (**S 25°24'10.1", W 57°17'22.9")** stößt und ihr bei der zweiten Ampel nach links folgt. Das Städtchen wurde 1887 vom Präsidenten Patricio Escobar gegründet. Hier sollte man die geforderte Geschwindigkeit in Ortschaften von 40 km/h unbedingt einhalten, da hier oftmals Radarkontrollen, meist zwischen Kirche und der Mautstelle, in beiden Richtungen durchgeführt werden. Etwa 2 km nach der Mautstelle biegt man über eine Schleife nach links ab und befindet sich jetzt auf der östlichen Seite des größten Sees Paraguays.

Nach 3 km erreicht man den im Sommer viel besuchten Bade- und Erholungsort **San Bernadino**. Er wurde von deutschen Einwanderern am 24. August 1881 gegründet und nach dem damaligen Präsidenten Bernadino Caballero benannt. Die Bauweise ei-

San Bernadino am Lago Ypacaraí

niger Häuser erinnert noch heute an die Gründer. Übrig geblieben aus dieser Zeit sind die noch heute produzierten deutschen Brot- und Backwaren. Besucht man San Bernadino nicht gerade im Dezember oder Januar, findet man ein verschlafenes Örtchen vor, in welchem es scheinbar kaum Leben gibt. Die Kirche am Ende des Ortes am Hang gelegen, ist einen Besuch wert. Man erreicht sie, wenn man bei **S 25°18'22.8", W 57°17'49.0"** an der Ampel am Abzweig nicht rechts nach Altos, sondern nach links in die Avda. Mcal López einbiegt. Dieser folgt man 360 m, biegt man nach rechts, bei der nächsten Möglichkeit

Kreuzweggemälde an der Kirche

links und gleich wieder rechts ab. Jetzt fährt man direkt auf die Kirche zu. Besonders sehenswert ist der auf der umgebenden Außenmauer in mehreren farbenprächtigen Bildern gemalte Kreuzweg. 200 m weiter Richtung See beginnt rechts eine breite Treppe, die über sehr viele Stufen hinaufführt zu einer Aussichtsplattform mit einer überlebensgroßen, weißen Marienstatue. Leider ist der Blick von hier oben auf Ort und See durch große und nicht beschnittene Bäume weitgehend versperrt.

Von San Bernadino aus führt eine asphaltierte, gut ausgebaute Straße hinauf nach Altos. Fast glaubt man sich in Europa, wenn man die breite Straße bergan fährt. Bei einem Blick zurück erkennt man an klaren Tagen hinter dem See die Silhouette Asuncións. Der kleine Ort liegt eingebettet in grüne Hügel auf einer Hochebene.

In **Altos** gibt es viele Einwohner deutscher Abstammung. Nach der Gründung San Bernadinos zogen einige Siedler vom Seeufer weiter hinauf auf den damals fast unzugänglichen Bergrücken. Gegründet wurde das Städtchen aber schon viel früher, um 1580, von den Franziskanern. Im Zentrum des Ortes liegt der Stadtplatz; auf ihn führt die Straße direkt zu. An der Ecke des Stadtplatzes wird der Ankommende von einem Werk des Künstlers José Escobar begrüßt. Mit seinen Schnitzereien aus dem Holz des Timbó stellt er Formen aus der Mythologie des indigenen Paraguays dar. Im Inneren der renovierten Kirche auf dem unweit gelegenen Plaza de los Héroes sind schöne Holzschnitzereien zu sehen. Am Karfreitag ist der Platz um die Kirche mit seinen uralten großen Lapachobäumen für viele Besucher ein Anziehungspunkt, denn die außergewöhnliche Darstellung der Leidensgeschichte ist ein besonderes Erlebnis (siehe Special 8). Um diesen Platz gruppieren sich die wichtigsten Gebäude und Geschäfte.

Blick über den Lago Ypacaraí in Richtung Asunción

Kirche im Zentrum von Altos

Aus der Zeit der deutschen Einwanderer ist noch das Gebäude der deutschen Schule „La Patria" erhalten. Der deutsche Verein „La Patria", gegründet 1893, besteht heute noch und hat ein reges Vereinsleben. Das Zentrum kann man gut bei einem kleinen Rundgang zu Fuß erkunden und erleben.
Man verlässt, um die Rundfahrt fortzusetzen, Altos an der rechten vorderen Ecke des Kirchplatzes, passiert das Hotel Restaurant La Grapa und hat kurz darauf das Ortsende erreicht.
Die Fahrt führt nun über die Hochebene weiter und man erreicht nach 10 km die Ortschaft Loma Grande. Bei **S 25°08'40.9", W 57°15'34.5"** wendet sich die Straße in einer Spitzkehre nach Südwesten, einige Kilometer danach passiert man den Ort Nueva Colombia, um kurz darauf wiederum in einer weiteren Spitzkehre nach Norden zu fahren. Man erreicht die Ruta 3 am östlichen Ortsende von **Emboscada** und biegt hier nach links nach Asunción ab. Dieses Städtchen, gegründet 1740 und seiner im franziskanischen Stil 1774 erbauten Kirche ist bekannt für das alljährlich am 24. Juli stattfindende Fest zu Ehren von San Francisco Solano (siehe Special 14). In dieser Gegend gibt es viele Steinbrüche, aus denen Baumaterial gewonnen wird. Das Denkmal am westlichen Ortseingang, wo sich die Ruta in zwei Fahrspuren teilt, weist darauf hin. Im weiteren Verlauf der Ruta 3 fällt das üppige Angebot von Bruchsteinen am Straßenrand ins Auge. Außerdem ist der Rio Paraguay in der Ferne zu erkennen. Nach Passieren einer Mautstelle erreicht man Limpio, eine Vorstadt Asuncións, um nach weiteren 23 km den Kreisverkehr zur Remansobrücke und Chaco in Mariano Roque Alonso in Richtung Asunción zu durchfahren. (Hier bietet sich bei passender Zeit ein Besuch des Fischerhafens an, siehe Abstecher 3). Über die Avda. Transchaco erreicht man dann in Kürze den Eingang zum Botanischen Garten, um auf der Avda. Artigas ins Zentrum zurückzufahren.

Hotelliste Asunción und Lago Ypacaraí - Auswahl

internationale Vorwahl: +595

> **SHERATON ASUNCION HOTEL**, Avda. del Chaco 2066 y Santa Teresa (Nähe Shopping del Sol) , Tel.: 021 617112, Fax: 608350, E-Mail: reservas.asuncion@sheraton.com

> **YACHT & GOLF CLUB PARAGUAYO**, Avenida del Yacht 11 - Lambaré, www.hotelyacht.com.py, Tel.: 021 906117, Fax: 906120

> **LAS MARGARITAS**, Estrella y 15 de Agosto, Tel.: 021 448765, Fax: 448785, www.lasmargaritas.com.py (DZ ab 400.000 GS), Parkplatz, WIFI

> **CECILIA HOTEL**, Estados Unidos 341, (Nähe Zentrum), Tel.: 021 210365, Fax: 497111 www.hotelcecilia.com.py (DZ 75 USD), Parkplatz, WIFI

> **HOTEL PORTAL DEL SOL**, Denis Roa 1455 c/ Sta. Teresa, (Nähe Shoping del Sol), Parkplatz Tel.: 021 607 880 / 609 395, Fax: 662 910, www.portaldelsol.com (DZ ab 240.000 GS)

> **HOTEL LAS PALMAS DEL SOL**, Avenida España 202 (Zentrum), Tel/Fax: 021 449485, Parkplatz, WIFI, DZ ab 209.000 GS, www.portaldelsol.com/palmas_del_sol.htm

> **ASUNCION PALACE HOTEL**, Avda. Colón 415, Ecke Estrella (historisches Zentrum, Nähe Hafen), Parkplatz, WIFI, (DZ ab 220.000 GS) Tel.: 021 492151/3, www.asuncionhotelpalace.com

> **CITY** Hotel und Restaurant, Nuestra Sra. de la Asunción, Ecke Humaita, Nähe Zentrum, WIFI, (DZ ab 180.000 GS) Tel.: 021 491497

> **BAVARIA**, Choferes del Chaco 1010 (außerhalb des Zentrums), Tel.: 021 600966, FAX: 210581, Parkplatz, tropischer Garten mit Pool,(DZ ab 250.000 GS) www.hotel-bavaria-py.com

> **DON GERADO**, Aparthotel, Sgto. Villamayor 887, am Stadtrand, Nähe Botanischer Garten, Parkplatz, Pool, Internet, Frühstück, (Apartment ab 50 USD) Tel.: 021 297906 oder 0981 836681, www.gerardo.com.py

> **EMBAJADOR**, Presidente Franco 514, preisgünstiges Hotel im Zentrum, Tel.: 021 493393

> **LA ESPANOLA,** Luis A. de Herrera 142, preisgünstiges Hotel im Zentrum, WIFI, Tel.: 021 449280, www.hotellaespanola.galeon.com

> **BLACK CAT HOSTEL,** Backpacker Hostel im Zentrum, Elegio Ayala 129, Nähe Independencia Nacional, WIFI, Tel.: 021 44982, E-Mail: black.cat.hostel@gmail.com

Auswahl von Restaurants in Asunción

> **Churrasqueria Paulista Grill**, typisches Grillrestaurant, Pauschalpreis für Buffet, Mcal. López, Nähe San Martin, Tel.: 021 611501

> **Mburicao**, gehobenes Restaurant mit Mittelmeerküche, Gonzales Rioboo 733, Tel.: 021 660048

> **Bolsi**, beliebtes Restaurant im Zentrum, Estrella, Ecke Alberdi, Tel.: 021 491841

> **Lido Bar**, Ecke Palma und Chile, beliebter Treffpunkt im Zentrum

> **La Pascuala**, Restaurant des Hotels Exelcior, Manduvirá, Nähe Alberdi, Tel.: 021 495632, gehobenes Restaurant im kolonialen Stil

> **Talleyrand**, 1. Stock im Shopping del Sol, gepflegtes Restaurant, Tel.: 021 611697

> **Taberna Española**, spanische Küche mit spanischen Flair, Ayolas, Ecke Gral. Diáz, Nähe Hafen, Tel.:021 441743

> **Bayernstuben,** deutsche Küche, Sucre 2689, außerhalb am Stadtrand, Tel.:021 604202

Auswahl Hotel/ Unterkünfte - Abstecher 4: Ausflug an den Lago Ypacaraí

Ypacaraí

> **Pension & Granja ULISA**, am Ortsrand, Tel.: 0981 431352, www.ulisa.info

San Bernadino

> **ACUARIO INTERNACIONAL**, km 45 San Bernardino Country Club, direkt am See, Tel.: 0512 232375/7, Fax: 232376, (DZ ab 220.000 GS), www.hotelacuario.com.py

> **SOL DE SANBER**, Rosa Mendoza und Tte. Weiler (Zentrum), Tel.: 0512 233138, E-Mail: hotelsol@telesurf.com.py

> **LOS ALPES**, Ruta Gral. Morínigo, km 46 ½, Tel.: 0512 232083 oder 232399, E-Mail: losalpes@hotmail.com

Altos

> **LA GRAPPA**, Ruta Mcal. Estigarribia, Tel.: 0516 262436, www.paraguay-lagrappa.com

Touren durch Paraguay

10 Touren durch Paraguay

Hinweise zu den Touren

Die Touren decken weitgehend das verkehrstechnisch erschlossene Land ab, halten sich an das Realistische und Machbare, sodass man einen fast vollständigen Überblick über Paraguay und seine Sehenswürdigkeiten bekommt: das flache Land mit seinen Weideflächen und Tieren, die Flusslandschaften mit ihren Sumpfgebieten sowie die Höhenzüge Ostparaguays. Eine weitere Einmaligkeit ist es, dass man bei Reisen im Land mehrfach von den Subtropen in die Tropen und wieder zurück wechselt. Dabei überfährt man den Bereich des südlichen Wendekreises (Wendekreis des Steinbocks), der Subtropen und Tropen trennt. Dies geschieht einmal, wenn man in den Chaco fährt (Tour 8) und auf der Fahrt nach Concepción (Tour 7) sowie beim Besuch des Städtchens Belén bei Concepción.

Im Chaco selbst, besonders in seinem tropischen Teil erlebt man mehrheitlich eine Savannenlandschaft mit entsprechend angepasster Pflanzen- und Tierwelt.

Die hier beschriebenen Touren und Abstecher wurden sämtlich im normalen PKW, teils mehrfach selbst gefahren.

Die Kilometerangaben der Touren 2, 3 und 8 entsprechen den Kilometerangaben der Straßensteine. Alle anderen Kilometerangaben wurden per Tachometer gemessen und können somit vom Tacho eines anderen Fahrzeuges leicht abweichen. Die Zeitangaben der Touren geben **die reine Fahrzeit** bei normaler Fahrweise und Verkehr wieder. Man beachte dabei auch, dass auf den Rutas nur eine maximale Höchstgeschwindigkeit von 80 km/h erlaubt ist. Dies resultiert daraus, dass der Straßenzustand teils gravierend wechseln kann und sich oftmals Tiere neben und auf der Straße befinden.

Einfaches Landhotel mit Doppelzimmer

Es wurde bewusst davon abgesehen, die Touren in Teilstrecken zu unterteilen. So bleibt es dem Besucher selbst überlassen, wann und wo er Besichtigungen, Pausen oder Übernachtungen einlegen möchte.

Eine Auswahl von Hotels und Übernachtungsmöglichkeiten entlang der beschriebenen Touren und Abstecher sind jeweils an deren Ende zu finden. Es gibt auch die Möglichkeit, sich am Ort der Wahl, falls dort weder Hotel noch Hospedaje zu finden sind, direkt bei einer Tankstelle oder Despensa nach einer privaten Übernachtungsmöglichkeit zu erkundigen. Diese wird dann in der Regel äußerst einfach sein; also das Domizil zuerst einmal anschauen. Hat man kein Hotel vorgebucht, ist es sinnvoll, sich schon am späteren Nachmittag um eine Unterkunft zu kümmern, damit man nicht, besonders im Winter, in die etwa um 18 Uhr früh und schnell einsetzende Dunkelheit gerät.

Jeder Tour vorangestellt ist zur besseren Übersicht eine Karte mit farbig eingezeichnetem Verlauf der Tour sowie wichtiger Straßen und Flüsse, einschließlich der möglichen Abstecher oder in geringer Entfernung zur Tour gelegenen Sehenswürdigkeiten, für die man aber die Rute kurzzeitig als kleinen Umweg verlassen muss, um ihr danach weiter zu folgen.

Die Beschreibungen der zu der Tour gehörenden Abstecher befinden sich immer im Anschluss zu dieser in numerischer Reihenfolge. Die teils sehr ausführlichen Wegbeschreibungen resultieren aus dem Fehlen entsprechender Wegweiser, damit ein leichtes Auffinden gewährleistet wird.

Aus diesem Grunde wurden zusätzlich an neuralgischen Stellen GPS Koordinaten eingesetzt, damit an kritischen Punkten immer wieder die Möglichkeit besteht, sich einwandfrei zu orientieren und somit den richtigen Weg zu finden.

Tankstellen findet man entlang der Rutas und in größeren Orten. Obwohl das Tankstellennetz inzwischen recht dicht ist, sollte man bei Abstechern ins Landesinnere, besonders bei der Benutzung von Erdstraßen immer auf einen ausreichenden Treibstoffvorrat achten oder rechtzeitig nachtanken.

Sollte man unglücklicherweise eine Reifenpanne haben, so frage man nach einer „gomería“, Reifenwerkstatt, die man leicht an dem an der Straße ausgestellten großen Reifen erkennt. Das Problem wird dort meist aufs Warten gelöst.

Reifenwerkstatt auf dem Land

10 Touren durch Paraguay - Übersichtskarte

Auf den folgenden Übersichtskarten sind die **Touren jeweils rot** und die **Abstecher jeweils grün** eingezeichnet. Weiterhin wurden folgende Symbole verwendet:

- asphaltierte, befestigte Straße
- unbefestigte Straße
- Nummer des Abstechers
- Nummer der Ruta
- Sehenswürdigkeit
- Stadt/Ort auf der Tour
- *Sehenswürdigkeit nahe der Fahrstrecke*
- südlicher Wendekreis
- empfehlenswert
- man spricht deutsch

10 Touren durch Paraguay

Tour 1:	Kleine Rundfahrt	180 km
Tour 2:	Asunción - Ciudad del Este Ruta 2 und Ruta 7	332 km
Tour 3:	Asunción - Encarnación Ruta 1	370 km
Tour 4:	Encarnación - Ciudad del Este Ruta 6	280 km
Tour 5:	Cnel. Oviedo - Independencia - Villarrica Ruta 8	94 km
Tour 6:	Cnel. Oviedo - Cnel. Bogado - Encarnación Ruta 8	340 km
Tour 7:	Asunción - Concepción Ruta 3 und Ruta Ruta 5	463 km
Tour 8:	Asunción - Filadelfia Ruta 9 (Transchaco)	472 km
Tour 9:	Loma Plata - Fuerte Olimpo Erdstraßen	346 km
Tour 10:	Filadelfia - Mcal. Estigarribia - Cerro León Km 0 in Mcal. Estigarribia - Erdstraßen	220 km

Übersichtskarte zu Tour 1

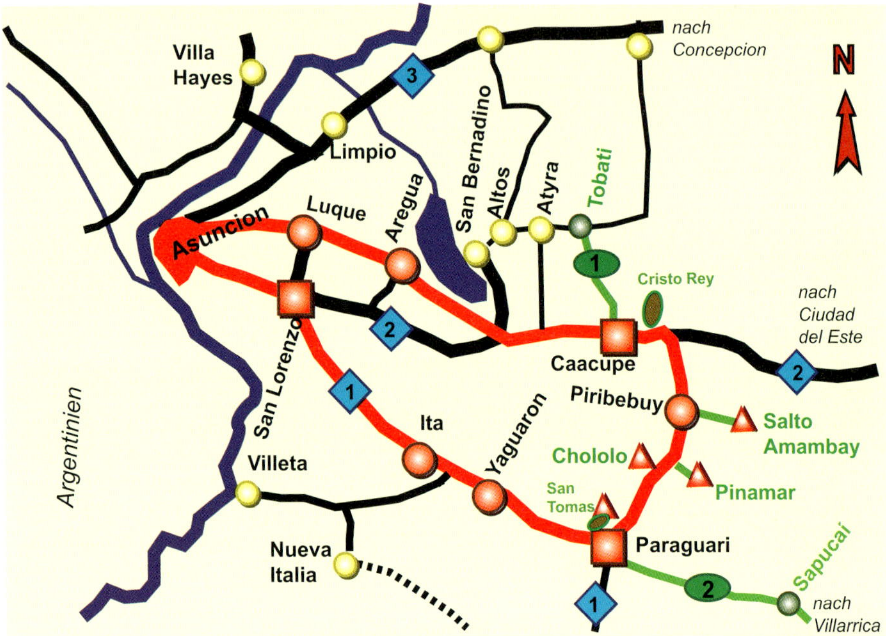

Tour 1
Rundfahrt von Asunción aus - das “Goldene Dreieck - Circuito de Oro“ ca. 180 km

(Entfernungsangaben nach Tachometer)

Diese Rundfahrt kann als schöne Tagestour ausgehend von Asunción und wieder dorthin zurückgefahren werden. Man verlässt die Hauptstadt möglichst am frühen Morgen in Richtung Flughafen und biegt vor oder hinter dem Gebäude „Confederación Sudamericana de Futbol“, das mit seinen vielen Fahnen nicht zu übersehen ist, rechts Richtung Luque ab. **Luque**, früher genannt Yuguyty (= terreno salitroso = salpeterhaltiges Land), wurde 1635 gegründet und liegt 15 km von Asunción entfernt. Luque ist sowohl für seinen Harfen- und Gitarrenbau als auch für seine Gold- und Silberarbeiten bekannt. Man findet hier viele kleine und größere Werkstätten, die typischen Schmuck aus Silber oder Gold herstellen. Die filigrane Handarbeit hat ihren Ursprung in Spanien bei den Mauren. Aber auch wunderschöne Schachfiguren oder verschiedene Formen der bombillas, den Trinkröhrchen für Mate, werden hier produziert. Auf der *Avda. Gral. Aquino* passiert man zuerst den Stadtpark, dessen Eingang eine Gitarre und eine Harfe zieren. Etwas nach links versetzt erhebt sich auf dem Platz das Mausoleum und kleine Museum von General José Elizardo Aquino (1825 - 1866), das zu seiner Ehre zum hundertsten Jahrestag seines Todes errichtet wurde. Im Inneren des architektonisch aus dem Rahmen fallenden Gebäudes erfährt man etwas über sein Leben, besonders als General im Triple Allianz Krieg. Von den sieben Ringen, die die äußere Struktur des Mausoleums bilden, hat jeder Einzelne seine Bedeutung: Der erste repräsentiert seine Geburt und Verbundenheit mit der Stadt Luque, der zweite seine besondere Mithilfe bei der Gründung des Eisenhüttenwerkes in Ybycuí. Der dritte Ring erinnert an seine Arbeit bei der Eisenbahnstrecke von Areguá nach Paraguarí. Der vierte Ring symbolisiert seine kluge Verteidigungsstrategie bei Humaitá, der fünfte steht für die Aufstellung eines Heeres, der sechste erinnert an seine heldenhafte Teilnahme an verschiedenen Schlachten und der siebte Ring am oberen Ende etwas entfernter und dem Himmel näher erinnert an seinen ruhmreichen Tod.
Öffnungszeiten: meist vormittags, der Eintritt ist frei.

Eingang Stadtpark Luque

Mausoleum/ Museum Gral. Aquino

Dieser Platz ist Treffpunkt der "Luqueños", wie die Bewohner genannt werden. Hier finden immer wieder wechselnde Ausstellungen und Feste statt. Zwei Querstraßen weiter erhebt sich im alten Stadtzentrum die Kirche „Virgen del Rosario“, die zu Beginn des 20. Jahrhunderts erbaut wurde. Hinter der Kirche verläuft die ***Avda. Mcal. López***. In diesem Bereich liegen die ältesten Häuser aus der Kolonialzeit in der Fußgängerzone "La Peatonal". Den Kolonialstil erkennt man an den überdachten Kolonnaden, die entlang der Straßenfront auf Säulen ruhen. Will man den alten Bahnhof von Luque besuchen, geht man von der *Avda. Gral Aquino* vor der Kirche nach links in die *Avda. Rosario*, an der Ecke des Kirchplatzes gleich rechts und bei der nächsten Ecke nach links. Nun geht man genau auf den Bahnhof zu, der noch in einem relativ guten Zustand ist, da hier bis 2009 der Tren de Lago auf seinem Weg nach Areguá einen Zwischenstopp einlegte. Weitere Museen: Das Städtische Museum **„Museo Artesano Roga“, geöffnet** *montags bis samstags 8:00 Uhr bis 18:00 Uhr ist in der Calle Mcal. López zwischen den Straßen Tte. Herrero und Rosario* zu finden, das **„Museo Julio Correa“** an der Ecke der Straßen *Antequerra und Julio Correa* zeigt die Anfänge des paraguayischen Theaters und erinnert an den gleichnamigen Dichter und Theaterschriftsteller. *Öffnungszeiten: montags bis freitags 8:00 Uhr bis 12.00 Uhr und 14:00 Uhr bis 18:00 Uhr, samstags 9:00 Uhr bis 12:00 Uhr, der Eintritt ist frei.*

Fußgängerzone mit Kolonialhäusern in Luque

Um die Rundfahrt fortzusetzen, folgt man der Einbahnstraße *Gral. Aquino* weiter, die ab hier den Namen *Cerro Cora* trägt. Nach drei weiteren Häuserblocks, nachdem man den Friedhof auf der linken Seite passiert hat, stößt man auf eine sehr breite Avenida. Auf dem bepflanzten Mittelstreifen werden je nach Jahreszeit verschiedene Früchte angeboten. Nach links heißt diese *Straße Avenida Corrales*, nach rechts *Avenida Humaitá*.

Alter Bahnhof von Luque

Kurz vor Ende des bepflanzten Mittelstreifens biegt man dann links dem Wegweiser folgend nach Areguá ab. Langsam nimmt der Verkehr wieder ab, die Geschäfte werden weniger und kleiner und es beginnt ein Gebiet mit reicher Vegetation. Bald kündigen die ersten Tonkrüge am Straßenrand die Nähe des Künstlerstädtchens
Areguá an. (siehe Asunción – Abstecher 4: Lago Ypacaraí und Altos)
Man folgt der Hauptstraße mit ihren vielen kleinen Geschäften, die ihre Tonwaren und Schnitzereien in einer bunten Vielfalt zu jeder Jahreszeit anbieten. Mit Erreichen des Kopfsteinpflasters, **S 25°18'36.3", W 57°22'59.8",** biegt man nach links und kurz darauf nach rechts ab und fährt wieder auf asphaltierter Straße abseits vom See nach Ypacaraí, vorbei an den neuen Strandanlagen von Areguá und Ypacaraí. In
Ypacaraí, trifft man an der zweiten Ampel auf die Ruta 2, der wir nach links folgen. In diesem Bereich wird oft die Geschwindigkeit gemessen. Kurz hinter Ypacaraí erreicht man eine Mautstelle. 5000 GS sind zurzeit in Richtung Osten fällig. Hier ist immer ein reges Treiben, Händler bieten den Reisenden Erfrischungsgetränke, süßes Gebäck in der Art von Krapfen oder auch Chipas an. Nach ca. 2 km zweigt die Straße nach San Bernadino ab. (siehe Asunción: Abstecher 4). Danach liegt rechts ein großer Campingplatz, der fast immer unbenutzt scheint.
Bald steigt die Straße in Richtung Caacupé an. Die Ruta teilt sich und die Gegenspur verschwindet hinter dem kleinen Berg. Fast auf der Höhe hat man rechts, von einer Freifläche aus, einen schönen Blick über den
Lago Ypacaraí, der eingebettet in die Cordillera de los Altos liegt. Er hat eine Oberfläche von 90 km², eine Länge von 24 km und eine Breite von 5 km. Am nördlichen Ende beim Einfluss des Flusses Salado dehnen sich große Sumpfgebiete aus. Bei klarem Wetter sieht man die Parabol-Spiegel der Telefongesellschaft COPACO bei Areguá.
Auf der Höhe, wo sich die beiden Fahrspuren wieder vereinen, steht ein großes weißes Kreuz, welches weit über das Land schaut. Daneben wurde ein kleiner Begrüßungsplatz des Departements Cordillera angelegt. Bis zum eigentlichen Ortskern von Caacu-

Blick auf den Lago Ypacaraí

pé sind es noch etliche Kilometer. An manchen Stellen kann man zwischen den die Straße säumenden Eukalyptusbäumen die Kuppel der Basilika glänzen sehen.

Caacupé wurde 1770 gegründet und liegt eingebettet in eine waldreiche, hügelige Landschaft, was auch schon der Name in der Sprache der Guaraní ausdrückt (Ka'akupe = hinter dem Wald). Kurz vor dem Zentrum führt die Ruta als Umgehungsstraße um das Ortszentrum herum.

Für einen Besuch verlässt man diese ca. 70 m nach der Teilung der Fahrbahn an der ersten Möglichkeit nach links, um direkt auf die Basilika zuzufahren. Eine weitere Möglichkeit gibt es nach 1,5 km auf der Umgehung nach links, Richtung „Centro-Basilica", und man befindet sich alsbald an dem weiten Platz, in dessen Mitte sich die Wallfahrtskirche erhebt. Sie wurde 1988 durch Papst Johannes Paul II eingeweiht, ist einen Besuch wert und sollte keinesfalls ausgelassen werden.

Hinteres Glasfenster

Kathedrale von Caacupé

Über mehrere Stufen steigt man vom weiten Vorplatz zum Eingang hinauf.

Auf den drei großen Eingangsportalen, die aus dunklem Edelholz gearbeitet sind, befinden sich Reliefs aus dem Leben der hl. Familie. Die großen, bunten Glasfenster im Hauptschiff zeigen auf der rechten Seite Papst Johannes Paul II und den ersten Bischof von Caacupé; auf der linken Seite sieht man Monsignore Bogarin, der den Grundstein zu der Kirche legte und Pbro. Juan Ayala Solís. Die Fenster in der Kuppel stellen die zwölf Apostel dar. Die bunten Fens-

Wallfahrtsheiligtum in der Kathedrale

ter in der Apsis und in den Seitenschiffen zeigen Bilder aus dem Leben Jesu und Szenen aus dem Alten Testament, wie die Vertreibung aus dem Paradies.

Hinter dem Hauptaltar in der Apsis befindet sich das Wallfahrtsheiligtum.

Auf einem weißen, kegelförmigen Fels erhebt sich die Statue der Jungfrau Maria mit dem Kind, „Santísima Virgen de Caacupé". Am Fuße des weißen Felsens kniet die große Holzfigur eines Guaraní-Indianers in Erinnerung an das Wunder von Caacupé.

Der Turm, „Mirador", kann von *dienstags bis sonntags von 7:00 Uhr bis 11:30 Uhr und von 14:00 Uhr bis 17:00 Uhr* für 3000 GS bestiegen werden. Der Eingang zu diesem liegt links hinter dem Hauptaltar beim Nebenausgang. Man hat von der Aussichtsplattform nicht nur einen schönen Rundumblick auf die Umgebung, sondern erfährt auf dem Weg nach oben die Legende zu diesem Wallfahrtsort in vielen bunten und eindrucksvoll gemalten Bildern. Der Künstler Willian Ruiz erzählt hier diese Geschichte in vielen Details. Auf halber Höhe befindet sich innen eine Balustrade, von der aus man in die Kuppel von innen sowie einen Blick nach unten auf den Hauptaltar und das Wallfahrtsheiligtum werfen kann. Unter der Hauptbasilika befindet sich eine quadratisch angelegte und fast vollständig verglaste Unterkirche, in der sonntags mehrfach Gottesdienste stattfinden. Im Rundgang um die Unterkirche sind an den Wänden des Ganges die Kreuzwegstationen angebracht.

Um den Kirchplatz herum haben sich neben einem Supermarkt viele kleine Geschäfte angesiedelt, die allerlei religiöse Utensilien und Souvenirs, aber auch Spielwaren, Speisen und Getränke und mehr anbieten.

Neben der kleinen Kirche Tupasy Ykuá findet man die Quelle, wo sich die Pilger mit heiligem Wasser erfrischen und ihre Gefäße füllen, um das Wasser der Jungfrau Maria mitzunehmen. Die Kirche findet man, wenn man der Straße vor dem Hauptportal der Kathedrale hinunter zum Bach folgt, diesen überquert und dann der ersten Möglichkeit nach rechts an einer Grünanlage entlang folgt. Auf der Rückseite der Basilika in Caacupé schließt sich der schattige Stadtpark an, der auch der Ausgangspunkt für **Abstecher 1** nach **Tobatí** ist.

Die Legende der Jungfrau Maria von Caacupé

Es wird erzählt, dass ein junger Guaraní-Indianer mit Namen José, der zum christlichen Glauben übergetreten war, zur Zeit der Kolonisierung von anderen feindlichen India-

nern in den Bergen von Tobatí verfolgt wurde. Er kletterte auf einen Baum, um sich zu verstecken und bat die Jungfrau Maria um Hilfe. Auf wundersame Weise ließen seine Verfolger von ihm ab. Er versprach zum Dank aus dem Holz dieses Baumes, eine Figur der Jungfrau Maria zu schnitzen. José war Schreiner und schnitzte gleich zwei Figuren. Eine größere für die Kirche von Tobatí und eine kleinere für sich und seine Familie. Diese kleinere Statue ist diejenige, die heute im Wallfahrtsheiligtum steht und jedes Jahr am 8. Dezember viele Gläubige zum Heiligtum pilgern lässt. (Siehe Special 14)

Gemälde im Treppenaufgang des Miradors

Man verlässt Caacupé wieder, folgt der Umgehungsstraße weiter in Richtung Ciudad del Este und befindet sich jetzt in einer leicht hügeligen Landschaft. Ca. 3 km weiter erhebt sich linker Hand der Cerro Cristo Rey, ein Hügel, von dem aus man einen herrlichen Rundblick hat. Auf einem Wanderweg erreicht man nach 30 Minuten den Gipfel, wenn man bei **S 25°23'16.2", W 57°06'48.6"** nach links in eine Erdstraße einbiegt. (Beschreibung am Ende der Tour)
Verstreut liegen auf der Weiterfahrt einzelne Häuschen am Straßenrand. Kleine Gärtnereien bieten eine Vielzahl einheimischer und exotischer Pflanzen an. Hier beginnt auch das Gebiet der Chiperias. Oft sind sie schon von Weitem zu sehen, die Frauen und Mädchen mit ihren Körben und darin die mit weißen Tüchern abgedeckten und warmgehaltenen Chipas, Mais-Käse-Kringel, die besonders warm am besten schmecken und sehr schnell sättigen.
Bei **km 65**, bei einer Tankstelle, biegt man den Wegweisern folgend nach rechts Richtung Piribebuy/Paraguarí ab. Die Gegend mit den kleinen Häuschen am Straßenrand ist sehr gepflegt. Die Straße steigt leicht an. Im weiteren Verlauf fährt man durch eine durch Zuckerrohrfelder geprägte Landschaft; am Straßenrand findet man die typischen Despensas, kleine Tante-Emma-Läden, für das Nötigste. Man erreicht
Piribebuy nach 9 km, ein kleines verträumtes Städtchen, gelegen in einer hügeligen Landschaft und durchzogen vom gleichnamigen Bach. Dieser Ort nennt sich Ciudad Heroica y Túristica, weil hier die vorletzte entscheidende Schlacht vor der Unabhängigkeitserklärung stattfand. Einige Hundert Meter nach dem Ortseingang gabelt sich die Straße an einem Denkmal. Rechts gelangt man ins Zentrum, Barrio Centro; links führt die Ruta weiter nach Paraguarí. Wir fahren in das Städtchen hinein und gelangen zur Plaza Mcal. López, einem Platz mit alten Schattenbäumen. Ringsherum haben sich

kleine Geschäfte angesiedelt. Etwas weiter erreicht man den mit Bäumen bestandenen Kirchplatz mit einer der typischen Franziskanerkirchen. Allerdings findet man hier auch Spuren der Jesuiten, so sind auf Kanzel und Beichtstühlen die für die Jesuiten bezeichnenden Initialen IHS (Jesus Hominem Salvador = Jesus Retter der Menschen) mit einem Kreuz auf dem H zu finden. Hier im Ortszentrum liegen auch das COPACO Gebäude und die Polizeistation. Biegt man vor der Kirche rechts ab in die Mcal. José Estigarribia, gelangt man an der Ecke zur Calle Yegros gegenüber der Municipalidad (Rathaus) zum historischen **Museum „Comandante Pedro Pablo Caballero"**. Es ist von *Dienstag bis Freitag von 7.30 Uhr bis 11.30 Uhr und von 14 Uhr bis 17 Uhr geöffnet.* In diesem findet man unter anderem Gegenstände und Erinnerungen an den Triple Allianz- und den Chaco-Krieg. Piribebuy ist außerdem bekannt für seine Webarbeiten; im Besonderen werden hier Ponchos und Hängematten angefertigt.
Wir fahren zurück zum Denkmal und folgen nun der Straße nach Paraguarí, überfahren eine kleine Brücke und biegen 200 m nach dieser Richtung Centro de Salud und Ruta 2 nach links in die Calle Cap. Fabricando Christaldo ab, um den **Salto Amambay** zu besuchen.

Der Salto Amambay liegt eingebettet in einer sehr waldreichen Landschaft. Besucht man ihn im April oder Mai, dem paraguayischen Herbst, steht die bunte Laubfärbung der Bäume hier der in unserem Herbst in nichts nach. Die gepflasterte Straße ist im Einfahrtsbereich steil, später passiert man ein rechts liegendes Militärgelände. Im weiteren Verlauf wechseln sich gepflegte kleine Anwesen und Wald mit Palmenbestand und Zuckerrohrfeldern ab.
*Ziemlich genau 7 km nach der Abzweigung von der Ruta sieht man links im Bereich der Stromleitung einen gelben Trafo. Einige Meter weiter sollte man das Auto abstellen, denn hier führt links (**S 25°27'58.4" , W 056.58'19.3"**) ein kleiner Fußweg (10 Minuten) hinab zum Piribebuy-Bach mit seinen kleinen Wasserfällen und der Möglichkeit, sich in kleinen Naturbecken mit kristallklarem Wasser zu erfrischen und am Sandufer zu ruhen. Wer Lust hat, kann eine Flusswanderung im Knie tiefen Wasser machen. In der Sommerzeit trifft man mitunter auf Schulklassen aus Asunción, die hierher einen (Bade-) Ausflug unternehmen. Es gibt hier an diesem idyllischen Platz, der für ein Picknick hervorragend geeignet ist, jedoch keinerlei Infrastruktur. Der Anstieg (ca. 50 Höhenmeter) hinauf zum Auto wird je nach Temperatur und Kondition recht schweißtreibend. Wir kehren die 7 km zurück und biegen nach links auf die nach Paraguarí führende Straße ein.*

Salto Amambay

Diese steigt jetzt weiter an und führt danach über eine Hochebene, die mit ihrem Palmenbestand sehr reizvoll ist. Nach weiteren 3 km passiert man die kleine Ansiedlung San Rafael. Nach weiteren 2 km kann man nach links der großen Beschilderung „Pinamar" folgend abbiegen, wenn man den 5,5 km entfernt liegenden

Complejo Túrstico Pinamar *besuchen möchte. Bei dieser Anlage handelt es sich um eine gepflegte, weitläufige Freizeitanlage mit moderner Infrastruktur, Campingarealen und Übernachtungsmöglichkeiten (www.pinamar.com.py). Der das Gelände durchfließendende Bach bildet hier mehrere kleine Kaskaden, aber auch ruhige Becken, in denen man schwimmen kann. Die Fahrt dorthin über eine Erdstraße führt durch landwirtschaftliches Gebiet. Zuerst folgen wir einer Eukalyptus-Allee. Nach 3,5 km trifft man auf eine Polizeistation und eine Kirche sowie eine ländliche Schule und biegt hier rechts ab. Nach ca. weiteren 600 m biegt man links ab und erreicht nach weiteren 1300 m die Einfahrt des „Pinamar Camping",* ***S 25°30'06.3", W 56°58'10.3"****. Ganzjährig geöffnet, Eintritt 10.000 GS pro Person oder 80.000 GS ein Auto incl. 3 Personen. Benutzung des Campinggeländes ist kostenlos. Nach dem Besuch muss man den gleichen Weg zurück zur Asphaltstraße nehmen.*

Freizeitanlage Pinamar

Auf der Weiterfahrt nach links fällt die Straße hinunter zum Fluss ab, wo sich direkt an diesem das Balneario „El Bosque" befindet, ein natürliches „Freibad", in dem sich die Paraguayer gern in der Saison am Wochenende im klaren Wasser der Flussbecken tummeln. Jetzt steigt die Straße wieder an. Nach 8 km seit dem Abzweig Pinamar muss man nun rechts abbiegen, will man den **Parador Túristico Chololó** besuchen.

Von der asphaltierten Straße, ***S 25°33'19.7", W 57°02'27.5"****, sind es noch 400 m Erdstraße bis zum Eingang. Diese schöne, parkähnliche Anlage mit kleinen Was-*

serfällen, Wiesengelände und natürlichen Badebecken zwischen Felsen und schönem Baumbestand bietet alles, was man sich zur Erholung wünscht. Hotel mit Restaurant und Pool; ein Spielplatz und ein Fußballplatz sind vorhanden. Der Tageseintritt kostet 30.000 GS pro Auto incl. 6 Personen. Die Preise für eine Übernachtung im Hotel liegen zwischen 100.000 und 150.000 GS pro Zimmer, je nach Ausstattung mit Ventilator oder Klimaanlage. Geöffnet ganzjährig: Anlage im Sommer 7:30 Uhr bis 18:30 Uhr; Restaurant 7:30 Uhr bis 22:00 Uhr, Hotel 24 Stunden.

Badevergnügen in Chololo

Man verlässt Chololó und fährt weiter nach Paraguarí. Nach ca. 7 km hat man einen wunderschönen Blick über die Ebene mit ihren in der Ferne liegenden Bergen. Nun folgt ein Stück naturbelassener Wald mit urwüchsigen Bäumen. Etwas weiter liegt der leicht zu übersehende Eingang, **S 25°34'28.1" , W 57°05'33.8"**, zum Areal Ecoreserva Mbatovi. In diesem privaten Erlebnispark können Abenteuerlustige begleitet von Führern in ursprünglicher Natur Klettersteige begehen, Hängebrücken überqueren usw.. Allerdings gelten auch hier wieder entsprechend abweichende hohe Preise für ausländische Touristen (www.mbatovi.com.py/reservas.html). Wir fahren durch den Wald hinunter in die Ebene und erreichen die ersten Häuser von

Paraguarí. Dort, wo die asphaltierte Straße nach rechts ins Zentrum abbiegt, beginnt links die gepflasterte Straße ins "Barrio Estación". Biegt man hier in die neu gestaltete Pflasterstraße ein, erreicht man an deren Ende das alte Bahnhofsgebäude mit Bahnsteig und noch teils sichtbaren Schienen. Dieser Bahnhof war von 1870 bis 1970 in Betrieb. Das Bahnhofsgebäude ist jedoch leider noch nicht restauriert und wird mitunter von paraguayischen Familien bewohnt. Folgt man der asphaltierten Straße nach rechts weiter, trifft man auf den typischen Kirchplatz mit seiner Franziskanerkirche, den man nach rechts umrundet. Bei dieser Umfahrung

Weg zum alten Bahnhof in Paraguarí

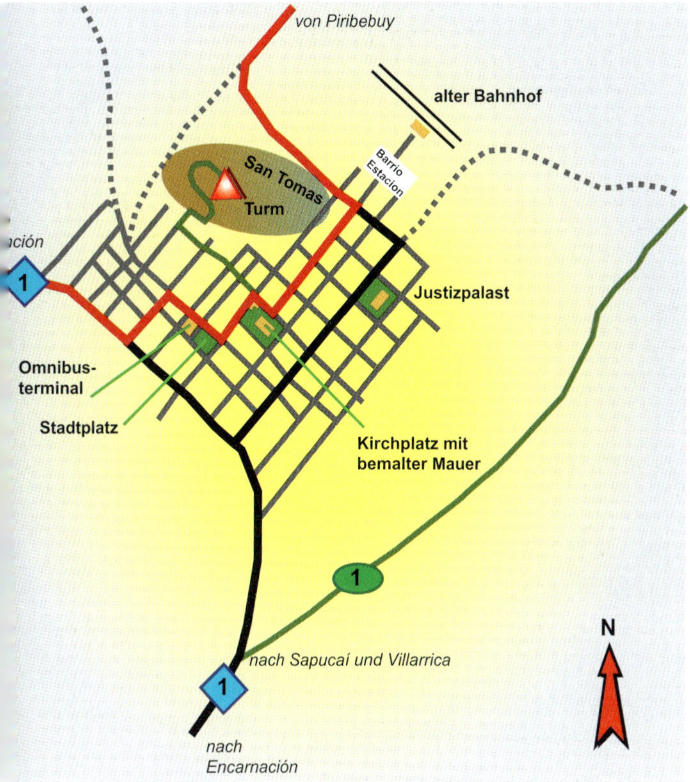

findet der Besucher an der nächsten Ecke links ein gerundetes bemaltes Mauerstück. Es zeigt eine frühere Ansicht des Zentrums, die leider durch die Sonneneinstrahlung immer mehr verblasst. Hier an dieser Stelle bietet sich direkt ein kleiner Ausflug auf den Hausberg **San Tomás** an.

Man fährt an der Mauer auf der gepflasterten Straße geradeaus 4 Quader weiter, biegt hier rechts ab, um gleich darauf wieder nach rechts zu fahren, um bei ***S 25°36'56.2" W 57°08'58.2"*** *die neu betonierte Auffahrt zu erreichen. Nach einem knappen Kilometer steht man auf dem Gipfel, 197 m ü.NN. Von dem kleinen Aussichtsturm, an dessen Fuß eine Kapellennische ist, hat man einen hervorragenden Fernblick in alle Himmelsrichtungen. Nach Süden breitet sich eine große Ebene aus, aus der sich einzelne markante Bergformationen erheben. Auf der anderen Seite sieht man die bewaldeten Hügel der Cordillera de los Altos, aus der das dunkle Band der Asphaltstraße heraustritt, auf der man gerade Paraguarí erreicht hat.*

Für die Weiterfahrt kehrt man zurück zum Ausgangspunkt an der bemalten Mauer, wo man sich nach rechts hält. Kurz darauf passiert man den Stadtpark mit Brunnen und Denkmal. Um diese Plätze herum gruppieren sich die alten

Gipfel - San Tomás

Blick auf Paraguarí und in die Ebene

Häuser im Kolonialstil. Im Zentrum findet man auch den Marktplatz und das Busterminal.
Nach Erreichen der Ruta 1 fahren wir nach rechts zurück nach Asunción über **Yaguarón** mit seiner wunderschönen, alten und sehenswerten Franziskanerkirche, **Itá und San Lorenzo**.(siehe Tour 3) oder nach links, um einen Abstecher nach **Sapucaí** zu unternehmen (siehe Abstecher 2).

Hotelverzeichnis - Auswahl - internationale Vorwahl: +595

Caacupé

> ASUNCION Hotel/ Restaurant, hinter der Kathedrale am Stadtplatz, www.asuncionhotel.com.py, E-Mail. info@asuncionhotel.com.py, Tel.: 0511 243771
> KATY MARIA, Eligio Ayala, Ecke Dr. Pino (direkt bei der Kathedrale), Tel.: 0511 242860
> URUGUAYO, Eligio Ayala, Ecke Mcal. Estigarribia, Tel.: 0511 242977

Piribebuy:

> TOPACHI Ranch Hotel, am südl. Ortsrand von Piribebuy, Tel.: 0981 322881, www.topachi-ranch.com

an der Ruta nach Paraguarí

> COMPLEJO TURISTICO PINAMAR, einfache Übernachtungsmöglichkeiten, Tel.: 0984 447379 oder 404440, Büro in Asunción, Callle Chile 800, Ecke Humaitá, Tel.: 021 492993, www.pinamar.com.py

> PARADOR TURISTICO CHOLOLO mit Hotel, km 87, Straße Piribebuy - Paraguarí, Tel.: 0515 212766 oder 0981 137655

Abstecher 1
Das Töpferstädtchen Tobatí - 16 km

Ausgangspunkt: Caacupé

Am Stadtpark von Caacupé folgt man der Straße *Juan O'Leary* zwischen Kathedrale und Stadtpark hinunter und über eine kleine Brücke. Bei **S 25°22'56.6", W 57°08'40.7"** folgt man der asphaltierten Straße nach rechts (geradeaus führt eine andere Straße nach Atyrá) nach Tobatí. Die Landschaft ist hügelig und durchsetzt mit großen, rundlichen, grauen Felsen. Nach weiteren 6 km sieht man am linken Wegrand in einer Felsengrotte eine kleine Marienkapelle und etwas weiter begrüßen den Besucher auf der rechten Straßenseite am Fuße eines Felsens mit Aussichtsplattform drei große, steinerne Indioköpfe zwischen Tonvasen. Es lohnt sich, die Stufen hinauf zum inzwischen halb überdachten Aussichtspunkt zu steigen. Von oben hat man einen weiten Blick über die Landschaft um Tobatí mit ihren vielen Ziegeleien und auf die felsendurchsetzte Umgebung. Wer möchte, kann von hier oben aus eine kleine Wanderung in die unberührte Natur, allerdings ohne ausgewiesene Wege, machen.
Ein Erlebnis ist es, in einer Ziegelei bei der Herstellung und dem Brennen von Ziegelsteinen zuzuschauen. Fragt man um Erlaubnis, wird man gewiss nicht abgewiesen und kann, wenn möglich, auch einen Blick in einen Brennofen werfen. Nach weiteren fünf Kilometern erreicht man die Ortsmitte mit dem Kirchplatz und der für diese Gegend typischen Franziskanerkirche.

Aussichtspunkt am Eingang von Tobatí

Erfrischungsgetränke und kleine Gerichte erhält man an den typischen Buden oder in kleinen Geschäften von Tobatí. Inzwischen haben sich auch zwei Supermärkte etabliert.
Die Kunsthandwerker haben sich in den nahe gelegenen Ortsteil **Villa Artesanal** zurückgezogen, wo sich auch eine Ausstellungshalle befindet. Dorthin gelangt man, wenn man bei **S 25°15‘58.8“, W 57°05‘05.5“** nach

Ziegelei in Tobatí

links dem Hinweisschild folgt. Nach ca. 1 km liegt das Areal auf der rechten Straßenseite.
Man fährt den gleichen Weg zurück nach Caacupé. Wer nach Asunción zurück möchte, der kann am Ende der asphaltierten Hauptstraße direkt nach links nach Arroyos y Esteros (26 km) abbiegen und dort über die Ruta 3 nach Asunción (67 km) zurückfahren. Wer keine Zeit hat in den Chaco zu fahren, der erlebt auf dieser Fahrt entlang der Ruta 3 nach Asunción zwischen Arroyos y Esteros und Emboscada eine Palmenlandschaft ähnlich der im unteren Chaco.
(siehe Tour 7)

Kunstwerke in Villa Artesanal

Abstecher 2
Besuch des alten Bahnhofs und Ausbesserungswerks von Sapucaí - 22 km

Ausgangspunkt: Paraguarí, Ruta 1, km 65, **S 25°27'50.9", W 57°08'58.2"**

Durch die neue, asphaltierte Verbindungsstraße zwischen Paraguarí und Villarrica ist der Besuch von Sapucaí jetzt bequem möglich. Man biegt von der Ruta 1 bei km 65 auf diese ab und fährt am Rande der Erhebungen der Cordillera de los Altos nach Westen.

Rechts erstreckt sich eine Ebene mit einzelnen Hügeln. Das Örtchen Escobar liegt etwas abseits. Nach 21 km hat man den kleinen Ort Sapucaí erreicht, der durch sein in früherer Zeit wichtiges Ausbesserungswerk für die paraguayische Eisenbahn, dem alten Bahnhof sowie einigen Lokomotiven zu einer touristischen Attraktion geworden ist.

Exkurs zur Geschichte der Eisenbahn in Paraguay:

Ab dem Jahre 1854 plante man in Paraguay mit Hilfe englischer Ingenieure den Ausbau eines Eisenbahnnetzes. Die erste Verbindung entstand in Asunción zwischen dem Hafen und dem heutigen Plaza Uruguaya, wo 1861 das Bahnhofsgebäude eingeweiht werden konnte. Von hier aus dehnte sich die Verbindung über Luque nach Areguá und später nach Ypacaraí aus. 1864 erreichten die Schienen Paraguarí und Sapucaí. Der Triple Allianz Krieg unterbrach die Erweiterung. Zum Teil wurden noch nicht genutzte Schienen und anderes eisenhaltiges Material in der Eisengießerei Ybcuí eingeschmolzen und zu Kanonen und Geschossen umfunktioniert. Im Laufe des Krieges wurden die Anlagen zum großen Teil zerstört, auch um nicht von den Gegnern genutzt werden zu können. Nach Ende des Krieges 1870 wurde mit dem Wiederaufbau und Ausbau mit Hilfe der Engländer begonnen, was sich jedoch sehr schwierig gestaltete, da das Geld für Löhne fehlte. Langsam wurde das Schienennetz über Villarrica nach Süden bis Encarnación ausgebaut. 1913 konnte in Encarnación außerdem der Transport von Eisenbahnwaggons über eine Fähre nach Posadas/ Argentinien aufgenommen werden, somit war ein internationaler Anschluss geschaffen.

Jedoch konnten die Strecken nicht erhalten werden, nötige Reparaturarbeiten wurden nicht getätigt. Der Chacokrieg (1930-1932) verschluckte weitere Ressourcen und die Eisenbahn verlor an Attraktivität. 1959 kaufte Alfredo Stroessner der englischen Eisenbahngesellschaft die Rechte ab, und ab jetzt war die paraguayische Eisenbahn in staat-

licher Hand. Die Dampflokomotiven konnten jedoch nicht mit dem Straßentransport konkurrieren, da sie wesentlich langsamer waren. Das Ende der Eisenbahnzeit in Paraguay konnte nicht aufgehalten werden. 1999 wurde der Personenverkehr gänzlich eingestellt. Ab 2004 plante man einen Touristenzug zwischen Asunción/ Botanischer Garten und Ypacaraí in Betrieb zu nehmen. Dieser Zug fuhr zwischen 2005 und Ende 2008 mehr oder weniger regelmäßig bis Areguá. Inzwischen ist nach Aussage entsprechender Stelle dieser Verkehr auf unbestimmte Zeit eingestellt.

Um zu der alten Anlage zu gelangen, biegt man bei **S 25°39'56.4", W 56°57'35.2"** noch vor Erreichen der eigentlichen Ortseinfahrt nach rechts entlang des Eisenbahnbereiches ab, um nach einigen Hundert Metern über eine Brücke nach links zu fahren und kurz darauf im Bereich des Bahnhofes zu parken.

Im Außenbereich sind neben dem kleinen Bahnhofsgebäude aus dem Jahre 1887 eine alte Lokomotive und ein Kranwagen aufgestellt.

Interessant wird es für den Eisenbahnliebhaber jedoch im Inneren der riesigen Hallen aus Blech, Stahlträgern und Holz, die von einer sehr geschäftigen Zeit erzählen. Heute werden hier nur noch weinige Arbeiten ausgeführt; jedoch kann man bei einem ausgiebigen Rundgang das

Ausbesserungshalle mit Transmission

Gefühl gewinnen, dass viel geschaffen und gearbeitet wurde.

Als besondere Sehenswürdigkeit, ein Denkmal der industriellen Entwicklung, befindet sich in der Haupthalle eine vollständig erhaltene Transmissionsanlage. Der Aufschwung der Industrie im Europa des 19. Jahrhunderts ist hier in seiner ganzen Breite zu sehen. Eine leistungsstarke Dampfmaschine sorgte für den Antrieb vieler einzelner Maschinen. Das Wasser wurde aus eigenen Quellen der nahe gelegenen Hügelkette bezogen. Die zentral erzeugte Kraft wurde über Wellen und Scheiben auf Riemen und Bänder, die vorwiegend an der Decke der Halle angebracht sind, übertragen und an die einzelnen Maschinen geleitet. Hier sind auch noch alte Lokomotiven aufgebockt, so als ob sie gerade repariert würden. In einer anderen Halle findet man Schmelzöfen, Formen und Werkzeuge, die zur Herstellung der benötigten Wellen und Scheiben aus Gusseisen dienten.

In der Regel ist das Gelände *täglich von 8:00 Uhr bis 16:00 Uhr geöffnet*. Wer ein bisschen Spanisch versteht, wird auch gern herumgeführt und erfährt einige interessante Einzelheiten zu diesem Ort.
Nach der Besichtigung kann man entweder zurück nach Paraguarí, um die Rundfahrt nach Asunción fortzusetzen oder weiter auf der Verbindungsstraße Richtung Villarrica zu fahren. In diesem Fall stößt man nach 60 km auf die Ruta 8 und ist kurz darauf in Villarrica (siehe Tour 5)

Wandermöglichkeit auf dieser Rundfahrt

Wanderung auf den „Cristo Rey" bei Caacupé
Diese kleine Wanderung zu Fuß bietet sich nur für Wander- und Kraxelfreunde an. Da dieser Aufstieg doch recht steil und mitunter nicht ungefährlich ist, sollte man ihn nur bei guter Witterung und vor allen Dingen nicht bei hohen Temperaturen unternehmen. Im Sommer ist es daher sinnvoll, mit dem kleinen Aufstieg schon sehr zeitig am Morgen zu beginnen. Geeignetes Schuhwerk ist natürlich Voraussetzung. Von Asunción kommend fährt man auf der Umgehungsstraße an Caacupé vorbei. Am Ortsausgang, wo sich beide Fahrbahnen wieder vereinen, steht ein großes weißes Betonkreuz. Ca. 3 km weiter in Richtung Ciudad del Este liegt auf der linken Seite eine Gomeria. Hier, **S 25°23'16.2", W 57°06'48.6"** führt nach links ein 300 m langer teilweise schlechter Erdweg, bis man links einen kleinen Sportplatz und rechts ein blaues Tor erreicht hat.

Anfang des Wanderweges

Der schmale Aufstieg beginnt am Ende des Weges unter Bäumen und führt in Serpentinen den Berg hinauf. Er ist nicht besonders befestigt und führt auch über steile, felsige Abschnitte. Die noch vorhandenen Geländer sind meist locker und brüchig; an manchen Stellen fehlen diese Sicherheiten vollständig. Auf dem Weg nach oben hat man immer wieder Ausblicke auf die umgebenden Berge und die hügelige Landschaft von Cordillera. Von weiter oben kann man in der Ferne die weiße Basilika von Caacupé und unter sich die Ruta 2 sehen. Je höher man kommt, desto schlechter wird der Weg, bis er als solcher eigentlich in Nähe der beiden Monumente auf dem Gipfel ganz aufhört. Jetzt muss man sich einen Weg selbst suchen und über einige kleinere Felsen klettern, um zu den ungesicherten, kleinen Türmen zu gelangen. Leider ist eine freie Rundumsicht nicht möglich, da einige große Bäume dies verhindern. Für den Rückweg sollte man den schon bekannten Weg benutzen. Der Aufstieg dauert je nach Kondition etwa 30 Minuten und je nach Jahreszeit sollte man genügend Flüssigkeit mitnehmen.

Turm auf dem Gipfel

Übersichtskarte zu Tour 2

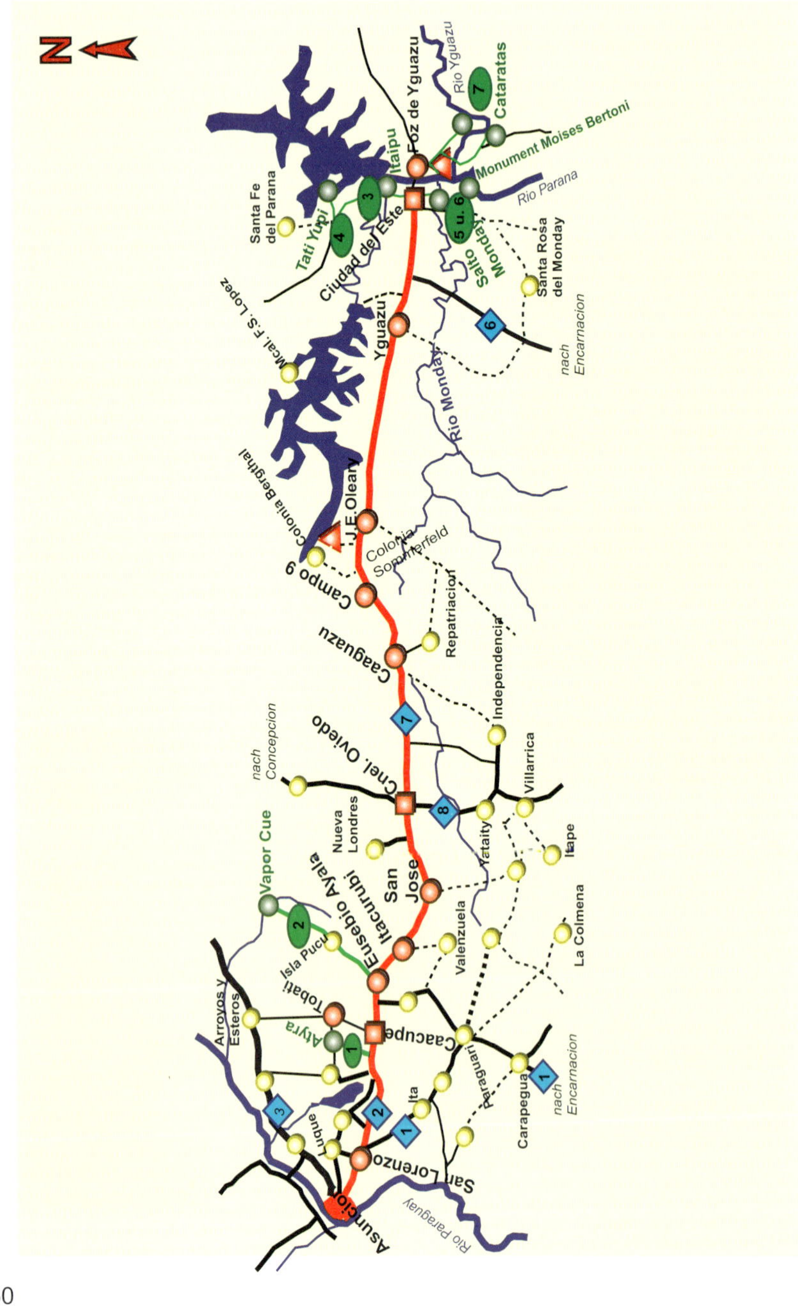

Tour 2
Asunción - Ciudad del Este - 332 km

Reine Fahrzeit: 5 Std. - über die Ruta 2 und die Ruta 7

Diese Strecke ist die wichtigste Verbindung von Asunción nach Brasilien (Foz de Iguazú) und somit eine stark befahrene Überlandstraße, die sich in größeren Bereichen im Ausbau zwecks Verbreiterung befindet. Trotzdem bietet sie dem aufmerksamen Reisenden etliche kleine Höhepunkte. Die Tour führt durch die Departements Central, Cordillera, Caaguazú und Alto Paraná.
Man verlässt Asunción in Richtung San Lorenzo über eine der beiden großen Ausfallstraßen Avda. López vorbei an der Municipalidad (Rathaus) von Asunción oder über die Avda. Eusebio Ayala, die am Pettirossi-Markt beginnt und durch den Vorort Fernando de la Mora führt.
San Lorenzo, km 12, eine lebhafte Vorstadt, die mit Asunción zusammengewachsen ist, wurde 1775 gegründet. Sie wird auch Ciudad Universitario genannt, denn hier befinden sich neben der größten Universität Paraguays „Universidad Nacional de Asunción" auch weitere kleinere Universitäten.

Im Stadtzentrum liegt an und zwischen den beiden Einbahnstraßen, durch die der Hauptverkehr fließt, das Geschäftszentrum in Form vieler kleiner Geschäfte, Stände und Buden.
Sehenswert ist die Kirche von San Lorenzo mit ihrer neugotischen Front. Der barocke Altar im Inneren besteht aus einem zentralen Mittelteil mit zwei kleineren Flügeln, die durch Säulen abgeteilt sind, und ist mit vielen Skulpturen geschmückt.
Beachtenswert sind der kunstvolle Tabernakel und die Holzkanzel, welche die Form eines Bechers hat.
Das sehr interessante **„Museo Guido Boggiani"**, *(Cnel. Bogado 888 e/ Mcal. López y Saturio Ríos)* in der Nähe der Kirche gelegen, präsentiert indianische und archäologische Ausstellungsstücke. *Öffnungszeiten: 15:00 Uhr bis 18:00 Uhr von dienstags bis freitags; samstags: von 9.00 Uhr bis 12:00 Uhr und von 15:00 Uhr bis 18:00 Uhr.*
Das **„Museo Memorial Raíces"**, zwischen dern Straßen *San Lorenzo und Sgto. Silva,* ist ein geschichtliches Museum des Triple Allianz Krieges. *Öffnungszeiten: montags bis freitags: 7.00 Uhr bis 11:00 Uhr.*
Das Museum **„Museo de Historia Natural del Paraguay"** *(Sucursal 1 Campus U.N.A, 2169 CDP, Central XI, Km 10,5 Ruta Mcal. Estigarribia)* ist mit seiner Sammlung zur Tier- und Pflanzenwelt des Landes etwas für Naturliebhaber. *Öffnungszeiten: montags bis freitags: 8:00 Uhr bis 12:00 Uhr.*
Ebenso kann man in der Stadt noch etliche Häuser im Kolonialstil sehen, zum Teil mit romantisch anmutenden Säulengängen. San Lorenzo ist auch bekannt für seine Wurstwarenprodukte, besonders die des deutschen Metzgers Ochsi.
Am Ortsausgang von San Lorenzo erreicht man eine große Straßengabelung. Hier biegt

rechts die Ruta 1 nach Süden, Richtung Encarnación (s. Tour 3), ab. Unsere Fahrt folgt aber weiter geradeaus der Ruta 2 nach

Capiatá, km 20. Der kleine Ort wurde 1640 von den Franziskanern gegründet, die sich stark für die indigene Bevölkerung einsetzten. Die Kirche von Capiatá "Nuestra Señora de la Candelaria", aus dem 18. Jahrhundert, ist wie viele Kirchen in dieser Gegend franziskanischen Ursprungs und beherbergt einen herrlichen Altar mit typischen Holzschnitzereien, ähnlich der Kirche von Yaguarón. Am Ortseingang bei km 19 auf der rechten Seite, **S 25°21'01.4", W 57°26'54.7"**, ist das **„Museo Mitológico Ramón Elías"** mit seinen vielen oft auch skurrilen Schnitzereien aus der Mythologie der Guaraní-Indianer sowie einer Sammlung religiöser und archäologischer Objekte durchaus einen Besuch wert. *Öffnungszeiten: montags bis samstags (8:00 Uhr bis 11:00 Uhr und 14:00 Uhr bis 17:00 Uhr* Eintritt: 2000 GS.

Itauguá, km 25, wurde 1728 gegründet. Hier wird fast jeder Reisende einen Stopp einlegen, um die kunstvollen, bunten oder einfarbigen Ñanduti-Handarbeiten zu bewundern. Viele kleine und größere Geschäfte entlang der Ruta werben mit Exponaten. Ñanduti ist eine Art Spitzenklöppelei. In Handarbeit werden die Decken und Deckchen in allen Größen, Formen und Farben hergestellt. Die ursprünglich arabische Kunst kam über die Kanarischen Inseln und Südspanien zwischen dem 17. und 18. Jahrhundert nach Paraguay und ist heute eine typische paraguayische Handarbeitstechnik. Die einzelnen Teile des Ganzen werden durch einen einzigen Faden zusammengehalten. Jedes Jahr im Juli findet hier ein großes Ñanduti-Festival statt. Außerdem gibt es Tücher, Kleider und Hängematten zu betrachten und zu erwerben.Im **Museo Comunitario del Ñanduti** (*Öffnungszeiten: dienstags bis sonntags von 8:00 Uhr bis 12 Uhr und von 15:00 Uhr bis 19:00 Uhr)* wird man alles über die Geschichte und die Herstellung dieser Handarbeit erfahren. Das Museum findet man an der Ecke der Straßen Gral. Bernardino Caballero y Pa'i Pérez. Es ist meistens verschlossen, einfach die Klingel betätigen. Um die Kirche "Parroquial Virgen del Rosario", erbaut von 1896 bis 1908, im Zentrum des Ortes gruppieren sich auch die alten Häuser. Im **Museo Parroquial de Arte Colonial Religioso y Antropológico San Rafael**, gleich hinter der Kirche gelegen, werden über 400 Bilder und religiöse Kunstgegenstände ausgestellt. Es befindet sich in der Calle Francisco Caballero Álvarez fast Palma.

Ñanduti-Tischdecke in Itauguá

Der weitere Verlauf der Straße ist zum Teil 4-spurig, getrennt durch eine Betonmauer.

Ypacaraí, km 32, ist die nächste Stadt. Sie wurde 1887 von Präsident Escobar gegründet. Auffällig ist der Turm der Kirche „Sagrado Corazón de Jesús". Jährlich im September findet in Ypacaraí ein großes Folklorefestival statt. Kurz hinter Ypacaraí erreicht man eine Mautstelle.

Hier ist immer ein reges Treiben; Händler bieten den Reisenden Erfrischungsgetränke, süßes Gebäck in der Art von Krapfen oder auch Chipas an. Nach ca. 2 km zweigt die Straße nach San Bernadino ab (siehe Asunción, Abstecher 4). Vorbei an einem meist leeren Campingplatz führt die Ruta, gesäumt von Häuschen und Kleinbetrieben hinauf auf die Cordillera de los Altos. Auf halber Höhe liegt rechts ein kleiner Parkplatz, von

dem aus man einen schönen Blick auf den Lago Ypacaraí hat. Auf der Höhe empfängt dann ein großes, weißes Pilgerkreuz den Reisenden. Diese Stelle ist auch der Ausgangspunkt zum **Abstecher 1** nach **Atyrá.**

Eine große Eukalyptusallee führt nun geradewegs auf **Caacupé, km 55,** zu. *(Beschreibung von Caacupé in Tour 1)*

Chiperia an der Ruta 2

Die Ruta folgt der Umgehungsstraße weiter nach Osten. Bei km 65 biegt die Straße nach Piribebuy und Paraguarí ab (siehe Tour 1).

Vor und nach Eusebio Ayala sind wir im Bereich der Chiperias. Auf der weiteren Fahrt werden die noch warmen Mais-Kringel von vielen kleinen Betrieben angeboten. Nach weiteren 5 km liegt rechts der Ruta das „Casa del Mani". Hier kann man Erdnüsse, aber auch Getränke und Snacks erstehen.

Eusebio Ayala, km 73, wird von der Ruta umfahren. Will man das geschichtsträchtige

Handwerkliche Lehmziegelherstellung

Städtchen mit seinem Denkmal für die gefallenen Kindersoldaten (rechts abseits der Hauptstraße gelegen) besuchen, muss man am Ortseingang über eine Rechtsschleife nach links abbiegen. Nach einigen Metern überquert man den Fluss Piribebuy, um bei der 2. Möglichkeit nach rechts (auf asphaltierter Fahrbahn) der Straße zu folgen, wo man nach ein paar Hundert Metern direkt auf das Denkmal trifft. In der Umgangssprache der Bewohner heißt dieses Örtchen auch "Barrero Grande", was so viel wie "großer Töpfer" heißt. Dieser Name leitet sich von den vielen kleinen Ziegeleien ab, die hier offenbar schon immer die halb gebrannten typischen Lehmziegel (ladrillos) meist noch in Handarbeit herstellen. Fährt man am Denkmal weiter, trifft man wieder auf die Ruta.

Ausgangspunkt für **Abstecher 2** nach **Vapor Cué** ist der Dorfplatz von Eusebio Ayala.

Man folgt der Ruta 2 durch landwirtschaftlich genutztes Gebiet weiter geradeaus. Diese steigt in ihrem weiteren Verlauf langsam an. Bei **km 81** liegt das Hospital der Mennoniten links abseits der Ruta, welches sich auf die Behandlung von Leprakranken spezialisiert hat, und auch besonders die Einheimischen im allgemeinmedizinischen Bereich versorgt.

Itacurubí de la Cordillera, km 88, ein unscheinbarer Ort wird durchfahren.

Im weiteren Verlauf der Straße werden je nach Jahreszeit Bananen, Mandarinen oder anderes Obst angeboten. Auch kann man einige typisch ländliche Fleischereien am Straßenrand entdecken, deren oftmals in der Sonne hängendes Fleisch auf den Europäer nicht unbedingt appetitanregend wirkt.

San José, km 104, ist eine Ansiedlung mit Supermarkt. Schnurgerade führt die Ruta 2 durch das flache, großflächige Weideland. 21 km weiter muss man wieder eine Mautstelle passieren, die in dieser Richtung kostenfrei ist.

Obststände an der Ruta 2

Kurz vor der Stadt Coronel Oviedo bieten mehrere Restaurants, die nicht nur von Fernfahrern und Busreisenden gern besucht werden, kostengünstiges Buffet an, von dem man so viel essen kann, wie man möchte.

Coronel Oviedo, km 132, ist ein Verkehrsknotenpunkt und der Verwaltungssitz des fünften Departements, Caaguazú. Die Stadt wurde 1758 gegründet und hieß früher „Nuestra Señora del Valle de Ajos". Hier treffen vier Hauptverbindungsstraßen des Landes in einem großen Kreisverkehr zusammen: die Ruta 2 von Asunción kommend, die hier endet, die Ruta 7 (hier beginnend) nach Ciudad del Este, die Verbindungsstraße nach Norden zur Ruta 3, San Pedro und Concepción und die Ruta 8, die nach Süden über Villarrica nach Encarnación führt. Von dieser aus kann man auch die Weinbaukolonie Independencia, in der noch viele Deutsche leben, (Tour 5) besuchen. Rund um den Kreisverkehr, an dem auch das Busterminal liegt, bieten Imbiss- und Obststände ihre Waren an. Coronel Oviedo hat erst durch diese Kreuzung an Bedeutung gewonnen

und sich in den letzten drei Jahrzehnten aus einem kleinen Dorf zu einer größeren Stadt entwickelt. Hierher kommen die Farmer aus der Umgebung, kaufen ein oder verkaufen ihre landwirtschaftlichen Produkte sowie ihre Rinder auf großen Auktionen.
Man verlässt die Stadt, deren Zentrum nördlich der Ruta liegt, über den Kreisverkehr geradeaus in östlicher Richtung nunmehr auf der Ruta 7. Nach 20 km zweigt rechts eine neue asphaltierte Straße nach M.J. Troche und von dort auch zur Colonia Independencia ab. Nach 30 km haben sich entlang der Ruta kleine landestypische „Copetins" angesiedelt, in denen man günstig etwas essen oder trinken kann. Die Straße wird jetzt sehr kurvenreich und steigt etwa einhundert Höhenmeter die Cordillera de Caaguazú hinauf. Man erreicht als nächstes **Caaguazú, km 179,** einen Ort namensgleich des Departements. Bedingt durch den Holzreichtum dieser Region sind hier zahlreiche Sägewerke und Kleinbetriebe, die Möbel herstellen, entstanden.

Copetín - Imbissmöglichkeit an der Ruta

Caaguazú zeigt diese Vielfalt an der Straße: Tische, Stühle, Bettgestelle, Regale, buntes Spielzeug und vieles mehr. Auf dem Kreisverkehr im Zentrum ist eine „Alzaprima" aufgestellt. Mit ihren beiden ca. 2,20 m hohen Rädern ist sie mittlerweile etwas sehr Seltenes. Mit diesem von Ochsen gezogenen Gefährt werden teilweise noch heute die Baumstämme aus schwerem Hartholz transportiert. Hinter Caaguazú fährt man weiter

Alzaprima auf dem Kreisverkehr von Caaguazú

durch eine leichte Hügellandschaft mit riesigen Rinderweiden. Bei km 201 erreicht man erneut eine Mautstelle. 9000 GS, jedoch nur in der Gegenrichtung, sind hier zu entrichten. Kurz darauf zweigt eine asphaltierte Straße zu der etwas abseits liegenden Ansiedlung **Dr. J.M.Frutos** ab.
Acht Kilometer weiter bietet das Fischrestaurant Hildebrand seine Spezialitäten an.

Holzexponate in Caaguazú

Juan E. Estigarribia, km 213, wird auch **Campo 9** genannt und ist eine größere Ansiedlung mit Infrastruktur, Supermarkt, Hotels, Omnibus-Terminal und einer Zweigstelle der Banco Sudameris mit Bankautomat am Ortsausgang. Rechts der Ruta ziehen sich ab hier über viele Kilometer hinweg die Agrarflächen der *Colonia Sommerfeld.* Bei km 215,5 zweigt links die Straße zur *Col. Luz y Esperanza* und bei km 219,5 links,**S 25°23'09.4", W 55°38'27.5"**, jene zur *Col. Bergthal* und zu einer Balsafähre über den Stausee Lago Iguazu ab; alle Kolonien wurden von Mennoniten gegründet. Auffallend sind hier einige Sägewerke, die man an den vielen hier gelagerten teils sehr dicken Baumstämmen erkennt. Zwischen den einzelnen Ansiedlungen und Orten fallen die teilweise bunten aus Holz oder Stein gebauten kleinen Häuschen beidseitig der Ruta ins Auge, die in dieser Gegend alle durch einen etwa 30 m breiten Grünstreifen von dieser getrennt sind, wodurch ein gepflegter Eindruck entsteht.

Autofähre - Balsa - am Lago Iguazú

José Ocampos, km 236, ist ein Straßendorf, das sich einige Kilometer entlang der Ruta zieht. Bei

km 246, S 25°25'17.6", W 55°23'36.3", *führt eine 6 km lange Erdstraße zum* ***Lago Iguazú.*** *Hier kann man je nach Wasserstand am sandigen Ufer das An- und Ablegen der Balsafähren beobachten, die neben Personen, Motorrädern, Autos auch Lkws und Omnibusse an das andere Ufer transportieren. In diesem Bereich haben sich kleine Imbissbuden am See angesiedelt.*

Dr. Juan O'Leary, km 249, und **Dr. J.L. Mallorquin, km 260**, sind nur kleinere Ansiedlungen, deren Zentren links der Ruta liegen und nur einfache Versorgungsmöglichkeiten haben. Man befindet sich jetzt in einem Anbaugebiet von Yerba Mate, was erkenntlich durch den Verkauf des Tees an der Straße wird. Gleichfalls wird in Säcke verpackte Holzkohle in großen Mengen angeboten. Die Gegend ist wieder leicht hügelig mit kleinen Ackerflächen und Weiden und immer wieder durchsetzt von Waldinseln, die deutlich an die Zeit erinnern, als es hier noch Urwald gab.

Colonia Iguazu, km 286, mit Supermarkt, Tankstellen, Churrasceria und Hotel weist schon auf die Nähe von Ciudad del Este hin. Streckenweise schnurgerade verläuft nun die Straße nach Osten, und rechts und links der Fahrbahn liegen größere Ackerflächen. Nach 10 km zweigt rechts die Ruta 6 nach Encarnación ab. 4 km weiter liegt links, bei km 300, die Zufahrt zum Flughafen *„Aeropuerto Guaraní"* von Ciudad del Este. Nach wenigen Metern erreicht man die neue Mautstelle der 4-spurigen Autobahn, die direkt ins Zentrum von Ciudad del Este führt. 10.000 GS muss man jeweils in jede Fahrtrichtung bezahlen. Diese einzige autobahnähnliche Straße Paraguays mit typisch deutsch anmutenden Schildern ist 28 km lang. Am Ende, etwa bei **km 326** kann man nach Itaipú und Hernandarias abbiegen.

„Autobahn" nach Ciudad del Este

Nach weiteren 3 km hat man den 1. Kreisverkehr von Ciudad del Este erreicht, der zwischen zwei Fußgängerbrücken liegt. Folgt man der Hauptstraße weiter, kommt man direkt zur Grenze an der Freundschaftsbrücke, *„Puente de Amistad"*, die nach Brasilien führt.

Ciudad del Este, km 332, eine quirlige Grenzstadt, die der Rio Paraná von Brasilien trennt, ist geprägt durch den lebhaften Handel zwischen diesen beiden Ländern und wird auch „das Einkaufszentrum Südamerikas" genannt. Täglich kommen Tausende von Käufern aus Foz de Iguazú, um hier einzukaufen. Schwer bepackt mit Kartons zieht eine Menschenkolonne auf dem Rückweg über die Brücke. Autos bis obenhin beladen, fahren Stoßstange an Stoßstange. Oft wird diese Stadt auch „Schmugglerstadt" genannt und gerät durch reißerische Pressemeldungen über Überfälle in aller Munde.

Hauptstraße zur Freundschaftsbrücke

Von diesen Spannungen spürt der normale Tourist nichts. Wenn man sich an die Regel hält, nicht mit viel Geld im Portemonnaie aufzufallen oder nicht mit Schmuck behängt zu sein, hat man sicher kaum etwas zu befürchten. In den Straßen, die sich vor der Freundschaftsbrücke befinden, herrscht tagsüber viel Trubel. In jedem Haus sind Geschäfte untergebracht, mehrstöckige Häuser beherbergen oft eine große Anzahl von kleinen Läden. Geschäfte aller Art und Stände, die beidseitig der Straßen die Gehwege zustellen, bieten alles an, was das Herz begehrt: Elektro- und Elektronikartikel, Parfüm, Uhren, Kleidung, Schuhe, Spirituosen, hauptsächlich Whisky, Zigaretten und natürlich allerlei Krimskrams. Ob man wirklich zu günstigeren Preisen als anderswo einkauft, das zu entscheiden, bleibt jedem selbst überlassen. Handeln ist an den Straßenständen üblich. Aber so gegen 14 Uhr beginnt es, langsam ruhiger zu werden. Manche Geschäfte und Stände schließen schon. Zurück bleiben in vielen Straßen Berge von Kartonagen und Styropor. Abends sind die Straßen leer und ausgestorben.

Die relativ junge Stadt wurde 1957 von dem damaligen Präsidenten Alfredo Stroessner gegründet, und hieß Puerto Presidente Stroessner. Sie wurde 1989 nach der Entmachtung Stroessners umbenannt in Ciudad del Este. Die Stadt hat sich, auch bedingt durch den Bau des Wasserkraftwerkes Itaipú, zu einer der wichtigsten Städte Paraguays entwickelt. Fast 300.000 Einwohner leben und arbeiten inzwischen hier. Man trifft auf die verschiedensten Nationalitäten, vor allem Taiwanesen, Koreaner, Brasilianer, Araber aber auch einige Europäer. Dieses bunte Gemisch übt auf jeden Besucher eine gewisse Faszination aus.

In Planung ist eine weitere Brücke von Puerto Franco aus über den Rio Paraná nach Brasilien, um die mitunter chaotische Verkehrslage über die Freundschaftsbrücke zu entschärfen.

Das Busterminal liegt etwas außerhalb des Zentrums Richtung Presidente Franco, rund 2,4 km von der Ruta 7 entfernt. Von hier aus fahren ganztätig neben Stadtbussen ins Zentrum und zur Freundschaftsbrücke auch internationale Omnibusse nach Brasilien und Argentinien. Die Migracion, die Ein- bzw. Ausreisestelle, ist direkt am Grenzübergang auf der rechten Seite.

Vom Standort Ciudad del Este aus kann man 6 Abstecher unternehmen

Abstecher 3:
Besuch des Wasserkraftwerks „Itaipú", „Parque Fauna y Flora"
und Museum „Tierra Guaraní"

Abstecher 4:
Besuch des Naturparks „Tati Yupi"

Abstecher 5:
Besuch des größten Wasserfalls in Paraguay, „Salto Monday", in der Nähe von Prdte. Franco

Abstecher 6:
Besuch des Monumento Moises Bertoni

Abstecher 7:
Höhepunkt dieser Tour ist der Besuch der „Cataratas von Iguazú" in Brasilien und Argentinien.

Hotelverzeichnis - Auswahl für Tour 2 mit Abstecher
internationale Vorwahl: +595

Ypacaraí
> Pension & Granja ULISA, am Ortsrand, Tel.: 0981 431352, www.ulisa.info

Caacupé siehe Tour 1

Coronel Oviedo
> BERTEA, vor Cnel Oviedo, km 130 Ruta 2, Tel.: 0521 202019
> SAN ANDRES, Mcal. Estigarribia, Nähe Humaita, Tel.: 0521 202443, Fax:202920, E-Mail: sanandres@sosahoteles.com
> YGUAZU, Mcal. Estigarribia, Nähe Kreisverkehr, Tel.: 0521 202442
> Hostel QUINCHO PORÃ, Calle Aquibadan 736, Tel.: 0521 202963 oder 0972 864236 E-Mail: Walter@2CV-Tours.de

Caaguazú
> TAJY HOTEL, Ruta 7 km177 Nähe Kreisverkehr, Tel.: 0522 40118, E-Mal: tajy@sosahoteles.com
> CESAR PALACE HOTEL, Avda. Manuel Godoy und Roberto L. Petit; Tel.: 0522 43096 E-Mail: cesar@sosahoteles.com

Campo 9
> La Germania, Ruta 7, km 213,5, Tel.: 0528 222800

Ciudad del Este
Im Anfahrtsbereich auf der Ruta 7 liegen einige Hotels

> HOTEL Restaurant AUSTRIA (Nähe Einkaufszentrum),
Avda. E.R. Fernandez 165, Nähe Cap. Miranda, Tel.: 061 504213/4 oder 500883
(gutes Mittelklassehotel, DZ 180.000 GS)
ww.hotelaustriarestaurante.com, E-Mail: info@hotelaustriarestaurante.com
> HOTEL PANORAMA INN (Nähe Municipalidad), Eusebio Ayala 360 und Pampliega
Tel.: 061 500110, Fax: 500958
www.hotelpanoramainn.com.py, E-Mail: hpanorin@cde.rieder.net.py
> HOTEL EXECUTIVE (Nähe Einkaufszentrum), Adrián Jara und Curupayty, Tel.: 061 512215
www. execituvehotel.com.py, E-Mail: reservas@executivehitel.com.py
> HOTEL CONVAIR (Nähe Einkaufszentrum), Avda. Adrían Jara und Pioneros del Este,
Tel.: 061 505555, FAX: 500857, www.hotelconvair.com, E-Mail: reservas@hotelconvair.com
> HOTEL Restaurant DON CARMELO (Nähe Kathedrale), Avda. Mayor Rivas Ortellado 435,
Tel.: 061 512808, www.doncarmelo.com.py, E-Mail: reservas@doncarmelo.com.py
> HOTEL CALIFORNIA (Nähe Kathedrale), Avda. Carlos A. López 180, Tel.: 061 500350
www.hotelcalifornia.com.py, E-Mail: info@hotelcalifornia.com.py
> HOTEL SANTO DOMINGO (Nähe Einkaufszentrum), Emiliano R. Fernández und Emeterio
Miranda, Tel.: 061 500375, Fax: 500381
> HOTEL MUNICH (Nähe Einkaufszentrum), Emiliano R. Fernandez 71,
Tel.: 061 500347, 511340 (Mittelklassehotel)
> HOTEL TIA NANCY (Nähe Busterminal, 2 km vom Zentrum), Garcete Ecke Cruz del Chaco,
Tel.: 061 502974 (günstiges einfaches Hostel)

außerhalb auf dem Weg nach Itaipú
> HOTEL CASA BLANCA - Spa (außerhalb), Av. Botero Norte 69 - Paraná Country Club
Tel.: 061-572121 Fax: 061-572483, www.casablancahotel.net

Hotelauswahl für Abstecher

Abstecher 1: Atyra
> HOTEL CASA DEL MONTE, Complejo Túristoco y Ecologico (außerhalb),
Tel.: 0520 20069 oder 0971 150826 (DZ 360.000 GS), www.casadelmonte.com.py

Abstecher 2: Vapor Cué
> HOTEL NACIONAL DE VAPOR CUÈ, direkt neben Nationalpark, Tel.: 0517 222395
(Mittelklassehotel, DZ 140.000 GS)

Abstecher 4: Hernandarias
> HOTEL RESIDENCE LA TOUR, im Parana-Country Club gelegen, gehobene Mittelklasse,
(DZ 400.000 GS), Tel.: 061 577784, www.latourhotel.com
> LION HOTEL ITAIPU, Avda. 15 Agosto, Ecke San Roque Gonzales de Santa Cruz (600 m vom
Itaipu HIGHWAY, Tel.: 0631 22376 (einfaches Hotel, DZ 100.000 GS)
> HOTEL DA VINCI, Avda Gral Díaz 1555, Tel.: 0631 20235

Abstecher 5: Pte. Franco
> ROSA PALACE, Gral. Caballero, Nähe Piribebuy, Tel.: 061 550152 oder 550814
Fax: 550861, www.sosahoteles.com, E-Mail: rosa@sosahoteles.com
> COSMOS Hotel, Tel.: 061 550534

Abstecher 7: Cataratas
Auf dem Weg dorthin liegen in Foz do Iguazu rechts und links der Straße Hotels aller Preisklassen.

Brasilien
im Nationalpark
> HOTEL TROPCAL DAS CATARATAS, Rodovia Br 469, Km 28 - Parque Nacional de Iguaçu
E-Mail: reservas.iguassu@tropicalhotel.com.br, www.tropicalhotel.com.br

Foz Do Iguazu (Brasilien)
> MIRANTE, Av. Republica Argentina 672, Nähe Kubitschek (Zentrum), Tel.:+55 45 3028 0800
www.hotelmirante.com, Parkplatz, Restaurant
> SAN DIEGO, Av. Rua Almirante Barroso 1864 (Zentrum), Tel.: +55 45 35232161, Mittelklasse-hotel, www.sandiegohotel.com.br
> LUZ, Av. G. Dobrandino da Silva 145, (Nähe Zentrum), Tel.: +55 45 35223535, FAX: 30253537
www.luzhotel.com.br
> Hostel BAMBU, Rua Edmundo de Barros, 621, Nähe Av. Schimmelpfeng,Tel.: +55 45 35233646
www.hostelbambu.com
> BAVARIA, Av. J. Schimmelpfeng 697 (Zentrum), Tel.: +55 45 35235995, Mittelklassehotel,
www.hotelbavariaiguassu.com.br

Puerto Iguazu (Argentinien)
außerhalb von Puerto Iguazu, Ruta 12, km 3, (15 km vom Nationalpark)
> COMPLEJO TURISTICO AMERICANO, Zimmer, Apartements, Bungalows und Camping
E-Mail: reservas@complejoamericano.com.ar, www.complejoamericano.com.ar

im Zentrum, Nähe Terminal
> HOTEL SAINT GEORGE ****, Av. Córdoba 148, Tel/Fax: +54 3757420633,
E-Mail: info@hotelsaintgeorge.com, www.hotelsaintgeorge.com
> HOTEL POSADA LA SORGENTE ***, Av. Cordoba 454, www.lasorgentehotel.com
> HOSTEL IGUAZU FALLS, Av. Guarani 70, Tel.: +54 3757 421295
E-Mail: info@hosteliguazufalls.com, www.hosteliguazufalls.com

Abstecher 1
Atyrá - 15 km

Ausgangspunkt: Das weiße Pilgerkreuz vor Caacupé

Am weißen Kreuz (das westliche von Caacupé) biegt man nach dem Anstieg der Ruta 2 nach links auf die Nebenstraße nach Atyrá ab. Auf den ersten Kilometern hat man immer wieder einen schönen Ausblick auf den Lago Ypacaraí. Am Straßenrand liegen vereinzelt kleine Anwesen, dann folgen wieder Palmen, kleine Wälder und Weideflächen mit Rindern. **Atyrá** nennt sich seit einigen Jahren "die sauberste Stadt Paraguays". Nach 12 km begrüßt das gemauerte Eingangsportal zur Stadt den Besucher. Von den einst vielen Figuren aus der paraguayischen Mythologie sind keine mehr übrig geblieben. Die Straße führt nun geradewegs zum Zentrum der Stadt. Am Ende der Straße stößt man auf einen kleinen Fußgängerbereich mit schattigen Bäumen, bunten Blumenrabatten und Angebote paraguayischer Kunsthandwerksarbeiten. Die aus einem Baustamm heraus gearbeitete Figur zu Beginn des Bereichs stellt den Indio José dar, dessen Geschichte im Mirador der Basilika in Caacupé ausführlich in Bildern erzählt wird. Eine Kurzfassung der Legende findet man auf einer Tafel in der Nähe rechts neben der Skulptur.
Außerdem sind Informationstafeln über die Stadt und einige Aussprüche von Schriftstellern und Dichtern in diesem Bereich angebracht, der mit drei Torbögen abschließt. Atyrá, gegründet 1539 von Domingo Martinéz

Blick auf den Lago Ypacaraí am Beginn der Straße nach Atyrá

Stadttor von Atyrá

Fußgängerbereich in Atyrá

de Irala, ist eine Stadt des Kunsthandwerks. Leder-, Ton- und Holzartikel sowie Korbwaren werden hier in oft kleinen Familienbetrieben hergestellt.
Besonders sehenswert ist die etwas erhöht gelegene, restaurierte Franziskanerkirche aus dem 16. Jahrhundert im Stil, den man als „barroco hispano – guaraní" bezeichnet, die dem heiligen Franziskus von Assisi geweiht ist.
Die Kirche erreicht man, wenn man vor der Fußgängerzone rechts abbiegt, zwei Querstraßen weiter fährt und sich dort links hält. Der schöne Hochaltar, die Seitenaltäre, zwei Beichtstühle und die Kanzel, deren üppige Holzschnitzereien, sowie die vielen kleinen Heiligenfiguren beeindrucken den Besucher. Die Säulen sind mit bunten und goldfarbenen Blättern verziert. Um die Kirche herum breitet sich ein schöner Park mit großen Bäumen aus.
Ein weiterer Anziehungspunkt ist seit 2008 das **Casa de Retiro Marianela**, das etwas außerhalb erhöht erbaut wurde. Man erreicht diese grüne Insel himmlischer Ruhe und Beschaulichkeit, wenn man nach dem Kirchplatz die erste Straße nach rechts und zwei Querstraßen weiter nach links einbiegt. Am Ende dieser Straße sieht man das Eingangstor **(S 25°16'32.4", W 57°09'56.9")**, durch das man hindurchfährt. Nach etwa 100 m wird man nach rechts bis zu einem Parkplatz hinter der Anlage geleitet. Auf einem 53 ha großen Gelände errichteten die Redemptoristen, eine katholische Ordensgemeinschaft, ein großes Begegnungszentrum. Sie benannten es zu Ehren ihres Gründers Alfonso Maria de Liguori (1696 - 1787) nach dessen italienischen Geburtsortes Marianella bei Neapel. Der Komplex bietet ca. 200 Teilnehmern von Seminaren und Versammlungen Unterkunft. Die beiden großzügigen Innenhöfe sind umgeben von Arkadengängen. In der Mitte erhebt sich die achteckige Kirche, deren Schutz-

Klosteranlage Marianela

patronin Nuestra Madre de Perpetuo Socorro (Maria, die Mutter der immerwährenden Hilfe) ist.

Mythologische Zeremonie der Indigenen

Zurück geht dieser Name auf eine alte griechische Ikone aus dem 14. Jahrhundert, deren Original dem Gründer des Ordens von Papst Pius IX, 1867 für dessen Kirche, San Alfonso, in Rom übergeben wurde, wo sie heute noch am Hochaltar zu sehen ist. Nicht nur das ausgefallene Mauerwerk, sondern auch die Böden der Arkadengänge, die von paraguayischen Künstlern gestalteten großflächigen Holzschnitzereien und Gemälde außerhalb und in den einzelnen Versammlungsräumen sind beachtenswert. Letztere stellen hauptsächlich das indigene Leben und die Missionierung dar. Jeden Sonntag um 11 Uhr wird in der Kirche ein Gottesdienst gefeiert.

Will man auf der Rückfahrt nicht den gleichen Weg benutzen, kann man über eine Erdstraße (ca. 8 km) zur asphaltierten Verbindungsstraße Caacupé - Tobatí gelangen. Dieser Weg ist allerdings nicht vollständig aus-

Innenhof mit Kirche

geschildert und auch nur bei Trockenheit empfehlenswert. Um diese Variante zu nehmen, fährt man zurück zur Fußgängerzone und von dort 100 m auf der Einfahrtsstraße Richtung Stadttor.
Hier bei **S 25°16‘58.1“, W 57°10‘27.6“** biegt man nach links in die Av. 22 de

oben: Der gemeinsame Kampf der Indigenen gegen eine große Schlange

unten: Arbeit der Missionare

Septiembre ein, der man am Stadion vorbei bis zum Ende des gepflasterten Bereichs folgt **(S 25°16‘58.3“, W 57°10‘07.9“)** und rechts abbiegt, um nach 500 m nach links einer zu Beginn breit geschobenen Erdstraße im Ausbau zu folgen, die auch vom Linienbus nach Caacupé benutzt wird. Zuerst fährt man leicht bergan, dann fällt der Weg kontinuierlich ab bis zur asphaltierten Straße **(S 25°19‘51.1“, W 57°07‘32.6“)**. Nun kann man rechts nach Caacupé abbiegen oder links nach Tobatí (siehe Tour 1, Abstecher 1). In beiden Richtungen erreicht man nach 7 km den jeweiligen Ort.

Abstecher 2
Nationalpark Vapor Cué - 28 km

Ausgangspunkt: Eusebio Ayala

Man verlässt die Ruta 2 und fährt über die Einfahrtschleife nach Eusebio Ayala hinein und immer geradeaus durch den kleinen Ort hindurch, vorbei am Stadtpark, COPACO und Centro de Salud. Dünn besiedeltes Gebiet und große Weideflächen prägen das weitere Landschaftsbild. Am Ortseingang von **Isla Pucú** (12 km), einem Straßendorf, liegt auf der rechten Seite eine typische paraguayische Schule. Bei Hitze findet auch hier der Unterricht im Schatten im Freien statt. Vereinzelte Bananenfelder begleiten den weiteren Weg. Im November verzaubern die blühenden Flammenbäume die Gegend und ein Meer von roten Blüten leuchtet weithin. **Caraguatay** erreichen wir nach 23 km. Der Ort ist in Quadraten angelegt; der übliche Dorfplatz sowie die Kirche bilden den Mittelpunkt. Ortsschild und Monument weisen schon auf den nahe gelegenen historischen Platz Vapor Cué hin.

Ortseingang von Caraguatay

Nun führt die Straße bergab, rechts und links der asphaltierten Fahrbahn begleitet sie jetzt ein breiter Seitenstreifen für Reiter und Ochsenkarren bis zum Eingangportal des Nationalparks. Sollte das Gittertor geschlossen und niemand anwesend sein, kann man es selbstständig öffnen und wieder schließen. In der Mitte des Parks steht ein Monument mit sieben Soldaten auf einem stilisierten Schiff. Über allen weht die paraguayische Fahne. In diesem „Freilichtmuseum" sieht man Schiffe bzw. Teile von Schiffen aus dem ver-

Eingang zum Nationalpark

Zentrales Denkmal

heerend verlorenen Triple Allianz Krieg. Die Soldaten brachten die Schiffe vom Rio Paraguay über den Rio Manduvira hierher in den Rio Yhaguy, was aufgrund deren niedrigen Tiefganges möglich war. Dort setzten sie die meisten später in Brand, damit sie nicht in die Hände der feindlichen Brasilianer fielen.

Die Schiffe, die damals 1869 untergegangen waren, wurden vor ca. 20 Jahren aufs Trockene gehoben. Von links nach rechts folgt man im Uhrzeigersinn den Tafeln, die die wichtigsten Daten der Schiffe zusammenfassen.

1. Fast vollständig erhalten ist der Raddampfer „Anhambay", den man auch über eine schmale Treppe begehen kann.
2. Ebenso gut erhalten ist der Schraubendampfer „Piraveve".
3. Vom Raddampfer „Salto del Guayra" sind neben der Feuerung nur noch einige Holzteile erhalten.
4. Die Feuerung, ein Teil des Rades und andere Holzteile sind vom Raddampfer „Ypora" zu sehen.
5. Des weiteren ist die Feuerung des Schraubendampfers „Parana" vorhanden.
6. Vom kleinsten der Fluss-Schiffe, der„Rio Apa", einem Raddampfer, sieht man auch nur noch die Feuerung.

Ergänzend zeigen die vor dem Schiff oder Schiffsteil stehenden Schautafeln eine Beschreibung und Zeichnung der Boote, wie sie einst aussahen.

Nun folgt auf dem weiteren Rundgang eine Gedenktafel für die im Krieg gefallenen Soldaten. Im kleinen „Museo Histórico" sind im rechten Raum Bilder, Fotos, Landkarten und weitere Originalholzteile aus der damaligen Zeit zu besichtigen. Links vom Eingangsportal befindet sich das Hotel Nacional de Vapor Cué. Nach dem Besuch des Nationalparks benutzt man den gleichen Weg zurück zur Ruta 2.

Blick vom Raddampfer Anhambay

Abstecher 3
Wasserkraftwerk Itaipú – 14 km und Parque Fauna y Flora mit Museum Tierra Guaraní

Ausgangspunkt: Ciudad del Este

Itaipú zählt man zu den Weltwundern der Neuzeit. Es liegt nur 14 km von Ciudad del Este entfernt. Das binationale Wasserkraftwerk Itaipú am Rio Paraná ist seit 2008 nach Inbetriebnahme des chinesischen Drei-Schluchten-Damms am Jangtsefluss nicht mehr das größte Wasserkraftwerk der Welt. Das gesamte Areal dehnt sich von Ciudad del Este (Paraguay) und Foz de Iguazú (Brasilien) im Süden bis Guairá (Brasilien) und Salto del Guairá (Paraguay) im Norden aus. Man verlässt Ciudad del Este über die Schnellstraße Richtung Asunción, biegt aber nach ca. 4 km nach rechts von der „Autobahn“ ab und fährt am Kreisverkehr unter der Brücke in Richtung Hernandarias. Die breite Straße, die extra zum Zwecke des Baues des Kraftwerkes angelegt wurde, führt am bekannten Paraná Country Golf-Club vorbei. Nach 6 km passieren wir das kleine Wasserkraftwerk Acaray der paraguayischen Stromgesellschaft Ande. Nach weiteren 4 km erreicht man den Eingang mit Parkplatz von Itaipú mit dem großen Info-Bereich für Touristen. Große Fotos und Informationstafeln sowie Videofilme erklären alle wichtigen Daten. Viermal am Tag finden kostenlose Führungen statt, auf denen man alle wichtigen und imposanten Teile des Kraftwerkes sieht.

Wasserkraftwerk Itaipú, Staumauer und Stausee

Sicht auf den Überlauf von der brasilianischen Seite

Deshalb hier nur einige Daten:
1974 wurde Itaipú Binacional von Paraguay und Brasilien gegründet. 1975 wurde mit dem Bau begonnen. 1984 konnte die erste von 18 (Francis-)Turbinen in Betrieb genommen werden, 1991 waren dann alle Turbinen am Netz. Nach Paraguay fließen nur 5 % des generierten Stromes, der anteilige Rest Paraguays wird von Paraguay an Brasilien verkauft. Im Jahr 2004 wurden von Brasilien zwei weitere Turbinen (Siemens) in Betrieb genommen. Jetzt liegt die durchschnittliche Leistung bei 95 Millionen MWh pro Jahr. Dies entspricht der Leistung von 12 europäischen Kernkraftwerken. Der Hauptstaudamm hat eine Kammlänge von 1064 m und ist 196 m hoch. Alle Dämme zusammen haben eine Länge von knapp 8 km. Die Talsperre hat 14 Schleusen mit einer Überlaufkapazität von max. 62.200 cbm pro sec. Der Itaipú-Stausee ist ca. 180 km lang und durchschnittlich 8 km breit. Es waren mehr als 50.000 Arbeitskräfte beider Länder an diesem Projekt beteiligt. Eine große Menge Eisenbeton wurde verwendet. Zum Vergleich: man hätte mit den mehr als 12 Millionen cbm Beton ca. 210 große Fußballstadien oder auch eine Überlandstraße von Asunción nach New York bauen können. Das beim Bau verbrauchte Eisen / Baustahl hätte für 380 Eiffeltürme gereicht.

Die Besichtigung ist auf der paraguayischen Seite (noch) kostenlos und wie nebenstehend geregelt.
Abweichungen und Zeitverschiebungen sind je nach Jahreszeit durchaus möglich.
Die Führungen werden mit Bussen durchgeführt und führen zu verschiedene Stationen, wo kleine Pausen eingelegt werden und man Erklärungen hört. Dabei erhält man oberhalb der großen "Wasserrutschen" einen Eindruck, wenn genügend Wasser für einen Überlauf vorhanden ist, welche Wassermassen hier auftreten. Im weiteren Verlauf kann man einen Blick in die Generatorenhalle werfen oder die Größe der Turbinen/ Generatoren und die Dimensionen im Vergleich zu den dort arbeitenden Menschen erfahren. Bei einer Fahrt über die Staumauer ist der Blick frei auf den riesigen Stausee. Gelegentlich fährt der Bus auch auf die brasilianische Seite, von wo aus man dann einen beeindruckenden Blick auf das über den Überlauf tosende Wasser hat (hauptsächlich in Zeiten mit viel Niederschlag).

Blick in die Turbinenhalle

Beleuchtete Staumauer bei „Iluminación Monumental"

Eine interessante abendliche Abwechslung ist der Besuch der "Illuminación Monumental de la Central Hidroeléctrica".
Vor Beginn der Fahrt wird der übliche Informationsfilm über Itaipú gezeigt, danach wird man in einem Buskonvoi unter recht strenger Bewachung auf die brasilianische Seite gefahren, wo die eigentliche Veranstaltung stattfindet. Nach kurzer Einführung in portugiesischer Sprache erleuchten 600 Scheinwerfer abwechselnd die Rückseite der 3 km langen Staumauer. Dazu ertönt voluminöse Musik, bis die Staumauer nach 10 Minuten vollständig erleuchtet ist. Danach wird man zum Besucherzentrum zurückgebracht. Auch diese Veranstaltung ist zurzeit noch kostenlos. Die Reservierung macht man sinnvollerweise bei seinem Tagesbesuch oder bittet sein Hotel dies telefonisch zu erledigen. *Einlass ist ab 18:30 Uhr, Beginn ist um 20:00/ 20:30 Uhr (je nach Jahreszeit)*

Die Fauna und Flora versuchte man so wenig wie möglich zu schädigen. So wurden im Zuge des Baues sechs geschützte biologische Bereiche geschaffen, die das Überleben von 400 verschiedenen Vogelarten und 62 Arten von Säugetieren ermöglichen sollen. Ebenso tragen diese Areale zur Erhaltung der Wälder, des Ökosystems und vieler Pflanzen bei.
Auskünfte und Autorización zum Besuch dieser Reservate erhält man entweder im Besucherzentrum des Stauwerkes oder im Museo Fauna y Flora, km 11,5 auf der Straße zum Wasserkraftwerk auf der linken Seite. Fragen zu Möglichkeiten des Aufenthaltes und Übernachtung werden dort gerne beantwortet. Oder man wendet sich direkt an das "Centro de Recepción de Visitas de la Mergen Derecha", Tel.: 061 5998040, Fax: 061 5998045, E-Mail: arevalos@itaipu.gov.py

Besuch des "Parque Fauna y Flora" und Museo de la Tierra Guaraní

Töpferkunst der Guaraní-Indianer

Je nach Möglichkeit kann man an die Besichtigung des Kraftwerkes den Besuch des Parque Fauna y Flora anschließen. Er liegt ca. 2,5 km Richtung Ciudad del Este auf der rechten Seite. Äußerst sehenswert ist das dem Park angegliederte Museum "Tierra Guaraní". Dieses Museum bietet eine Reise in die Vergangenheit; in die Zeit vor vielen Jahrhunderten, wo hier in der Gegend die Dörfer der indigenen Bevölkerung standen. Viele multimediale und interaktive Tafeln vermitteln einen intensiven Eindruck der damaligen Bevölkerung, ihrer Kultur, Lebensweise und ihrer Mythen. Diese multimediale Darstellung ist die einzige ihrer Art in Paraguay. In einem weiteren Bereich lernt man anhand von Exponaten die Tier- und Pflanzenwelt dieser Region auf besonders verständliche Art und Weise kennen.

Geflochtene Alltagsgegenstände

Im kleinen Zoo leben auf 12 ha einige Tiere, die man sonst selten zu sehen bekommt: wie der große Ameisenbär, Jaguar oder Puma. Bei einem Spaziergang durch den gesamten Bereich sieht man ursprüngliche und exotische Bäume und Pflanzen, die hier kultiviert werden, um dann bei der Wiederaufforstung von Reservaten verwendet zu werden.

Zu beachten ist, dass 30 Minuten vor Ende der Öffnungszeiten kein Einlass mehr erfolgt.

Der Eintritt ist frei.

Abstecher 4
Besuch des Naturschutzgebietes Tatí Yupí Reserva Biologica – ca. 37 km von Ciudad del Este

Um hier einen Einblick zu gewinnen, kann man das nächstgelegene der sechs Naturschutzgebiete, Tatí Yupí, 11 km nördlich des Parks gelegen, an einem Nachmittag besuchen.
Dazu benötigt man eine "Autorización" (siehe vorhergehende Seite).
Man fährt vom genannten „Parque Fauna y Flora" 11 km weiter, links vorbei am Informationszentrum Itaipú, durchfährt den Kreisverkehr von Hernandarias, um sich kurz danach links zu halten, bis man auf den Wegweiser nach Tati Yupi stößt und die Ruta hier nach rechts verlässt (**S 25°21'30.3", W 54°33'43.3"**). An der Eingangsschranke muss man ein Doppel der erhaltenen „Autorización" abgeben.
Fährt man nun den Hauptweg entlang, an dem Schilder auf das Vorhandensein von Nasenbären hinweisen, erreicht man nach 7,2 km die Rezeption des Parks, in dem es auch einige Übernachtungs- und Campingmöglichkeiten gibt.
Der Park wird gerne für Ausflüge genutzt,

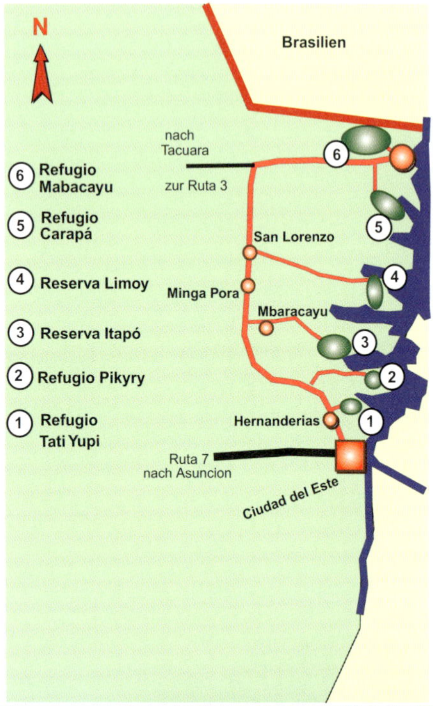

Freizeitzeitgelände im Nationalpark Tati Yupi

Blick über den Stausee zum Wasserkraftwerk

unten: Wasserfall im Park

da sowohl Grillmöglichkeiten als auch ein Sportgelände zur Verfügung stehen. Dieses Freizeitgelände liegt direkt am Ufer des Stausees. Darüber hinaus gibt es im ganzen Park angelegte Wanderwege. Folgt man zum Beispiel vom Hauptweg aus dem „Camino 3“ (Seitenweg), so erreicht man einen kleinen Wasserfall inmitten üppiger tropischer Vegetation, den Salto Kanymby. Sein kristallklares Wasser stürzt in einen kleinen idyllischen Teich.
Auf dem „Camino 5“ erreicht man einen schon wackeligen Aussichtsturm „Mirador“, von dem aus man aus anderer Perspektive einen schönen Blick über den Stausee bis hin zum Wasserkraftwerk hat.

Die anderen Naturschutzgebiete liegen weiter entfernt in Richtung Norden.
50 km sind es bis zum
Refugio Pikyry, direkt am Ufer des gestauten Rio Paraná gelegen.
Reserva Itabó ist gut 92 km entfernt, davon sind 32 km Erdstraße. Es ist ein sehr gut erschlossenes Gebiet mit Infrastruktur und Erholungsmöglichkeiten.
Reserva Limoy, liegt 156 km entfernt, davon sind 42 km Erdstraße .
Refugio Carapá befindet sich schon im Departement Canindeyú, 247 km von Ciudad del Este entfernt. Das nördlichste ist das
Refugio Mbaracayú, 226,5 km, in der Nähe der Stadt Salto Guairá. Hier, in diesem Gebiet haben die Aché Indianer noch die Möglichkeit und staatliche Erlaubnis ihrer ursprünglichen Lebensweise mit Jagen und Fischen nachzugehen.
In allen Gebieten erlebt man eine mehr oder weniger unberührte Natur mit einem vielfältigen Pflanzen- und Tierreich.

Abstecher 5
Salto Monday, Prdte. Franco und Marco 3 Fronteras Paraguay - ca. 26 km

Ausgangspunkt: Kreisverkehr vor Ciudad del Este **unter der Ruta 7**

Der Salto Monday ist der größte Wasserfall Paraguays, nachdem der Wasserfall „Salto del Guairá" beim Bau des Wasserkraftwerks Itaipú verschwunden ist.
Neben den weltberühmten „Cataratas de Iguazú", die heute zu Brasilien und Argentinien gehören, aber immer im Zusammenhang mit Paraguay genannt werden, ist der „Salto Monday" ein kleinerer, aber trotzdem sehr imposanter Wasserfall von 40 m Höhe. Er liegt auf der Gemarkung der Stadt **Presidente Franco** und wurde vor etwa zehn Jahren von der dortigen Verwaltung zu einer touristischen Attraktion mit Freizeitcharakter ausgebaut, ist aber immer noch nicht sehr bekannt und daher ein echter Geheimtipp.
Am einfachsten fährt man am Kreis-

Eingang zum Salto Monday

Salto Monday

verkehr vor Ciudad del Este, der unter der Ruta 7 liegt und einerseits nach Itaipú und andererseits nach Prdte. Franco führt, Richtung Süden nach Prdte. Franco. Dieser breiten Avenida mit Mittelstreifen folgt man und überfährt nach einem Kilometer einen weiteren großen Kreisverkehr. Nach insgesamt 5,2 km biegt man dann bei **S 25°.32'50.8", W 54°37'36.2"** nach rechts ab. Nach ca. 500 m mündet die Straße bei einem Sportgelände in die Av. Monday, der man nach links folgt.
Nach ca. 1 km liegt rechts der Mercado Municipal, hinter diesem verlässt man die Straße in einem spitzen Winkel nach rechts und folgt nun der Erdstraße noch 1,3 km bis zum Parkplatz vor dem Eingang des Parks mit Wasserfall. Der Eintritt kostet 3000 GS pro Person. Die befestigten Fußwege führen unter großen Schattenbäumen und zwischen Blumenbeeten entlang. Über diese Pfade gelangt man zu zwei Aussichtsplattformen: einer höher gelegenen und einer weiter unten, wo man fast inmitten der weißen Gischt steht. Je nachdem, wie viel Wasser der Rio Monday führt, tosen die Wassermengen in die Tiefe, wobei man je nach Sonnenstand einen von der Gischt erzeugten wunderschönen Regenbogen bewundern kann. Ebenso ist es möglich, nach Lust und Laune auf einem Pfad ein Stück am Urwaldfluss entlang zu wandern. Man findet im Bereich des Parks Bänke, Sanitäranlagen und kann Erfrischungsgetränke kaufen. *Öffnungszeiten: täglich 7:30 Uhr bis 18:00 Uhr*

Blick auf die paraguayische Landmarke

Nach dem Besuch fährt man zurück zum Mercado Municipal und folgt der Av. Monday nach rechts; diese macht bei **S 25°33'50.7", W 54°36'42.3"** eine leichte Linkskurve, um 900 m danach auf die Av. Gral. Bernadino Caballero zu stoßen.
Hier biegt man nach rechts ab, folgt dieser Avenida 4 km und erreicht dort links die Zufahrt zu **„Marco 3 Fronteras Paraguay"** genau gegenüber der Mündung des Rio Iguazu in den Rio Paraná (**S 25°35'43.1", W 54°36'08.1"**). Nach 800 m hat man den Parkplatz erreicht. Die Landmarke in den Farben Paraguays liegt etwas erhöht. Unterhalb legt eine Autofähre nach Argentinien ab. (Vorsicht: bei der Einreise auf der argentinischen Seite erhält man einen Einreisestempel von Argentinien.)
Auf der Gral. Caballero erreicht man auf der Rückfahrt nach 10 km wieder die Ruta 7 und das Zentrum von Ciudad del Este.

Abstecher 6
Besuch des Monumento Bertoni

Ausgangspunkt: Kreisverkehr vor Ciudad del Este **unter der Ruta 7**

Um das Museum des Schweizer Wissenschaftlers und Schriftstellers Moises Santiago Bertoni zu besuchen, benutzt man zu Beginn die gleiche Anfahrt wie zum Salto Monday. Allerdings fährt man jetzt am großen Kreisverkehr rechts vorbei und folgt der Av. Amado Benitez Gamarra gerade aus. 250 m nach dem Kreisverkehr passiert man das Gelände eines großen Stock Supermarktes. Nach kurzer Zeit geht diese Straße in eine Erdstraße über. Nach 4,6 km stößt man auf die asphaltierte Av. Monday, die Prdte Franco mit Los Cedrales verbindet und biegt hier nach rechts ab. Nach 2,6 km folgt man der Straße in einer Linkskurve weiter und überfährt nach weiteren 2 km den Rio Monday. Etwa 6 km hinter Brück verlässt man die asphaltierte Straße nach links, um im spitzen Winkel fast zurück abzubiegen. Nach 500 m folgt man dem Weg in einer Rechtskurve, um dann nach etwa 2,5 km bei **S 25°37'20.8", W54°41'01.6"** geradeaus weiter zu fahren. Nachdem man eine kleine Ansiedlung mit einigen wenigen Häusern durchfahren hat, macht der Weg bei **S 25°39'18.7", W 54°37'52.2"** eine 90° Linkskurve und man folgt ihm 1 km weiter, um dann nach rechts abzubiegen. Kurz darauf gabelt sich der Weg und man folgt der Beschilderung bis zum Eingang, den man nach ca. 11 km erreicht hat.

Moises Bertoni

Dieser Weg kann wetterbedingt schlecht zu befahren sein, deshalb ist es notwendig sich vorher über seinen Zustand zu erkundigen.

Es besteht auch die Möglichkeit von Prdte Franco aus mit einem Boot zum kleinen Hafen Puerto Bertoni zu gelangen. Informationen erhält man im Centro de Visitantes beim Wasserkraftwerk Itaipu oder unter Tel.: 061 511779 (für Bootsfahrt), E-Mail: arevalos@itaipu.gov.py

Das knapp 200 ha große baumreiche Areal liegt in einer Flussschleife des Rio Paraná und war seit 1891 der Wohnsitz der Familie Bertoni.

Moisés Santiago Bertoni wurde 1857 Tessin in der Schweiz unter dem Namen Mosè Giacomo Bertoni geboren. Man betrachtet ihn als einen der bedeutendsten Wissenschaftler Paraguays. Er war ein engagierter Botaniker, Zoologe, Metereologo, Anthropologe und auch Kartograf. 1884 verließ er mit seiner ganzen Familie und einigen Landwirten Europa in Richtung Buenos Aires, um in der Neuen Welt seine Studien zu treiben. Einige Jahre päter kam er nach Paraguay, wo weitere Kinder geboren wurden und lebte hier oberhalb Rio Paraná. Unter anderem gründete er 1896 die Escuela Nacional de Agricultura in Asunción, reiste 1905 als Abgesandter Paraguays zum 3. Wissenscahftliches Kongress nach Rio de Janeiro, bekam 1914 den Vorsitz der Dirreción de Agricultura und konnte 1922 seine Studien zum Leben der Guaraní in Rio de Janeiro auf einem weiteren internationalen Kongress vorstellen. Gestorben ist er 1929 in Foz de Iguazú in Brasilien. Seine sterblichen Überreste ruhen in der Nähe seines Arbeitsplatzes am Rio Paraná neben denen seiner Mutter und eines Sohnes. Sein ehemaliges Wohnhaus, 600 m oberhalb des Ufers, umgeben von einer Vielzahl von verschiedenen Bäumen und Palmen ist heute ein Museum, das der Öffentlichkeit sein Leben und seine Arbeit näher bringt. Das Holzgebäude birgt in 10 Räumen sein rekonstruiertes Labor, seine Bibliothek mit Manuskripten und Büchern und seine Druckerei, wo er seine Arbeiten dokumentierte. Er katalogisierte die Pflanzen Paraguays, darunter auch die Stevia-Pflanze. Außerdem erfährt man viel Interessantes über seine Studien der Indigenen Bewohner.

Öffnungszeiten: dienstags bis sonntags 7:30 Uhr bis 15:00 Uhr. Der Eintritt ist frei.

Cataratas de Iguazú

Abstecher 7
Cataratas de Iguazú - die Wasserfälle von Iguazú
- Brasilianische Seite, 20 km
- Argentinische Seite, 55 km

Ausgangspunkt :
Ciudad del Este - Puente de Amistad
km 0 ist der brasilianische Zoll

Die Wasserfälle von Iguazú sind wohl die schönsten der Welt und liegen 22 km von der Mündung des Rio Iguazú in den Rio Paraná. Entdeckt wurden sie 1541/42 von Àlvaro Nuñez Cabeza de Vaca, als er einen Weg auf dem Rio Iguazú nach Asunción suchte. Er nannte sie "Saltos de Santa Maria" (Wasserfälle der heiligen Maria), weil er den einfachen Begriff aus der Guarani-Sprache "Großes Wasser" (Y = Wasser; guazú = groß) ersetzen wollte.

Die 275 Wasserfälle, von denen sich ¾ auf argentinischem Gebiet befinden, tosen über Basaltfelsen vulkanischen Ursprungs bis zu 90 m in die Tiefe. Sie verteilen sich auf eine Breite von etwa 2700 m. Der imposanteste Teil ist der Wasserfall in der "Garganta del Diablo", wo das Wasser über einen u-förmigen Abbruch in die Tiefe stürzt. Der Nationalpark wurde 1939 gegründet und 1986 von der UNESCO zum Weltkulturerbe erklärt. Paraguay hat an diesen Wasserfällen keinen Anteil mehr, da dieses Gebiet nach dem Triple Allianz Krieg an Brasilien und Argentinien verloren ging. Man muss also, um die Wasserfälle zu besuchen, nach Brasilien und Argentinien ausreisen. Als Individualtourist erkundige man sich in seinem Hotel, wie die augenblicklichen Gepflogenheiten an den Grenzen sind. (siehe wichtigen Hinweis im Abschitt Ein- und Ausreise)

Im Prinzip benötigt man im kleinen Grenzverkehr keinen Ausreise- bzw. Einreisestempel nach Brasilien, wohl aber nach Argentinien. Über die „Puente de Amistad", die Freundschaftsbrücke, herrscht immer ein reger Verkehr zwischen Paraguay und Brasilien und man kommt selten um einen Stau herum.

Verkehr vor der Freundschaftsbrücke/ Grenze

Nach der Brücke und dem brasilianischen Zoll (km 0) fährt man auf der Hauptverkehrsstraße weiter. Bei km 1(**S 25°30'21.9", W 54°35'19.6"**) folgt man dem Wegweiser

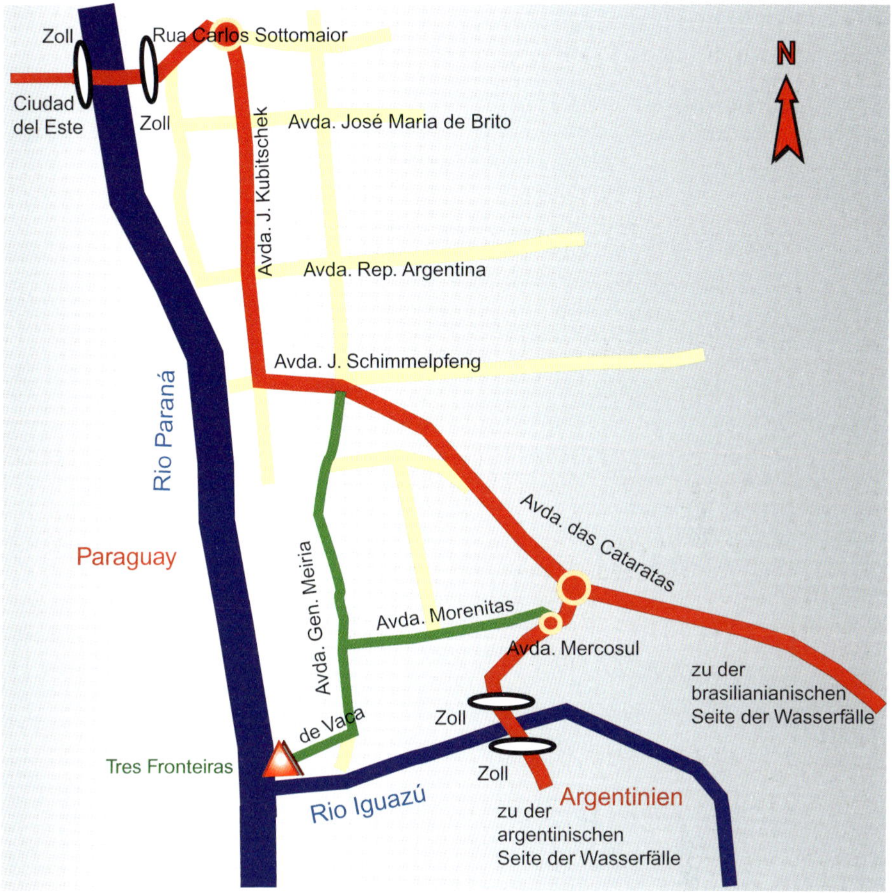

„Foz/Cataratas“ nach rechts und hält sich hart rechts. Hier biegt man nach 100 m unter der Brücke (**S 25°30‘26.6“, W 54°35‘08.9“**) nochmals nach rechts in die mehrspurige *Avda. Kubitschek* ein. Nun folgt man dieser und den Wegweisern „Cataratas, Aeropuerto und Argentina“.

Bei km 11,5 (Tacho) zweigt rechts eine gut beschilderte Straße nach Argentinien ab, der man folgen muss, um den argentinischen Teil der Wasserfälle zu besuchen.

Sowohl die argentinische als auch die brasilianische Seite haben ihre eigene Faszination. Man kann beide Seiten an nur einem Tag besuchen. In diesem Falle sollte man allerdings schon möglichst früh am Tag in Brasilien beginnen, da zu dieser Tageszeit die Sonne hier für begeisterte Fotografen am Günstigsten steht. Hat man mehr Zeit, sollte man sich zumindest für die argentinische Seite einen ganzen Tag gönnen, da diese Seite wesentlich ausgedehnter ist. Hier erlebt man im Laufe eines Tages starke Wandlungen sowohl in Bezug auf Sonnenstand, als auch Variationen im Erleben von Pflanzen- und Tierwelt.

Auf dem Weg zu den Wasserfällen findet der Reisende Hotels aller Kategorien.

A: Besuch der argentinischen Seite

Anfahrt mit dem Auto: An der genannten Straßengabelung, 11,5 km nach der Freundschaftsbrücke, folgt man der Straße nach Argentinien und erreicht nach etwa 1 km die brasilianische Grenze, überquert diese, danach die Brücke über Rio Iguazú und kommt zur argentinischen Zollkontrolle. Es ist zu beachten, dass man nach Argentinien keine Früchte, Gemüse, Blumen, Tiere, Fleisch, Samen und Bienenprodukte einführen darf. Nach der teilweise peniblen Grenzkontrolle mit Einreisestempel fährt man noch 1,5 km geradeaus und erreicht den Kreisverkehr von Puerto Iguazú. Nach rechts hat man die Möglichkeit in die Kleinstadt hinein zu fahren, um etwas einzukaufen oder am Bankautomat argentinische Pesos zu ziehen, da an den Wasserfällen **keine auslänischen Währungen akzeptiert** werden. Nach einigen Hundert Meter liegt rechts ein kleiner Supermarkt, fährt man die Hauptstraße, geradeaus weiter, findet man nach dem Hospital auf der linken Seite, Av. Victoria Aguirre 179, die Banco de la Nación Argentina mit einen Bankautomaten (**S 25°35'59.8", W 54°34'28.3"**). Der Ort bietet auch ein Vielzahl von Übernachtungsmöglichkeiten aller Kategorien.
Will man die argentinische Grenzmarke im Dreiländereck besuchen, fährt man ein kleines Stückchen weiter bis zum Tourismusbüro (Direccion de Turismo), hält sich bei **S 25°35'51.3", W 54°34'36.6"** links, fährt am Stadtplatz mit seinen Reliefmauern vorbei immer geradeaus und erreicht nach 1,5 km den Parkplatz bei der Grenzmarke. Zurück am Kreisverkehr am Ortseingang geht es geradeaus weiter Richtung Cataratas/ Hotel Cataratas. Nach weiteren 2 km passiert man einen Vogelpark, in dem der Besucher die hier heimische Vogelwelt kennenlernen kann. Die Straße, Ruta 12, führt nun schnurgerade an einem militärischen Gebiet, das rechter Hand liegt, vorbei. 7 km weiter verlassen wir die Ruta 12, die zur Stadt Posadas führt, und fahren geradeaus auf der R 101 weiter, um dann nach 3 km links Richtung Cataratas abzubiegen. Die Straße wird nun begleitet von üppigem Urwald und endet nach ca. 3 km am Eingang zum Nationalpark. Etwa 500 m vor dem Ende der Straße ist die „mautstellenähnliche" Zahlstelle für den Eintritt. Ist diese nicht besetzt ist das Eintrittsgeld am Eingang direkt zu entrichten. Man erhält nun die Eintrittskarten und Infomaterial. Von hier aus führt der Weg weiter zu einem großen Parkplatz (ohne zusätzliche Parkgebühr) direkt beim Eingangsportal. Hier muss man die Eintrittskarten vorweisen. Es besteht die Möglichkeit den Park an zwei aufeinander folgenden Tagen zu besuchen; man erhält dann am zweiten Tag einen Vorzugspreis (Bonificación) - Infos am Eingang.

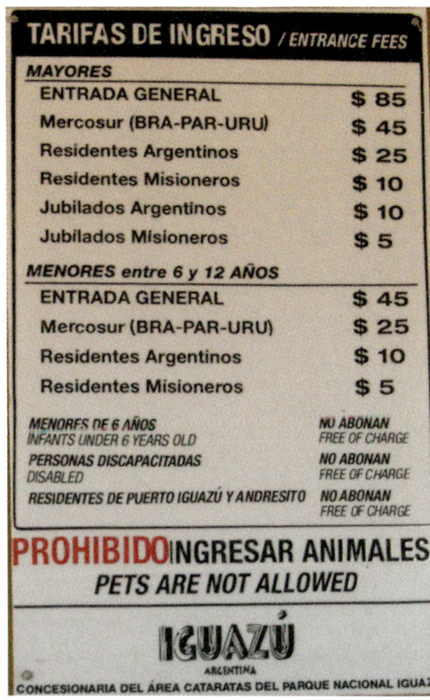

Anfahrt mit dem Bus: Die Mietwagenanbieter Paraguays sparen sich gerne die Kosten für die Carta Verde, den internationel Versicherungsschein, den man auch tageweise erhalten kann. Dadurch kann man mit dem Mietwagen die argentinische Seite der Cataratas nicht individuell besuchen. Stattdessen werden gern teuere Ausflugsfahrten dorthin angeboten. Alternativ kann man seinen Mietwagen in Ciudad del Este im Hotel stehen lassen und mit dem Omnibus fahren. Eine argentinische und eine paraguayische Buslinie bieten einen direkten Service vom Terminal Ciuidad del Este zum Terminal von Puerto Iguazú an. Die Busse fahren alle 40 Minuten. An der Grenze vor der Freundschaftsbrücke muss man aussteigen, um sich den Ausreisestempel aus Paraguay zu holen. In der Regel wartet der Bus nicht, sondern man muss den nächsten Bus nehmen, um unter Vorlage des Tickets weiter zu fahren. Es ist zu beachten, dass diese Busse in Brasilien nicht halten. Im Terminal von Puerto Iguazú nimmt man dann den Bus zu den Cataratas. Die Abfahrtszeiten sind am Terminal Puerto Iguazú ab 7 Uhr alle 30 Minuten, der letzte Bus zurück verlässt die Haltestelle Cataratas um 19:15 Uhr.

Öffnungszeiten des Parks: 8:00 Uhr bis 18:00 Uhr (Eintrittspreise 2010 siehe Tafel S. 180) 2011 sollen die Preise angehoben werden, sodass dann für auf einen Ausländer 100 Pesos erhoben werden.

Der „Parque Nacional Iguazú“ mit 67.000 ha ist dazu prädestiniert, die Wasserfälle hautnah erleben zu lassen. Ein gut markiertes Wegenetz mit verschiedenen Rundwegen, in weiten Bereichen auch für Behinderte und Rollstuhlfahrer (Eintritt frei, ebenso für eine Begleitperson) geeignet, durchzieht das Areal.

Der großzügige Eingangsbereich umfasst mehrere Gebäude: Ausstellungs- und Informationsbereich, Restaurants, Souvenirläden, Sanitäreinrichtungen, Telefon und sogar ein Amphitheater. Auch geführte Ausflüge/ Safaris können hier gebucht werden. Dem Informationsbereich ist ein sehr sehenswertes Museum angegliedert. Die Schwerpunkte liegen hier u.a. in der Geschichte und Kultur der Guaraní, die Zeit der Jesuiten-

Rundwege auf der argentinischen Seite

Eindrücke auf dem oberen Rundweg

reduktionen und die naturwissenschaftliche Arbeit von Félix Azara in Paraguay sowie eine große Anzahl von Tier- und Pflanzenexponaten.
Von hier bringt eine Schmalspurbahn, Tren Ecológico, (kostenlos) den Besucher zum Ausgangspunkt der Rundwege, den man aber auch zu Fuß über einen gut ausgeschilderten Pfad erreichen kann.
Je nach Jahreszeit kann man sowohl Schmetterlinge verschiedener Farben und Größen als auch zahlreiche blühende tropische Pflanzen, beispielsweise Orchideen, bewundern.
Auf dem **„Paseo Superior“,** dem oberen Rundweg, läuft man zum Teil auf bequemen, befestigten Wegen und Metallgitterstegen direkt über die Abbruchkanten der in die Tiefe stürzenden Urwaldflüsschen. Ein wahrlich (be-)rauschendes Erlebnis! Nicht nur an diesen Stellen muss man sich als Fotograf zurückhalten. Dieser Rundweg ist 1200 m lang und man braucht etwa 1 Stunde, um ihn zu begehen, je nachdem wie lange man bei den einzelnen Ausblicken verweilt.

Der **„Paseo inferior“**, der untere Rundweg, leitet den Touristen hinunter zu verschiedenen Plattformen, von denen man oft aus geringer Entfernung einen etwas „feuchten“, aber grandiosen Blick auf die volle Höhe der herabstürzenden Wassermassen hat. Dieser Weg hat eine Länge von 1700 m, ist durch seine vielen Stufen je nach Temperatur recht schweißtreibend. Man sollte für diese Variante

oben: „Dos Hermanos“

rechts: Mauersegler ruhen an der Steilwand

mindestens 2 Stunden einplanen. Eine Besonderheit der Vogelwelt kann man auf diesem Rundweg aber auch an deren Stellen beobachten: die " vencejos de cascada" - die Mauersegler der Wasserfälle. Sie bewegen sich zwischen den herabstürzenden Wassermassen, um sich dann an den Felswänden festzusetzen, um sich zu erholen oder gar zu nisten. Auf der Talsohle gibt es die Möglichkeit, mit einem Boot zur **„Isla San Martin“,** die mitten im Bereich der Wasserfälle liegt, überzusetzen. Hier findet der Besucher einen Rundweg mit hohem Schwierigkeitsgrad, der Klettererfahrung voraussetzt. Von hier aus erlebt man die Wasserfälle aus einer ganz besonderen Perspektive und hat im Anschluss daran sogar die Möglich-

keit in einem abgegrenzten Bereich zu baden. Ein besonderes Erlebnis ist die Fahrt mit einem Rafting-Boot in die absolute Nähe der tosenden Wasser oder hinein in die „Garganta del Diablo“, den 700 m langen Teufelsschlund zum hinteren Teil der Wasserfälle. Ein wirklich feuchtfröhliches Erlebnis! Den Abschluss dieses Rundwegs bildet der Salto „Dos Hermanos“, zwei parallel herabstürzende Wasserfälle, bevor man wieder hinaufsteigt, um zur Estación Cataratas zu gelangen.

Abbruchkante in den Teufelsschlund

Um die obere Abbruchkante der **„Garganta del Diablo“**, den Teufelsschlund, auf bequeme Weise zu erreichen, fährt man mit dem Tren Ecológico weiter durch den Urwald zur gleichnamigen Haltstelle. Wanderfreudige können auch entlang der Gleise die Strecke zu Fuß gehen. Zur entsprechenden Jahreszeit ziehen eine Vielzahl kleiner gelber Schmetterlinge den Blick auf sich. Sie sitzen wie Hunderte kleine gelbe Blätter auf der Erde zusammen oder flattern in einer großen Wolke über dem Boden. Hat man Glück, so kann man eine Schlange oder einen Leguan den Weg kreuzen sehen. Nach ca. 15 Minuten Fahrt erreicht man die Endstation. Nun stürzt sich die Mehrheit der Fahrgäste sofort auf den zwei Meter breiten Metallsteg. Dieser 1100 m lange, neu erbaute Steg leitet den Besucher über den ruhig dahinfließenden Teil des Rio Iguazú, an dessen Ende man direkt oberhalb des Teufelschlundes steht. Je näher man kommt, desto lauter wird das Tosen. Schließlich erreicht man das Ende des Steges, der in eine große Plattform mündet. An dieser Stelle stürzen in einem Dreiviertelkreis von 150 m Länge jede Sekunde gewaltige Wassermassen 90 Meter in die Tiefe, die sich jeden Augenblick und je nach Sonnenstand in verschiedene marmorierte Strukturen verfärben und immer wieder von der aufwallenden Gischt verdeckt werden. Hier zu stehen und dieses Schauspiel zu erleben, gehört zu den Highlights des Besuches der Cataratas. Je nach Wassermassen kann man vorne auf der Plattform mehr oder

Nasenbär in Cocotero-Palme

weniger nass werden. Zurück am Beginn des Steges werden Ausflüge und Bootsfahrten in den Urwald angeboten.
Im Bereich der Endstation besteht auch die Möglichkeit, sich in der dortigen Snackbar zu versorgen und zu erfrischen, bevor man die Rückfahrt mit der Schmalspurbahn zum Eingangsbereich antritt.
Auf dem 3,6 km langen "**Sendero Macuco**" können Wanderfreunde und Naturliebhaber durch den ursprünglichen Wald wandern und dabei die Tier- und Pflanzenwelt sehr intensiv beobachten, erfahren und erleben. Der Beginn dieses Pfades liegt etwa auf der Mitte des Weges zwischen dem Informationszentrum und dem Hotel Cataratas, hinter der Estanción Central. Der mit Lehrtafeln ausgestattete Weg endet am Wasserfall Arrechea.
Ein besonders Erlebnis ist der Besuch der Cataratas bei Vollmond „**Luna Llena**“. Die möglichen Tage findet man unter www.iguazuargentina.com/espanol/las_cataratas/luna_llena/calendario.html. Die Teilnehmerzahl ist auf 120 Personen beschränkt und man hat die Wahl zwischen einem Rundgang ohne (160 Pesos) oder mit Abendessen (200 Pesos). Dieses findet im Restaurant La Selva im Eingangsbereich statt. Es werden drei Rundgangszeiten angeboten: 20:00 Uhr, 20:45 Uhr und 21:30 Uhr. Bei der ersten isst man nach dem Rundgang, bei der letzten vor dem Rundgang. Man fährt mit der Schmalspurbahn zur Garganta de Diablo und erlebt auf dem Weg über den Steg und auf der Plattform die Atmosphäre der Wasserfälle bei Vollmond. Anmeldung und Info unter:
reservas@iguazuargentina.com
Die Busse fahren um 19:10 Uhr, 19:50 Uhr und 20:50 Uhr ab Puerto Iguazú; Rückkehr ist um 22:40 Uhr, 23:30 Uhr und 0:30 Uhr.

Plan der brasilianischen Seite

B: Besuch der brasilianischen Seite

Man fährt an der oben genannten Straßengabelung nicht Richtung Argentinien, sondern geradeaus weiter und passiert nach 7 km die Abzweigung zum Airport. Nach weiteren 1,5 km erreicht man den neuen Eingangskomplex des „Parque National do Iguacu“, der zum Weltkulturerbe gehört, mit dem links hinter diesem liegenden Parkplatz (Parkgebühr: 12 Real). Der Eintritt beträgt zur Zeit für Ausländer 37 Real für Erwachsene, 6 Real für Kinder zwischen 2 und 11 Jahren . Die Eintrittspreise sind je nach Nationalität unterschiedlich; die güns-

tigsten gelten für Brasilianer, die teuersten für Ausländer. Hier kann man auch mit USD bezahlen. *Öffnungszeiten des Park: täglich 9:00 Uhr bis 17:00 Uhr (1. April bis 30. September), im Sommer bis 18:00*

Der Eingangsbereich bietet Informationen, kleine Souvenirläden, Geldautomaten und Sanitäranlagen.

Von hier aus transportieren Busse die Touristen über mehrere Haltestellen zum 14 km entfernten Beginn eines Fußwegs, der unterhalb des Hotels „Tropical das Cataratas" beginnt. Hier wird der Besucher von neugierigen Nasenbären begrüßt. Es ist aber im gesamten Bereich des Parks ausdrücklich verboten, jegliche Tiere zu füttern.

oben: Blick nach Argentinien

rechts: der Teufelsschlund

Das einzigartige Spektrum der Wasserfälle sieht der Besucher von der brasilianischen Seite aus. Von hier aus hat man das beste Panorama auf die gegenüberliegende argentinische Seite. Ein 1,5 km langer Fußweg mit 504 Stufen hinunter und entlang des Rio Iguazú bietet immer andere Blickwinkel. Die verschiedenen Aussichtsplattformen laden zum Verweilen und Sammeln von Eindrücken ein. Am

am Ende des brasilianischen Fußweges

Ende des Weges erreicht man eine große Aussichtsplattform mit dem Blick in den Teufelsschlund, „Garganta del Diablo". Diese Schlucht ist 700 m lang und an deren Anfang stürzt das Wasser auf einer Breite von 150 m etwa 90 m in die Tiefe. Auf einem Metallsteg können die Besucher an der Unterkante nahe an das herabstürzende Wasser heran, wobei meistens ein Regenschutz von Nöten ist, den man vor Ort auch erhalten kann.
Den Aufstieg hinauf zum Straßenniveau kann man schweißtreibend zu Fuß oder mit einem Aufzug, der sich neben dem Souvenirladen befindet, bewältigen. An der Straße, man befindet sich jetzt auf Höhe der Oberkante der Wasserfälle, hat man nach einigen Metern die Bushaltestelle „Estacio Porto Canoas" für die Rückfahrt erreicht. In einem großzügigen Gebäude sind Kiosk, Restaurant und Sanitäranlagen untergebracht. Hier kann man das ruhig auf die Abbruchkante zuströmende Wasser betrachten oder bei einer Bootsfahrt hier den Fluss von einer anderen Seite kennenlernen.
Während der Busfahrt hin oder zurück ist es möglich die Fahrt an den Stationen „Estacio Poco Preto" und „Estacio Macuco Safari" zu unterbrechen. Von beiden Stationen aus kann man auf angelegten Wegen durch den ursprünglichen Urwald mit seiner vielfältigen tropischen Fauna und Flora bis zum Fluss Iguazú wandern, um dort Bootsfahrten verschiedenster Art zu unternehmen. Von der „Estacio Macuco Safari" aus besteht auch die Möglichkeit mit einem Elektroauto durch den Urwald zu fahren. Am Rio Iguazú wird die Teilnahme an Raftingfahrten in die "Gargante del Diablo" angeboten.
Etwa 500 m vor dem Eingangsbereich zum „Parque National do Iguacu" liegt auf der rechten Seite unübersehbar der „Parque de Aves". Das mit einheimischen Bäumen bestandene 17 ha große Gelände, beheimatet 900 tropische Vögel aus 150 verschiedenen Arten des ganzen südamerikanischen Kontinents. Außerdem leben hier etliche

Säugetierspezies. Diese vielfältige Tierwelt kann der Besucher zwischen tropischen Pflanzen auf einem 1 km langen Weg durch den Park beobachten und erleben.
Öffnungszeiten: täglich 8:30 Uhr bis 17:30 Uhr, im Sommer bis 18:00 Uhr.
Der Eintritt beträgt 10 USD.
Gegenüber des Vogelparks liegt auch der Hubschrauberlandeplatz, von dem aus man einen Rundflug über die Wasserfälle unternehmen kann, die von oben gesehen zu einem unvergesslichen Erlebnis werden.
Auf der Rückfahrt des Besuchs sowohl der brasilianischen als auch der argentinischen Seite der Wasserfälle kann man noch einen kurzen Abstecher zur **Dreiländerecke „Treis Fronteiras"** in Brasilien anhängen.Hier treffen, getrennt durch den Rio Paraná und den Rio Iguazú, Brasilien, Argentinien und Paraguay zusammen.

Von der genannten Straßengabelung (Abzweig nach Argentinien) fährt man auf dem Rückweg 4 km weiter Richtung Foz de Iguazú.
*Hier (**S 25°34'37.5", W 54°34'39.3"**) folgt man dem Wegweiser „Marco Treis Fronteiras" nach links.*
Wir folgen einer breiten, gut ausgebauten Straße, Gen. Meri, weitere 4 km, um dann nach rechts dem Hinweisschild zu „Treis Fronteiras" abzubiegen, deren Parkplatz nach einem weiteren Kilometer erreicht ist.
*Von Argentinien kommend biegt man ca. 350 m nach dem brasilianischen Zoll über einen Kreisverkehr (**S 25°34'37.5", W 54°33'16.9"**)nach links in die Av. Morenitas ein, folgt dieser ca. 3 km, um dann der Av. Gen Meria nach links ca. 1km zu folgen. Jetzt biegt man den Wegweisern folgend in die Av. A.N. Cabeza de Vaca ein und erreicht den Parkplatz mit Restaurant und Souvenirladen.*

Dreiländerecke in Brasilien

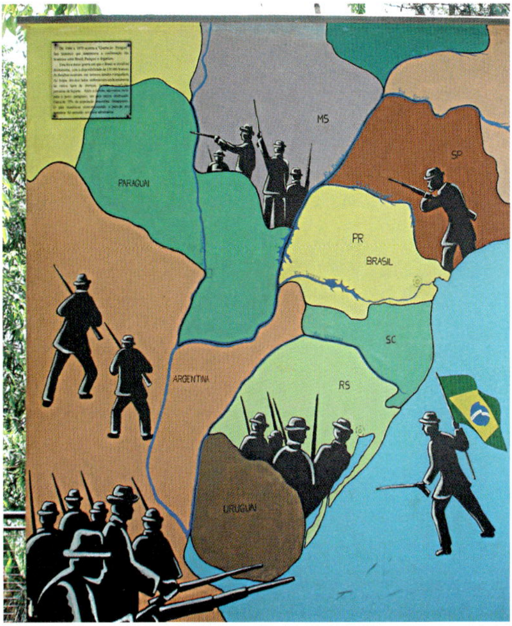

Hier steht die große pyramidenförmige Landmarke Brasiliens in den Landesfarben in einem schönen, gärtnerisch gepflegten Areal mit Bänken unter schattenspendenden Bäumen. Sie wurde schon 1903 errichtet und ist inzwischen zu einem touristischen Treffpunkt geworden. Von der einige Meter entfernt liegenden Aussichtsplattform sieht man nach links über den Rio Iguazú, der hier in den Rio Paraná mündet, etwa auf gleicher Höhe die Landmarke Argentiniens in den Nationalfarben des Landes.
Richtet man den Blick über den in der Tiefe dahinströmenden breiten Rio Paraná, entdeckt man dort die Landmarke Paraguays in den Farben rot, weiß blau.

links: Tafel zum Triple Allianz Krieg

Geht man von der Aussichtsplattform Richtung Souvenirladen, so kann man an dessen linker Seite über eine schmale Treppe hinauf zur „Mural Historico Geografico“ (Mauer mit historischen Darstellungen) steigen. Hier geben vier Wandbilder interessante geografische und historische Informationen. Die drei Indigenen repräsentieren die in dieser Gegend lebenden Gruppen der Guaranís und der Caigangues,
Nach dem Besuch fährt man den gleichen Weg zurück nach Foz, um dort den entsprechenden Wegweisern nach Paraguay zu folgen.

Historische Mauer - Dreiländerecke

Übersichtskarte zu Tour 3

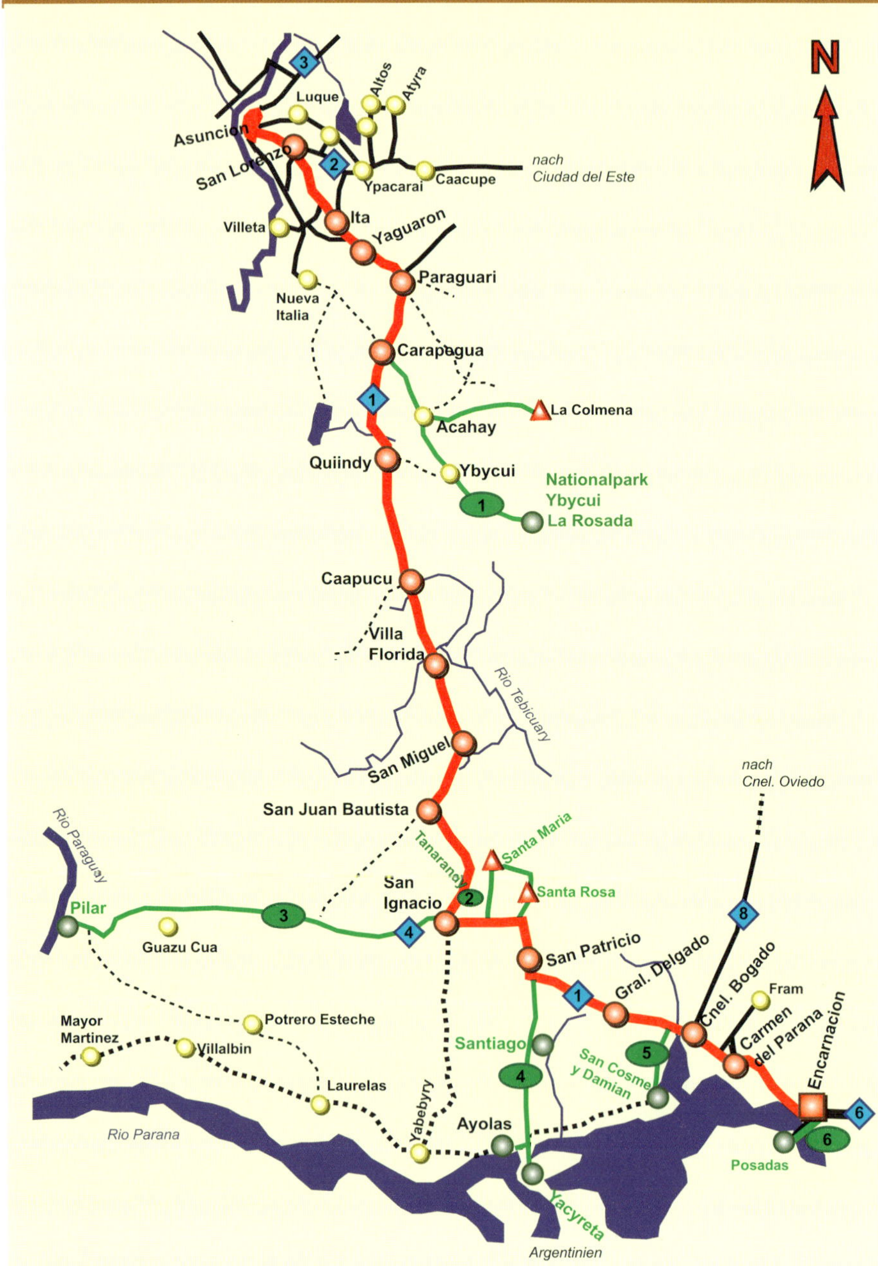

Tour 3:
Asunción - Encarnación - 370 km

reine Fahrzeit ca. 5 Stunden - Ruta 1

Diese Fahrt beginnt an der Gabelung der Rutas 1 und 2 am Ortsausgang San Lorenzo. (Die km – Angaben entsprechen denen der Straßensteine)

Die Ruta 1 wendet sich hier nach Süden und führt den Reisenden meist durch nur leicht wellige Landschaften mit riesigen Weideflächen. Man kommt auf dieser Fahrt durch die Departements Central, Paraguarí, Misiones und Itapúa.

Itá, km 37, hier gründeten 1585 die Franziskaner ihre zweite Missionsstation. Sie führten die Indianer der Umgebung in dieser zusammen. Die ursprüngliche Kirche aus dem Jahre 1698 wurde zerstört, doch wurde eine neue unter Verwendung von alten Teilen, wie Türen und Altarbild, erbaut und zeigt die einstige Schönheit in ihren Details. Bekannt ist Itá heute auch durch die aus schwarzem Ton hergestellten Töpferarbeiten. Erwähnenswert sind vor allem die hier produzierten „Glückshühner", die „gallinitas de la suerte".

Yaguarón, km 48. Dieser Ort wurde von Martinéz de Irala hier, am Rande der Cordillera-Berge, 1539 gegründet. Damals gab es nur eine indianische Ansiedlung. Die Franziskaner wählten diesen Ort 1586 als Zentrum ihrer Missionierung. Geblieben ist aus dieser Zeit die Kirche, die 1755 begonnen und 1772 fertiggestellt wurde, ein Juwel der damaligen Baukunst. Von Asunción kommend umfährt die Ruta das Zentrum. Nach der

Franziskanerkirche in Yaguarón

Gabelung biegt man die erste Querstraße links ab (**S 25°33'44.8", W 57°17'21.9"**) (rechts beginnt der Bereich des Friedhofes) und erreicht bei der 4. Querstraße die Ruta in Gegenrichtung und den Bereich der Kirche. Äußerlich wirkt diese mit ihren beidseitigen Säulengängen recht schlicht.

rechts: originale Holzdecke

Unten: Blick in die Kirche

Typisch für die damalige Bauweise ist die Holzbalkenkonstruktion aus Lapachoholz, deren Zwischenräume mit luftgetrockneten Ziegeln ausgefüllt wurden. Diese Mauern sind zwei Meter dick und haben tragende Funktion. Der etwas entfernt stehende hölzerne Glockenturm besticht durch seine Einfachheit und wurde auch als Wachturm genutzt. Im Inneren der Kirche entfaltet sich eine Pracht, die ihresgleichen sucht. Der barocke europäische Stil kombiniert mit dem indianischen Einfluss spiegelt sich besonders in dem prächtigen Altar mit goldglänzenden Säulen und Skulpturen wieder. Die Altarsäulen sind von dem portugiesischen Baumeister Juan de Souza Cavadas, der auch im Vatikan gearbeitet haben soll, jenen der Sixtinischen Kapelle nachempfunden. Im oberen Teil ist der Schöpfer mit einem dreieckigen Heiligenschein zu sehen, wodurch die Heilige Dreifaltigkeit symbolisiert wird. Im Zentrum des Altarbildes steht die Jungfrau Maria, zur Rechten die Figur von San Buenaventura, dem maßgeblichen Gründer dieser Kirche; zur Linken der Erzengel Michael. Die reich verzierte Kanzel hat die Form eines Bechers und wird von einer menschlichen Figur auf dem Kopf und mit ausgestreckten Armen getragen. Ihre Besonderheit ist die Tatsache, dass die Kanzel aus einem einzigen Stück Holz gearbeitet ist. Die Guaraní-Indianer haben damit unter der Leitung der Franziskaner ein einmaliges Werk erschaffen. Die Farben für die Bemalung der hölzernen Skulpturen sowie der Decke haben sie aus einheimischen Pflanzen, die ihnen auch zur Körperbemalung dienten, selbst hergestellt und diese sind heute noch kräftig. Beachtenswert sind die mit Ornamenten aus der Natur vollständig bemalte Holzdecke und die geschnitzten dicken Holzportale. Das Gotteshaus liegt inmitten einer großen Rasenfläche mit am Rand wachsenden Schattenbäumen. *Besichtigungszeiten: Dienstag bis Sonntag von 7.30 Uhr bis 11.30 Uhr und 13.30 Uhr bis 17.00 Uhr, montags ist die Kirche in der Regel geschlossen.* Heute ist Yaguarón eine ländliche Stadt mit vielen Familienbetrieben.

Paraguarí, km 63, das 1775 gegründet wurde, hat sich bis heute die charakteristischen kolonialen und ländlichen Züge bewahrt. Es liegt in einer außergewöhnlich schönen Natur mit grüner Vegetation, ausgedehnten Tälern, Hügeln und klaren Bächen.

Der 266 m hohe Santo Tomás mit seiner Grotte überragt das Städtchen. Die Kleinstadt ist typisch paraguayisch: der Stadtmittelpunkt ist ein Platz mit Brunnen, Denkmal und schattenspendenden Bäumen, um den sich die wichtigsten Verwaltungsgebäude, zum

Altes Kolonialhaus in Paraguarí

Teil im typischen Kolonialstil, gruppieren. Neben dem Stadtpark beginnt der Markt, dessen Vielfalt an Früchten und Gemüse beeindruckt und wo die Geschäftigkeit der Menschen ein interessantes Flair erzeugt. Der große Kirchplatz mit der Kirche liegt eine Querstraße nebenan (nähere Info in Tour 1).

Die Ruta führt am Rande des Städtchens vorbei. Es gibt hier eine asphaltierte Verbindung zur Ruta 2 über Piribebuy (siehe auch Tour 1). Auf der Weiterfahrt führt die Ruta durch eine weite Ebene; vereinzelt sieht man in der Ferne Farmgebäude. Rinderweiden säumen den Weg. Man überquert mehrere kleinere Flüsse, während man sich der Hügelkette in der Ferne nähert, an deren Fuß das Städtchen

Carapeguá, km 84, liegt. Von hier aus lohnt sich ein Abstecher nach **La Rosada** (Abstecher 1). Will man zum Ortskern mit Kirche, muss man bei der Banco Formentor

Typisches Landschaftsbild in Paraguarí - Ruta 1

rechts abbiegen. Hinter dem Städtchen steigt die Straße leicht an und führt uns durch eine bewaldete, wellige Landschaft nach Süden. 14 km weiter durchfährt man die kleine Ansiedlung **San Roque Gonzales** mit wenigen Häusern und einer Kirche. Nach Passieren dieser Ortschaft erreicht man nach kurzer Fahrt

Quiindy, km 109. Quiindy besticht mit kleinen, bunten Lädchen entlang der Straße und einer gotisch anmutenden Kirche. Die nun folgende Hochebene wird charakterisiert durch große, mit Palmen durchsetzte Weiden.

Caapucú, km 141, mit seinen Häusern im Kolonialstil hat, wie fast jeder Ort, einen Dorfplatz mit Kirche. Die Straße führt jetzt durch eine liebliche Landschaft mit bewaldeten Hügeln und Rinderweiden. Kurz vor

Villa Florida, km 161, wird die Landschaft flach. Man überquert den breiten Rio Tebicuary, einen fischreichen Fluss, der diesem Städtchen größere Bedeutung gibt. Der 235 km lange und hier 250 m breite Fluss beherbergt viele Fischarten, wie den Surubí, Dorado usw., sodass sich Villa Florida zu einem Angelsportzentrum entwickelt hat. In diesem Bereich laden die vielen breiten Sandstrände mit ihrem fast weißen Sand, der in der Abendsonne in gold-kupfernen Farbtönen schimmert, zum Baden und Wassersport ein. Im parkähnlichen, ruhigen Ort mit großen Grünflächen und Alleen kann man erholsame Tage verbringen. Am Ortsende liegt das Touristikhotel Villa Florida. Hier etwa verläuft

Sandstrände bei Villa Florida

eine unsichtbare Grenze zwischen dem Gebiet, das durch die Franziskaner missioniert wurde und dem Gebiet der Jesuiten-Reduktionen. Durch eine weite Ebene mit Baumgruppen erreicht man auf schnurgerader Straße bald die kleine Ortschaft

San Miguel, km 178. Wie viele von Jesuiten gegründete Siedlungen trägt dieser Ort „San" in seinem Namen. Am Ortseingang erhebt sich gut sichtbar das überlebensgroße Standbild des Erzengels Michael. Seitlich sind zwei große Tafeln angebracht, auf denen die Geschichte dieses Ortes zu lesen ist.

Die Gegend ist bekannt für ihre Schafzucht. So wird in häuslichen Kleinbetrieben die Wolle noch am Spinnrad gesponnen. Die Rohwolle hängt oft in dicken Strängen auf Leinen, bevor sie zu Textilien aus Schafwolle weiterverarbeitet wird. Es wird noch auf alten Webstühlen gewebt, die oft in den kleinen Hinterzimmerchen zu sehen sind. In den Läden am Straßenrand kann man handgefertigte Ponchos, Hängematten, Teppiche und mehr bewundern und erwerben.

Angebote in San Miguel

links: Stadtgeschichte von San Miguel

San Juan Bautista, km 196, ein kleiner Ort, angelegt in Quadraten, liegt etwas abseits der Ruta. Am linken Straßenrand befindet sich eine Kaserne, gegenüber erhebt sich der neue Justizpalast und kurz danach führt rechts eine Straße zum Zentrum. Die gepflasterten Straßen sind gesäumt von Zitrusbäumen, die zur Zeit der Blüte einen

herrlich süßen Duft verströmen. Die weitere Strecke wirkt auf den Besucher karger, da sie nur dünn besiedelt ist. Besonders ins Auge fallen großflächige Anpflanzungen von Eukalyptusbäumen, die zur Holzproduktion gedacht sind.
Bei km 219 von Asunción, bzw. 143 km von Encarnación, biegt man dem Wegweiser „Kandiré" folgend ab, will man das Künstlerdorf **Tañarandy** besuchen (Abstecher 2).
San Ignacio, km 224 ist heute eine lebhafte Kleinstadt mit diversen Einkaufsmöglichkeiten. Sie wurde 1609 als erste jesuitische Mission Paraguays gegründet und erhielt zur Unterscheidung zur späteren argentinischen Gründung den Zusatz "Guazú" (groß), während die Reduktion in Argentinien San Ignacio Mini genannt wurde. Am Ortseingang steht eine Gruppe roter, behauener Felsen mit Pferdeköpfen, dahinter befindet sich eine Tankstelle, neben der ein Hotel mit Restaurant den Reisenden einlädt. Hier biegt die Ruta 4 nach **Pilar** ab (Abstecher 3).
Von der alten Reduktion sind nur noch einige Mauerreste übrig geblieben. Hier kann man jedoch ganz deutlich die damalige Bauweise und die enorme Dicke der Wände sehen, die auch bei hohen Temperaturen ein angenehmes Raumklima schufen. Im Museo Diocena erfährt man viel über die Zeit und die Geschichte der Jesuiten in Paraguay, außerdem wurden hier viele beachtenswerte Skulpturen zusammen getragen. Biegt man vor dem Stadtplatz **(S 26°53'14.6", W 57°01'27.9"**) rechts in die Cerro Cora ein, erreicht man nach überqueren der zweiten Querstraße das historische Zentrum, in dessen Mittelpunkt sich die neue Kirche erhebt. Auf drei Seiten wird der Platz von den aus dem 17. Jahrhundert stammenden alten Häusern der Indios eingerahmt, die ein wesentlicher Bestandteil der Missionsstation waren. Das Museum findet man auf der Straße *Iturbe, an den Ecken Padre Marcial de Lorenzano und Capitan del Puerto.*

Historisches Viertel in San Ignacio

Bei km 230 *führt eine neue asphaltierte Straße 11 km nach* ***Santa Maria de Fé****, einem kleinen unscheinbaren Ort, der aus der 3. Jesuitenreduktion hervor gegangen ist. Übrig geblieben sind einige typische Indiohäuser und das* ***Museo Diocesano****. Geöffnet wird nur nach Voranmeldung unter Tel.: 0781-283214. Ins Zentrum gelangt man, wenn man an der Tankstelle nach links abbiegt. Im Bereich der neueren Kirche stehen alte Holzkreuze. Folgt man der Asphaltstraße weiter, erreicht man nach knapp 20 km direkt das Zentrum von* ***Santa Rosa*** *mit den zum Teil noch erhaltenen alten Indiohäuser, die heute noch bewohnt sind. Die Siedlung wurde 1697/98 von Jesuiten gegründet. Die ursprüngliche Kirche wurde durch einen Brand 1883 zerstört. An der gleichen Stelle wurde eine neue Kirche erbaut, in deren Fassade noch nicht zerstörte Säulen der alten integriert wurden. Daneben erheben sich die Überreste des alten Glo-*

Kirche und Rest des alten Glockenturms

ckenturmes. Im Inneren der Kirche ist ein Rest des alten Altars in den Hauptaltar integriert.In der Kapelle Nuestra Señora de Loreto, die neben der Kirche liegt, sind die restaurierten bunten Fresken, sowie eine Skulpturengruppe zu beachten. Das Museum einige Meter links neben der Kirche ist von montags bis samstags von 7:30 Uhr bis 11:30 Uhr geöffnet. Fährt man an der Straßenecke beim Museum nach rechts, erreicht man nach zwei Kilometer die Ruta 1 bei km 246.

Folgt man der Ruta nach Süden weiter passiert man nach etwa zwei Kilometern den „Parador Santa Rosa“ mit angeschlossenem Hotel. Einige Kilometer nach **San Patricio, km 256,** teilt sich die Fahrbahn. Unübersehbar kann man nach rechts auf eine neu gebaute Asphaltstraße nach Süden, Richtung **Yacyretá** und **Ayolas** abbiegen (Abstecher 4). Wir folgen der Straße aber weiter geradeaus durch landwirtschaftlich intensiv genutztes Gebiet nach Encarnación. Vor **Gral. Delgado** wechselt man in das Departement Itapúa und fährt nach dem Ort und der Überquerung eines Flusses durch ein ausgedehntes Überschwemmungsgebiet .

Bei km 307 zweigt nach links die Straße nach San Cosme y Damián ab (Abstecher 5) und man erreicht bei **km 319 Coronel Bogado.** Gegenüber dem Omnibusterminal beginnt eine Fußgängerpromenade, auf der man nach 500 m das Areal des alten aber restaurierten Bahnhofsbereiches mit einigen alten Waggons erreicht. Etwa nach 1 km zweigt in einer Kurve eine Verbindung, die Ruta 8, ab, die durchs Landesinnere über Caazapá und Villarrica nach Cnel. Oviedo und von dort zur Ruta 2 und Ruta 7 führt (siehe Tour 6). Inzwischen sind von der ehemals 150 km langen Erdpiste die ersten 20 km bis Gral Artigás geteert und der Ausbau wird vorangetrieben.
Etwa 2 km nach dieser Kurve erreicht man eine Maustelle.

Bei km 329 zweigt nach rechts eine neue, breite, 4-spurige Avenida ab, „Circumvalación". Diese Straße mit schon ausgewiesenen, aber noch nicht aufgeschütteten Strandabschnitten und Bootsanlegestellen entlang des Stausees umschließt den Ort Carmen del Paraná auf drei Seiten und wird nach Fertigstellung ein Naherholungsgebiet für Encarnación. Bei

neue Strandstraße, Circumvalación bei Carmen del Paraná

Carmen del Paraná, km 331, zweigt die geteerte Straße zu der Kolonie Fram (18 km) ab. Hier befindet sich eine russisch-orthodoxe Kirche mit den typischen Zwiebeltürmen. Dies deshalb, weil hier heute viele Einwanderer aus der Ukraine und Polen eine neue Heimat gefunden haben. Ursprünglich war diese Kolonie jedoch von Norwegern gegründet. Daher der Name Fram, was soviel wie "Kommen Sie herein" bedeutet. 14 km weiter liegt rechter Hand ein Sportflugplatz. Von der Straße aus hat man hier einen schönen Blick hinüber über den Grenzfluss Rio Paraná auf die argentinische Stadt Posadas.

Bei km 358 beginnt die ausgebaute 4-spurige Straße, die nach

Encarnación, km 370 (Ciudad del Nuestra Señora de la Encarnación de Itapúa), die drittwichtigste Stadt Paraguays, führt. Sie liegt im äußersten Süden am Yacyretá-Stausee und wird oft als „Perle des Südens" bezeichnet. Sie ist ein Handelszentrum des Mercosur und durch den Rio Paraná von der argentinischen Stadt Posadas getrennt, die man über die Hängebrücke „San Roque de Santa Cruz" erreicht. Der Name der 2250 m langen und im April 1989 eingeweihten Brücke erinnert an den Gründer der Stadt Encarnación, den Jesuitenpater Roque Gonzales de Santa Cruz. Alten Angaben

Verbindungsbrücke „San Rocke de Santa Cruz" nach Argentinien

zu folge wurde die 1615 auf dem Gebiet von Posadas gegründete Reduktion 1621 auf die andere Seite des Flusses hierher auf die Gemarkung von Encarnación verlegt. Aber erst seit dem Jahre 1834 gewann die Stadt ihre Bedeutung als Handelsort. Den Höhepunkt dieser Entwicklung gab es 1994 mit dem gemeinschaftlichen Bau des Wasserkraftwerkes Yacyretá bei Ayolas. Allerdings erlebte Encarnación danach immer wieder Überflutungen seiner alten Unterstadt. Aus diesem Grund hat man begonnen, das Stadtgebiet und besonders die Areale am Wasser neu zu strukturieren. Diese Stadterneuerung ist im Augenblick in vollem Gange. Encarnación ist schachbrettartig angelegt, die meisten Straßen sind Einbahnstraßen.
Für einen Besuch fährt man am Kreisverkehr nach der Brücke geradeaus weiter auf der *Av. Francia*. Nach 800 m liegt rechts der Stadtpark, in dessen Bereich sich ein alter Fabrikschornstein erhebt. Biegt man danach in die erste oder zweite Querstraße nach rechts ein, trifft man auf den alten Bahnhof der Stadt, der dringend auf eine Restaurierung wartet. Durch den Neubau der *Av. Costanera* und des gesamten Bereichs am

Blick auf Posadas

Wasser ist von den alten Anlegestellen der Eisenbahnfähren hinüber nach Posadas nichts mehr zu sehen. Fährt man gegenüber dem Bahnshof auf der *Tomás R. Pereira* geradeaus, erreicht man mit der 6.Querstraße den „Plaza de Armas“ im Zentrum mit dem hoch aufragenden Monumento Central und anderen Denkmälern. Um den mit hohen Bäumen bestandenen Platz gruppieren sich die orthodoxe Kirche San George, Banken und Geschäfte. Wendet man sich auf der *Carlos López* nach Süden, biegt in die dritte Straße nach rechts und dann die zweite nach links, befindet man sich in der *Juan L. Mallorquin* und passiert nach 400 m die Kathedrale der Stadt. An der nächsten Kreuzung folgen wir der *Gral. Cabañas* nach und links passieren das Omnibus Terminal. Stößt man auf die *Carlos López*, kann man dieser wieder nach rechts folgen, erreicht aber bald den Baustellenbereich am Wasser. Fährt man die letzte Möglichkeit, *Av. Pedro J. Caballero* nach links, erreicht man an der Ecke zur *Av. Japón* den Platz, hinter der Verwaltung des Departements Itapúa mit dem Denkmal des Stadtgründers San Roque Gonzales de Santa Cruz und dem Monument für die Chacokrieger. Auf dem Mittelstreifen der *Av. Japón* wurden Erinnerungsstücke an die paraguayische Eisenbahn aufgestellt. Fährt man die *Av Caballero* noch weiter, stößt man auf die *Av. Irazabel*, die nach rechts zur Brücke nach Argentinien führt. Hier gibt es die Möglichkeit unterhalb der Brücke bis ans Wasser zu fahren, um von da einen schönen Blick auf die gegenüberliegende Stadt Posadas zu haben.

*Dafür fährt man bei der Gabelung **S 27°21'07.1", W 55°51'31.2** geradeaus auf der Av. Irazabel weiter; links geht es zum Zoll und zur Brücke. Man folgt rechts der alten Bahngleise der Straße 2 km hinunter bis unterhalb der Brücke. Auch hier entstehen eine neue Straße und Schiffsanleger.*

Man muss den gleichen Weg zurückfahren bis zur Av. Irazabel, wendet man sich hier nach links, erreicht man nach knapp 3 km einen Kreisverkehr. Nach rechts führt die Ruta 6 nach Trinidad, nach links die Ruta 1 nach Asunción.

Encarnación ist berühmt für seinen Karneval, der jedes Jahr etwa zeitgleich zum rheinischen Karneval und dem in Rio de Janeiro stattfindet.

Hotelverzeichnis Tour 3 mit Abstecher - Auswahl   internationale Vorwahl: +595

Carapeguá
> ÑANDE HOTEL, Ruta 1, km 82,5, Tel.: 0532 212209, E-Mail: comerc77@telesurf.com

Villa Florida
> LAS MERCEDES, Ruta 1, km 15, Tel/Fax: 083 240220
> HOTEL NACIONAL DE TURISMO, Ruta 1, km 16, (außerhalb), Tel.: 083 240207

San Ignacio
> CASA DE LOLY, Ruta Yabebyry, 1 km von der Ruta 1 entfernt, Tel.: 082 232362
> SAN IGNACIO GUAZU, Ruta 1, km 224, Tel.: 082 232924 oder 232334
> ARAPYZANDÚ, Kreuzung Ruta 1 und Ruta 4, Tel.: 082 232

Encarnación
> Hotel DOMINGO SAVIO, Av. Irazabel, Ecke Av. Japón, Tel.: 071 205800, Parkplatz
> Hotel DE LA COSTA, Av. Francia 1240, Tel.: 071 205496
> ACUARIO, Mallorqiun, Nähe Villarrica, Nähe Zentrum,Tel.: 071 202676, www.acuario.com.py
> CRISTAL, Mcal. Estigarribia 1157, Nähe Cerro Corá (Zentrum), Tel.: 071 202371,
> GERMANO, Gral. Cabañas / C. A. López, Tel.: 071 203346, einfaches, aber sauberes Hotel
> Hotel RIO BEACH, Tomas R. Pereira, Ecke Gral. Artigas, Tel.: 071 206567
> CENTRAL Hotel, Mcal. López 542, Ecke C.A. López (Zentrum), Tel.: 071 203454
> ITAPUA, Carlos López, Ecke Gral. Cabañas (Nähe Terminal), Tel.: 071 205045
www.hotelitapua.com, Mittelklassehotel mit Restaurant

Abstecher 7: Auf dem Weg nach Ybycuí

Ybycuí
> PYTU'U RENDA, an der Straße am Ortsausgang, Tel.: 0534 226364

Abstecher 1
Nationalpark Ybycuí - La Rosada - 70 km

Ausgangspunkt: Carapeguá

Den Nationalpark Ybycuí erreicht man, indem man sich am Ortseingang von Carapeguá links Richtung Ybycuí hält. Auch hier thront die Büste von Francisco Solano López. Die Straße führt zuerst durch eine weite, leicht wellige Landschaft, aus der sich vereinzelte, bewaldete Hügel erheben. Von den Straßenkuppen aus hat man eine ungehinderte Sicht über viele Kilometer hinweg. Nach 23 km durchfährt man den kleinen Ort **Acahay**.

*Hier führt links die asphaltierte Straße nach **La Colmena,** einer ursprünglich von Japaner gegründeten Kolonie, die man nach 29 km erreichen kann. Dieser kleine Exkurs führt den Besucher auf seinem Weg dorthin an einigen markanten Felsen vorbei. La Colmena wird auch "Capital de las Frutas" genannt. In diesem Bereich liegt der landwirtschaftliche Schwerpunkt im Anbau von Früchten. Der Bevölkerung sieht man ihren asiatischen Ursprung noch an, auch wenn inzwischen die Vermischung mit den Paraguayern eingesetzt hat.*

Felsformation an der Straße nach La Colmena

Zurück auf der Straße nach La Rosada passiert man nach 12 Kilometern die Ferienanlage "Villa Americana" mit ihren kleinen Ferienhäuschen, nach weiteren zwei Kilometern liegt rechts eine große Fabrik, die Baumwolle verarbeitet. Kurz darauf erreicht man **Ybycuí**, eine Ansiedlung, die man auf der schön angelegten, schattigen Avenida im Zentrum durchfährt. Hier hat man noch einmal Gelegenheit in einem Supermarkt einzukaufen. An einem kleinen Kreisverkehr (**S 26°01'09.2", W 57°00'49.2"**), in dessen Mitte die Büste von General Caballero thront, biegt man rechts den Wegweisern nach **La Rosada** folgend ab. In diesem Bereich finden sich auch Übernachtungsmöglichkeiten und eine Tankstelle. Von hier sind es noch 25 km bis zum **Nationalpark Ybycuí.** Die Landschaft ist mit Palmen durchsetzt. 1973 wurde dieses 5000 ha große Areal zum Nationalpark erklärt. Die Gegend ist geprägt durch bewaldete Hügelketten, durch die sich zahlreiche Bäche ihren Weg bahnen und dabei kleinere und größere Wasserfälle bilden, deren Wasser sich in natürliche Becken ergießt. Innerhalb des Nationalparks gibt es 15 Wasserfälle und 20 Quellen. Die Erhebungen erreichen im Norden bis zu 400 m.

Am Eingang des Parks erreicht man zuerst die rekonstruierte erste Eisengießerei Paraguays bzw. eine der ersten Südamerikas, die unter dem Namen „La Rosada" bekannt ist. Die Eisengießerei war 19 Jahre lang, von 1850 bis 1869, in Betrieb und wurde von uruguayischen und brasilianischen Truppen während des Triple Allianz Krieges zerstört. Während der Betriebszeit produzierte man Eisen zum Bau von Schiffen und Maschinen sowie später Kriegsmaterial.

Diese Eisenhütte wurde 1975 unter Zuhilfenahme von Originalplänen und den noch vorhandenen Grundmauern rekonstruiert. *Geöffnet ist das Gelände von 8:00 Uhr bis 16:00 Uhr*, der Eintritt beträgt pro Person 8000 GS; für das Auto werden extra Parkgebühren verlangt. Links neben dem Eingangstor am Wächterhäuschen hängen Wegepläne des Areals zur Orientierung. Auf dem historischen Gelände liegen neben der Eisengießerei mit ihren Erklärungstafeln, das in einem Nebengebäude neu gestaltete,

Eingangsportal zur Eisengießerei
links: Monument eines Eisengießers

sehenswerte Museum. Hier erfährt man nicht nur etwas über die Geschichte der Anlage, der Arbeit in den Minen und den hergestellten Objekten, sondern findet im Eingangsbereich eine Übersichtstafel über die Geschichte des 19. Jahrhunderts. Hierbei werden die Geschichte Paraguays, die Geschichte der Eisengießerei und die Weltgeschichte parallel dargestellt.

Hinter der Eisengießerei führt ein ca. 2,5 km langer Waldweg zum Salto Mina, der innerhalb der Zona Recreativa liegt. Der Weg ist oft schmal, mitunter muss man auf wackeligen Baumstämmen oder Steinen kleine Bäche überqueren. Hier erlebt man die Natur und üppige Vegetation hautnah. Zu Beginn verläuft der Weg in mehr oder weniger großem

Ruine mit Schmelzöfen

Abstand zum Bach, dessen Rauschen man durch den dichten Wald hören kann. Etwa nach der Hälfte der Strecke wendet sich der Weg in einem großen Bogen erst hinauf und dann wieder hinunter zum kleinen Wasserfall.
Beim letzten Besuch gab es nur die Möglichkeit oberhalb des Wasserfalls auf einer aus Bambusstangen hergestellten Verbindung auf die andere Uferseite zu gelangen oder unterhalb des Wasserfalls durch den Bach zu waten. Für diese kleine Wanderung benötigt man etwa eine gute Stunde. Festes Schuhwerk ist auf diesem Spaziergang unerlässlich. Wichtig ist auch bei entsprechender Jahreszeit und Temperatur ausreichend Flüssigkeit zum Trinken mitzunehmen.
Für den Rückweg zum Auto auf der Erdstraße muss man ca. 30 bis 40 Minuten veranschlagen.

Spazierwege im Bereich „La Rosada“

Diese Freizeitzone mit Badeplätzen, Campinggelände und Sanitäranlagen kann man auch mit dem Auto erreichen, wenn man beim Eingangstor der Eisengießerei dem Erdweg knapp drei Kilometer weiter bis zum Besucherzentrum, „Centro de Visitantes“, mit Parkplatz folgt.

Salto Mina

Von hier aus gibt es noch weitere Wanderwege, z.B. zum Aussichtspunkt „Mirador“, oder dem einen oder anderen größeren und kleineren Wasserfall im Nationalpark.
Es gibt jedoch zur Zeit keinerlei Versorgungsmöglichkeiten; benötigten Proviant muss man mitbringen.
Diese Erdstraße verbindet Ybycuí mit La Colmena. Den aktuellen Zustand des 23 km langen Weges sollte man vorher erfragen.

Abstecher 2
Besuch des Künstlerdorfes Tañarandy

Ausgangspunkt:
Bei km A 222 (222 km von Asunción), ca. 3 km vor der Stadt San Ignacio gibt es ein Schild mit der Aufschrift „Kandiré 800 m“ .

Hier (**S 26°51‘39.2“, W 57°02‘03.6“**) biegt man von Asunción kommend nach links ab. Vermutet man ein Dorf im eigentlichen Sinn, sucht man vergebens.
Nach ca. 350 m gabelt sich der Erdweg; hier hält man sich rechts; nach 750 m liegt rechts ein Restaurant (nicht immer geöffnet), das den Künstlern des Ortes als Treffpunkt dient. Daneben sind in einer Art Freilichtmuseum ein großes reetgedecktes Rundhaus aus Bambus als Nachbau eines großen Versammlungshauses der Indianer und ein in Holz- und Lehmbauweise errichtetes kleines Häuschen, das „Casa de los Artesanos“ zu sehen. Hier kann man die künstlerischen Werke nicht nur bewundern, sondern auch kaufen. Das ehemals sehr ausdrucksstarke Großgemälde „Leben in der Nacht“, das sich auf der Rückseite des Gebäudes am Eingang befindet, hat inzwischen die blaue Farbe des Nachthimmels verloren. Man beachte trotzdem die dargestellten interessanten Details, die hier jetzt nicht erwähnt werden sollen.

emälde - Leben in der Nacht in einstiger Farbenpracht
rechts: Liebesweg

Hält man sich an der Gabelung links, fährt man den „Liebesweg“ entlang, der auf Tafeln die Geschichte eines Liebespaares darstellt.
Der Ortsname Tañarandy - übersetzt: „Land der Ketzer oder Dämonen“ stammt aus der Zeit der Reduktionen. An diesem Ort wohnten diejenigen Indios, die sich weigerten, sich den Jesuiten zu unterwerfen, deshalb sprach man auch von einem „Land der nicht zu Unterwerfenden“. Heute wohnt hier eine Bevölkerung, die sich der naiven Malerei verschrieben hat, um so ihr Dorf zu verschönern. Die unter Bäumen und in Gärten versteckt liegenden einzelnen Häuser sind teils mit Malereien verziert. Das Besondere sind immer Häuser mit einem „ventana falsa“ – Häuser mit echt wirkend aufgemalten, also falschen Fenstern. Man hat hier das Gefühl, in das Innere des Hauses zu schauen. Doch diese Fenster verblassen auch immer

„ventana falsa“

mehr und werden wohl bald ganz verschwunden sein. Was bleibt und gepflegt wird, sind die „Hausschilder“ an jedem Haus, die den Namen der Familie tragen und darüber ein Bild, das auf den Beruf der darin lebenden Familie hinweist. Die Bilder wurden alle unter Mitwirkung der Bewohner des Dorfes von Cecilio Thompson und Teodoro Meza unter der Leitung des Künstlers Koki Ruiz gemalt. Die Ideen und Motive kamen von den Einwohnern des Dorfes selbst; sogar beim Auswählen der Farben haben sie mitgewirkt. So sieht man, dass hier ein Schneider, ein Traktorfahrer, ein Kerzenmacher oder dort der Lehrer wohnt. Es lohnt sich, die Schilder mit Muse zu betrachten und auf die Details zu achten. Hat man Glück, findet man einen netten Bewohner, der dem Besucher etwas über die Bilder und das Zentrum „Kandiré“ erzählt. Biegt man an der nächsten Kreuzung nach rechts ab, findet man neben den Familienschildern einige neuere größere Gemälde entlang des Weges. Darunter auch eine Darstellung, die an die Karfreitagstradition in Tañarandy erinnert. In diesem Tag findet jährlich eine große Lichterprozession über 3 km statt, auf der der Kreuzweg und das Leiden Jesu nachempfunden werden. Nach 2 km überquert man eine Brücke mit Eulenköpfen, verlässt damit den kleinen Ort und erreicht schnell den Ortseingang von San Ignacio. Geradeaus stößt man auf die Ruta 1, die hier nach rechts, Richtung Asunción, führt. Überquert man diese und fährt auf der Cerro Cora weiter, trifft man bei der nächsten Querstraße auf die Fahrbahn der Ruta 1, die von Asunción kommt, und den Stadtplatz (Tour 3).

Hier wohnen der Maurer

und ein Traktorfahrer

Lichterprozession

Abstecher 3
Pilar - 132 km

Ausgangspunkt: San Ignacio an der Tankstelle mit den Pferdeköpfen aus rotem Stein

Steinskulpturen in San Ignacio

Am Ortseingang von San Ignacio, an der Tankstelle mit den Pferdeköpfen aus rotem Stein, biegt man rechts auf die Ruta 4 ab, die nach Pilar führt. Erst seit einigen Jahren ist diese Straße asphaltiert. Sie wurde mit hohem Aufwand fast über die gesamte Länge durch ein sumpfiges Gelände gebaut. Durch diese Straße erhielt Pilar eine ganzjährig befahrbare, asphaltierte Verbindung zum Rest des Landes und damit auch nach Asunción.

Die ersten 15 km fährt man auf einer Betonpiste, an deren Ende die kleine Ansiedlung San Pablo liegt. Danach fällt die Ruta ins sumpfige Tiefland ab. Hier fährt der Besucher durch ein ganz und gar anderes Paraguay. Lagen zu Beginn der Ruta rechts und links der Fahrbahn noch kleine Farmen, so fährt man jetzt durch eine weite Ebene mit zunehmend größeren Feuchtgebieten. Kleine Baumgruppen oder Bambuswäldchen schaffen etwas Abwechslung in der eintönigen Landschaft, die bis zum Horizont eben ist. Je nach Jahreszeit blühen hier verschiedene Sumpfpflanzen und

Am Straßenrand der Ruta nach Pilar

Reiher sowie andere Stelzvögel suchen im Wasser ihre Nahrung. Selbst die Rinder stehen hier mitunter bis zum Bauch im Wasser und man fragt sich, wie sie sich in diesem sumpfigen Gelände bewegen können. Die Kilometeranzeige am Straßenrand nimmt gegen Pilar hin ab. Bei km 74 durchfährt man einen Polizeiposten, an dem man mit einer Kontrolle rechnen muss. Hier zweigt auch eine Erdstraße nach San Bautista ab. 62 km vor Pilar wachsen beidseitig der Straße Palmen im Sumpf, von denen kurioserweise oft nur noch die Stämme stehen. Mitten in dieser Einsamkeit entdeckt man bei km 59 ein Schild mit dem allgemein üblichen Symbol für Zeltplatz. An einem kleinen See besteht wohl die Möglichkeit zu campen. Nach ca. 1 1/2 Stunden stößt man auf eine Querstraße und die Stadt Pilar begrüßt den Besucher mit ihrem Eingangsschild. Man biegt nach links zum Zentrum ab. Kurz bevor man den Fluss Arroyo Ñeembucú überquert, erkennt man in der Ferne die Türme der Basilika.

Blick auf die Basilika

Pilar, eine ruhige Kleinstadt mit teils noch ländlichem Flair, wurde 1776 gegründet und ist der Verwaltungssitz von Ñeembucú. Seine Bedeutung hat es durch die Verwaltung und durch seine Textilindustrie. Die Ruta 4, hier Avenida Irala, führt geradeaus in die „Zona comercial", mit ihren vielen verschiedenen Geschäften. An dieser Straße findet man etliche Hotels und Übernachtungsmöglichkeiten.

Bei **S 26°52'23.3", W 58°18'13.2"** biegt man rechts zum Hafen und zum kleinen Flugplatz ab, deren Zugänge man nach ca. 1,7 km erreicht hat.

Zum Stadtzentrum und zur Promenade entlang des Rio Paraguay gelangt man auf der Avda. 14 de Mayo nach ca. 600 m. In diesem Bereich liegen der Plaza Mcal. López und der Plaza de Armas mit ihren alten Bäumen, die Verwaltung des Departements Ñeembucú, die Basilika, viele Häuser aus früherer Zeit und das alte Cabildo mit Museum. Dieses 1784 erbaute und 1817 renovier-

rechts: Im Stadtpark von Pilar

Fischerboote am Rio Paraguay

te zweistöckige Haus mit Balkon ist typisch für die Kolonialzeit und zeigt besonders Waffen aus dem großen Krieg. Davor erhebt sich die Büste von Francisco Solano López, der hier während des Krieges einen Stützpunkt hatte. Solano López war in besonderer Weise mit Pilar verbunden, da er im Alter von 18 Jahren die 3 Jahre jüngere Juanita Pesoa aus Pilar kennenlernte. Mit dieser seiner Jugendliebe hatte er drei Söhne. Ihr altes Häuschen liegt in der Calle Alberzoni. Der Platz am Ende der Avda. Mcal. López, einer schönen, breiten Avenida mit Mittelstreifen, ist geschmückt mit Holzskulpturen, welche zum Teil mit ausführlichen Erklärungstafeln versehen sind. Die Basilika „Nuestra Señora de Virgen de Pilar" ist sehenswert. Über einen kleinen Vorplatz, an dessen linker vorderer Ecke ein alter Glockenturm steht, erreicht man die großen Eingangsportale, deren Holzreliefs Episoden aus dem Leben Jesu erzählen.
Die helle, dreischiffige Kirche mit Apsis ist der Jungfrau Maria geweiht, die auf dem rückwärtigen bunten Fenster dargestellt ist. In der Apsis fällt von oben das Licht durch Glasfenster, die unter anderen den hl. Blasius und den hl. Josef zeigen.
Folgt man der Straße geradeaus weiter, steht man am Fluss. Nach rechts gelangt man zu der zwischen dem Rio Paraguay und dem Arroyo Ñeembucú gelegenen Manufaktur, die noch alte Bauteile beinhaltet. Pilar ist auch beliebt, weil man dort besonders erfolgreich Angelsport betreiben kann.

Pilar bei Nacht

Für den Rückweg zur Ruta 1 muss man dieselbe Strecke wählen, die man gekommen ist.

Hotelauswahl - Abstecher 3

internationale Vorwahl: +595

Pilar

> LIZA HOTEL,Tacuary, Nähe Antequera (Nähe Terminal), Tel/Fax: 0786 32944 www.lizahotel.com, Mittelklasse Hotel, Parkplatz
> MONUMENTAL, Avda. Irala und Tacuary, Tel.: 0786 232712, FAX: 232888 www.hotelmonumental.com.py, Mittelklassehotel, WIFI
> MALIAN, Avda.Irala, Nähe Tacuary (gegenüber Terminal), Tel.: 0786 232405, einfaches, preisgünstiges Hotel
> LIBRA, Alberdi/ Ecke Irala und Ayolas, Tel.: 0786 232531
> EL ANCLA, Alberdi, Nähe Antequera, Tel.: 0786 766

Abstecher 4: Ayolas und Besuch des Wasserkraftwerkes Yacyretá

Ausgangspunkt:
Einige wenige Kilometer nach San Patricio, km 256, biegt rechts eine unübersehbare Asphaltstraße nach Süden, Richtung Yacyretá und Ayolas ab.

Die neu erbaute, gute und breite Straße führt kerzengerade nach Süden durch leicht welliges Gelände, das hauptsächlich als Weideflächen genutzt wird. Nach 18 km biegt man nach links ab, um den Ort **Santiago** zu besuchen. Dieser Ort wurde um 1651 von Jesuiten gegründet. Von der alten Reduktion ist nicht mehr viel übrig. Aber man kann noch einige Häuser aus dieser Epoche sehen. Außerdem gibt es ein Museum und eine kleine Kirche, etwa 1 km weit von der Abzweigung im Zentrum am Stadtplatz. *Geöffnet ist das Museum samstags und sonntags vormittags ab 9:00 Uhr und nachmittags ab 14 Uhr,* ein Besuch kostet 5000 GS. Hier sind viele geschnitzte Holzfiguren der indianischen Urbevölkerung ausgestellt. Erkundigen kann man sich in der „Municipalidad", dem Rathaus am Stadtplatz. Hinter Santiago fällt die Straße ab in ein total ebenes Tiefland, das zum Teil sumpfig ist. Kleine Bambuswäldchen lockern die Landschaft auf. Reiher und Störche suchen im Sumpf nach Nahrung. Nach weiteren 25 km erreicht man den Eingang nach Ayolas mit seinem Polizeiposten und einer Außenstelle der Migración (Einwanderungsbehörde). Wiederum nach 3 km gabelt sich die Straße, links führt die Straße über eine Brücke zum Wasserkraftwerk Yacyretá (Eine Fahrt bis zum 8 km entfernt gelegenen eigentlichen Eingang des Stauwerkes ist nicht lohnend), geradeaus geht es nach **Ayolas.**

Museum in Santiago

Die Stadt gewann während der Bauzeit des Wasserkraftwerkes an Bedeutung und setzt sich aus mehreren Stadtteilen, barrios, zusammen. Im Vorort Villa Permanente entstanden Unterkünf-

Fischmonument vor dem Gebäude „Relaciones Publicas"

te für die Beschäftigten. Breite Alleen führen durch den parkartig angelegten Stadtteil. Ca. 2,5 km nach der Gabelung weist ein Schild bei **S 27°22‘51.7“, W 56°48‘56.5“** nach rechts zum Parkplatz des Verwaltungsgebäudes des Wasserkraftwerkes, Departamento de Relaciones Publicas de Entidad, mit angeschlossenem naturkundlichen Museum. *Öffnungszeiten: täglich 7:00 Uhr bis 12:00 und 13:00 bis 16:00 Uhr. Die Besichtigungszeiten des Kraftwerkes können variieren. In der Regel finden sie 8:30 Uhr, 10:00 Uhr und 14:00 Uhr statt.*

Für Touristen interessant ist das Barrio San Antonio. Man erreicht es, wenn man an der Einfahrt zum Museum geradeaus weiterfährt.

Das Barrio San Antonio besteht mehr oder minder aus einer Straße, die sich etwas entfernt vom Rio Paraná entlang zieht. Hier findet man unter anderen das Hotel Nacional de Turismo, das oberhalb des Flussufers liegt sowie Versorgungsmöglichkeiten.

Besuch des **Wasserkraftwerkes Yacyretá** (Führungsdauer ca. 45 Minuten)

Das Binationale Wasserkraftwerk wurde als Gemeinschaftsprojekt von Argentinien und Paraguay im breiten Paranáfluss auf der gleichnamigen Insel errichtet. Yacyretá bedeu-

Modell für den Bau der gesamten Anlage des Wasserkraftwerkes

tet in der Sprache der Guaraní soviel wie „Geburtsort des Mondes“ oder „Stelle der schwierigen Wasser“; Letzteres deutet auf einige Stromschnellen hin, die es früher hier gab. Heute ist diese Insel zum großen Teil durch das angestaute Wasser überflutet. Im Jahr 1983, 10 Jahre nach dem Beschluss der beiden Länder, wurde mit dem Bau begonnen. 1998 waren dann alle 20 Turbinen in Betrieb. Durch den Stausee sind große Teile der vielen Flussinseln überflutet worden.

Im großen Vorraum des Besucherzentrums kann man sich zu einer kostenlosen geführten Besichtigungsfahrt anmelden und mit einem kurzen Film beginnen. In diesem Vor-

raum zeigt ein Modell den gesamten Bereich des Stausees und des Wasserkraftwerkes mit all seinen Teilen. Im angeschlossenen kleinen Museum bekommt man einen guten Überblick über die Flora und Fauna, insbesondere über die Fischvielfalt des Rio Paraná, des Landes sowie einige prähistorische Exponate.
Auf dem Weg zum Kraftwerk fährt man mit dem kostenlosen Besucherbus über Brücken und durch ein Naturschutzgebiet mit Sanddünen bis zum Zentralgebäude. Das Turbinenhaus selbst ist 800 m lang, 70 m hoch und beherbergt 20 Turbinen, die ein Potenzial von 3.200 MW haben.

oben: Blick in die Turbinenhalle

unten: Turbinenhalle

Jährlich können bis zu 20.000 GWh erzeugt werden. Auf der Führung betritt man die Turbinenhalle und kann auch einen Blick in die Schalträume werfen. Der Staudamm ist unterschiedlich hoch, jedoch nur maximal 42 m. Er besteht aus Sand, Ton, Felsen und einem Zement-Beton-Gemisch. Der Damm staut den Paraná von Ituzaingó in Argentinien bis Ayolas und San Cosme y Damián in Paraguay auf einer Länge von etwa 65 km. Auf der Dammkrone verläuft eine nicht öffentliche asphaltierte breite Verbindungsstraße zwischen Paraguay und Argentinien. Das Besondere in diesem Stauwerk ist die Einrichtung eines Transfers für Fische, einen „Fischaufzug", der die gegen die Strömung schwimmenden Fische aus dem Fluss auf die Höhe des Stausees transportiert. Dies geschieht unter der Mithilfe von Biologen. Im Einzugsbereich dieses „Aufzugs" kann man eine Vielzahl von Fischen beobachten, die das Wasser wie ein Strudel bewegen. Nach der Besichtigung des Hauptgebäudes fährt man auf der Staumauer wenige Kilometer, um zu der großen Schleuse zu gelangen, die die Schiffe auf das Niveau des Stausees oder des Rio Paraná hebt und senkt. Mit einer Länge von 238 m und 27 m Breite können in dieser Schleuse Schiffe bis 3,65 m Tiefgang in 45 Minuten bis 24 m Höhendifferenz überwinden. Hier

Schiffsschleuse

fahren die großen Containerschiffe vom Atlantik, Buenos Aires, bis Asunción. Der 1.600 km² große Stausee ist durchschnittlich 12 m tief und zieht sich bis Encarnación und Posadas.

Im Gegensatz zum Wasserkraftwerk Itaipú wird hier der Wasserstand nicht über eine Schanze geregelt, die die Kraft der überschüssigen Wassermassen imposant in einem Tosbecken bremst, sondern mit zwei Schleusenbereichen. Einer befindet sich im Hauptarm des Flusses, direkt beim Turbinenhaus, der andere in einem Seitenarm. Sie bestehen jeweils aus 18 bzw. 16 radialen Schleusentoren. Das eintretende überschüssige Wasser wird um 90 Grad gedreht, dadurch gebremst und in ein Becken abgelassen.Yacyreta besitzt im Gegensatz zu Itaipú Kaplan-Turbinen, da die Fallhöhe des Wassers hier wesentlich geringer ist.

Vor der Rückfahrt bietet sich, wenn man keine Gelegenheit hatte, das 18 km entfernte Refugio Atinguy zu besuchen, der Besuch eines kleinen Privatzoos mit Tieren aus der Umgebung an. Dazu biegt man von der kurz vor dem Restaurant Lizza nach rechts in eine Pflasterstraße ein, der man ca. 1 km bis zum Eingang folgt.

Abstecher 4: Ayolas

internationale Vorwahl: +595

> YACYRETA APART HOTEL, Avda. Costanera - Villa Permanente, Tel.: 072 222659, Fax: 072 222199, www.marcaodeayolas.com.br

> KADELL, Carlos A. López - Barrio San Antonio, Tel.: 072 222153

> HOTEL NACIONAL DE TURISMO DE AYOLAS, Avda. Costanera - Villa Permanente, Tel/ Fax: 072 222273, oberhalb des Stausees, Innenhof, Pool, Parkplatz

Abstecher 5
Besuch der Jesuitenreduktion San Cosme y Damián mit dem astronomischen Zentrum - 27 km

Ausgangspunkt: bei km 306 von Asunción nach rechts ***(S 27°07'09.7", W 56°20'52.1")***

Die asphaltierte Straße führt durch eine liebliche, hügelige Landschaft, teilweise mit Pinienbewuchs und verstreut liegenden kleinen Häuschen. Nach ca. 20 km überfährt man einen Kreisverkehr bei der Ansiedlung Lomas Valentinas und einen Kilometer danach der schmalen Kanal Aguapey. Nach weiteren 5 km erreicht man den Ortseingang von **San Cosme y Damián** und damit das Ende der asphaltierten Straße. Die Ruinen der Jesuitenreduktion findet man, indem man sich hier links hält und der Be-

oben: restauriertes Eingangstor

links und unten: Innenhof mit Sonnenuhr

schilderung folgt, in die 5. Querstraße nach rechts und danach der dritten Querstraße nach links folgt. Eine weitere Orientierungsmöglichkeit ist der Funkmast von COPACO im Zentrum nahe der Ruinen, der weithin sichtbar ist. Der ehemalige alte Plaza Mayor der Reduktion ist heute der Stadtplatz, um den sich noch einige alte Indiohäuser gruppieren. An der nordwestlichen Ecke auf dem Areal „Casa de la Cultura" wurde das astronomische Zentrum „ Centro de Interpretación Astronómico Buenaventura Suárez" eingerichtet. Hier erhält man seine Eintrittskarte (45.000 GS für die drei Reduktionen San

Cosme, Trinidad und Jesús) oder legt seine bereits erstandene Eintrittskarte vor. Es empfiehlt sich, wenn man ein wenig spanisch versteht, sich für den Besuch der Reduktion von einem jugendlichen Führer, der einen freiwilligen Obolus erwartet, leiten zu lassen. Dadruch gelangt man auch in das Innere der erhaltenen bzw. restaurierten Teile. Das Reduktionsgelände liegt auf der Südseite des Stadtplatzes. 1632 in Brasilien von Pater Adriano Formosa gegründet, wechselte diese Reduktion des öfteren ihren Standort, um ab 1740 definitiv hier zu bleiben. Diese Reduktion war weit über die Grenzen, sogar bis Europa hin, bekannt. Der Grund war, dass im Jahre 1706 der berühmte Pater Buenaventura Suarez, aus Santa Fé in Argentinien in diese Reduktion kam und seine Studien der Astronomie betrieb. Den Eingeborenen half er, Teleskope zu bauen und leitete sie an zu forschen. Aber auch aus Deutschland abgeordnete Priester hatten großen Einfluss auf die Entwicklung der Reduktion. 1742 kam Adolfo Scal und einige Jahre später Johan Gilde, 1751 Pater Unger und Pater Taddaeus Enis. Sie waren die Führer der Eingeborenen im Kampf gegen die portugiesische Sklavenjäger und unterrichteten sie in den letzten Jahren des Bestehens der Reduktion im Ackerbau.
Die Nordseite des Areales wurde früher von einer Mauer abgeschlossen, von der nur noch das Eingangstor aus Sandstein (zum Teil restauriert) steht. Beachtenswert sind die Reliefs und Details. Die Ostseite wird von der „vorläufigen" Kirche und dem Colegio gebildet. Diese Kirche mit einer Länge von 65,5 m und 12 m Breite wurde 1760 erbaut und war 1899 bis zur Hälfte durch ein Feuer zerstört worden. Der unversehrte Teil wurde bis 1971 weiterhin für Gottesdienste genutzt. Ab 1989 wurde die Kirche

Kirche mit Holzskulpturen
links: San Cosme y Damián

mit Hilfe der Gläubigen und Unterstützung aus Deutschland wiederaufgebaut und 1991 erneut eingeweiht. Im Innern der dreischiffigen Kirche fallen die Holzsäulen auf, die zusammen mit anderen Trägern in den Wänden das Dach tragen. Außerdem befindet sich hier eine bemerkenswerte Sammlung Originalskulpturen aus der jesuitischen Zeit. Auf einem Rundgang durch das Kirchenschiff hat man die Möglichkeit diese einzigartigen Holzschnitzereien kennenzulernen. Darunter befinden sich auch die Figuren von San

Cosme und Damián, den beiden Schutzheiligen der Reduktion. Die Schule (Colegio) der Reduktion ist das einzige Gebäude, das total erhalten geblieben ist. Nur die Wände und das Dach zeigen Schäden durch Zeit und Feuchtigkeit. Die Aula wird heute für offizielle Anlässe genutzt. Auf der Südseite liegen die Küche, der Speisesaal, die Schlafräume sowie die Lager mit einem Zugang in Richtung Fluss. Die Warenaustausch fand direkt über den Rio Paraná statt, dessen Verlauf zu dieser Zeit wesentlich näher am Gelände der Reduktion lag. An der Westseite befand sich der Friedhof; hier sieht man noch die Grundmauern der geplanten Hauptkirche, die nie vollendet wurde. Die Gebäude hatten einen umlaufenden Kreuzgang, so dass man immer im Schatten gehen konnte. Im ehemals umschlossenen privaten Innenhof steht noch die alte Sonnenuhr, die heute noch die genaue Uhrzeit angibt, wenn man Sommer- und Winterzeit berücksichtigt.

Planetarium in San Cosme y Damián

Nach der etwa einstündigen Führung kehrt man zum neuen astronomischen Zentrum zurück, wo man in einem kleinen klimatisierten Raum durch eine Multimediavorstellung einiges über die Studien von Buenaventura und den südlichen Sternenhimmel erfährt. Es besteht die Möglichkeit, Teile in deutscher Sprache zu hören. Diese Vorführung dauert etwa 30 Minuten. In einem mit neuester Technik ausgestatteten kleinen Planetarium wird man in die Sternbilder des Südhimmels und in die Mythologie der Sterne bei den Guaraní eingeführt. Diese Vorführung dauert etwas 15 Minuten. Danach kann man ein Blick in das kleine Observatorium mit seinem Teleskop werfen. Hier gibt es nach Absprache die Möglichkeit bei Dunkelheit den Himmel zu betrachten. Für Besucher, die daran interessiert sind, hält der kleine Ort einfache Übernachtungsmöglichkeiten bereit, die hier im Büro vermittelt werden. Im freien Bereich findet man Informationen zu Planeten, Ruhebänke, die Möglichkeit etwas zu essen und zu trinken und Sanitäranlagen.

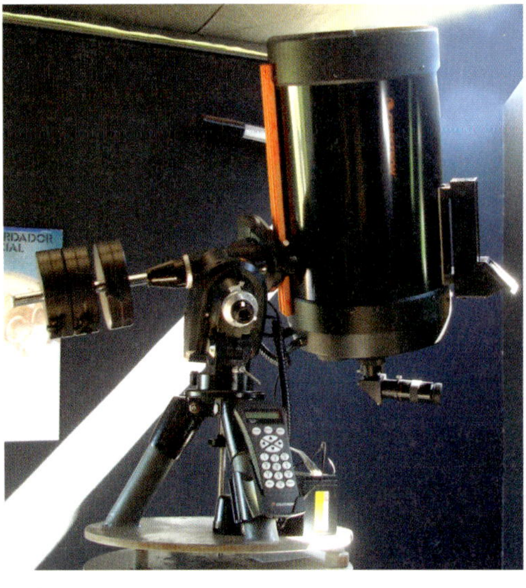

neues Teleskop

Abstecher 6
Fahrt nach Posadas / Argentinien

Busverbindung: Vom Busterminal in Encarnación verkehren regelmäßig Busse ins argentinische Posadas; das Busterminal in Posadas liegt 5 km außerhalb des Zentrums an der Ruta 12, Av. Quaranta, Ecke Av. Sta. Catalina. Dorthin verkehren städtische Busse.

Anfahrt mit dem Auto:
Ausgangspunkt: Großer Kreisverkehr in Encarnación **(S 27°19'32.8", W 55°51'34.2")**

Wenn man sich in der Gegend von Encarnación aufhält und ein paar Stunden Zeit zur freien Verfügung hat, sollte man es nicht versäumen, der argentinischen Stadt der gegenüberliegenden Seite des Rio Paraná einen Besuch abzustatten. Hier erlebt man ein absolutes Kontrastprogramm zu Paraguay; man fühlt sich wie in Europa.
Posadas wurde 1615 vom Jesuitenpater Roque Gonzales de Santa Cruz als Reduktion gegründet; diese wurde sechs Jahre später auf die andere Seite des Flusses auf die heutige Gemarkung der paraguayischen Stadt Encarnación verlegt und ist somit eng mit deren Gründung verbunden. 1628 wurde eine weitere Reduktion auf dem Areal des heutigen Posadas errichtet, die San José hieß. Im Triple Allianz Krieg wurde hier ein militärischer Stützpunkt gegen Paraguay errichtet. Seit 1879 heißt der Ort Posadas.
Um nach Posadas zu gelangen, biegt man am Kreisverkehr der Ruta 6 der Beschilderung Posadas/ Argentina folgend ab. Nach kurzer Zeit erreicht man vor der Brücke den paraguayischen Zoll. Es ist unbedingt darauf zu achten, dass der Reisepass mit einem Ausreisestempel versehen wird (siehe: Reisen im Land). Nun kann man die imposante Hängebrücke überqueren. Hier gibt es keinerlei Haltemöglichkeiten. Auf der anderen Seite wird man vom argentinischen Zoll empfangen, der einen Einreisestempel in den Pass drückt.
Nach etwa einem Kilometer, beim ersten Kreisverkehr, hält man sich immer rechts, um dann auf einer breiten mit Bäumen bestandenen Straße (Avda. Saenz Peñas) nach 1,3 km zum Fluss auf die Av. Costanera zu gelangen.
Hier erstreckt sich nach rechts und links zwischen Straße und Fluss eine ausgedehnte, sehr gepflegte Promenade für Fußgänger, Fahrradfahrer und Jogger. Ein Parkstreifen erlaubt es, hier den Wagen abzustellen, um auf der Promenade spazieren zu gehen, von wo aus man einen schönen Blick auf Encarnación und die Brücke genießen kann. Nach rechts erreicht man den alten 2009 restau-

Hängebrücke über den Rio Paraná

oben: *Museumsschiffe der Eisenbahnfähre*

rierten Bahnhof aus dem Jahr 1913, das heutige Kulturzentrum der Stadt. Von hier aus kann man auf einer Art Mole bis direkt unter die große Brücke gehen. Alte Lokomotiven und Waggons aus dieser Zeit wurden in diesem Bereich aufgestellt. Nach links gelangt man nach wenigen Metern zum alten Hafen. Hier liegen die beiden ehemaligen Spezialschiffe, deren Decks mit Eisenbahnschienen ausgestattet sind. Ihre Aufgabe war es, die Zugverbindung zwischen Argentinien und Paraguay durch Verladen und Übersetzen ganzer Zugteile zu gewährleisten. Die beiden in England gebauten Fähren besitzen einen seitlichen Antrieb. Heute dienen sie als Freilichtmuseum mit Modellen und Fotos aus dieser Epoche. Gleich daneben findet man einen kleinen Yachthafen. Die Avenida Costanera zieht sich hier knapp zwei Kilometer bis zu einer Wendemöglichkeit. Etwa auf halben Weg liegt der Parque Paraguayo mit einem Amphitheater, direkt oberhalb des Wassers. Von seiner Bühne aus hat man einen weitläufigen Blick.

Um ins Zentrum zu gelangen, fährt man über den Kreisverkehr am Hafen auf der breiten *Avenida Guacurarí* in Richtung Innenstadt. Hier biegt man in die 7. Querstraße, *San Lorenzo*, nach links ab, nach fünf Häuserblöcken wiederum nach links und erreicht den Platz "Plaza Nueva de Julio". 1871 eingeweiht, ist er Treffpunkt und Zentrum von Posadas. In seiner Mitte erhebt sich die Freiheitsstatue aus dem Jahre 1960. Auf der Nordseite befindet sich die Kathedrale, an der Ostseite liegt das "Casa de Gobierno", das Regierungsgebäude, beide aus dem 19. Jahrhundert. Beachtenswert ist auf der Südseite der Giebel des Hauses der "Sociedad Italiana".

In diesem Bereich sucht man sich am besten einen Parkplatz. Die Straßen in der quadratisch angelegten Innenstadt sind wie in Asunción Einbahnstraßen, dass man um einen Häuserblocks herum die Fahrtrichtung ändern kann. Außer von 13 bis 16 Uhr sind Parkgebühren zu entrichten. In dieser Zeit sind allerdings auch die Geschäfte zum größ-

ten Teil geschlossen.
Von hier aus lohnt sich ein Bummel durch die Fußgängerzone mit all ihren Geschäften, Banken, Cafes und Restaurants. Alles ist äußerst gepflegt; aber auch die Preise erinnern stark an Europa.
Für den historisch und naturwissenschaftlich interessierten Touristen bietet Posadas unter anderem das **Museo Andres Guacurarí** auf der Straße Gral. Paz 1865. Dies ist ein archäologisch-historisches Museum und zeigt Geschichtliches aus der Zeit der Guaraní und der Jesuiten. *Öffnungszeiten: dienstags bis freitags von 8 Uhr bis 12 Uhr und von 14 Uhr bis 19 Uhr; samstags und sonntags von 9 Uhr bis 12 Uhr und von 15 Uhr bis 19 Uhr.* Ein naturwissenschaftliches Museum befindet sich drei Querstraßen hinter der Straße San Lorenzo, das **Museo de Ciencias e Historia, in der San Lius 384** *Öffnungszeiten: montags bis freitags von 7 Uhr bis 12 Uhr und von 14 Uhr bis 19 Uhr.* Die Schlangen und Vögel Südamerikas sind hier ein besonderer Schwerpunkt. Der Rückweg führt wieder über die Brücke mit Ausreisestempel von Argentinien und Einreisestempel in Paraguay.

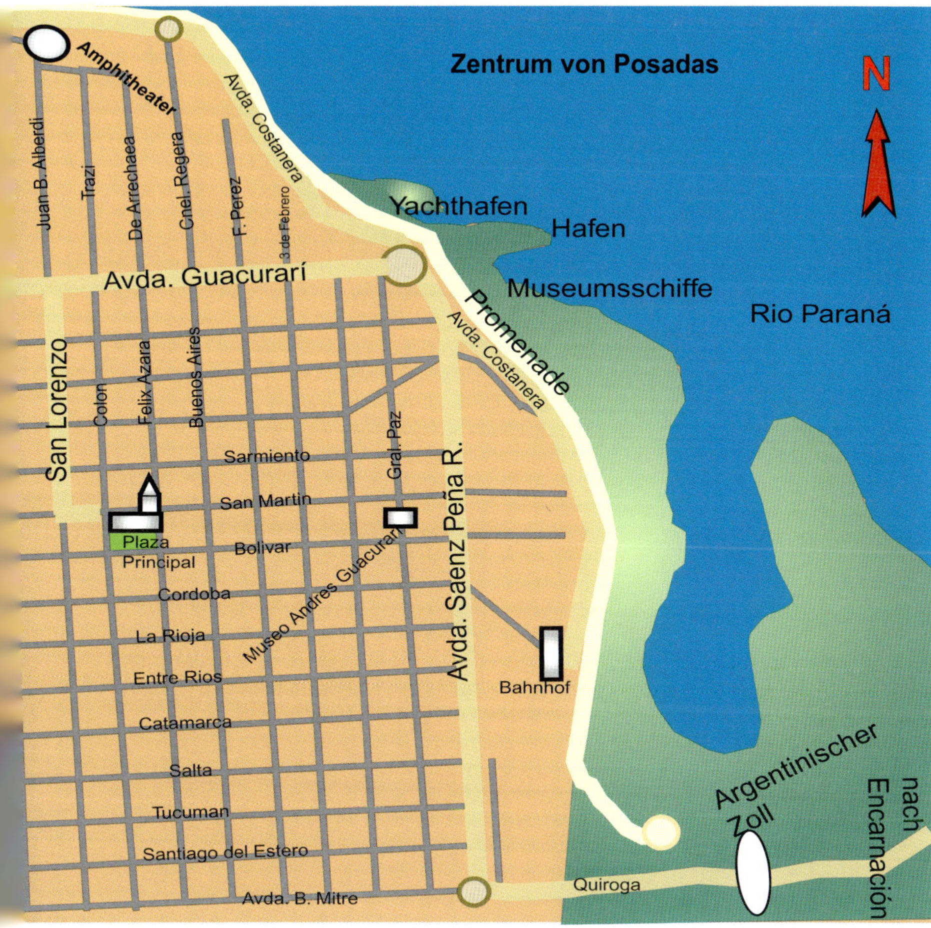

Übersichtskarte zu Tour 4

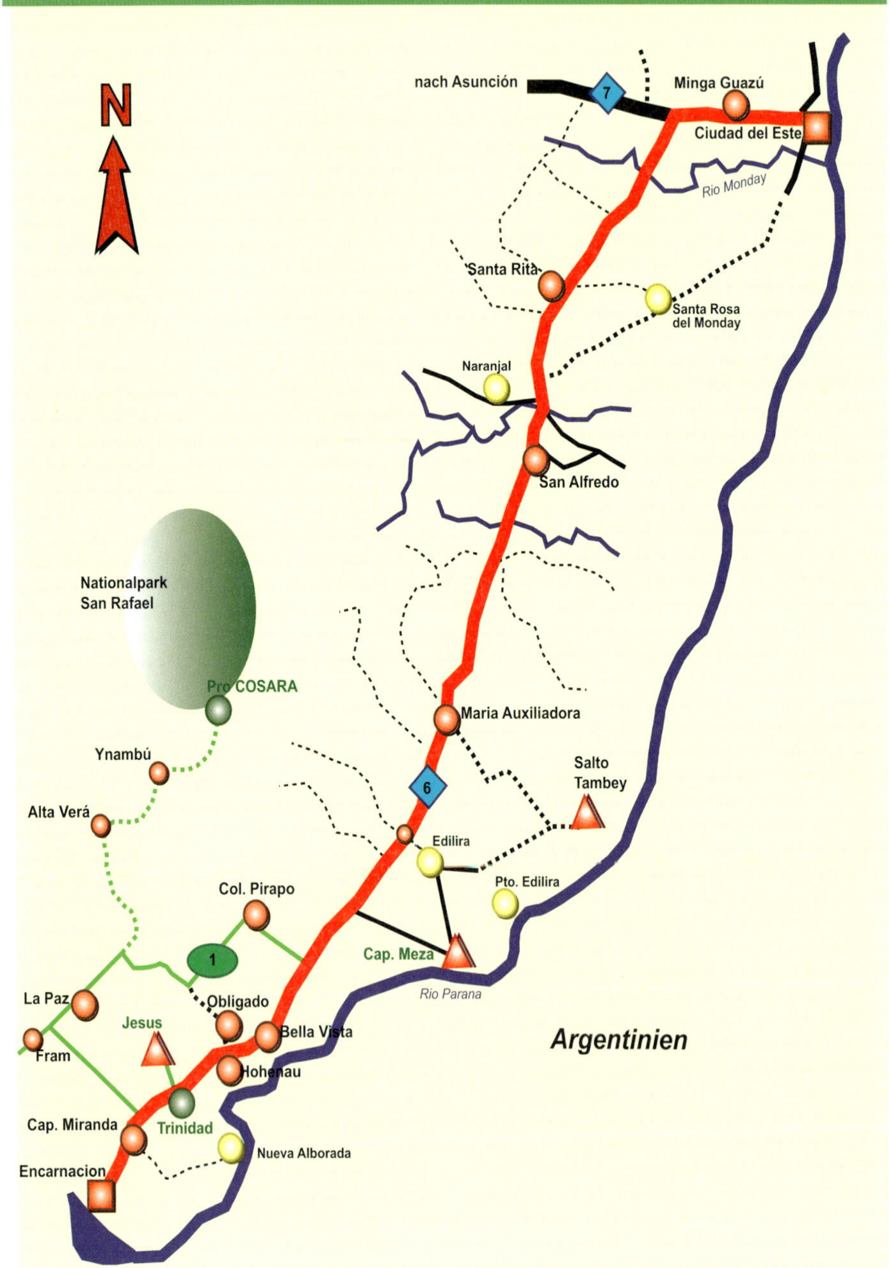

Tour 4

Encarnación - Ciudad del Este - 280 km

reine Fahrzeit: ca. 3 ½ Stunden - Ruta 6
(Kilometerangaben mehrheitlich gemäß Tacho)

Ausgangspunkt: Kreisverkehr Av. Irazabal, Encarnación

Eine schnelle Verbindung nach Ciudad del Este ist die Ruta 6, die durch die Departements Itapúa und Alto Paraná führt. Auf dieser Tour liegen die bekannten Jesuitenreduktionen „La Santissima Trinidad del Paraná" und „Jesús".
11 km hinter dem Kreisverkehr zweigt nach links die asphaltierte Straße zum neuen internationalen Flughafen von Encarnación ab, kurz darauf durchfährt man den Ort Capitan Miranda und erreicht 9 km danach eine Mautstelle.
Trinidad liegt 30 km hinter Encarnación.
Rechts von einem Umspannwerk **S 27°07'25.6", W 55°42'01.1"** führt eine gepflasterte Straße zum Eingang der Anlage; dieser liegt ca. 800 m von der Ruta entfernt. Möglich ist der *Besuch der Ruinen im Sommer von 7.00 Uhr bis 19.00 Uhr und im Winter von 7.00 Uhr bis 17.30 Uhr.* Der Eintritt beträgt zurzeit 25.000 GS pro Person. Die Eintrittskarte hat eine Gültigkeit von 72 Stunden und gilt für den Besuch der Reduktionen Trinidad, Jesús und San Cosme y Damián.
Der Jesuitenpater Juan de Arraya gründete zusammen mit einer Gruppe von Eingeborenen des Dorfes Juan Carlos 1706 diese Reduktion. Seit ihrer Gründung bis zur Vertreibung der Jesuiten 1768 war Trinidad ein Beispiel für Organisation und Zusammenarbeit und ein Platz der Harmonie, wo man neben dem Kollektiveigentum das Eigentum jedes Einzelnen respektierte. Die Hauptarbeit dieser Gemeinschaft bestand in der Landwirtschaft, außerdem widmete sie sich dem Ausbau der Reduktion, wie zum Beispiel der Steinmetzkunst. Noch heute kann man die wunderschöne Arbeit an der Kanzel und

Blick über die Reduktion von Trinidad

1 Hauptkirche	**12 Haus der Padres**
2 Hauptplatz	**13 Witwenhaus**
3 Sakristei	**14 kleine Kirche**
4 Garten	**15 Vorratsräume**
5, 6, 7 Häuser der Indios	**16 Werkstätten**
8, 9 Friedhof	**17 Steinbruch**
10 Kreuzgang	**18 Schule**
11 Turm	**19 privater Innenhof**

Übersichtsplan der Reduktion von Trinidad

den Kapitellen sehen. Die Anlage wurde zum **Weltkulturerbe** erklärt. In diesem Freilichtmuseum ist der Aufbau einer jesuitischen Reduktion anhand der Ruinen und Grundmauern sehr gut nachvollziehbar. In den Jahren 1745 bis 1755 wurde die Kirche, eine der größten aller Reduktionen, errichtet. 1760 war der Ausbau der Anlage beendet; Trinidad war eine „kleine Stadt", die im Laufe der Jahre wieder verfiel, weil die Jesuiten deportiert worden waren.
Betritt man die Anlage und geht einige Meter, so befindet man sich am Rande des großen Hauptplatzes etwa gegenüber den Resten der Kirche. Von hier aus empfiehlt es sich, gegen den Uhrzeigersinn in einem großen Bogen die Anlage zu begehen. Dabei durchquert man die Reste der alten Indiohäuser, die sich an drei Seiten des Hauptplatzes gruppieren. Rechter Hand lässt man einen alten Friedhof mit seiner einfachen

Kirche liegen, um sich dem alten, alleinstehenden Glockenturm zuzuwenden. Von diesem aus hat man einen schönen Blick auf die Anlage und ihre Einteilung. Folgt man dem Bogen nach links weiter, erreicht man die Reste eines Gebäudes mit Innenhof, um den sich das Haus der Padres, die Klausur, Werkstatt und Schule gruppierten. An einer Seitenwand findet man Skulpturen, Kapitelle und Steine mit Inschriften, die dort zusammen getragen wurden. Durch einen großen Durchgang betritt man jetzt den Innenraum der Kirchenruine. Blickt man nach rechts, sieht man den Altarraum mit Resten des alten Altars und links und rechts von diese reich verzierte Wände. Im Inneren der Kirchenruine sind weiterhin besonders erwähnenswert die in kunstvoller Handarbeit verzierte Kanzel, auf der unter anderem die vier Evangelisten in Gestalt ihrer Symbole dargestellt sind (Löwe steht für den Evangelisten Markus, der Engel für Matthäus, der Stier für Lukas und der Adler für Johannes) und das üppig verzierte Taufbecken in Form eines Blütenkelches. Wer möchte, kann auch in die sich in der Mitte des Kirchenschiffs befindliche Krypta hinabsteigen. Gehen wir entlang des gedachten Linksbogens weiter, befindet sich rechter Hand ein anderer alter Friedhof und man gelangt im weiteren Verlauf wieder zu den Indiohäusern, die entlang der anderen Seite des Platzes standen. Besonders im Licht der untergehenden Sonne und den langen Schatten der Ruinen bleibt dieser Besuch unvergesslich. Im angeschlossenen Museum sind Kunstwerke aus dieser Zeit zusammengestellt worden.

oben: Kirchenruine

rechts: Relief im Altarraum

unten: Kanzel in der Hauptkirche

In den letzten Jahren wird hier donnerstags, freitags, samstags und sonntags abends ein Rundgang mit Licht und Musik angeboten. Er beginnt im Winter schon um 19 Uhr und im Sommer um 20 Uhr

(Veränderungen werden oft kurzfristig festgelegt). Die Teilnahme ist noch kostenlos, bzw. im gelösten Ticket enthalten. Treffpunkt ist der Eingang zum Reduktionsgelände. In der Dunkelheit werden die einzelnen Teile auf dem Rundweg beleuchtet und man erfährt viele Details über die Geschichte der Reduktion. Eindrucksvoll ist die Untermalung mit Musik und Naturgeräuschen. Man geht entlang der Indiohäuser, durch die Ruine der Hauptkirche, den Innenhof bis hin zur kleinen Kirche und wieder zurück. Dauer des Rundgangs ca. 30 bis 40 Minuten.

Etwa 300 m weiter auf der Ruta 6 zweigt links eine neu asphaltierte Straße nach ***Jesús de Tavarangue*** ab.

Die Ruinen von Jesús liegen 11 km von der Ruta entfernt auf einer kleinen Anhöhe inmitten einer weiten Ebene. Nach 9 km durchfährt man die kleine Ansiedlung auf einer breiten Avenida mit Mittelstreifen und folgt der Beschilderung zuerst nach rechts und dann nach links. Diese

Unvollendete Basilika von Jesús

Reduktion wurde 1685 von Pater Jerónimo Delfin gegründet, aber nie fertiggestellt. Die Ruine des mächtigen Gotteshauses blieb unvollendet und ohne Dach. Im Inneren der im romanischen Stil gebauten Basilika sind die Säulenstümpfe des Hauptschiffes zu sehen. Von den früher darum angeordneten Reduktionsgebäuden sind teils nur noch einige Fundamente vorhanden. Von hier oben hat man einen wunderschönen Ausblick auf das umliegende Land. Ein Plan lässt das eigentliche Areal des Gebäudekomplexes erahnen. Die Reduktion ist mit dem erstanden Ticket zu besuchen. Es gibt die Möglichkeit, sich für einige Guaranies einen Führer zu nehmen, der auf dem Rundgang gerne etwas über die Geschichte erzählt.

Bei der Weiterfahrt auf der Ruta erreicht man die Siedlung **Hohenau, km 39**, die von Deutschen im Jahre 1900 gegründet wurde. Im Zentrum, bei der ersten Ampel, liegt links ca. 200 m von der Ruta gegenüber des Hotels Kuschel ein altes Gebäude aus der Gründerzeit, in dem das Kulturzentrum (Centro Histórico Cultural) untergebracht ist. Hier sind Gegenstände und Zeugnisse der ersten Siedler zusammengetragen. Biegt man von der Ruta nach rechts Richtung Hafen (Puerto) und dem Club de Pesca ab, erreicht man über eine gepflasterte Straße den ältesten Teil Hohenaus. Hier kann man noch Reste der alten Siedlerhäuser sehen. Auf der Hauptstraße weiterfahrend, passiert man den Stadtpark und das Hospital de Adventista. Kurz darauf geht es links nach

Stadtverwaltung von Bella Vista

Obligado mit seinem großen Supermarkt der Cooperative. Im weiteren Verlauf erreichen wir den Ortseingang von **Bella Vista, km 47**. Gleich danach bei **S 27°04'21.5", W 55°36'58.7"** gibt es links eine weitere Zufahrt nach Obligado, rechts ein Erdweg nach Puerto Obligado am Rio Paraná ab, den man nach ca. 6 km erreicht. Kurz darauf fährt man am Hotel-Restaurant Papillon vorbei. Einige Hundert Meter weiter begrüßt am Kreisverkehr ein übergroßer Tereré-Becher den Besucher in der „Yerba-Mate-Hauptstadt" Bella Vista. An diesem biegt man rechts ins Zentrum der Stadt ab. Gleich links liegt die Stadtverwaltung. An der breiten Avda. Mcal. Samaniego findet man nach 1 km links den Kulturclub der Stadt. Das Kulturhaus und Heimatmuseum mit dem umgebenden Gelände und mehreren Gebäuden sind sehr besuchenswert. Geöffnet ist das Heimatmuseum *montags bis samstags von 7 Uhr bis 11 Uhr.* Jeder

Besucher wird gern und individuell durch die drei Häuser und die Ausstellungshallen geführt. Die Führung ist in deutscher Sprache. Zu sehen sind der alte Hausrat aus der Zeit der ersten Siedler, Maschinen, Fahrzeuge und ein Sägewerk. Zum Teil sind die Gegenstände aus Europa mitgebracht worden. Bella Vista wurde 1918 von Josef Bohn und Erdman Tischler gegründet. Die aus Deutschland stammenden Siedler wanderten hauptsächlich über Brasilien nach Paraguay ein.

Buch aus der Gründerzeit

Auf der gleichen Straße, einige 100 m weiter, befindet sich die große Yerba Fabrik „Pajarito", wo auch Führungen in deutscher Sprache angeboten werden.
Über den Kreisverkehr mit dem Teréré-Becher verlässt man Bella Vista wieder. Jetzt verläuft die Ruta 6 fast schnurgerade nach Norden.
Die Gegend ist sehr waldreich, dazwischen erinnern große Weizenfelder daran, dass hier die Kornkammer Paraguays ist.
Ebenso großflächig werden hier Soja und Mais angebaut und anschließend verarbeitet. Nach 12 km wird die Sicht frei über das weite Ackerland, nur manchmal durchsetzt von kleinen Waldinseln und Bambuswäldchen. Auffallend ist, dass es hier kaum Rinder gibt. Sieht man am Straßenrand japanische Schriftzeichen, ist die Siedlung
Pirapó, die von Japanern gegründet wurde, nicht weit; die Zufahrt liegt bei km 66. Die Siedlung liegt links einige Kilometer abseits der Ruta (siehe Abstecher 1). Die Ruta 6 wurde auf diesem Streckenabschnitt neu ausgebaut.

Nach weiteren 11 km von hier ***(S 26°50'13.4", W 55°25'14.6")*** *führt rechts eine asphaltierte Straße nach* ***Capitan Meza*** *und von dort eine Erdstraße an den Rio Paraná, wo sich schöne Strände und Angelplätze entlang des Flusses erstrecken. Hier beginnt auch die Straße zu den knapp 50 km entfernt liegenden Wasserfällen und Kaskaden* ***Salto Tembey,*** *die in wirklich unberührter Natur liegen. Der Weg dorthin ist zum größten Teil noch eine Erdstraße und je nach Wetterlage nicht empfehlenswert.*

Mitunter verläuft neben der Straße ein Streifen undurchdringlichen Urwaldes, der an die früheren Zeiten erinnert, als das Land hier noch nicht kultiviert war. Die Gegend auf dem weiteren Weg ist nur dünn besiedelt. Kleine Siedlungen mit typischen kleinen Paraguayerhäuschen, oft noch in Holzbauweise, liegen immer wieder am Wegrand.
Cruce Edelira, km 94, besteht aus kleinen Geschäften, wenigen Häusern und Buden sowie einer Tankstelle. Hinter dieser Siedlung hat man auf einer Kuppe einen herrlichen Rundblick über viele Kilometer bis hin zum Horizont. Ungefähr 70 km hinter Bella Vista gibt es eine Churrasceria mit Hotel und Tankstelle. Die nächste größere Ansiedlung ist **Maria Auxiliadora, km 120**, auch ein typisches Straßendorf, das sich über 6 km entlang der Ruta zieht. Hier findet man Tankstellen, Hotel, Supermarkt, typische Grillstände mit Hähnchen und anderem Essbarem.
Danach begleiten uns auf der Weiterfahrt wieder Felder, Wälder und je nach Jahreszeit leuchten die hier angebauten gelben, hohen Sonnenblumen.
Die Straße führt schnurgerade von Kuppe zu Kuppe, von denen aus man immer schöne Ausblicke hat.
Hin und wieder sieht man große Siloanlagen von Fabriken, die Weizen, Soja, Mais und Sonnenblumenkerne verarbeiten. Bei km 143 passiert man die Siedlung Naranjito mit

Agrarlandschaft entlang der Ruta 6

Tankstelle und Restaurant und bei km 165 die Tankstelle der Colonia Coraña. Die Mautstelle Iruña liegt bei km 172,5, bei km 183 durchfährt man die Siedlung San Alfredo und bei km 203 kann man sich in der großen Churrasceria „3 Fronteiras“ stärken.
Nachdem man eine Art Hohlweg aus Bäumen durchfahren hat, ist die nächste größere Ortschaft **Santa Rita, km 208**, eine Kleinstadt mit Infrastruktur, Werkstätten, kleinen Industriebetrieben, Supermärkten, Geschäften, Banken (Bankautomat) und Hotels. Bei km 228 passiert man eine neue Zollstation, da man hier im direkten Grenzgebiet zu Brasilien unterwegs ist. Nach weiteren 8 km führt eine Brücke über den Urwaldfluss Monday. Jetzt gibt es wieder Weiden mit Rindern. Bei km 250 ist die Einmündung zur Ruta 7, die von Cnel. Oviedo kommt und nach weiteren 30 km in Ciudad del Este endet, erreicht.
Nun muss man sich entscheiden, ob man weiter nach Ciudad del Este möchte oder zurück nach Asunción fährt.

Abstecher 1: Agrarrundfahrt Itapúa – 160 km mit Erweiterung zum Besuch des Nationalparks San Rafael

Ausgangspunkt: Bella Vista

Diese Fahrt führt den Besucher in die Agrarlandschaft des Departements Itapúa. Je nach Jahreszeit fährt man durch Felder mit Sojaanpflanzungen, Sonnenblumen, Weizen, Mais oder Baumwolle. Diese Verbindung zwischen der Ruta 6 und der Ruta 1 wird auch "Ruta Granero del Sur" genannt, was auf den umfangreichen Weizenanbau hinweist. Zuerst folgt man der Ruta 6 von Bella Vista aus ca. 20 km nach Norden, bis eine neue, asphaltierte Straße nach links Richtung Pirapó abzweigt. Ein filigran wirkender Torbogen überspannt die Einfahrt. Man befindet sich jetzt auf einer leicht welligen Hochebene, auf der man in alle Richtungen einen weiten Ausblick hat. Nach 8,5 km erreicht man den Kreisverkehr des Ortes **Pirapó**, an dem man sich links hält.
Der Name Pirapó stammt aus der Sprache der Guaraní-Indios (pira=angeln, po=Hand); im gleichnamigen Flüsschen wurden wohl so die Fische gefangen.
Die Kolonie setzt sich zum großen Teil aus japanischen Einwanderern zusammen, die landwirtschaftlich tätig sind. Ca. 9 km weiter muss man sich rechts halten. Weitläufige Ackerflächen und Gebiete mit Wald wechseln sich jetzt ab. Nach etwa 15 km fährt man an einem kleinen, angestauten See vorbei und gleich darauf fallen große Anpflanzun-

gen von Pinienbäumen auf. 1 km nach Passieren des Stausees muss man für die Rundfahrt nach links der Asphaltstraße folgen.(Nach rechts führt die Erdstraße zum Nationalpark San Rafael). Auf der Weiterfahrt durchfährt man wieder die verschiedensten weitläufigen Anbauflächen. Nach weiteren 30 km erreicht man **La Paz**, wo man am Ortseingang an einer großen, Soja verarbeitenden Fabrik vorbeifährt. Das Zentrum der Kolonie liegt abseits der Straße und ist ein Zusammenschluss von Japanern, Deutschen und Paraguayern, die hier schwerpunktmäßig Weizen anbauen und vermarkten. Eine Tankstelle mit angeschlossenem Parador liegt am Weg. Schnurgerade verläuft die Straße nun der welligen Landschaft folgend weiter. Nach 6 km biegen wir nach links **S 27°02'05.0", W 55°56'11.7"** ab, um zurück auf die Ruta 6 zu gelangen, die wir nach 14 km wieder erreichen (östlich Encarnación, etwa beim Hotel Tirol).

Die Kornkammer Paraguays - Itapúa

Fährt man an genannten Koordinaten geradeaus weiter, erreicht man nach 10 km die Kolonie *Fram* mit der orthodoxen Kirche und nach 28 km die Ruta 1, westlich vor Encarnación.

Erweiterung zum Besuch des Nationalparks San Rafael - 32 km Erdstraße
An der Einmündung nach dem kleinen Stausee fährt man nach rechts auf die genannte Erdstraße, der man ca. 9 km bis zu der kleinen Ansiedlung **Alta Verá** folgt. Gleich am Ortseingang bei **S 26°45'14.6", W 55°45'57.3"** biegt man nach rechts nach Ynambú ab und folgt dem Weg 2,5 km, um hier in einer 90°-Kurve nach links zu fahren. Nach insgesamt 11 km hat man die wenigen Häuser von **Ynambú** erreicht.
Bei **S 26°41'47.6", W 55°42'21.2"** laufen einige Erdstraße zusammen; man folgt dem Wegweiser nach PRO COSARA nach Osten und erreicht 9,5 km danach die Verwaltung dieser Organisation am südlichen Rand des Parks.
PRO COSARA, die Abkürzung für Pro Cordillera San Rafael (Für die Berge von San Rafael) ist ein in Deutschland von Deutschen und Schweizern gegründeter Verein, der sich für die Erhaltung der letzten Reste des Atlantischen Regenwaldes einsetzt. Diese tropische Landschaftsform bedeckte bedingt durch das Klima ein riesiges Gebiet zwischen der Ostküste Brasiliens und Teile Argentiniens bis hinein ins südliche Paraguay. Hier wird er „Bosque Atlantico de Paraná" genannt. Die Abholzung und Kultivierung von Ackerflächen im letzten Jahrhundert haben diese Vegetationszone erheblich dezimiert, sodass es nur noch einige nicht zusammenhängende Areale gibt. Dazu gehört die Cordillera de San Rafael, ein Höhenzug mit einer max. Höhe von 500 m im Südosten Paraguays, als größtes Gebiet mit 70.000 ha. Der Reichtum und die Vielfalt an Fauna

und Flora ist der des Amazonasgebietes gleich zu setzen. Die Cordillera de San Rafael speist eines der größten unterirdischen Süßwassereservoirs der Erde, Acuifero Guaraní, an dem Paraguay einen Anteil von 6 % hat.
Pro Cosara hat sich zur Aufgabe gemacht, dieses Gebiet zu schützen. Sie bietet aber Interessierten Einblick in die Arbeit bzw. in die Schönheit der Natur. Auf drei markierten Pfaden unterschiedlicher Länge kann man die Pflanzen- und Tierwelt erkunden und hautnah erleben. Hohe Bäume wie Lapacho und Cedro, Palmen, riesige Baumfarne, Orchideen und Bromelien sind nur einige der über 400 Pflanzenarten. Hier gibt es viele Tiere, die nur noch hier ihren Lebensraum haben; neben vielen schützenwerten Säugetierarten, findet man über 400 Vogelarten, Reptilien und Amphibien. Die vorhandene Infrastruktur mit Bungalows und Campingareal ermöglicht geführte Touren und Ausflüge für jeden Naturliebhaber und Wissenschaftler.
Kontakt und Info: Tel/Fax: +595 768 295046, E-Mail: procosara@procosara.org, www.procosara.org. Ansprechpartner: Christine Hochstettler
Informationen auch über den aktuellen Straßenzustand im Hotel Papillon.

Hotelverzeichnis - Auswahl Tour 4

(internationale Vorwahl: +595)

Capitan Miranda
> Hotel TIROL, Ruta 7, km 20, Tel.: 0717 202388 oder 211053/5, Fax: 0717 211055
  www.hoteltirol.com.py, E-Mail: info@hoteltirol.com.py
> Country Hotel, Ruta 7, km 21,5, Tel.: 0981 239468

Hohenau
> Hotel KUSCHEL, Av. Fundadores 2250, Tel.: 0775 32364, Fax: 0775 32672, einfach
> Hotel PILLAT, Av. Fundadores und Guillermo Gloss, Tel.: 0775 232315

Obligado
> Hotel KEGLER, Curupayty, fast Avda. Gaspar R. de Francia, Parkplatz, WIFI,
  Tel.: 0717 20040 oder 20541 oder 20542, E-Mail: info@hotelkegler.com

Nähe Ruinen Trinidad
> Hotel Restaurant LAS RUINAS, Tel.: 0985 828563, E-Mail: a.weisbach@gmx.net

Nähe Bella Vista
> Hotel Restaurant PAPILLÓN, Ruta 6, km 45, Tel.: 0767 240 235 oder 240 280
  E-Mail: info@papillon.com.py

Edilira
> Hotel PIRAPEY, Ruta 6, km 107, Tel.: 0768 295086

Maria Auxiliadora
> Hotel ELDORADO, km 115, einfach
> Hotel SAN CARLOS, Ruta 6, km 117, WIFI, Tel.: 0764 20448, www.hotelsancarlos.com
> Hotel Restaurant AMERICANA, Ruta 6, km 121

Santa Rita
> Hotel PRIMAVERA, Ortseingang an der Ruta, Tel.: 0673 220769
> Puerto de HIERRO Hotel, Nähe Terminal, Tel.: 0673 221365
> Hotel IMPERIAL, an der Hauptstraße, Tel.: 0673 220314

Übersichtskarte zu Tour 5

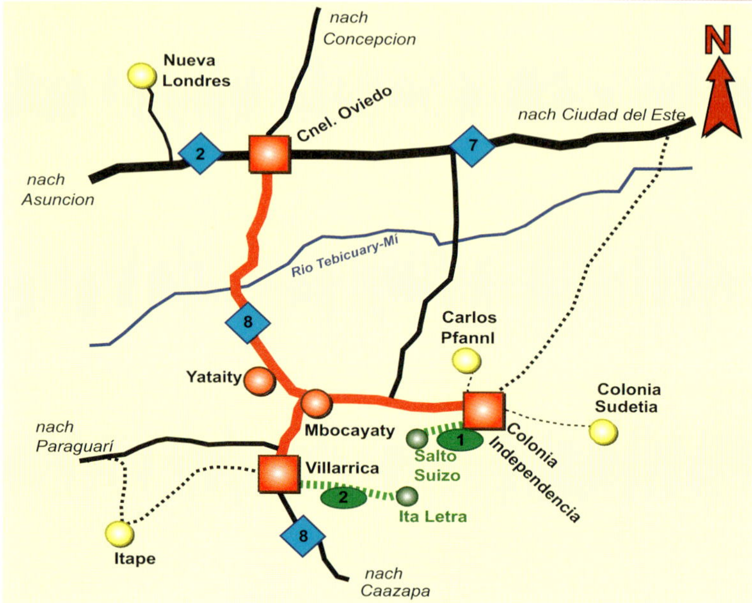

Landschaft bei Independencia

Tour 5
Besuch der Kolonie Independencia und der Stadt Villarrica - 94 km

Ausgangspunkt: Coronel Oviedo

Der Ausgangspunkt für den Besuch der Weinbaukolonie Independencia und der Stadt Villarrica ist der *Verkehrsknotenpunkt Coronel Oviedo, Ruta 2 und Ruta 7.*
Am großen Kreisverkehr biegen wir auf die Ruta 8 nach Villarrica ab. Typisch ist auch hier der breite Seitenstreifen für Reiter, Pferdekarren und Fußgänger. Kleine Ansiedlungen, bestehend aus paraguayischen Häuschen, begleiten den Weg durch die Ebene. Weiden und vereinzelte Wäldchen dehnen sich rechts und links der Straße aus. Nach 21 km überquert man den Rio Tebicuari-Mí. Die nächste Abzweigung rechts führt auf einer Erdstraße zu dem kleinen Ort
Yataity, der für seine Ao Po'í Stoffe bekannt ist. Besser nimmt man die zweite, asphaltierte Zufahrt, 2 km weiter. Die Stoffe bzw. Textilien werden in Heimarbeit hergestellt und so kann man bei einem Spaziergang durch den kleinen, ruhigen Ort fast überall Angebote finden. Es handelt sich um Textilien aus Baumwolle in weiß oder bunt, in welche Stickereien eingefügt sind, deren Ornamente der Natur oder Geometrie entnommen wurden. Entwickelt hat sich diese Kunst zur Zeit der Franziskaner und ist spanischen Ursprungs.
Nach weiteren 6 km erreicht man in **Mbyocayaty** die Abzweigung nach Independencia (**S 25°43'01.3", W 56°24'27.5"**). Entschließt man sich die Kolonie zu besuchen, biegt man hier links ab und fährt direkt auf die Berge zu. Man erreicht nach 5 km die ersten Hügel, in denen die Kolonie eingebettet liegt. Entlang dieser Zufahrt haben sich mehrere Hotels angesiedelt. Nach 18 km erreicht man einen Kreisverkehr und die Zufahrt zum neueren Ortsteil **Melgarejo** mit Verwaltung, Klinik, usw.. Nach 22 km überquert man den Rio Tacuara und ist nach 25 km im ursprünglichen „Zentrum" der Kolonie Independencia angelangt.
Hier liegen vor und hinter einer Rechtskurve Tankstelle, der Supermarkt Huber und COPACO. Die **Kolonie Independencia** liegt eingebettet in die Hügel und Berge der Cordillera Ybytyruzú, die zu den höchsten Paraguays gehören. Kristallklare Bäche durchziehen das Gebiet und bilden manchen Wasserfall. Eine Vielzahl von verschiedenen Bäumen, Blumen, besonders auch Orchideen, sind hier beheimatet; die Vogelwelt ist vielfältig. Die Kolonie Independencia wurde von badischen Weinbauern, hauptsächlich vom Kaiserstuhl, im Jahre 1920 gegründet. Die Landschaft erinnert an unser deutsches Allgäu, wären da nicht die Palmen auf den Weiden zwischen den

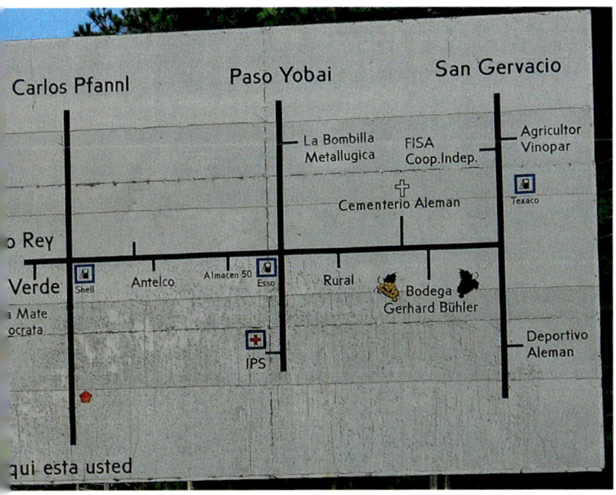

Ortsplan Zentrum von Independencia

Weinbergen.

Man darf sich unter dieser Kolonie keinen Ort im herkömmlichen Sinne vorstellen. Die Häuser und Anwesen liegen weit verstreut.

Deutschsprechende Einwohner trifft man selten zu Fuß auf der Straße.

Alter Waldfriedhof

Besuchenswert ist der alte Waldfriedhof der Kolonie. Der Weg dorthin ist folgender: Beim Supermarkt Almacen 50 im Zentrum, **S 25°42'44.8", W 56°10'52.8"**, fährt man geradeaus in Richtung Cooperative und „Deportivo Alemán" (Deutscher Sportverein). Dieser Erdstraße folgt man bis zum dritten Weg auf der linken Seite, den man dann benutzt. Dieser schattige Waldweg endet nach 600 m am Eingang des Friedhofs. Die alten Grabsteine oder -kreuze erinnern an die ersten Siedler. Sie erzählen, woher sie kamen und manchmal auch, wie sie gestorben sind. Die schattige Oase ist ein Ort der Ruhe und interessanter Information. Kehrt man zurück zur Erdstraße und folgt dieser weiter nach links, so kann man an deren Ende nach rechts zum deutschen Sportclub oder links zur Cooperative abbiegen. Es besteht die Möglichkeit, die Weinkellerei der Cooperative zu besuchen. Auskunft hierzu bekommt man vor Ort.

In dieser Gegend gibt es auch einige Wandermöglichkeiten, aber diese Wege sind oft nicht markiert und führen mitunter durch privates Gelände mit Toren. Besuchenswert ist der *„Salto Suizo"*, ein Wasserfall von gut 60 m Höhe im Bereich der Kolonie (siehe *Abstecher 1*). Wir fahren die ganze Strecke zurück zur Ruta 8 und folgen dieser nach links. Nach 5 km mündet von rechts die neu asphaltierte Ruta von Paraguarí kommend ein und 1 km danach erreicht man den Ortseingang von **Villarrica** mit dem Palace Hotel Villarrica und Tankstelle. Die Hauptstadt des Departements Guairá ist eine liebenswerte Kleinstadt, in der noch ein wenig vom kolonialen Flair zu spüren ist. Hier sind auch einige Fakultäten der Asunciόner Universitäten „Católica" und „Nacional" angesiedelt. Der ursprüngliche Name war „Villa Rica del Spirito Santo" - reiche Stadt des Heiligen Geistes-. Er wurde gewählt, weil man glaubte, dass in der Nähe des damaligen Ortes Gold- und Silbervorkommen existieren würden. Außerdem fiel der Gründungstag, der 14. Mai, damals auf das Pfingstfest, das Fest des Heiligen Geistes.

Pferdekutsche in Villarrica

Genannt wird Villarrica auch „Wandernde Stadt", „Ciudad andariega", denn sie wechselte mehrmals ihren Standort. Gegründet wurde Villarrica 1570 im alten Guairá, einem Gebiet östlich der damals noch existierenden Wasserfälle „Saltos del Guairá", jenseits des Rio Paraná im heutigen Brasilien. Wegen dauernder feindlicher Angriffe wechselten die Einwohner immer wieder ihren Standort, bis sie schließlich 1682 in den Bergen von Ybytyruzú ihren endgültigen Platz fanden und eine Besiedlung begann. Der Einfluss der Franziskaner wurde bedeutend. Diese letzte „Wieder" - Gründung wurde vom spanischen König 1702 durch eine Urkunde bestätigt. Entsprechende Angaben sind auf Texttafeln auf dem Plaza de los Héroes nachzulesen. Die Kleinstadt strahlt eine ruhige, gemütliche Atmosphäre aus. Hier kann man noch mit den urigen Pferdekutschen „karumbes", die auch als Taxi unterwegs sind, fahren. Um in die Stadt zu gelangen, verlässt man die Ruta, fährt auf der rechten Seite des Palace Hotels vorbei und folgt der Straße.

Romanische Kirche Yabaroty

Etwa 600 m nach einer Linkskurve fällt die ganz aus rotem Sandstein gebaute **Kirche Yabaroty** im romanischen Stil auf *(geöffnet zu Gottesdienstzeiten: dienstags bis samstags 19:00 Uhr, sonntags 8:30 Uhr und 19:00 Uhr*). Etwa 1km weiter auf dieser Straße erreicht man im Zentrum den

Plaza Libertad mit der **Kathedrale**, die 1891 anstelle einer älteren Kirche eingeweiht und 1932 zur Kathedrale erhoben wurde. Der Turm mit den drei Glocken ist besonders beachtenswert. *(geöffnet zu den Gottesdienstzeiten: dienstags bis samstags 19:00 Uhr, sonntags 8:00 Uhr und 19:00 Uhr)* Hinter diesem Bauwerk findet man an der Ecke der Straßen Natalio Talavera und San Roque Gonzales das **Museo Municipal Maestro Fermín López**. Von 1842 bis 1879 war hier die erste und einzige Schule der Stadt untergebracht, in der Fermín López als erster Lehrer unterrichtete. 1972 als Museum eingerichtet, 2007 restauriert und 2008 wiedereröffnet, zeigt das typische Kolonialhaus Waffen aus den beiden Kriegen und vieles aus der Stadtgeschichte. *Geöffnet ist es montags bis freitags 8:00 Uhr bis 17:00 Uhr und samstags von 8:00 uhr bis 12 Uhr*. Geht man auf der Roque Gonzales wieder zurück zum Plaza Libertad, passiert man einige typische Kolonialhäuser: schräg gegenüber dem Museum erhebt sich das Casa de la Juventud; heute ein Jugendzentrum; um 1900 war hier die alte katholische Universität untergebracht. Daneben steht ein zweistöckiges Haus, Casa Boettner Balansá (1890), an dieses anschließend aus dem gleichen Jahr das Casa Mateo Peralte im italienischen Stil mit Balustraden. Einige Schritte weiter an der nächsten Ecke erhebt sich das Casa Martínez Mussi (1920). Auf der gegenüberliegen Seite des Platzes fällt das Verwaltungsgebäude des Departements Guairá mit dem etwas ausgefallenem Eingang und Fassade ins Auge. Geht man von hier auf der Gral. Diáz zwei Querstraßen nach Norden, steht man am **Plaza de los Héroes**; hier berichten Tafeln über die Schlachten der verschiedenen Bataillone im Triple Allianz Krieg. An der Ostseite des Platzes erhebt sich das Rathaus (Municipalidad). Das Gebäude war ehemals ein Konvent der Franziskaner, der 1824 geschlossen wurde. In den folgenden Jahren wurde das Gebäude mehrfach verändert und erweitert und 1913 als Rathaus eingeweiht. Später wurde das städtische Theater mit einem separaten Eingang angebaut. Beide Plätze laden mit den großen, schattenspendenden Bäumen zu einer Pause ein. Bei einem individuellen Rundgang kann man durch die steilen und engen Gässchen der auf mehreren Hügeln erbauten Stadt gehen. Die breiten Straßen heißen hier „bulevares“, da der Stadtplaner am Ende des 19 Jh. ein Franzose namens Madrigal war. Geht man neben dem Rathaus die Mcal. Estigarribia nach unten, trifft man an der nächsten Ecke auf eines der ältesten Hotels der Stadt, das Hotel Guairá. Weiter auf dieser Straße erreicht man an der nächsten Querstraße einen großen Supermarkt in der Nähe des Omnibus-Terminals. Biegt man vor dem Supermarkt nach links in die G. Benitéz ein, trifft man nach 500 m auf das städtische Stadion und den Eingang zum Stadtpark „Manuel Ortiz Guerrero“ mit dem kleinen See Ycuá Pytá und den Wasserfontänen. Der Park liegt etwas unterhalb des

Altes Kolonialhaus

Stadtkerns zur Ruta hin am Ende der Avda. Cnel. Oviedo. Hier lässt sich bei einer Fahrt mit einem der Tretboote eine Pause einlegen. Auf der kleinen Seebühne finden Konzerte und andere Aufführungen statt.
Der für Eisenbahnfreunde interessante alte Bahnhof liegt außerhalb des Zentrums. Hier verkehrte 1889 der erste Zug. Die zum Bahnhofsareal gehörenden Gebäude zeigen deutliche Spuren des Verfalls. Man erreicht das Areal, wenn man auf die Ruta 8 zurückkehrt, weiter nach Süden fährt und bei **S 25°47‘18.9“, W 56°26‘27.3“** nach rechts in der Boulevard Yegros einbiegt und diesem 2 km bis zur Tankstelle an der España folgt und hier nach links abbiegt.

Von Villarrica aus lohnt sich ein Besuch von *„Itá Letra“*. Der Ursprung dieser Schriftzeichen in den Bergen von Ybytyruzu wird gern in die vorkolumbianische Zeit, oder gar in die Zeit der Wikinger gelegt (siehe **Abstecher 2).** Geführte Touren in dieses Gebiet bietet die Organisation „Karumbe Xtremé“ an. Info unter www.actiweb.es/karumbe-xtreme/index.html oder Tel.: +595 983 453821

altes Bahnhofsgebäude

Hotelverzeichnis - Auswahl Tour 5

internationale Vorwahl: +595

Independencia

- > TILINSKI, km 22 auf dem Weg nach Independencia, Tel.: 0548 265240, Fax: 265340
- > CASA RITTER, Cerro León 1 (Zufahrtsweg zum Salto Suizo), Tel.: 0981 855751 www.paraguay-extra.de, E-Mail: birgit.ritter@yahoo.de

Villarrica

- > VILLARRICA PALACE, Ruta 8 „“Blas Garay“ und Río Apa, Tel/Fax: 054 43048 oder 42832 www.sosahoteles.com, Ortseingang
- > Hotel YBYTURUZU, Carlos A. López 98, Ecke Dr. Bottrell, Tel/Fax: 0541 42390 oder 40844 oder 41507, www.hotelybytyruzu.com, Nähe Stadtpark
- > Hotel GUAIRA, Mcal. Estigarribia und Natalicio Talavera, Tel.: 0541 42369, Nähe Terminal
- > Hotel SAN MIGUEL, Colón, Ecke Natalicio Talavera, Tel.: 0541 41961, Nähe Terminal
- > Hotel CENTRAL, Comuneros und Angostura, Tel.: 0541 40548
- > Hotel ASUNCION, Pai de Nazareth, Nähe Aquidabán, Tel.: 0541 42542, Nähe Ybaroty Kirche
- > REAL Hotel, an der Ruta 8, am Ortsausgang, Tel.: 0541 44090/1, neues Hotel

Abstecher 1: Salto Suizo bei Independencia

Entfernung: 8,3 km, Fahrzeit: 20 bis 30 Minuten

Im Bereich Independencia kann man als Natursehenswürdigkeit den Salto Suizo besuchen. Dieser Wasserfall liegt recht abgelegen und ist aufgrund der Wegeverhältnisse besonders mit einem PKW auch bei Trockenheit leider nur sehr schlecht erreichbar. Es gibt drei Möglichkeiten, um auf den endgültigen Zufahrtsweg zu gelangen.

Variante A: Wir verlassen die asphaltierte Straße, die nach Independencia führt bei der ersten Einfahrt zum Ortsteil Melgarejo nach rechts und folgen dieser bis zum Kreisverkehr. Diesen umrundet man zu Dreiviertel und verlässt ihn dort nach rechts.

Kirche in Independencia-Melgarejo

Man passiert das Kirchareal, fährt an der Apotheke Virgen de Caacupé vorbei und biegt ca. 200 m nach der Kirche, auf Höhe des Cybercafes, dem Wegweiser "Salto Suizo 12 km" folgend nach rechts ab (**S 25°40'01.5", W 56°13'29.5"**). Hier ist unser km 0. Nach 500 m passiert man das Centro de Salud und nach weiteren 700 m eine Holzbrücke.

Bei km 2,4 (**S 25°43'37.5", W 56°12'24.8"**) biegt man nach rechts, bei einem grauen Haus mit Blechdach, ab. Für Wanderfreunde besteht die Möglichkeit, hier das Auto abzustellen, um dann die restlichen etwa 7 km zu Fuß zum Wasserfall zu wandern, wofür man für eine Richtung etwa 2 Stunden veranschlagen sollte. In diesem Fall muss man unbedingt genügend Flüssigkeit zum Trinken mitnehmen; unterwegs gibt es keinerlei Möglichkeiten einzukaufen. Der Erdweg führt hinab in eine Senke, wo man bei km 3 durch ein schmales Bachbett mit mehr oder minder hohem Wasser und teils steilem Ufer fahren muss.

Bei km 4,3 macht der Weg eine Rechtskurve, nach weiteren 500 m muss man dem Weg nach links folgen. Das nun folgende Wegstück ist in der Mitte mit hohem Gras be-

Weg zum Salto Suizo

wachsen, die Fahrspuren selbst sind teilweise steinig. Im weiteren Verlauf müssen drei Bäche durchfahren werden, deren Ufer, Zu- und Abfahrten, felsig und mitunter auch recht steil sind.
Bei km 8 erreicht man endlich das Areal „Campamiento Cerro Leon“, an dem man vorbeifährt. 300 m weiter endet die Fahrmöglichkeit bei einer verfallenen Steinhütte. Ab hier muss man den Weg, der hinter der Hütte beginnt und nicht ausgeschildert ist, zu Fuß fortsetzen. Man folgt einem Trampelpfad, der durch naturbelassenen Wald, zwischen Felsen und über Steine sowie durch zwei kleine Bäche bzw. Rinnsale führt. Je weiter man vordringt, desto besser hört man das Rauschen des Wasserfalls, den man nach etwa 10 Minuten erreicht hat. 60 m stürzt das Wasser brausend in die Tiefe in ein kleines ovales Naturbecken. In der trockenen Jahreszeit sieht man nur ein paar dünne Wasserstreifen herunterplätschern. Je nach Wassermenge und Außentemperatur kann man sich in dem Felsbecken erfrischen oder genussvoll baden. Leider befindet sich hier zurückgelassener Unrat, wie Plastikflaschen und sonstiger Müll. Für den Rückweg und die Rückfahrt muss man den gleichen Weg benutzen.

Variante B:
Man verlässt nicht wie bei Variante A die Hauptstraße nach Independencia bei der ersten Einfahrt nach Melgarejo, sondern fährt 2,7 km geradeaus weiter, um jetzt erst hier (**S 25°42‘36.6“, W 56°12‘57.8“**) im spitzen Winkel nach rechts abzubiegen. Der Straße folgt man bis zum genannten Cybercafe, um dann dort nach links dem Wegwei-

ser folgend und wie in Variante A beschrieben, weiterzufahren.

Variante C:
Benutzt man bei **S 25°45'22.3", W 56°12'10.4"** die Zufahrt zum Hotel Tilinski, umfährt man dieses und folgt dem Verlauf des Weges. Bei **S 25°43'55.5", W 56°11'56.0"** passiert man eine Einmündung und biegt knapp 200 m später nach rechts ab. Folgt man dieser Erdstraße, um dann bei der nächsten Möglichkeit nach links abzubiegen, hat man hier das in Variante A beschriebene graue Haus mit Blechdach erreicht.

Abstecher 2: Itá Letra

In Paraguay gibt es an verschiedenen Stellen Felszeichnungen/ Gravuren, die stark an germanische Runen erinnern. Gerne wird auch behauptet, es würde sich um solche handeln. Doch der Beweis steht noch immer aus.
Eine bekannte und gut zugängliche Stelle befindet sich in der Nähe von Villarrica, in der Cordillera Ybytyruzú, genannt **Itá Letra** (Stein-Buchstaben).
Es gibt zwei Möglichkeiten dorthin zu gelangen, die erste ist etwas weiter, aber der Weg ist in der Regel besser; die zweite ist der kürzere, dafür meist schlechtere Weg. Es besteht eine Verbindung zwischen beiden Möglichkeiten, sodass man zu Beginn wählen kann, welche Zufahrt man nimmt.

Ausgangspunkt für beide Varianten ist Villarrica.

Variante A: 21,6 km, Fahrzeit etwa 1 Stunde
Die erste, etwas weitere, aber im Augenblick besser ausgebaute Möglichkeit beginnt ca. 1 km nach dem Hotel Villarrica Palace Richtung Caazapá beim Hinweisschild Reserva Tororo. Hier biegt man nach links in die Avda. Ayolas ein, km 0. Dieser folgt man 4 Quader (= Quadrate) bzw. 600 m. Dort biegt man nach rechts und bei der nächsten Möglichkeit gleich links ab. Nach insgesamt 1 km hat man das Ende der Pflastersteinstraße erreicht, folgt der leichten Linkskurve, um kurz darauf an einer kleinen Sportanlage, **S 25°46'35.8", W 56°25'48.8"**, nach rechts zu fahren. Nach weiteren 2 km folgt man einer Rechtskurve und erreicht bei km 6 ein Einmündung von rechts (Verbindung zur Variante B). Bei km 7 passiert man eine kleine ländliche Schule, dann eine weitläufige Siedlung, um nach Überquerung einer kleine Brücke durch die kommunalen Weideflächen zu fahren. Die Erdpiste ist gepflegt und lässt sich bei Trockenheit auch mit einem normalen PKW gut befahren. Man fährt durch tief liegen-

Weg nach Itá Letra - Variante A

Felszeichnungen Itá Letra

des, teils sumpfiges Weideland auf die Berge zu, auf die man herrliche Ausblicke hat. Auf den ebenen Weideflächen grasen etliche Rinder und Pferde und manch blühende Pflanzen wie z.B. Kakteen laden zum Fotografieren ein.
Bei km 16,3 (**S 25°48'32.8", W 56°18'57.2"**) folgt man einer Rechtskurve und fährt nun entlang der Berge. Bei km 19,7 stößt der Weg auf eine Erdstraße (Variante B); dieser folgt man nach links, trifft nach 700 m auf einen meist unbesetzten Kontrollposten, **S 25°50'14.1", W 56°17'52.9"**.Hier hält man sich links und erreicht bei km 21,6 das Eingangstor zu Itá Letra. Die Felswand mit den Schriftzeichen liegt auf einem Privatgrundstück. Hier betritt man das Areal und wird von einem Mitglied der Besitzerfamilie um 3000 GS pro Person gebeten, für die man auch eine Eintrittskarte bekommt. Freundlich wird man zum Felsen geführt, wo man die als Schriftzeichen interpretierten Symbole in aller Ruhe betrachten kann. Für die Besichtigung sollte man 20 bis 30 Minuten einplanen.

Variante B: 19 km, Fahrzeit ca. 90 Minuten
Drei Kilometer nach Passieren des Hotels "Villarrica Palace" Richtung Caazapá erreicht man das neue Hotel Real. Hier biegt man kurz hinter der Tankstelle in die "Prof. Hermonio Carengo" (**S 25°47'42.9", W 56°26'15.3"**) ein. Das ehemalige Hinweisschild zu „Ita Letra" ist mittlerweile verschwunden. Hier ist unser km 0.
Man folgt der leicht ansteigenden Straße 3,5 km, um dann nach links abzubiegen. Nach ca. 1,6 km kommt man an ein kleines Dreieck (**S 25°48'00.2", W 56°23'43.9"**). Nach links erreicht man nach 400 m die Variante A, nach rechts führt der Fahrweg direkt auf die Berge zu. Diese Sand-/Erdstraße wird im weiteren Verlauf, je näher man zu den Bergen gelangt, immer schlechter. Teilweise wird er steinig und besonders unangenehm werden die zum Teil sehr tiefen Spurrillen, sodass das Auto manchmal in extremer Schräglage bewegt werden muss, um nicht aufzusetzen oder sich festzufahren. Diese Strecke ist für PKWs nicht zu empfehlen und selbst für Geländewagen nur schwer und bei Nässe praktisch nicht zu befahren. Bei km 16 fährt man am Eingang der Ganaderia San Luis vorbei. Nach weiteren 1000 m mündet von links eine Erdstraße ein (Einmündung der Variante A); hier fährt man jedoch geradeaus weiter. Bei km 17,7 (**S 25°50'14.1", W 56°17'52.9"**) erreicht man den Kontrollposten, an dem man sich links hält. Mit km 19 hat man dann rechts das Eingangstor zu "Itá Letra" erreicht.

Übersichtskarte zu Tour 6

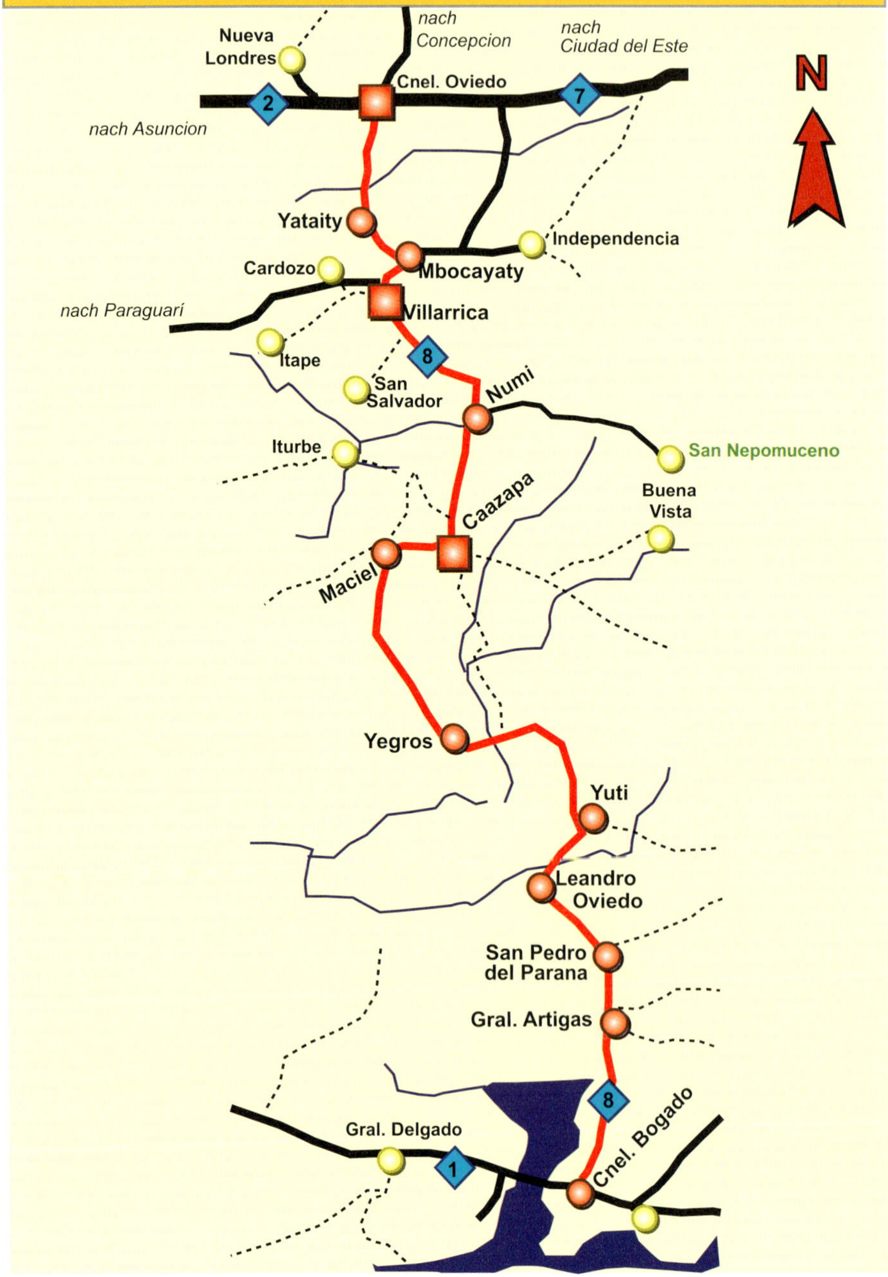

Tour 6
Cnel. Oviedo – Cnel. Bogado - 262 km (davon ca. 130 km Erdstraße) - Ruta 8

reine Fahrzeit: insgesamt 5 ½ Stunden (davon Erdstraße: 3 ½ Stunden)

Ausgangspunkt: Cnel. Oviedo, Kreisverkehr, km 0

Diese Tour verläuft zu Beginn wie Tour 5 nach Villarrica. Von Villarrica aus folgt man weiter der hier noch asphaltierten Ruta 8 und erreicht Numi, km 83. Hier biegt eine asphaltierte Nebenstraße nach San Nepomuceno, der letzten Franziskanerreduktion, ab, die man nach 20 km erreichen kann.
Die nächste größere Stadt ist
Caazapá, km 96, gegründet 1607, der Verwaltungssitz des gleichnamigen Departements. Um das Städtchen zu besuchen, durchfährt man den Kreisverkehr geradeaus. Auf der breiten Avenida mit Mittelstreifen erreicht man nach 600 m den Mittelpunkt des gepflegten Ortes und die restaurierte Franziskanerkirche. Der typische holzgeschnitzte Hochaltar mit den in sechs Nischen stehenden Skulpturen stammt aus der Zeit der Reduktion. Links neben der Kirche erhebt sich das Standbild von Luis de Bolaños, dem Gründer der Reduktion. In seiner rechten Hand hält er einen Stock. Der Legende nach soll er mit ihm, während einer langen Trockenzeit, als alle Brunnen versiegt waren, aus einem Felsen durch Berühren Wasser herausquellen lassen. Man fährt wieder zurück zum Kreisverkehr und biegt nach links, Richtung **Maciel**, ab, das 12 km entfernt liegt, 1892 von Italienern gegründet wurde, und heute knapp 500 Einwohner zählt. Zwischen Caazapá und Maciel endet die asphaltierte Straße. In Maciel biegt man bei **S 26°10'57.8", W 56°28.28,5"** nach links Richtung Yuti ab. Die weitere Wegstrecke ist besonders lohnenswert für Besucher, die das ländliche Paraguay abseits der asphaltierten Straßen und Touristenpfade erleben wollen, und hat durchaus teilweise noch abenteuerliches Flair.

Franziskanerkirche in Caazapá

Die Strecke führt zum größten Teil über eine Erdstraße und sollte auch nur bei absoluter Trockenheit und beständig schönem Wetter gefahren werden, denn dieser „camino rojo" kann sich bei Regen in Minutenschnelle in eine schmierige, annähernd unpassier-

Typische Landschaft an der Ruta 8

bare Piste verwandeln. Der Ausbau ist im Gange und deshalb muss man zunehmend mit größeren Baustellenabschnitten rechnen. Man sollte für die etwa 130 km lange Erdstraße nach Gral. Artigas, wo man wieder den Asphalt erreicht, **mindestens** 3 bis 3 1/2 Stunden einplanen und auch über genügend Treibstoff verfügen. Der Zustand der Erdstraßen ist nicht immer vorauszusehen, und es wird dringend empfohlen, sich nach dem Straßenzustand, am besten in Caazapá, zu erkundigen.

Da hier fast immer die Wegweiser fehlen oder abhandengekommen sind, empfiehlt es sich einen Kompass oder GPS-Gerät mitzuführen, bzw. bei Unsicherheiten, rechtzeitig jemanden nach dem Weg zu fragen. Die Auskünfte sind mit vorsicht zu behandeln, da sich die Anwohner oft selbst nicht auskennen; besser ist es zwei oder drei Mal zu fragen.

unten: Badeplätzchen

Die rote Erde prägt hier das Landschaftsbild. Man hat meist einen herrlich weiten Blick über die Felder und Weiden bis hin zum Horizont. Nur ab und zu sieht man kleine Häuschen, die darauf hinweisen, dass auch hier Menschen leben. Vor mancher Despensa „parkt" oft eines der typischen Gaucho-Pferde, dessen Reiter hier Einkäufe tätigt oder seinen Teréré trinkt. Die wenigen vorhandenen Siedlungen sind weitläufig und als solche

kaum zu erkennen.
Die Flüsse überquert man auf der einen oder anderen immer noch abenteuerlichen Brücke, auf der oftmals nicht alle Bretter fest angenagelt sind oder gar eines fehlt.
Teilweise führt die Straße entlang der stillgelegten Eisenbahnstrecke, die früher einmal Asunción mit Encarnación verbunden hat, aber schon etliche Jahrezehnte nicht mehr benutzt wird. Daraufhin versank die Gegend wieder in einen „Dornröschenschlaf". Dieser Landstrich im Inneren Ostparaguays konnte erst sehr spät kolonisiert werden. Die indigene Bevölkerung wehrte sich immer wieder gegen die spanischen Eroberer. Erst der Franziskanerpater Bolaños konnte ab 1607 das Vertrauen der Indios gewinnen.

Bild oben und unten: Begegnungen unterwegs

Hier gibt es fast nur noch rote Erde und blauen Himmel. Manchmal kreuzt eine Schlange oder eine Landschildkröte die wenig befahrene, staubige Straße. Die Gegend ist sehr trocken, und sieht man in der Ferne eine Staubfahne, so ist der Gegenverkehr nicht weit. Dieser hüllt dann das eigene Fahrzeug in eine Staubwolke ein, die dem Fahrer durchaus für einige Sekunden die Sicht nehmen kann. Es empfiehlt sich, rechtzeitig die Fenster zu schließen. Der Staub und die Hitze lassen den Besucher erahnen, mit welchen Mühen und Widrigkeiten die ersten Siedler hier zu kämpfen hatten und womit sich manche Viehzüchter und Bauern noch heute quälen müssen.

Wird es dem Reisenden zu heiß, hat er die Möglichkeit, sich an den Flüsschen mit sandigem Ufer, bei gegebener Vorsicht, zu erfrischen.
22 km nach Maciel passiert man die kleine nach dem Schweizer Wissenschaftler benannte kleine Siedlung Moises Bertoni.
Bei **S 26°21'34.7", W 56°29.12.4"** sowie kurz vor dem Ort Yegrós bei **S 26°26'56.1", W 56°24.50.8"** folgt man der Straße in einer Linkskurve und erreicht nach weiteren 17 km
Yegrós, km 148, wo sich ab 1886 deutsche Familien niederließen. Die deutsche Schule, die 1904 errichtet wurde, besteht heute noch

und konnte 2004 in einer Feier auf ihr hundertjähriges Bestehen zurückblicken. Jedoch gibt es nicht immer Lehrer, die die deutsche Sprache weitergeben können. Im Mittelpunkt des in Quadraten angelegten Ortes liegt der parkähnlich gestaltete Dorfplatz, an dessen einen Seite sich die Kirche erhebt.

Eine der „heißen" Brückenkonstruktionen

Man verlässt Yegrós bei **S 26°27'43.5", W 56°24'06.1"** nach Südosten. Nach 3 km muss mann nach rechts und 700 m weiter nach links abbiegen. Eine weitere Richtungsänderung ist nach nochmals 3,5 km bei **S 26°29'36.2", W 56°21'05.7"** nach links notwendig. Nach knapp 2 km überquert man den Rio Pirapo. 13 km danach wendet sich die Ruta 8 nach Süden. Nach insgesamt 33 km nach Yegros und Natur pur erreicht man **Yuty, km 181**, welches 1611 ebenfalls von Pater Bolaños gegründet wurde. Aus dieser Zeit stammt auch die restaurierte Kirche im Ortskern. Am Ortseingang bei **S 26°36'33.8", W 56°14'40.7"** biegt man nach rechts und eine Querstraße weiter nach links ab. Jetzt befindet man sich auf der Hauptstraße des Ortes mit bepflanztem Mittelstreifen. Man verlässt Yuty bei **S 26°37'14.6", W 56°14'55.1"** nach Südwesten. 12,5 km später überquert man den Rio Tebicuary, den man demnächst auf einer neuen Brücke passieren wird. Der Rio Tebicuary ist die Grenze zwischen den Departements Caazapá und Itapúa. Bei km 205,5 fährt man an der Ansiedlung **Leandro Oviedo** vorbei und erreicht bei km 220 **San Pedro del Paraná.** Am Ortsende bei **S 26°50'05.8", W 56°12'46.1"** muss man nach links weiter fahren und erreicht bei km 232 **Gral. Artigas,** den man auf der Hauptavenida durchfährt. Nach etwa 10 km muss man geradeaus fahren. Die Strecke bis **Cnel Bogado**, **km 262,** ist schon teilweise asphaltiert. Hier trifft man auf die Ruta 1 und kann nach links nach Encarnación abbiegen oder nach rechts auf der Ruta 1 (siehe Tour 3) nach Asunción fahren.

Hotelverzeichnis - Auswahl Tour 6

internationale Verwahl: +595

Villarrica, siehe Tour 4

Caazapá
> LAS PALMAS, Ortseingang Ruta 8, Tel.: 0542 232264/5
www.laspalmashotelpy.com, neues Hotel
> COLONIAL, Mcal. Estigarribia, Nähe Felix Bogado, Tel.: 0542 232290
> PREMIER, Mcal. Estigarribia 447, Tel.: 0542 232295
> LUIS, Alberto de Herrera (gegenüber Terminal), Tel.: 0542 232227
> BRASIL, Dr. Paiva und Pte. Hayes, Tel.: 0542 232285
> UNIOR, Pdte. Hayes, Nähe Silvio Chamorro, Tel.: 0542 232060

San Nepomuceno
> OSE, Gral. Bernardino Caballero, Ecke Humaita, Tel.: 0544 20656 oder 20171
> SAN JOSE, San Juan, Nähe Fulgencio Yegros, Tel.: 0544 20185
> SAN LUIS, San Juan, Nähe Yegros (Nähe Terminal), Tel.: 0544 20371

Yuty
> LILIANE, Tel.: 0547 257226
> LA CASONA, Hotel Restaurant, Tel.: 0547257368

„Geparktes" Pferd vor einer Despensa

Übersichtskarte zu Tour 7

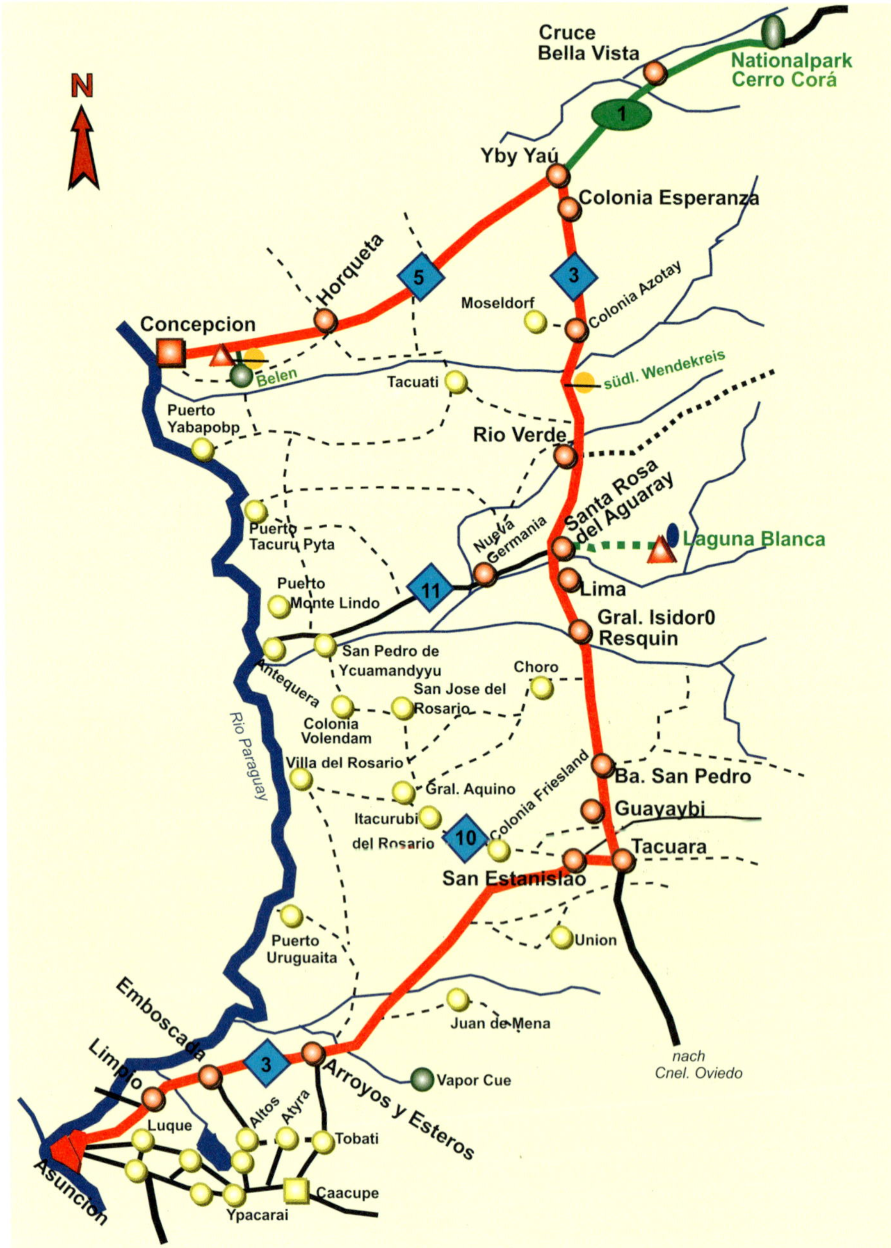

Tour 7
Asunción – Concepción über Limpio - 469 km

reine Fahrzeit: 6 Stunden - Ruta 3 und Ruta 5

Ausgangspunkt:
Avda. Artigás, vorbei am Botanischen Garten

Nachdem die Verbindung Limpio/ San Estanislao, Ruta 3, seit 2004 durchgehend asphaltiert ist, ist Concepción schon nach 469 km zu erreichen; dabei werden die Departements Cordillera, San Pedro und Concepción durchfahren.
Man verlässt Asunción wieder über die **Avda. Artigás**, vorbei am Botanischen Garten bis zum Kreisverkehr, an dem man zur Remanso Brücke und in den Chaco abbiegt. Hier fahren wir jedoch geradeaus weiter Richtung **Limpio (km 22)**, einem lebhaften Vorort Asuncións, der im Bereich des Rio Paraguay liegt. Kurz darauf überfährt man den Rio Salado und erreicht danach die Mautstelle „Emboscada". Auf den folgenden Kilometern begleiten rechts und links der Ruta große Flächen mit den sonst nur im Chaco wachsenden Karanday-Palmen. Die geteerte Straße, die bald durch wellige Landschaft führt, bietet von den Kuppen aus einen Blick auf das silberne Band des Flusses. Hier haben sich Marmor und Stein verarbeitende Kleinbetriebe entlang der Straße angesiedelt. Bei **km 38** erreicht man **Emboscada.** Beim Denkmal am Ortseingang teilen sich die Fahrspuren der Ruta 3, um sich nach ca. 1,5 km wieder zu vereinen. Kurz davor bei **S 25°07'31.9, W 57°20'38.7"** zweigt die Asphaltstraße nach Altos ab. Man überquert bei km 46 den Rio Piribebuy, der gleich neben der Straße und unterhalb der Brücke schöne Bade- und Angelplätze aufweist. Im Weiteren verläuft die Straße durch sumpfiges oder wasserbedecktes Land, auf dem schilfartige Gräser wachsen; daneben fallen immer wieder die Flächen mit Chaco-palmen auf. Nach 64 km fällt die Straße in eine bis zum Horizont reichende Ebene ab.
Man erreicht die rechts von der Ruta liegende kleine Ortschaft **Arroyos y Esteros** bei **km 66**. Der Name des Ortes, er heißt übersetzt „Bäche und Sümpfe", beschreibt die Gegend, in der er liegt. Bei km 67 zweigt nach rechts die asphaltierte Verbindungsstraße nach Caacupé über Tobatí ab.

Rio Piribebuy

Die Ruta 3, die hier wegen des sumpfigen Geländes höher gelegt ist, führt durch eine sehr dünn besiedelte Landschaft mit Lagunen, Palmenhainen und Arealen mit typischen Sumpfpflanzen. Bei km 77 über fährt man das Flüsschen Yhú und im weiteren Verlauf fallen zur Gewinnung von neuen Agrarflächen große angelegte Entwässerungsgräben bzw. - kanäle auf. Mit etwas Glück kann man zwischen den Sumpfgräsern Störche,

Reiher oder auch einen großen Jaribú etwas abseits der Straße sehen. Auf den trockenen Flächen grasen Pferde und Rinder; die abseits der Straße liegenden Estancias kann man nur erahnen. Eine Mautstelle passiert man bei km 118 kurz vor der Siedlung **25 de Diciembre.** Dort sind Tankstelle, Supermarkt und kleinen Paradors, welche die Möglichkeit für einen Imbiss bieten, vorhanden. Ab hier steigt die Straße etwas an und die Landschaft ändert sich zunehmend. Rinderweiden mit Waldinseln lösen das sumpfige Tiefland ab. Gleichzeitig ist die Gegend wieder dichter besiedelt.

Ruta 3 - Blick in die sumpfige Ebene

Den Ortseingang von **San Estanislao**, in der Umgangssprache kurz Santaní genannt, hat man bei **km 150** erreicht. Wenige Meter danach zweigt bei einem Monument nach rechts die Straße ins Zentrum des Städtchens ab. Die Ruta 3 führt außerhalb an der Kleinstadt vorbei. Bei km 160 zweigt die Erdstraße nach Puerto Rosario ab und bei km 171 erreicht man einen großen Kreisverkehr in **Tacuará** mit Tankstelle und Versorgungsmöglichkeiten. Hier trifft die Ruta 3 auf die von Coronel Oviedo kommende asphaltierte Straße, die früher die alleinige Verbindung nach Concepción war.

Nun führt die Ruta 3 geradewegs nach Norden, wobei sie mehrere Flüsse überquert, deren Brücken erst 1996/97 fertiggestellt wurden. In den letzten Jahren sind hier einige größere Ansiedlungen auf dem Weg nach Norden entstanden: *Guayaybi (km 175), San Pedro (km 181)* mit einer großen holzverarbeitenden Fabrik, Supermarkt und Tankstelle, *San Isidoro (km 203).* Die Straße läuft nun meist kerzengerade weiter, wobei man bedingt durch das wellige Gelände ständig auf und ab fährt. Die Straßensteine am Rand sind noch nicht ausgetauscht und geben noch die alte Entfernung nach Asunción über Cnel. Oviedo an. Bei km 215 hat man **Cruce Liberación** mit Tankstellen, Hotels und Versorgungsmöglichkeiten erreicht. Nachdem man den breiten Rio Jejui Guazú überquert hat, erreicht man nach 4 km **Gral. I. Resquin,** einen Ort mit Tankstellen, Hotels und Supermarkt. Nachdem man den Rio Aguaray überquert hat, sind es nur noch wenige Kilometer nach **Santa Rosa del Aguaray, km 258,** einer Kleinstadt mit allen notwendigen Geschäften. Hier zweigt im Zentrum beim Terminal die asphaltierte Ruta 11 nach Nueva Germania, 27 km, und im weiteren Verlauf nach San Pedro de Ycuamandiyu, 74 km, der Verwaltungshauptstadt, ab.

Exkurs: Nueva Germania

Diese Kolonie wurde ursprünglich von Deutschen gegründet. Zur Gruppe der deutschen Siedler und Gründer gehörte auch die Schwester von Friedrich Nietzsche. Heute leben hier nur noch wenige Deutsche; man spricht in Paraguay von dieser Gegend auch gerne als „Kleinwildwest“. Entlang der Straße leben mitunter heute noch am Straßenrand landlose Bauern, die sich auf den ungenutzten Randgebieten von Großestancias niederlassen wollen. Hier kommt es häufiger auch zu Auseinandersetzungen zwischen den Eigentümern, Polizei und landlosen Bauern, nicht zuletzt auch wegen auftretender Holz- und Viehdiebstähle.

Ein wenig versetzt zur Kreuzung führt rechts (**S 23°49'40.9", W 56°31'07.3"**) eine Erdstraße zur **Laguna Blanca.**

Zufahrt zur Laguna Blanca

*Der Weg ist nicht ausgeschildert und noch nicht bei schlechtem Wetter oder nach Regenfällen zu befahren. Nimmt man jedoch die 28 km teilweise durch sandige Abschnitte und zurzeit noch einfache Brücken (neue Brücken sind im Bau) in Kauf, wird man mit einer klaren Lagune mit weißem Sandstrand in herrlicher Natur belohnt. Eine Anmeldung ist erwünscht und empfehlenswert, besonders wenn man länger bleiben und übernachten möchte. Nach etwa 22 km bei **S23°49'34.2", W 56°18'58.7"** muss man bei einem großen Wasserturm aus Beton rechts abbiegen. Die weiß-gelben Sandabschnitte lassen schon die Nähe des Ziels erahnen. 3 km weiter folgt man an einer Kreuzung dem Weg nach links und hat nach weiteren 3 km bei **S 23°50'31.1", W 56°17'20.4"** das Eingangstor zum Gelände der Laguna Blanca erreicht. Nun sind es noch knapp 4 km auf später schmalem Weg bis zur Lagune mit Freizeitgelände. Man muss mit ca. 1 Stunde Fahrzeit für die Anfahrt an Santa Rosa rechnen. Das ca. 1000 ha große Areal ist in Privatbesitz und bietet neben dem kristallklaren See Freizeitaktivitäten, wie Tretboot oder Kajak fahren, Spaziergänge durch die unberührte Natur und die Dünen, Reitmöglichkeiten und die Beobachtung der artenreichen Natur in Fauna und Flora, Übernachtungs- und Campingmöglichkeiten.Infos und Anmeldung: Tel.: +595 981 558671, E-Mail: consulta@lagunablanca.com.py; www.lagunablanca.com.py (in spanischer Sprache)*

Strand der „Weißen Lagune"

Blühender Chivato

Zurück auf der asphaltierten Ruta 3 und weiter in Richtung Concepción hat man nach 10 km nach links einen weiten Blick in die agrarisch genutzte Landschaft. Hier beginnt auch die Kolonie **Rio Verde**, deren mennonitischen Ursprungs man nicht nur an der hellhäutigen und zum Teil blonden Bevölkerung, sondern auch an der Bauweise der Häuser erkennen kann. Im Gegensatz zu den paraguayischen Holzhäuschen sind diese aus Stein und sogar teilweise zweistöckig erbaut. Die Kolonie zieht sich über mehrere Kilometer an der Straße entlang. Die Anwesen liegen weit verstreut im Hinterland. Einige Kilometer weiter, die Straße steigt nach Norden an, begleitet uns beiderseits der Straße für 9 km eine Anpflanzung aus Flammenbäumen, deren rote Blütenpracht im November weithin leuchtet. Als Unterpflanzung dient eine genauso lange Hecke aus Christusdorn mit ihren weißen und roten Blüten. Nimmt man sich auf der weiterhin ansteigenden Strecke die Zeit, anzuhalten und zurückzublicken, ist der Blick in die Ferne über sehr viele Kilometer frei. Im Weiteren begleitet den Besucher auf seiner Fahrt ein Wechsel von Weideflächen mit grasenden Rindern, kleinen Baumgruppen und Wäldchen. 41,5 km nach dem Zentrum von Santa Rosa wechselt man von den Subtropen in die Tropen und überfährt etwa bei **S 23°26'22", W 56°29'29"** den **südlichen Wendekreis** auf freier Strecke, 2,5 km vor der Brücke über den Ypanéfluss. Ein Hinweisschild gibt es hier nicht. Bei km 304 überfährt man den Rio Ypané; 10 km weiter befindet man sich im Bereich der kleinen **Kolonie Azotay**, die sich 5 km entlang der Straße zieht. Wer an der Tankstelle im Zentrum des Ortes nach links abbiegt, erreicht nach gut 4 km die deutsche Minikolonie **Moseldorf/ Paso Tuyá**. Sie wurde erst 1978 durch den deutschen Jesuitenpater Wendelin Gruber für deutschstämmige Siedler aus Brasilien in einem noch urwaldähnlichen Gebiet gegründet. Inzwischen ist hier das Projekt Paso Tuyá entstanden, das sich mithilfe der bayerischen Goppel Stiftung um die Verbesserung der Situation der Indigenen dieser Gegend kümmert. Etwa 8 km vor der Einmündung der Ruta 3 auf die Ruta 5 in Yby Yaú liegt die *Colonia Esperanza*. Der kleine Ort

Yby Yaú, 350 km, hat alles, was man als Tourist benötigt: Tankstellen mit Werkstatt, Supermärkte und Hotel. Von hier aus empfiehlt sich ein Abstecher zum Nationalpark *Cerro Corá* (Abstecher 2) oder sogar noch weiter bis zur paraguayischen Grenzstadt *Pedro Juan Caballero* an der brasilianischen Grenze.

Wir wenden uns aber in Yby Yaú auf der Ruta 5 nach links Richtung *Concepción.* Weitläufige Weideflächen und nur wenige Häuschen deuten auf Großestancias hin.

Nach 25 km erreicht man eine Mautstelle und hat nach Zahlung der Gebühr freie Fahrt. Nahezu 77 km von Yby Yaú entfernt liegt

Horqueta, 427 km, eine Kleinstadt, in der es auch heute noch deutsche Einwohner gibt. Eine neue Umgehungsstraße führt um den Stadtkern herum. An der Gabelung bei km 428 hält man sich rechts Richtung Concepción. Am Ende des Stadtgebietes verabschiedet ein „Baumdenkmal" mit Wappen den Reisenden. Dieses Denkmal symbolisiert den Namen des Ortes Horqueta, der übersetzt auch „Astgabel" heißt. Auf den nun folgenden 42 km bis Concepción stehen entlang der Straße die Paraguayerhäuschen in ihrem Gärtchen meist neben dem obligatorischen Mangobaum.

*Bei km 450 lohnt ein Abstecher auf asphaltierter Straße zu einer bemerkenswerten Stelle. Fährt man hier bei der kleinen Siedlung San Nicolas bei den drei Funkmasten (**S 23°22'23.1", W 57°15'54.2"**) nach links, erreicht man nach knapp 8 km auf der rechten Seite der Straße etwas erhöht liegend die pyramidenförmige Marke, die anzeigt, dass hier der **südliche Wendekreis** (**S 23°26'21.1", W 57°16'08.8"**) verläuft. Bevor die Straße asphaltiert wurde, verlief eine gelbe Markierung über die Pflasterstraße. Hier kann man mit einem Fuß in den Tropen und mit dem anderen Fuß in den Subtropen „stehen". Hält man sich hier am 21. Dezember um die Mittagszeit auf, wirft man kaum einen Schatten, da die Sonne an diesem Datum senkrecht über dem südlichen Wendekreis steht. Zwei Kilometer weiter weist das Ortsschild des kleinen Örtchens **Belén** auf seine besondere Lage hin. Belén (Nuestra Sra. de Belén) ist eine der ältesten, kolonialen Siedlungen und das einzige Örtchen in Paraguay, das im Bereich des südlichen Wendekreises liegt. Man kann von einem Bereich bzw. Korridor sprechen, da die Wendekreise im Laufe der Jahre ihre Lage bedingt durch die Nutation (Schwankung) der Erdachse verändern). Der Wendekreis bewegt sich pro Jahr etwas mehr als 14 m Richtung Norden. 2011 liegt er 72 m vor diesem Denkmal. Fährt man von der Zufahrtsstraße kommend über die Querstraße geradeaus durch Belén, steht man nach 2 km am sandigen Ufer des Rio Ypané, einem typischen Urwaldfluss. Zurück auf der Querstraße besteht die Möglichkeit, nach links auf einer gut befahrbaren Erdstraße nach 19 km Concepción zu erreichen. Ein Geheimtipp ist auf dieser Strecke ein Aufenthalt auf **Granja El Roble.** Hierzu biegt man nach 2 km auf dieser Erdstraße nach rechts ab und folgt dem Weg 500 m bis zum Eingangstor. Der deutsche Eigentümer hat hier ein kleines Naturparadies geschaffen, wo man im Einklang mit der Natur leben kann; erwähnenswert ist das riesige 7000-l-Aquarium mit Fischen aus der Umgebung. Daneben können Ausflüge auf den nahe gelegenen Flüssen, Vogelbeobachtungen und vieles mehr unternommen werden.*

Markierung des südlichen Wendekreises im Jahr 2006

Info: www.paraguay.ch (englisch), http://picasaweb.google.com/roblepy.
Fährt man auf der Erdstraße weiter, erreicht man nach 18 km den Kreisverkehr am Eingang von Concepción.

Am Stadteingang von **Concepción, km 469,** trifft man auf einen Kreisverkehr, verlässt diesen sofort wieder nach rechts und folgt ab hier der *Gral. Bernadino Caballero*. Nach

knapp einem Kilometer stößt man auf die breite *Av. Pinedo* mit einem bepflanzten Mittelstreifen, der als Freiluftmuseum gestaltet ist. Unter anderem kann man hier die erste im Original erhaltene Lokomotive des Nordens bestaunen. Die „Guggiari caona y cia“ war von 1909 bis 1959 in Betrieb. Eine weitere besondere Rarität sind

Freilichtmuseum auf der Av. Pinedo

ein ehemals dampfgetriebener Kran und eine Dampfwalze.

Am Ende der Avenida weist eine große Marienstatue auf die Schutzpatronin, (Concepción = Marie Empfängnis) der Stadt hin. Diese erhebt sich gleich neben dem Colegio Don Bosco mit seiner Kirche. Wenn man Glück hat, ist es möglich, über Treppen zu den Plattformen am Fuße der Statue zu steigen. Von diesem erhöhten Platz hat man einen besonderen Blick über die Hauptavenida.

Concepción liegt direkt am Rio Paraguay und wurde 1773 von dem spanischen Oberst Augustin Fernando Pinedo gegründet. Noch heute erinnert ein Denkmal auf dem Plaza Pinedo an den Gründer. 44 spanische Familien waren die ersten Siedler. Concepción war die Bastion gegen Überfälle durch die Portugiesen, die immer wieder versuchten, von Brasilien her nach Paraguay, einzudringen. Anfang des 19. Jahrhunderts war Concepción mit seinem Hafen eine bedeutende Handelsstadt. Yerba Mate, Baumwolle und Holz waren die wichtigsten Handelsgüter. Das harte Holz des Quebrachos wurde für den Bau von Schienenwegen als Schwellen verwendet. Heute sind Ackerbau und Viehzucht die Haupteinkunftsquelle. Bedingt durch innenpolitische Gegebenheiten gab es bis 1995 keine asphaltierten Verbindungen von Concepción zum Zentrum des Landes. Die einzige direkte Verbindung nach Asunción war der Schiffsweg auf dem Rio Paraguay. Heute besitzt Concepción einen kleinen na-

Schutzpatronin der Stadt

tionalen Flughafen in der Nähe der neuen Brücke über den Fluss. Mit dieser Brücke besitzt Concepción eine weitere asphaltierte Anbindung über Pozo Colorado nach Asunción. Trotz dieses Fortschritts hat sich das Städtchen das koloniale Flair bewahrt und strahlt eine gewisse Ruhe aus. Auf den Straßen, die mehrheitlich noch gepflastert sind, bewegen sich Pferdekarren neben Autos gemeinsam fort, nur gestört von laut knatternden Mopeds.

Straßenbild mit typischem Transportmittel

Biegt man an der Ecke mit dem Gebäude von „Multibanco“ nach Westen, an der zurzeit einzigen funktionierenden Ampel der Stadt, ab, führt die Straße, *Pte. Franco*, direkt zum 1,3 km entfernt liegenden kleinen Hafen am Rio Paraguay. An dieser Straße befinden sich auch mehrere Hotels. Interessant wird es für den Zuschauer, wenn gerade ein vollgeladenes Schiff auf seinem Weg den Rio Paraguay hinaufkommend von Asunción nach Bahía Negra oder zurück, hier anlegt. Jetzt werden die Waren, wie Säcke, Kisten, Körbe und andere Behältnisse von Trägern über schmale Holzstege vom Schiff getragen. Die neue Fracht wird auf dem gleichen Weg aufs Schiff gebracht. Dem geschäftigen Treiben der Arbeiter und den aus- und einsteigenden Fahrgästen zuzusehen, versetzt den interessierten Beobachter in eine frühere Zeit. Mit großer Wahrscheinlichkeit erlebt man diese Szene jeden Dienstag Vormittag von / Uhr bis 11 Uhr, wenn das Schiff Aquibadan für seine Tour nach Norden geladen wird. In den Abendstunden zieht eine ganz besondere Stimmung den Besucher in ihren Bann. Die untergehende Sonne zaubert auf dem träge dahinziehenden Fluss, auf dem sich die Silhouetten der heimkehrenden Fischerboote spiegeln, ein einzigartiges Farbenspiel. Die Färbung des Himmels durchläuft dabei alle Farben des Regenbogens. In den Sommermonaten vergnügen sich die Bewohner im warmen Wasser des Rios, lassen sich mit der Strömung treiben, fahren Wasserski oder unternehmen eine Fahrt an das gegenüberliegende Ufer der Insel Chaco'í, auf der eine schöne, kleine Kirche im Kolonialstil erhalten ist.

Im Museum der Stadt, *Calle Mcal. López/ Cerro Corá*, sind versteinerte Baumstämme, viele Zeugnisse aus der Gründerzeit, Waffen und die „Ex-Carreta“ der Madame Elisa Lynch, der Geliebten von F.S.

Geschäftiges Treiben im Hafen

López, zu besichtigen (*geöffnet montags bis freitags 7:00 Uhr bis 12:00 Uhr*). Aus der Blütezeit der Stadt sind im Zentrum noch einige Häuser im Kolonialstil übrig geblieben. Die Kathedrale findet man auf dem halben Weg zum Hafen. Sie steht, wie die meisten Kirchen Paraguays, neben einem Park mit großen schattenspendenden Bäumen und dem Denkmal mit Freiheitsstatue. Der Markt erinnert an den Pettirossimarkt in Asunción in kleinerer Ausgabe. Man findet ihn, wenn man gegenüber des Platzes des Stadtgründers Pinedo die *Mayor Lorenzo Medino* zwei bis drei Querstraßen nach Osten geht.

Badevergnügen am Strand des Hafens

Das Terminal der Omnibusse liegt außerhalb des Zentrums einen guten Kilometer nördlich der Marienstatue in der *Calle Asunción, Ecke Andres Miancoff*. Es verkehren Taxis, Pferdewagen oder der Linienbus 1 zum Zentrum.

Wählt man für die Rückfahrt nach Asunción den Weg über *Pozo Colorado*, führt der Weg am Flugplatz vorbei und überquert den Rio Paraguay auf der weit gespannten Nanawa Brücke mit einer Aussicht auf die beeindruckende Breite dieses mächtigen Stroms und seiner Verästelungen. Hier beginnt der Chaco und es sind noch 145 km nach Pozo Colorado. Die Ruta 5 führt durch eine Palmen-, Busch- und Weidelandschaft vorbei an einigen indigenen Kleinkolonien mit ihren Holzhütten. Teilweise wird diese

Brücke über den Rio Paraguay in den Chaco bei Concepción

Straße erneuert und weist Anfang 2011 viele Baustellen und schlechte Straßenabschnitte auf. In Pozo Colorado mündet sie im Kreisverkehr auf die Ruta 9, Transchaco. Von hier aus besteht die Möglichkeit die Rückfahrt nach Asunción (270 km) fortzusetzen oder nach Filadelfia (188 km) in den Chaco zu fahren (siehe Tour 8).

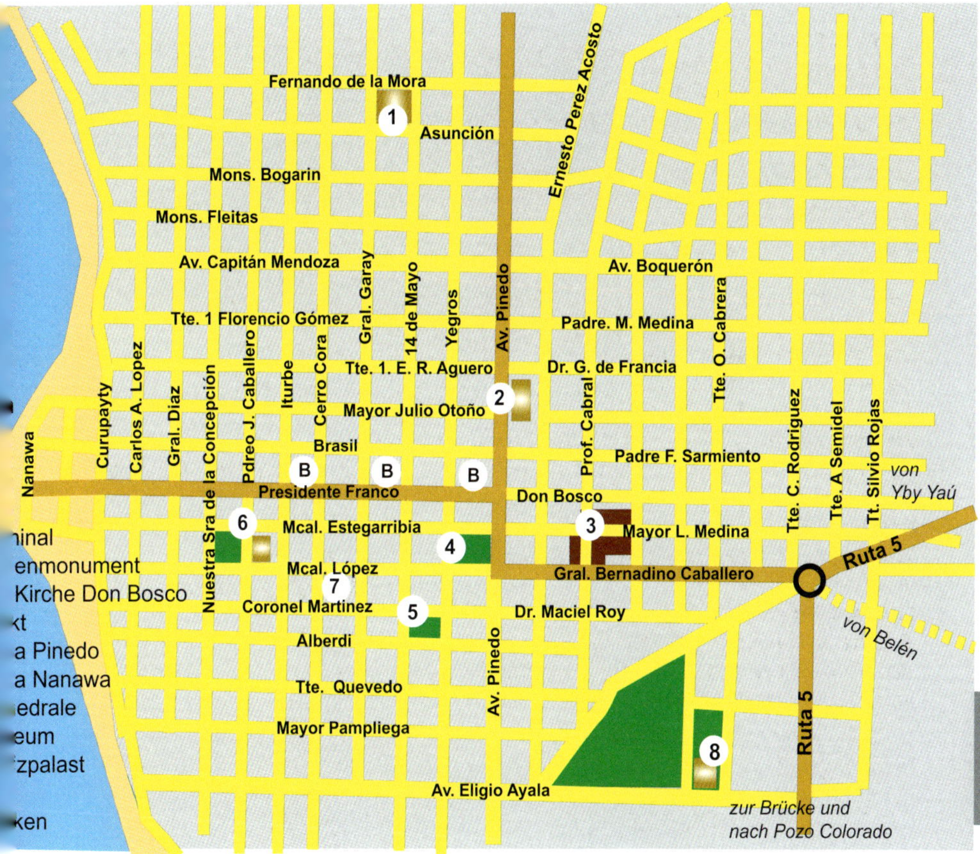

Hotelverzeichnis - Auswahl Tour 7

internationale Vorwahl: +595

San Estanislao

> KIKO, 14 de Mayo und Libertad, Tel.: 0343 420223
> SAFUAN, Avda. Defensores del Chaco, Nähe Adolfo Melo, Tel.: 0343 420294
> MACARANA, Defensores del Chaco, Nähe Padre Serafin Brizzola, Tel.: 0343 420282

Cruce Liberación

> YHAGUY, (an der Ruta), Tel.: 0971 414719
> CAMPO BLANCO, (an der Ruta)

Santa Rosa del Aguaray

> BRISA MANANERA, (an der Ruta), Tel.: 0971 444713
> CRISTAL, (an der Ruta),Tel.: 0971 432711, einfaches Mittelklassehotel
> PIROY, (an der Ruta), Tel.: 0451 235275

Rio Verde

> RIO VERDE, (an der Ruta), Tel.: 0971 127479

Concepción

> CONCEPCION PALACE, Mcal. López 399, Ecke Gral Eugenio A. Garay, Tel.: 0331 241858 www.concepcionpalace.com.py, neues Hotel der gehobenen Mittelklasse, Parkplatz, WIFI
> FRANCES, Pte. Franco Ecke C.A. López, Tel.: 0331 42383 oder 42600 www.hotelfrancesconcepcion.co, Mittelklassehotel im Kolonialstil, Parkplatz, WIFI
> PUERTO SEGURO, Pte. Franco EckeJ.B. Otaño, Nähe Hafen, Tel.: 0331 241895 www.puertosegurohotel.com, 2010 neu erbautes Hotel, Parkplatz, WIFI
> VICTORIA, Pte. Franco Ecke P.J. Caballero, Tel.: 0331 242256, Fax: 242826 E-Mail: hotelvictoria@hotmail.es
> FLAMINGO, km 1,5 Ruta 5, an der Zufahrt zu Concepción, Tel.: 0331 241211
> Conceción, L. Screiber, Don Bosco, Ecke Prof. Cabral, Tel.: 0331 242506 einfaches Mittelklassehotel, Nähe Markt
> HOSPEDAJE PUERTA DEL SOL, am Hafen, einfache Unterkunft

> Granja EL ROBLE, Hospedaje, außerhalb zwischen Belén und Concepción, Tel.: 0985 898446 E-Mail: dirk_peter_g@hotmail.com

Abstecher 1
Nationalpark Cerro Corá - 68 km

Ausgangspunkt: Yby Yaú

Der geschichtsträchtige Nationalpark Cerro Corá liegt am Fuße der Cordillera Amambay in einem landschaftlich sehr markanten Gebiet. Hier fand am 1. März 1870 die letzte Schlacht des verheerenden Kriegs für Paraguay gegen die Triple Allianz statt. Francisco López, sein 16-jähriger Sohn Panchito und viele seiner restlichen Soldaten, hauptsächlich Kinder und Alte, wurden hier getötet. Schon die 68 km lange Fahrt von Yby Yaú dorthin zeigt dem Besucher ein wesentlich anderes Landschaftsbild von Paraguay. An der Einmündung der Ruta 3 in Yby Yaú auf die Ruta 5 wendet man sich nach rechts, Richtung Osten.
Schon bald fallen hochaufragende, rote Felsformationen, die zum Teil auch bewachsen sind, auf. Sie erheben sich aus einer

Cordillera de Amambay

grünen, leicht welligen Landschaft. Diese Umgebung lädt intensiv zum Wandern ein, aber so etwas ist hier kaum möglich, da das Land in Privatbesitz ist und es keine touristische Erschließung mit entsprechenden Wegen gibt. So bleibt leider nur der Anblick. Nach 40 km kommt man an das Cruce de Bella Vista, mit ein paar Häusern und einer kleinen Polizeistation. Hier zweigt die Erdstraße nach Bella Vista del Norte, eine Stadt hoch im Norden Paraguays am Rio Apá gelegen, ab. Dort gibt es einen unbesetzten Grenzübergang (deshalb für Touristen nicht zu empfehlen) nach Brasilien und eine Zufahrtsmöglichkeit in das bekannte Pantanal mit seiner erlebenswerten Fauna und Flora. Wir fahren aber weiter auf der Ruta 5 und gelangen nach weiteren 28 km an die Abzweigung zum Parque Nacional Cerro Corá (**S 22°39'41.1", W 56°01'32.8"**), in dessen Zufahrt man über eine Rechtsschleife nach links einbiegt. Eine Ortschaft gibt es hier nicht; die Abzweigung liegt auf freier Strecke. Nach 1 km hat man den Schlagbaum des Kontrollpostens am Eingang des Areals erreicht. Dort muss man sich ausweisen; Name und Autonummer werden in einer großen Liste notiert. Danach wird der Schlagbaum geöffnet. Zuvor sollte man aber noch einen Blick in das kleine Museum werfen. Hier hat man auf großen Schautafeln nicht nur die geschichtliche Bedeutung dieses Ortes zusammengestellt, sondern auch Informationen über die Landschaftsform, die Vegetation, Fauna und Flora des Parks bzw. des Departements Amambay. Der Park ist *täglich von 8 Uhr bis 17 Uhr geöffnet.* Der Eintritt ist frei.

Abzweig zum Nationalpark

Heldengalerie und Denkmal

Nach dem Schlagbaum führt der Weg bald nach rechts. Trifft man auf die Galerie vieler Büsten paraguayischer Helden aus dem Triple Allianz Krieges, wendet man sich nach links. Am Ende der Galerie liegt das Grab von Panchito López, Sohn von

Francisco Solano López.
Jenseits der Landepiste für Kleinflugzeuge erinnert ein großes Denkmal mit vielen Ehrentafeln an die Gefallenen des Krieges.

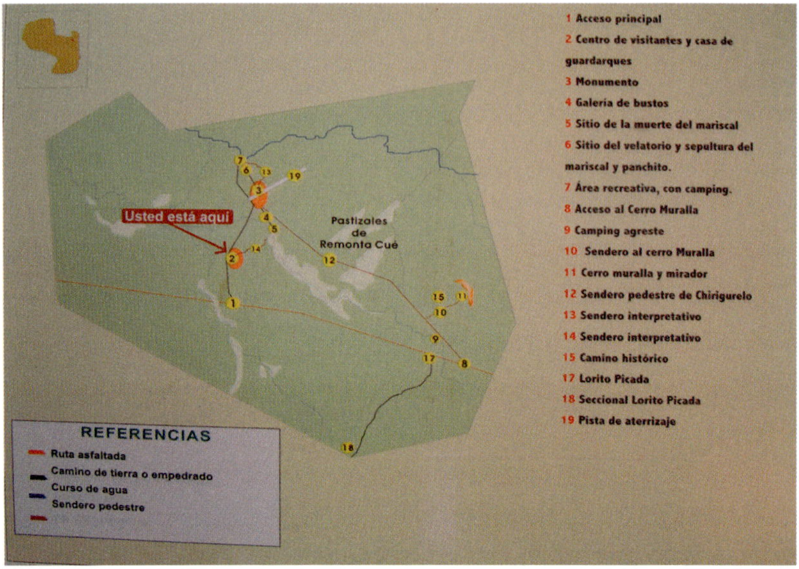

Im Nationalpark sind Wanderwege angelegt, auf denen man die vielfältige Fauna und Flora erleben kann. Wanderfreudige können auf einem Fußweg den ca. 5 km entfernten Hügel Muralla erklimmen, dabei müssen ca. 40 Höhenmeter überwunden werden. Geht man auf der Rückseite des Denkmals einen knappen Kilometer auf dem Erdweg weiter, steht man am Ende am Rio Aquidaban. Hier am Ufer des Flusses befindet sich ein Parkplatz, die Möglichkeit zu einem Picknick oder auch zu campen. Je nach Wasserstand ist es gegebenenfalls möglich, sich im typischen Wasser eines Urwaldflusses zu erfrischen. In der Hochsaison kommen gerade am Wochenende viele Paraguayer hierher. Ein modernes Sanitärgebäude ist bereits fertiggestellt.
Zur lebhaften Grenzstadt **Pedro Juan Caballero**, die mit der brasilianischen Stadt Ponta Porá zusammengewachsen und durch eine „trockene Grenze" geteilt wird, sind es noch 34 km. Eingebettet in die Cordillera de Amambay liegen die beiden Orte auf einer Hochebene von 700 m in einer waldreichen Umgebung. Hier in der Freihandelszone floriert ein kommerzieller Handel zwischen Paraguay und Brasilien. Dadurch entsteht zwischen beiden Städten ein recht hohes Verkehrsaufkommen. Bedingt durch die Lage ist die Situation hier nicht immer ganz unproblematisch.

Hotelauswahl in Pedro Juan Caballero

internationale Vorwahl: +595

> EIRUZU, Mcal. López und Mcal. Estigarribia, Tel.: 0336 272435, Mittelklassehotel
> GUAVIRA, Mcal. López, Nähe Curupayty 1325, Tel.: 0336 272743
> LA NEGRA, Mcal. López, Nähe Curupayty 1342, Tel.: 0336 274603, einfaches Hotel
> PERALTA, Mcal. López 1257, Tel.: 0336 272017

Der paraguayische Chaco

Der paraguayische Chaco

„Chaco“ ist ein Wort aus der Ketschua-Sprache und bedeutet „Große Ebene für die Jagd“. Der Chaco entstand als Senke bei der Auffaltung der Anden und füllte sich im Laufe der Jahrtausende durch Sedimente wieder auf. Der paraguayische Chaco ist ein Teil des Gran Chaco, der sich vom Bergland von Chiquitos in Bolivien im Norden bis zur Sierra de Córdoba in Argentinien im Süden erstreckt. Im Osten wird er begrenzt vom Rio Paraguay und dem brasilianischen Bergland, im Westen reicht er bis zum Fuß der Anden.

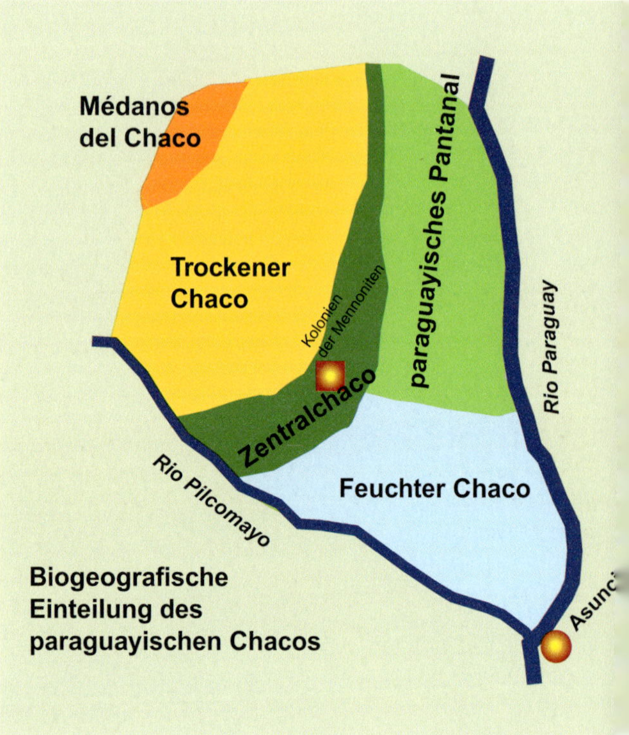

Seine Gesamtfläche beträgt etwa 1Million km². Landschaftlich bietet der Chaco eine große Bandbreite: ebenes Buschland, trockene Grasteppen, überflutete Graslandschaften, ausgedehnte Sumpfgebiete, Areale mit Salzlagunen und Sanddünen.

Der paraguayische Teil des Chacos mit 247.000 km² umfasst mehr als die Hälfte des Staatsgebietes Paraguays. Es leben aber nur 3% der paraguayischen Gesamtbevölkerung in diesem Bereich.

Eingeschlossen wird das Gebiet vom Rio Pilcomayo, dem Rio Paraguay und der bolivianischen Grenze. Das Gelände steigt auf einer Länge von knapp 1000 km allmählich leicht von Südosten, 50 m ü.d.M. nach Nordwesten, 450 m ü.d.M. an. Auch heute noch ist die Vorstellung weit verbreitet, dass der Chaco ein unwirtliches, lebensfeindliches Gebiet mit extremen Temperaturen ist. Die Vegetation ist abhängig von Bodenbeschaffenheit, Temperatur und Niederschlägen. Im Gegensatz zum fruchtbaren, rotbraunen Boden Ostparaguays, ist die vorherrschende Farbe der Erde im Chaco eher sandfarben. Biogeografisch lässt sich der paraguayische Chaco in drei große und zwei kleinere, aber ebenso interessante Zonen einteilen.

Der **„Feuchte Chaco“** auch „Niederer Chaco“ genannt, den man von Asunción kommend zuerst erreicht, ist durch die beiden Flüsse, Rio Paraguay und Rio Pilcomayo und deren Überschwemmungsgebiete geprägt. Viele Flüsse durchschlängeln den unteren Teil des Chacos, deren Wasserstand abhängig ist, von der jeweiligen Jahreszeit. In den Sommermonaten lassen ausgiebige und heftige Regengüsse diese Flüsse anschwellen und über die Ufer treten.

oben: Rinderweide im „Feuchten Chaco"

unten: Fischerhütten am Rio Negro

Einst war diese gewaltige Ebene von Galeriewäldern und Palmsavannen bedeckt. Bis auf den heutigen Tag werden weitgehend die natürlichen Graslandschaften mit ihren unzähligen Karanday-Palmen als Weideflächen genutzt. Früher wurde der rote Quebrachobaum zur Tanningewinnung geschlagen. Die in neuerer Zeit unkontrollierten Rodungen (teils Brandrodungen) und das dadurch entstehende ökologische Ungleichgewicht führen in letzter Konsequenz mit zur beginnenden Versalzung des Bodens. In dieser Region des Chacos finden sich viele Großestancias, die sich wie im übrigen Land etwa zur Hälfte auf paraguayische Eigentümer und ausländische Investoren verteilen.

Der **„Trockene Chaco“**, auch „Hoher Chaco“ genannt, ist die trockenste Gegend Paraguays und zieht sich bis an die bolivianische Grenze. Hier gibt es immer noch ausgedehnten, fast undurchdringlichen Großbusch und Hochstämme von Edelhölzern der bereits genannten Arten, Dornengestrüpp und baumhohe Kakteen. Der Wildbestand ist hier besonders reich und vielfältig. Dies reicht vom Jaguar über Pumas, Tapire, Wildschweine, Rehe, Füchse, Schlangen, Ameisenbären, Schildkröten, Papageien, Flamingos bis hin zu zahlreichen Vogelarten.

Vegetation im trockenen Hohen Chaco

Nach Nordwesten hin wird es immer trockener und heißer. Die Temperaturen steigen schon einmal auf 47 Grad Celsius im Schatten, sodass auch größere Bereiche mit sandigem Halbwüstencharakter entstanden sind. Hier befindet sich der Nationalpark Médanos del Chaco und weiter östlich, wo es wieder mehr Niederschläge gibt, liegt der größte Nationalpark Paraguays „Defensores del Chaco“ mit 780.000 ha. Er umschließt den Cerro León, eine runde Bergformation mit mehreren Gipfeln, die aber 500 m Höhe nicht überschreiten. Hier wurde ein Campingplatz für Naturfreunde angelegt. Dieser hat aber keine Ähnlichkeit mit europäischen Campingplätzen, sondern ist eine freigehaltene Fläche, auf der das Kampieren in diesem Naturschutzgebiet erlaubt ist. Wer Interesse an speziellen Tierbeobachtungen und geführten Wanderungen in diesem Gebiet hat, erkundige sich entweder vor der Reise in den Chaco im Tourismusbüro in Asunción auf der Palma oder besser direkt in Loma Plata bei der Organisation „Fundación DeSdelChaco“, wo man sich ganz intensiv um die Erhaltung des Chacos, seiner Flora und Fauna kümmert. Der Ökotourismus ist in Paraguay im Aufbau begriffen.

Der dritte große Bereich ist das **paraguayische Pantanal.** Diese Zone liegt im äußersten Nord-Osten, zieht sich entlang das Paraguayflusses und ist der südliche Ausläufer das brasilianischen Pantanals. Das Pantanal ist die feuchteste Zone der Welt, an der Brasilien, Bolivien und Paraguay einen Anteil haben. In der Regenzeit sind ca. 80% dieser Region von Wasser überflutet und einige Siedlungen sind somit auf dem Landweg nicht mehr erreichbar. Dies betrifft auch den Verwaltungssitz des Departements Alto Paraguay, das Städtchen Fuerte Olimpo. Die Tier- und Pflanzenwelt hat sich an diesen Wechsel der Wasserstände angepasst.

Im paraguayischen Pantanal

Zwischen „Feuchtem und Trockenem Chaco" liegt ein **Übergangsbereich** von einer Breite zwischen 60 km und 80 km und einer Länge von 500 km. Charakteristisch sind die wasserführenden unterirdische Adern und die Lagunen an der Oberfläche.

In diesem Bereich, der auch **Zentralchao** heißt, liegen die drei Kolonien der Mennoniten: Menno, Fernheim und Neuland. Die Landschaft ist geprägt durch ausgedehnte Weiden, verschiedene Hartholzbäume, wie Palo Santo, Urundey, Lapacho, Quebracho, große Kakteen und dichten Dornbusch. Besonders ins Auge fallen hier die Flaschenbäume, deren Stamm bauchig wie eine Flasche und dornenbesetzt ist. Bedingt durch geologische Gegebenheiten, unterscheidet man hier zwei scharf voneinander abgegrenzte Vegetationszonen: die Kämpe und das Buschland. Zu Zeiten starker Niederschläge haben sich vor einigen tausend Jahren breite Abflussrinnen in das tonige Material eingeschnitten, um das Wasser in den tiefer gelegenen Osten abzuführen. Heute sind diese breitflächigen Areale, die Kämpe, mit Sand und Sedimenten aufgefüllt und zum Teil mit Bittergras und bestimmten Baumarten bewachsen.

Typisches Wasserreservoir - „Australtank"

Unter den sandigen Kämpen können sich vereinzelt kleine Süßwasserreservoirs bilden. Die Mennoniten haben sich hauptsächlich im Bereich die-

ser kilometerbreiten Kämpe angesiedelt, da der Boden bei entsprechend guter Bearbeitung fruchtbar ist.
Außerhalb des Bereichs der Kämpe im Buschland wachsen auf lehmigen Untergrund Dornbusch, Kakteen, Gräser und vereinzelt Bäume. Hier befindet sich im Untergrund nur salziges Grundwasser. Gerodetes Buschland kann nur als Weide, nicht aber zum Ackerbau, verwendet werden. Verbessert wurde das Weideland durch Einfuhr und Kultivierung von Büffelgras aus den USA. Da Süßwasser fehlt, sind Mensch und Tier hier auf die Nutzung des Regenwassers angewiesen, das in großen Zisternen und Tajamares (künstliche Teiche) oder „Australtanks“ gesammelt wird.
Östlich der Kolonien trifft man im Bereich des Flusslaufes des Yacará Sur häufig auf Lagunen. Bis vor ca. 50 Jahren waren dies kleine Süßwasserseen mit der entsprechenden vielfältigen Fauna und Flora. Heute sind sie versalzen, da in den vergangenen Jahren der salzige Grundwasserspiegel anstieg, sodass Salzwasser in die Lagunen eindringen konnte. Für den Anstieg des Grundwasserspiegels, der für das gesamte Gebiet des Chacos gilt, gibt es mehrere Theorien. Der Salzgehalt des Lagunenwassers liegt bereits in der Regel höher als der des Meerwassers. Nur noch einige Entenarten, aber vor allem Coscoroba – Schwäne, Flamingos und andere Stelzvögel fühlen sich hier wohl. Wenn das salzige Wasser in den heißen Monaten verdunstet, bildet sich an der Oberfläche ein weißer Belag. Dann wachsen hier nur noch die Salzkristalle.

Salzlagune im Zentralchaco

Von Oktober bis März fallen ca. 70% der gesamten Niederschläge, aber nicht gleichmäßig verteilt, sondern manchmal innerhalb weniger Tage, was dann im Extremfall zu großflächigen Überflutungen in der Ebene führen kann. Bei Regen verwandeln sich dann die sandig-lehmigen Straßen und Wege in schmierige, klebrige, rutschige Pisten,

auf denen es mit normalem Auto kein Fortkommen gibt.
Es kann auch zu wochenlangen Dürreperioden kommen mit starkem, heißen Nordwind oder kühlem, trockenen Südwind, der die Luft anreichert mit Tausenden von Sand- und Staubkörnchen. Im Winter können nachts sehr wohl einmal Minusgrade erreicht werden. Dieser bereits schon leichte Frost kann die Pflanzen schädigen und zu erheblichen Ernteausfällen führen.
Geschütze Reservate wie Campo Maria (Chortitzer Genossenschaft) und Laguna Chaco Lodge (Privatbesitz), die östlich von Loma Plata liegen, bieten Besuchern einen Einblick in die Besonderheiten Tier - und Pflanzenwelt dieser Zone. Es besteht dort die Möglichkeit nach Rücksprache zu zelten; andere Übernachtungsmöglichkeiten gibt es hier nicht. Auskunft: Organisation DeSdelChaco in Loma Plata.
Médanos del Chaco, der äußerste Nordwesten wird charakterisiert durch das Vorhandensein von Sanddünen; die einzigen ihrer Art im Bereich des Chacos. Sie können durchaus eine Höhe bis zu 20 m von der Basis bis zur Dünenkrone erreichen. Das Gefälle liegt bei 10%, in Ausnahmefällen bei 20%. Die extreme Trockenheit, die hohen Temperaturen, der oft starke, den Boden austrocknende Nordwind und der grobkörnige Sand bedingen eine spärliche Vegetation. Der unbedeckte Boden ist enormer Erosion ausgesetzt, dazwischen wächst niedriges Dornengestrüpp. Der Parque Nacional Médanos del Chaco schützt dieses einzigartige Ecosystem.

Kakteen im Trockenen Chaco

Erschließung des Chaco

Bevor die ersten Mennoniten ab 1927 im Zentralchaco begannen ihre Kolonien zu gründen, lebten hier schon einige Stämme indigener Bevölkerung, die das Gebiet durchstreiften, um zu jagen und zu sammeln, aber auch schon auf wechselnden Feldern in geringem Umfang Ackerbau betrieben. Inzwischen sind die meisten dieser Gruppen sesshaft geworden. Nur im äußersten Norden gibt es noch Teile einzelner Stämme, die der Berührung mit der Zivilisation ausweichen. Das Gebiet des Cerro León gilt auch heute noch bei den Ayoreos (auch Moros genannt) als Kultstätte.
Am Rio Paraguay, nördlich von Asunción, siedelte sich schon Ende des 19. Jahrhunderts holz-

Erste Begegnung mit Indigenen (Museum Filadelfia)

Die erste Lokomotive „Laurita“

rechts: Reste des alten Schienenweges

verarbeitende Industrie an.

Schon 1890 baute Carlos Casado, ein Großgrundbesitzer, der sowohl extensive Weidewirtschaft als auch Holzwirtschaft betrieb, eine Schmalspureisenbahn von Puerto Casado am Rio Paraguay aus, die 145 km in den Chaco hineinrechte. So konnte er seine Tannin-Produktion ausbauen. Das Produkt, eine Gerbsäure, wird aus dem Quebrachobaum gewonnen.

Die Mennoniten, die im Zuge ihrer Einwanderung vom Rio de la Plata aus den Rio Paraguay hinaufkamen, benutzten diese Eisenbahnstrecke auf dem Weg in ihre neuen Siedlungsgebiete. Um diese zu erreichen, mussten sie jedoch an der Endstation der Eisenbahn ihreganze Habe auf Ochsenkarren und Fuhrwerke umladen, um dann noch 100 km auf Indianerpfaden weiterzuziehen.

Erst Anfang 1957 begann man mit dem Bau der Ruta Transchaco, einer Verbindung von Villa Hayes nach Filadelfia. Im Oktober 1961 war der Bau abgeschlossen und der damalige Präsident Alfredo Stroessner fuhr als Erster mit seiner Limousine auf der damals noch nicht asphaltierten Straße bis Filadelfia. Jetzt hatten die Kolonien eine direkte Anbindung an die Hauptstadt und Ostparaguay. Ab 1979 wurden die ersten 330 km der Ruta asphaltiert. Seit 2007 ist die Strecke bis zur bolivianischen Grenze durchgehend asphaltiert. Allerdings führte Paraguay diese Asphaltstraße nicht wie beabsichtigt nach Gral. Garay, sondern ab Estancia La Patria nach Westen zum Militärstützpunkt Infante Rivarrola.

Aus diesem Grunde soll die Ruta Bioceánica, die von Brasilien bis nach Chile führen soll und somit eine Landverbindung zwischen Atlantik und Pazifik herstellen wird, nicht mehr durch Paraguay führen.

bolivianische Grenzmarke am Ende der Transchaco

Der Zustand des Asphaltbelages der Transchaco-Straße lässt immer wieder in weiten Bereichen zu wünschen übrig. Tiefe Schlaglöcher machen eine Fahrt mit hoher Geschwindigkeit zu einem riskanten Unternehmen. Man ist aber ständig bemüht, den Belag immer wieder auszubessern, wodurch es oft kilometerlange Baustellen gibt.

oben: Beginn der Ruta 9 „Transchaco“

unten: Typisches Eingeborenenhaus aus Palmenstämen im Chaco

Übersichtskarte zu Tour 8

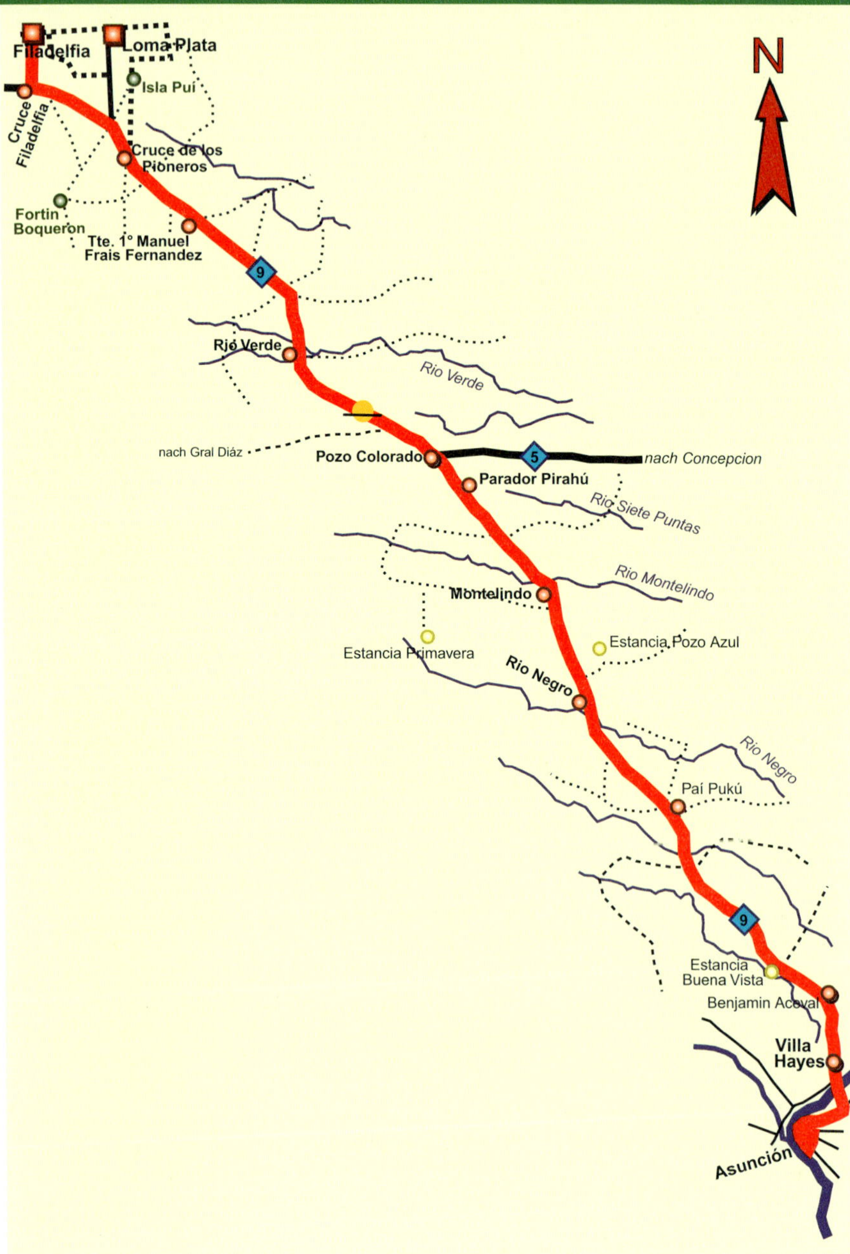

Tour 8
Asunción - Filadelfia/Loma Plata - ca. 472 km

reine Fahrzeit: ca. 6 Stunden - Ruta 9 - Transchaco

Eine Tour in den Nordwesten des Landes und damit in den tropischen und landschaftlich reizvollen, teils einsamen Chaco sollte niemand, der Paraguay kennenlernen möchte, versäumen.
Man verlässt Asunción auf der Avda. Artigás, vorbei am Botanischen Garten, dem alten Bahnhof „Estación Jardín Botanico“ und fährt auf der 4-spurigen, verkehrsreichen Ruta Transchaco am Expo Gelände und einigen Supermärkten vorbei Richtung Puente Remanso.
Die Remansobrücke, die den Rio Paraguay in einem weiten Bogen überspannt, er-

Mautstelle vor der Remansobrücke

reicht man 20 km nach dem Plaza de los Héroes. Vor der Brücke wird eine Mautgebühr von derzeit 5000 GS fällig.
Nachdem man den Rio Paraguay überquert hat, halten wir uns am Kreisverkehr rechts nach *Villa Hayes*. Nach links führt die Straße zum Grenzübergang nach Argentinien. Folgt man dieser Straße, hat man an einigen Stellen, besonders am späten Nachmittag, einen herrlichen Blick über den Fluss auf die in der untergehenden Abendsonne liegende Skyline von Asunción (Asunción - Abstecher 3). Wir aber fahren weiter, überqueren bei km 29 den Rio Confuso und erreichen
Villa Hayes, km 32, eine kleine Stadt, die gleichzeitig auch Hauptstadt des Departements Presidente Hayes ist. Dieses Städtchen änderte mehrmals seinen Namen. Bei seiner Gründung im Jahre 1786 durch einen Franziskaner bekam es den Namen "Melodía". 1855 wanderten Franzosen aus Bordeaux ein und Carlos A. López nannte die Siedlung um in "Colonia Nueva Burdeos". Diese Einwanderer kehrten aber wegen

der Widrigkeiten des Lebens in dieser Gegend nach Frankreich zurück und so änderte die Siedlung ein Jahr später wiederum den Namen und hieß ab jetzt "Villa Occidental". Während des Großen Krieges wurde das Gebiet von Argentinien besetzt und fiel nur durch die Vermittlung des amerikanischen Präsidenten Rutherford B. Hayes an Paraguay zurück. In Erinnerung daran nannte man 1879 die Stadt und das Departement nach ihm. Im Zentrum des städtischen Kreisverkehrs erhebt sich das Reiterdenkmal des Marschalls Estigarribia. Wir verlassen das Städtchen und fahren weiter durch den unteren Chaco durch **Benjamin Aceval**, den kleinen Garnisionspunkt **Cerrito** und passieren kurz darauf bei km 49 eine Mautstelle für den Gegenverkehr. Hier beginnen die riesigen mit Palmen durchsetzten, typischen Weideflächen des unteren Chacos. Ein Meer von Palmen wächst hier in oftmals monatelang überfluteten Grasflächen. Vorbei an den Eingangstoren zu Großestancias, wie zu Beispiel bei km 68, der Estancia Buena Vista, geht die Fahrt weiter nach Nordwesten. Man wundere sich nicht, dass man teils gegen die Sonne fährt; hier auf der Südhalbkugel steht diese am Mittag im Norden. Mitunter reichen wasserüberflutete Teile der Weiden oder kleine Lagunen bis dicht an die Straße heran. Je nach Jahreszeit blühen hier herrliche Sumpf- und Wasserpflanzen, zwischen denen oft Reiher oder Störche zu sehen sind. Hin und wieder passiert man am Straßenrand sehr einfache, zeltähnliche Behausungen, die aus bunten Plastikplanen, Stangen und Pappe zusammengestückelt sind. Hier leben einige Indios unter sehr ärmlichen Verhältnissen. Bei km 110 erreicht man die Eingangsbereiche mehrerer Estancias, Tacuara, und 5 km weiter überqueren wir den Rio Heé, einen weiteren der zahlreichen Chacoflüsse. Bei km 133 fahren wir vorbei an einer Ansiedlung aus kleinen Holzhäuschen und 20 km weiter liegt die katholische Missionsstation **Paí Pukú** rechts der Ruta. Eine Besonderheit derselben ist, dass die Häuser aus Palmstämmen gebaut sind. Hier erhalten die aus dem Einzugsgebiet stammenden indianischen Kinder eine soziale und schulische Bildung. Das angeschlossene Internat nimmt sowohl Jungen als auch Mädchen auf. Solche sozial ausgerichteten Missionsstationen gibt es im Chaco mehrere. Jetzt zeigt sich an manchen Abschnitten auch schon der typische niedrige Buschwaldstreifen direkt neben der Fahrstraße. Bei km 173 überqueren wir den **Rio Negro**. Je nach Tages- und Jahreszeit sieht man außer den grasenden Rindern große Schwärme von grünen Sittichen, die durch ihr lautes Gekreisch die Aufmerksamkeit des Reisenden auf sich ziehen. Vor den heran-

Überfluteter Palmenhain neben der Transchaco

Parador „Rio Montelindo“

kommenden Fahrzeugen erheben sich oft sehr spät die Caranchos, die die überfahrenen Kleintiere gerne als Mahlzeit für sich beanspruchen. Bei km 212 überquert man den Fluss **Montelindo**. Links der Straße fallen interessant aussehende Holzhäuser ins Auge. Diese sind zum Schutz vor Hochwasser auf Pfählen erbaut. Wer sich dies alles näher ansehen möchte, kann in dem dort in luftiger Höhe untergebrachten einfachen „Parador“ etwas trinken, essen oder auch übernachten. Wie auf großen Teilen der bisher gefahrenen Strecke sieht man, wenn man Glück hat (besonders im Frühjahr), in Tümpeln und Feuchtgebieten Silberreiher, Störche oder auch einen Jaribú, den größten Storchenvogel der Welt, und andere Vögel mit buntem Gefieder. Solange das Auto fährt, stören sich die Vögel nicht daran. Hält man allerdings an, um

Vogelwelt neben der Transchaco

ein paar Fotos zu machen, erheben sie sich schnell in die Lüfte und sind damit in der Regel schneller als der Fotograf. Um trotzdem das eine oder andere Bild zu erhaschen, sollte man sich nicht unbedingt allzu weit von der Straße entfernen, außer man sucht die Begegnung mit einem kleinen Krokodil, einer ausgewachsenen Würgeschlange oder gar einer Giftschlange.

Ist man von der bisherigen Fahrt gut erhitzt, bietet sich bei km 253 der klimatisierte Parador Pirahú zu einer Rast und Abkühlung an. 20 km weiter, kurz nachdem der Rio Salado überfahren wurde, erreicht der Reisende etwa auf gut der Hälfte der Strecke den Verkehrsknotenpunkt

Pozo Colorado, km 275, an dessen Beginn eine Maustelle (5.000 GS) errichtet wurde. An diesem Kreisverkehr liegen zwei Paradors, ein Militärposten und zwei Tankstellen. Von der Remansobrücke bis hierher sind bei einer durchschnittlichen Reisegeschwindigkeit von 80 km/h mit Fotostopps etwa dreieinhalb Stunden vergangen. An diesem Verkehrsknotenpunkt geht auch die Verbindung nach Concepción (Entfernung 147 km) ab, die mittlerweile durchgehend asphaltiert ist, aber schon wieder auf großen Streckenabschnitten ausgebessert wird. 10 km weiter geht nach links eine Erdestraße (Ruta Gral. Díaz) zum gleichnamigen Fortín Gral. Díaz (190 km) ab. Jetzt durchfährt man etwa 1,5 km nach diesem Abzweig wieder den **südlichen Wendekreis** (**S 23°26‘22“, W 58°53‘11“**) und wechselt in die Tropen. Bei km 287 hat links das Hotel/ Restaurant „Rancho Bufalo Bill“ seine Pforten geöffnet. Die inzwischen wunderschön gestaltete Anlage mit einem kleinen See bietet auch Übernachtungsmöglichkeiten (Tel.: 0981-287577). Auf der jetzt folgenden Strecke nimmt der Palmenbestand stark ab, um etwa bei km 300 ganz aufzuhören. Anstelle von Palmen wachsen immer mehr Großbusch und Dornengestrüpp. Auf diesem Streckenabschnitt fallen immer wieder einige Köhler-

Köhleröfen im Chaco

öfen auf, in denen Holzkohle hergestellt wird.

Die braunen, erdhügelähnlichen Öfen erblickt man oft schon von Weitem, besonders wenn bei deren Betrieb Rauch aufsteigt. Auf der folgenden Strecke liegt der Parador „Rio Verde“ km 330 mit Tankstelle in der Nähe des gleichnamigen Flusses "Rio Verde". Ab etwa km 365 ändert sich das Landschaftsbild gänzlich; jetzt wachsen fast keine Palmen mehr, sondern der charakteristische Buschwaldstreifen ist vorherrschend. Bei km 388 hat Radio Pukú eine Sendestation errichtet. Jetzt tauchen schon vereinzelt die riesigen Kakteengewächse zwischen den Büschen am Wegesrand auf. Bei km 410 liegt die Raststelle **„Cruce de los Pioneros“**. Im Parador kann man seinen Hunger stillen oder etwas trinken. Angeschlossen ist ein kleines, sauberes Hotel mit Swimmingpool, das sich zur Übernachtung anbietet. Hier hat man den größten Teil des Weges in die Kolonien hinter sich gebracht. Vom „Cruce de los Pioneros“ aus kann man auch das Fortín Boquerón erreichen (Abstecher 1). 10 km weiter auf der Transchaco wird der Besucher von einem großen Schild im Departement Boquerón willkommen geheißen. Nach weiteren 5 km, gegenüber einer Tankstelle, führt am sogenannten **Cruce Loma Plata (S 22°34‘39,0“, W 59°50‘10.9“)** rechts die neu Asphaltstraße dorthin. Ab hier sind es noch 22 km bis zum Zentrum der Kolonie **Loma Plata.**

Will man nach **Filadelfia,** fährt man auf der Ruta weiter bis km 445 und biegt dort nach rechts auf eine 13 km lange, gut asphaltierte Straße ab, die direkt nach Filadelfia führt.

Die Kolonie Neuland mit ihrem Hauptort **Neu-Halbstadt** liegt links der Ruta und ist über das Cruce Neuland bei km 452 zu erreichen. Von hier führt ebenfalls eine 20 km lange, neu asphaltierte Straße bis zum Ortseingang von Neu-Halbstadt.

Caranchos - typische Raubvögel im Chaco

Hotelverzeichnis - Auswahl Tour 8

internationale Vorwahl: +595

Cruce de los Pioneros
> Parador CRUCE DE LOS PIONEROS, km 415 Ruta Transchaco, Tel.: 0491 32170 oder 33120

Filadelfia
> FLORIDA, Avda. Hindenburg 165, Ecke Unruh Trebol, Parkplatz, WIFI, Tel/Fax: 0491 432152, www.hotelfloridachaco.com
> SAFARI, Industrial, Ecke Principal und Miller, Tel.: 0491 432218
> GOLONDRINA, Av. Hindenburg 635, Tel.: 0491 432643, www.hotelgolondrina.com

Loma Plata
> PALACE, Calle Fred Engen 900, Tel.: 0492 252180, E-Mail: hpalace@telesurf.com.py
> ALGARROBO, Av. Principal, Nähe Esso Tankstelle am Ortseingang rechts, Tel.: 0492 252353
> MORA, Calle Sandstraße 803, Tel.: 0492 252255, 0981 213040

Neu Halbstadt
> BOQUERON, Zentrum, Av. 1 de Febrero, gegenüber Cooperative Tel.: 0493 240311, Fax: 0493 40306, E-Mail: hboqueron@telesurf.com.py

Den Chaco erkunden

Hat der Besucher während der langen Fahrt auf der Transchaco einen ersten Eindruck von diesem Landstrich gewonnen, so möchte sicherlich der eine oder andere Naturfreund oder geschichtlich interessierte Tourist mehr erleben und erfahren.

So kann man in den drei Hauptorten der **Kolonien Loma Plata, Filadelfia** und **Neu-Halbstadt** die Geschichte, den Lebensraum der Mennoniten und ihre heutige Tätigkeiten kennenlernen.

Die folgenden **Abstecher** und Touren setzen ganz verschiedene Schwerpunkte:

> Mit **Abstecher 1**, dem Besuch des **Fortín Boquerón**, taucht man in die Geschichte des Chacokrieges ein.
> **Abstecher 2 und 2a** führt den Besucher östlich Loma Plata in das dörfliche und landwirtschaftliche Gebiet der Kolonien, zum geschichtlichen Ort **Fortín Isla Poí** und in den beginnenden Bereich der Salzlagunen des **Riacho Yacará Sur**.
> Mit **Abstecher 3** besucht man die Reste des **Fortín Toledo** und die dort angesiedelte **Aufzuchtstation „Projecto Taguá“**, wo die drei Pekariarten (Wildschweine) gezüchtet werden.
> **Abstecher 4** geleitet den Besucher zur **Schweizer Kolonie Rosaleda**, abseits im Hohen Chaco gelegen.
> Der **Abstecher 5** zeigt dem Naturfreund im Nationalpark Tte. Enciso die Pflanzen- und Tierwelt des Hohen Chaco.
> Mit **Tour 9** besucht man das **paraguayische Pantanal** mit seiner besonderen Fauna und Flora bis hin nach Fuerte Olimpo.
> **Abstecher 6 innerhalb Tour 9** führt in die Vergangenheit an den Endpunkt der Schmalspurbahn von Puerto Casado kommend nach **Punta Riel.**
> **Tour 10** ist für Abenteuer suchende Touristen, die abseits der ausgetretenen Wege Neues erleben und Erfahrungen sammeln wollen, und führt zum Cerro León, dem **Naturschutzgebiet Defensores del Chaco.**

Sie erhalten detaillierte Informationen und Hilfe auch in deutscher Sprache bei:

FUNDACIÓN DeSdelChaco in **Loma Plata**
Deportivo N° 935, Ecke Algarrobo, **S 22°23‘03.7“, W 59°49‘42.8“** (Nähe Berufsschule), Tel/Fax: +595 492 252235, E-Mail: fundacion@desdelchaco.com.py
www.desdelchaco.org.py (spanisch)

Die Chaco-Kolonien der Mennoniten

Loma Plata, Filadelfia und Neu-Halbstadt sind die Zentren der drei Mennoniten-Kolonien im Chaco.
Die älteste Kolonie, Menno, mit ihrem Zentrum **Loma Plata** wurde 1927 von Mennoniten aus Kanada gegründet. 1930 gründeten mennonitische Siedler aus Russland die Kolonie Fernheim mit dem Zentrum Filadelfia. Als letzte Kolonie entstand 1947 Neuland durch Einwanderer aus Russland mit ihrem Zentrum Neu-Halbstadt.
Jede der Kolonien besteht aus mehreren Dörfern und hat jeweils ihr eigenes Verwal-

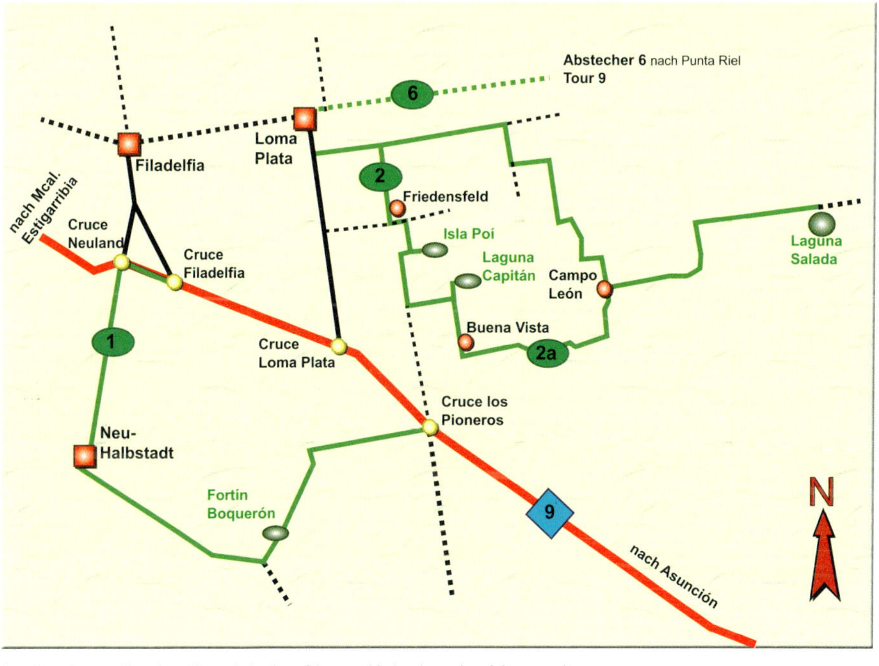

Strukturkarte für den Bereich der Chaco-Kolonien der Mennoniten

tungszentrum. Filadelfia ist zugleich der Verwaltungssitz des Departements Boquerón. Alle Mennoniten-Kolonien haben in Paraguay einen legalen Sonderstatus, der ihnen Religionsfreiheit, das Recht auf eigene Schulen, Befreiung vom Wehrdienst und Schwurfreiheit einräumt. Im Gegenzug machten die Mennoniten das unwirtliche Gebiet des Chacos fruchtbar.
Man könnte fast von einem „Staat im Staat“ sprechen; die Kolonien haben eine eigene Verwaltung, ein eigenes „Steuersystem“, Beiträge genannt, und eigene Schulen. Fast alle Einwohner sind Mitglieder einer Cooperative und tragen so zur Gemeinschaft bei. Das Bildungs- und Sozialwesen ist auf einem hohen Stand. Es gibt Kindergärten, alle Schularten, ein Lehrerausbildungsseminar in Filadelfia, eine Landwirtschaftsschule/ Berufsschule in Loma Plata, Behindertenwerkstätten, Krankenhäuser, Altenheime und Sozialstationen.
Verständigungsprobleme mit den Mennoniten gibt es in der Regel nicht. Untereinander sprechen sie plattdeutsch. In der Schule bis Klasse 6 ist Deutsch die Unterrichtssprache, anschließend Spanisch. Die Straßen-, Orts- und Hinweisschilder mit deutschen Namen erinnern an die deutschen Ursprünge.
Filadelfia, Loma Plata und Neu-Halbstadt sind auch auf dem Luftweg zu erreichen; alle haben kleine Flugplätze am Ortsrand. Die Orte der Kolonien sind untereinander mit breiten, meist gut befahrbaren Erdstraßen verbunden. Nur bei Regen verwandeln sich diese in lehmig-rutschige Flächen, auf denen ein normales Vorankommen oft schwierig oder unmöglich ist.
Zwischen Loma Plata und Filadelfia gibt es eine gut befahrbare breite Verbindungsstraße. Allerdings bei oder nach starken Regenfällen kann diese Straße große Probleme bereiten. Der Weg endet in einer Allee, Avenida Trebol, die direkt ins Zentrum Filadelfias zum hohen Hindenburgdenkmal führt.

Filadelfia

Die Kolonie Fernheim wurde 1930 gegründet. Als Zentrum der neuen Kolonie entstand am 17. August 1931 Filadelfia. Die Gründer waren deutschsprachige Mennoniten, die aus Russland kamen. Heute zählt Filadelfia ca. 1200 Einwohner und ist auch die Heimat vieler ethnischer Gruppen. So leben hier Guaraní-Indianer, Ayorreos und Lenguas meist separat in kleinen Stadtteilen und doch integriert. Die Straßen sind größtenteils rechtwinklig angelegt und tragen Namen, die an die Geschichte Filadelfias, an Personen oder Ereignisse, sowie an Pflanzen und Tiere des Chacos erinnern.

Monument am Ortseingang von Filadelfia

Am Ortseingang, von der Transchaco her kommend, erhebt sich inmitten eines Kreisverkehrs ein neu erbautes Denkmal, das zur 75-Jahrfeier 2005 errichtet wurde. In der Mitte, der durch ein Band verbundenen geneigten Träger, steht ein stilisiertes Kreuz. Es soll ein Zeichen für Gemeinsamkeit und Entwicklung sein. Hier beginnt die *Avenida Hindenburg*, die ins Zentrum führt. Der deutsche Reichspräsident Paul von Hindenburg war für die mennonitischen Flüchtlinge aus Russland ein Lichtblick, da er sie in Deutschland aufnahm und unterstützte, bis sie nach Paraguay, Kanada oder Brasilien weiterzogen. An ihr liegen nach gut einem Kilometer auf der linken Seite die Cooperative mit ihrem gut sortierten Supermarkt, einige Schritte weiter das **Unger-Museum** neben dem kleinen Stadtpark und dem Menno-Simons-Hof. Das Museum ist im alten Kolonialhaus aus dem Jahre 1933, dem einzig erhaltenen Gebäude aus der Gründungszeit, untergebracht. Es war der Sitz und das Versammlungshaus der ehemaligen Verwaltung. Der Lehrer Jakob Unger beschäftigte sich mit der Tierwelt des Chacos und bringt noch heute durch seine unzähligen Tierpräparate die Fauna des Chacos den Besuchern nahe. Darunter befinden sich 210 Vogelpräparate sowie solche von Säugetieren und Schlangen. Diese Sammlung ist neben Gegenständen aus dem Kulturkreis der Chaco-Indianer im Obergeschoss des Hauses untergebracht. *Öffnungszeiten: montags bis samstags 7.00 Uhr bis 11:30 Uhr*, auch mit fachkundiger deutscher Führung. Hinter dem Museum erhebt sich im Außenbereich, der mit dem Stadtpark verbunden ist, ein Monument, das anschaulich an die Gründung der Kolonie erinnert. Auf dem Sockel eines kräftigen Quebrachostammes ist für jedes Dorf der Kolonie Neuland eine Tafel mit den Namen der Gründer angebracht. Daneben lässt die kleine Schmalspurlokomotive „Laurita“ erahnen, unter welchen Mühen die ersten Siedler von Puerto Casado aus ins Landesinnere kamen. Der schön angelegte kleine Stadtpark lädt im Schatten der imposanten Flaschenbäumen zum Ausruhen ein.

Daran schließ sich das neu eröffnete Ge-

Unger-Museum

rechts: Gründungsdenkmal

bäude **Menno Simons Hof** an. In diesem ist neben einem Geschichtsmuseum das Tourismusbüro untergebracht. Das Museum erinnert an die Geschichte der Mennoniten, woher sie kamen sowie an ihre Ankunft im Chaco, in ihrer neuen Heimat. Das neu eingerichtet Tourismusbüro hat vormittags geöffnet. Hier erhält man Auskunft über die Kolonien und den Chaco. Es werden Führungen in Filadelfia und in die Umgebung angeboten.
E-Mail: turismo@fernheim.com.py

Hindenburgdenkmal im Zentrum Filadelfias

An der Kreuzung mit der früheren Hauptstraße, *Av. Trebol,* die vor dem Bau der Transchaco die Verbindung nach Osten zum Endpunkt der Eisenbahnlinie Punta Riel darstellte, steht das Denkmal zur 50. Jahresfeier im heutigen Mittelpunkt der Stadt. Drei schlanke Säulen, die sich nach oben hin verjüngen, leiten den Blick vom Boden in den Himmel und wollen ein Zeichen der Festigkeit sein.
In der Nähe des letztgenannten Denkmals findet man die Bibliothek mit angeschlossener Buchhandlung, wo man deutschsprachige Bücher ausleihen und kaufen kann.
Ein weiteres Museum, das **„Knelsenhaus“**, beherbergt Hauhaltsgegenstände der ersten Siedler und gibt so einen Einblick in die Wohnsituation dieser Zeit.
Der Radiosender ZP 30 versorgt das Gebiet der Kolonien auch mit deutschsprachigen Nachrichten. Das Verwaltungsgebäude und die Sendezentrale liegen auf der Avda. Trébol Richtung Loma Plata.

Loma Plata
Die Kolonie Menno wurde 1927 als erste der drei gegründet. Der Verwaltungssitz ist Loma Plata. Auf der breiten *Avenida Central* in Loma Plata liegt das Museum der Kolonie mit Zeitdokumenten und Fotos aus der Gründerzeit. Den Schlüssel erbittet man im nahen Informationsbüro: *von 7:00 bis 11:30 und von 14:00 bis 18:00 Uhr geöffnet*
Die Cooperative Chortitzer wurde 1927 von den kanadischen Mennoniten gegründet und ist heute ein wesentlicher Wirtschaftsfaktor. Der Molkerei Betrieb „Trebol“ verarbeitet wöchentlich etwa 1 Million Liter Milch. Ihre Produkte werden in ganz Paraguay verkauft und sind aber auch über die Landesgrenzen hinaus in Bolivien und Brasilien bekannt. Der Schlachthof FrigoChorti ist einer der modernsten des Landes. Hier werden nicht nur mehrere Hundert Rinder pro Tag geschlachtet und verarbeitet, sondern man

Heimatmuseum in Loma Plata

hat auch eigene Zuchtbetriebe, die eine hohe Fleischqualität garantieren.
Geführte Besichtigungen der Betriebe sind möglich; dazu wendet man sich an die Verwaltung der Cooperative Chortitzer, *Av. Central, Ecke Calle Engen,* in der Nähe des Supermarktes von Loma Plata.
In Loma Plata und Filadelfia trifft man auf ein buntes Gemisch von Menschen.
Blonde Mennoniten, zum Teil noch in alten Trachten, die untereinander Plattdeutsch sprechen und indigene Mitbürger, deren Aussehen sich von den Mennoniten wesentlich abhebt.

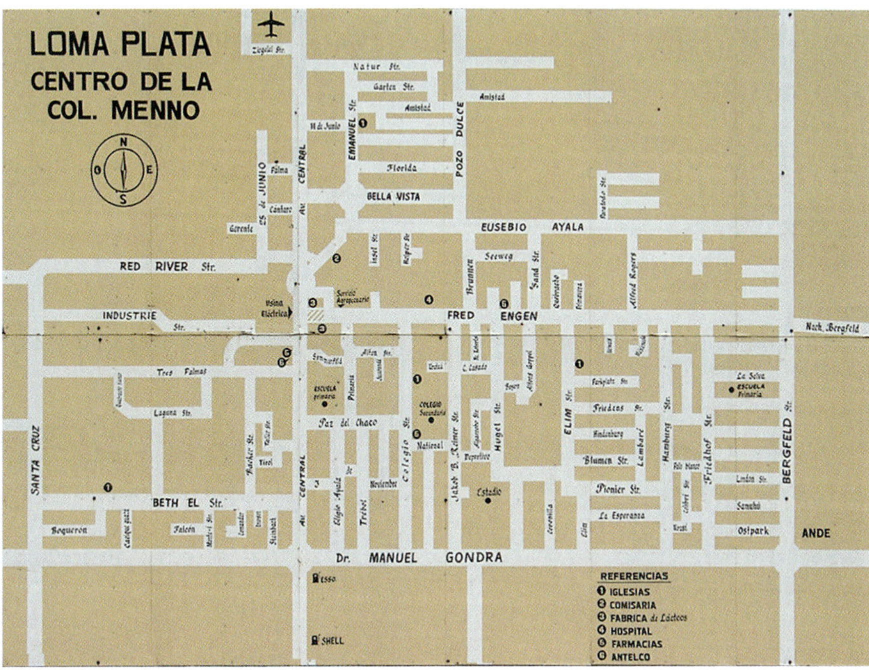

Beschreibung **Neu-Halbstadt** (siehe Abstecher 1)

Abstecher 1:
Rundfahrt
Filadelfia - Neu-Halbstadt - Fortín Boquerón - Filadelfia - 120 km

Ausgangspunkt: Cruce Filadelfia - Transchaco - km 0

Die Rundfahrt hat ihren Ausgangspunkt am Cruce Filadelfia auf der Transchaco. Der Weg führt durch den für den mittleren Chaco charakteristischen Großbusch. Immer wieder trifft man auf große Kakteenarten und die für den Chaco typischen Bäume.
Zu Beginn folgt man der Transchaco Richtung Mcal. Estigarribia bis zum Cruce Neuland, das man nach 6,5 km erreicht hat. Von hier führt eine 20 km neu asphaltierte Straße zum Verwaltungssitz der Kolonie Neuland, Neu-Halbstadt. Auf dieser Fahrt sieht man rechts und links der Straße Flaschenbäume in allen Größen und in unterschiedlichen Wuchsformen. Besonders auffallend sind Exemplare mit drei- oder gar viergeteilten

Außergewöhnliches Exemplar eines Flaschenbaumes

Stämmen. Die bauchige Form des Stammes ist je nach vorhandener Feuchtigkeit verschieden stark ausgeprägt. Diese Form hat dem Baum im Plattdeutsch der Mennoniten den Namen "Buddelboom" verliehen.
Die Hauptstraße, *Avda. Primero Febrero*, von **Neu-Halbstadt** ist inzwischen asphaltiert. Auf der linken Seite der Hauptstraße liegt das kleine *Hotel / Restaurant "Boquerón"* und gleich daneben der *Parador HR* mit Pension, Restaurant und Parillada. Ein Stück weiter befindet sich rechts vor dem großen Supermercado der kleine Stadtpark "Parque Chaco

Boreal" mit typischen Bäumen und Pflanzen des Chacos. Die Skulptur der Bäuerin mit Egge wurde zum 60-jährigen Bestehen der Kolonie 2007 aufgestellt und erinnert an die schwere Arbeit der Kolonisten in der ersten Zeit. 200 m nach dem Supermarkt liegt das

Haupteinfahrt nach Neu-Halbstadt

rechts: Im Zentrum

kleine Museum der Kolonie. Auch hier sind Gegenstände ausgestellt, die aus der Anfangszeit der Kolonie stammen und oftmals unter schwierigen, einfachen Bedingungen entstanden sind. Andere wurden aus Russland oder Deutschland mitgebracht. Im Außenbereich ist ein Häuschen aus den Anfängen zu besichtigen; hier kann man sehen unter welch einfachen Verhältnissen die ersten Siedler gelebt haben. Außerdem wurden landwirtschaftliche Geräte und ein Brunnengerüst zusammengetragen und aufgestellt. Im weiteren Verlauf der Straße liegen Friedhof, Kirche, Altenheim und Krankenhaus.

Denkmal im Stadtpark

Die Kolonie Neuland ist die jüngste der drei Chaco-Kolonien; sie wurde erst 1947 gegründet. Ihre Bewohner kamen aus der Ukraine und nach einem kurzen Zwischenaufenthalt in Deutschland hierher. Sie gaben ihrer neuen Heimat, dem neuen Land, den Namen "Neuland". Die 1800 Einwohner verteilen sich auf Neu-Halbstadt und weitere 23 kleinere Dörfer auf der Gemarkung der Kolonie.
Wer Mitte Mai die Kolonie besucht, kann das Rodeo, eine Art Volksfest, erleben, welches in dieser Zeit über drei Tage andauert. Hier kann man verschiedene Rinder- und Pferderassen bewundern, es finden Prämierungen, Pferderennen, Paraden und viele andere Darbietungen statt, an denen auch Vereine der Nachbarkolonien teilnehmen. Wer mehr über die Kolonie, ihre Geschichte oder die Landschaft des Chacos erfahren möchte, kann sich an Herrn Enrique Wiebe, Tel.: 0971-701634, wenden, E-Mail: hwiebe@neuland.com.py. Herr Wiebe organisiert auch geführte Touren in die Umgebung sowie Besuche in eine Nivaclé-Siedlung, wo man die

Handarbeiten dieses indigenen Stammes, die Web- und Schnitzkunst bewundern und kaufen kann.

Am Ende der drei Kilometer langen *Avda. Primero Febrero* weist ein Wegweiser nach links zum kleinen Flugplatz und zum

Fortín Boquerón. Man folgt dem Weg; nach knapp 2 km zweigt rechts ein Weg nach Campo Alegre ab, nach weiteren 17 km geht es rechts nach Altenau. 4 km weiter weist ein Schild nach „Fortín Boquerón 3 km". Nach zwei weiteren Kilometern biegt man bei **S 22°46'56.4", W 59°56'56.1"** nach links ab und erreicht den Eingang zum Fortín nach 1000 m auf der linken Seite. (1 km weiter gibt es einen weiteren Eingang; zwischen diesen beiden Einfahrten liegt ein Friedhof der paraguayischen Soldaten.)

Information zum Fortín Boquerón

Man beachte, dass das Gelände montags und dienstags immer geschlossen ist. *Die Öffnungszeiten des Museums sind: mittwochs bis sonntags von 7 Uhr bis 11 Uhr und von 12 Uhr bis 18 Uhr.*

An diesem Ort fand 1932 eine wichtige Schlacht im Chacokrieg (1932 bis 1935) gegen Bolivien statt. Nachdem das Fortín von den Paraguayern errichtet worden war, wurde es von etwa 1200 bolivianischen Soldaten eingenommen, die sich an dieser wichtigen Wasserstelle verschanzten.

Die unter schwierigsten klimatischen Bedingungen geführte, Schlacht dieser Rückeroberung dauerte fast einen Monat und endete mit der Niederlage der bolivianischen Truppen und großen Verlusten auf beiden Seiten.

In einem 2002 neu erbau-

restaurierte Kommandantur

Fortín Boquerón - Historisches Gelände mit Museum

ten Museum gibt es ausführliche und bebilderte Texte zum Verlauf und zu den Ereignissen dieses Krieges. Außerdem sind viele verschiedene Waffen und Beutestücke ausgestellt. Auf dem weitläufigen Gelände befinden sich ein weiterer Friedhof und die rekonstruierten "Gebäude" der Kommandantur, der Bäckerei und des Casinos. Ein großes Denkmal mit Gedenk- und Ehrentafeln sowie die moderne Metallskulptur eines Kriegers erinnern an die Helden dieses Krieges. Etwas außerhalb des Zentrums kann man an den einstigen, noch erkennbaren Schützengräben entlang durch den Buschwald wandern.

oben: Detail aus dem Ehrendenkmal

rechts: Skulptur eines Chacokriegers

Da sich Öffnungszeiten ändern können, erkundigt man sich am besten in seinem Hotel oder bei Herrn Wiebe, Tel.: 0971 701634.

Man verlässt den Hauptplatz des Fortíns auf der anderen Seite des Geländes bei **S 22°46'23.5", W 59°56'24.4"** und folgt dem Weg immer geradeaus. War der Weg nach Neu-Halbstadt geprägt durch Flaschenbaumexemplare, so wird man auf dem weiteren Verlauf der Rundfahrt neben den typischen Chacobäumen auf riesige Kakteenexemplare am Straßenrand treffen. Die nächsten 12 km könnten den Namen "Kaktuspiste" tragen. Baumartige Säulenkakteen mit weißen oder rosa Blüten und Kandelaberkakteen mit weißen Blüten wechseln sich ab. In ihrem Inneren bauen sich kleine Vögel gerne ihre Nistplätze. Dies erkennt man an kreisrunden Löchern in den einzelnen „Ästen".

Manchmal suchen eine Landschildkröte oder eine Schlange ihren Weg über die sandige Fahrbahn. Schillernde Kolibris schwirren von Blüte zu Blüte, während kreischende Sittiche in Schwärmen durch die Lüfte ziehen.

Diese Strecke ist der alte Buschweg, der 1932 während des Krieges benutzt wurde. Nach 12 km mündet unser Weg in eine Querpiste ein, der man nach links folgt, um 1700 m weiter in einem Kreisverkehr **(S 22°40'21.6", W 59°52'43.3")** gleich nach rechts abzubiegen. Man fährt durch Kämpland mit einzelnen Baumgruppen und landwirtschaftlich genutzten Flächen. Nach weiteren 4,5 km überqueren wir eine Kreuzung (rechts geht es nach Schwarzwald). Ab hier begleitet eine Stromleitung den weiteren Streckenverlauf. 7 km weiter passiert man zwei große Masten mit Richtfunkantennen und erreicht kurz darauf die Tankstelle an der Trans-Chaco beim Restaurant "Cruce los Pioneros". Hier wendet man sich nach links, passiert nach einem Kilometer eine Polizeikontrolle und fährt zurück nach Filadelfia oder Loma Plata.

Am Rande der „Kaktuspiste"

Nistplätze in Kakteen

Abstecher 2 und 2a
2: Besuch des Fortíns Isla Poí und Laguna Capitán - ca. 35 km einfach

Ausgangspunkt: Loma Plata

Hinweis: Die gesamte Tour verläuft über Erdstraßen, deren Zustand vom Wetter abhängig ist. Für die große Variante (2a) sollte man früh aufbrechen und einen ganzen Tag einplanen.

Man verlässt **Loma Plata** über den Kreisverkehr (**S 22°23'19.9", W 59°50'10.9"**, km 0) bei der Essotankstelle nach Osten auf der *„Dr. Manuel Gondra"* (die Einheimischen wird diese gerade verlaufende Straße auch „10er Grenze" genannt).
Man folgt dieser Straße 7 km, überfährt einen weiteren Kreisverkehr und biegt dann bei **S 22°23'19.9", W 59°45'55.7"** nach rechts ab. Diesem Weg folgt man 8,5 km bis zu der kleinen Kirche von Friedensfeld und biegt direkt bei dieser nach links ab. Etwa 2 km weiter **(S 22°28'02.2", W 50°44'50.7")** folgt man nach rechts einem Schild „Isla Poí, Laguna Capitán". Nach knapp 4 km wendet man sich nach links und erreicht kurz darauf nach insgesamt 21,5 km den Eingang zum alten Militärstützpunkt. 300 m später befindet man sich auf dem Hauptplatz **(S 22°30'02.3", W 59°44'10.2")** mit den inzwischen restaurierten und rekonstruierten Gebäuden. In der Mitte erinnert eine Büste umgeben von alten Panzerketten an den Marschall José Felix Estigarribia, den Oberbefehlshaber im Chacokrieg und späteren Präsidenten Paraguays. Der Stützpunkt „**Isla Poí**", der an einer kleinen Lagune liegt, war das Hauptquartier der paraguayischen Armee und damals durch eine Eisenbahnlinie mit dem Rio Paraguay verbunden. Dadurch waren Trinkwasserversorgung und der Nachschub gesichert. Von hier aus wurde der Angriff auf das „Fortín Boquerón" (Abstecher 1), wo sich die Bolivianer verschanzt hatten, vorbereitet. 100 m hinter dem Hauptplatz hat man die Lagune erreicht.

Eingang und Denkmal von Isla Puí

Nach der Besichtigung fährt man zurück, bei der Einmündung des Weges von Loma Plata aber geradeaus weiter, um kurz darauf dem Weg über eine Linkskurve (neuer km 0) zu folgen. Gute 5 km weiter bei **S 22°32'56.5", W 59°45'07.6"** biegt man nach links ein, um 4,5 km später wiederum nach links abzubiegen.

Nach knapp 2 km befindet sich rechts die Einfahrt zum Bereich von **Laguna Capitán (S 22°31'52.9", W 59°42'25.3").** Das durch das Chortitzer Komitee verwaltete 200 ha große Areal ist auch ein Freizeit- und Bildungszentrum. Das Bildungszentrum ist ein Treffpunkt für Kongresse, Versammlungen und Weiterbildungsveranstaltungen im Bereich der Tierzucht. Man kann mit dem Auto hineinfahren und dann in der Anlage spazieren gehen.

Ein künstlich angelegter See dient in der heißen Jahreszeit als Badesee. Hat man Glück, je nach Jahreszeit, trifft man ganze Sittichschwärme an, die

Einfahrt und Landschaft von Laguna Capitán

in den Bäumen nisten und deren Geschrei man schon von Weitem hört. Aus dem mit weißem, salzigem Belag überzogenen Boden, der zum großen Teil ausgetrockneten Lagunen, ragen skurril aussehende, schwarze Baumstümpfe mit blätterlosen Ästen in die Höhe. Diese toten Bäume erinnern an eine Zeit, in der das Wasser noch nicht ganz so salzhaltig war. Je nach Jahreszeit sammeln sich hier viele Flamingos und andere Stelzvögel oder Enten. Wer hier länger verweilen möchte, wendet sich an die Verwaltung in Loma Plata. Nach dem Aufenthalt kann man entweder den gleichen Weg nach Loma Plata zurückfahren oder eine Fahrt in den Bereich des Riacho Yacaré Sur anschließen.

2a: Erweiterung der Fahrt in den Bereich der Salzlagunen östlich von Loma Plata und wieder zurück nach Loma Plata - insgesamt 157 km

Beim Verlassen von Laguna Capitán fährt man, um zu den Salzlagunen zu gelangen, nach links, folgt der Straße nach ca. 8 km, durchfährt dabei den Bereich von Buena Vista, um dann nach links abzubiegen. Nach weiteren 2,5 km muss man nach links und gleich darauf nach rechts weiter fahren und dem Verlauf der Straße folgen; bei **S 22°36'30.0", W 59°35'20.8"** durchfährt man ein S-Kurve. Jetzt erreicht man die ersten Ausläufer der Salzlagunen. Nach insgesamt 23 km biegt man nach links ein und erreicht nach 6 km den Kreisverkehr von **Campo León (S 22°33'33.1", W 59°32'31.3").** In diesem Bereich gibt es einen Supermarkt und eine Tankstelle. Um tiefer in den Bereich der Salzlagunen mit ihrer besonderen Fauna und Flora hineinzufahren, muss man amn diesem Kreisverkehr nach rechts abbiegen.

Flamingos an der Laguna Salada

Über den Zustand der Straße zur **Laguna Salada** und die Möglichkeit diese zu besuchen, sollte man sich vorab in Loma Plata bei *DeSdelchaco* erkundigen. Ist man dem Weg ab Kreisverkehr 9 km gefolgt, muss man nach links und gleich darauf nach rechts abbiegen. 2,5 km später fährt man nun genau nach Norden, um nach weiteren 4,5 km an der Kreuzung bei **S 22°30'41.9, W 59°26'11.0"** nach rechts auf einem schmalen Weg weiter zu fahren. Von hier sind es noch 14,5 km bis zum Eingangstor zur **Laguna Salada**. Hierher kommen je nach Jahreszeit Flamingos und andere Wasservögel, die man in unberührter Natur und auf der spiegelglatten Wasseroberfläche in aller Ruhe beobachten kann.
Zurück in Campo León nimmt man für die Rückfahrt nach Loma Plata den Weg durch das landwirtschaftlich genutzte Gebiet der Kolonie Menno. Hierbei begegnet man nicht nur den deutsch klingenden Namen der einzelnen Dörfer, sondern durchaus auch Rinderherden, die zusammengetrieben und verlanden werden. Am Kreisverkehr in Campo León wendet man sich nach rechts, folgt dem Hauptweg nach 3 km nach links und 2 km weiter nach rechts. Nach weiteren 4,5 km folgt man der Linkskurve, um nach knapp 2 km bei **S 22°29'26.0", W 59°34'56.5"** nach rechts abzubiegen.

Rinderherde im Bereich der Kolonien

2,5 km weiter überfährt man eine Querstraße, um 4,5 km später nach links und nach weiteren 4 km nach rechts abzubiegen (**S 22°25'42.2", W 59°37'34.3").**
Von hier aus sind es noch gut 4 km, bis man auf die sogenannte 10er Grenze stößt, der man nach links folgt. Von hier aus sind es noch 22 km zum Kreisverkehr in Loma Plata, dem Ausgangpunkt der Rundfahrt.

Übersichtskarte zu den Abstechern im Hohen Chaco

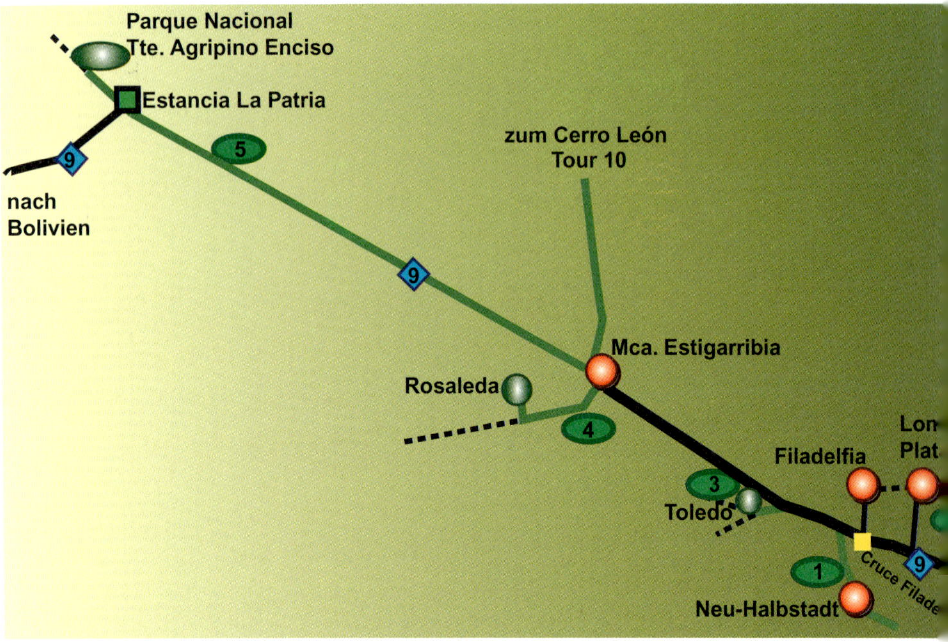

Abstecher 3
Filadelfia - Fortín Toledo - Proyecto Taguá - 44 km

Ausgangspunkt: Cruce Filadelfia - Transchaco

Das **Cruce Filadelfia** (**S 22°29'39.6", W 60°00'05.1"**) auf der Transchaco ist bei dieser Fahrt unser Ausgangspunkt, km 0. Nach 6,5 km fährt man am Cruce Neuland (Abstecher 1) vorbei und erreicht bei km 33 der Fahrt bei **S 22°20'23.6", W 60°15'32.8" Cruce Toledo**. Das kleine Hinweisschild auf der linken Seite ist leicht zu übersehen. Man verlässt an diesem Punkt die Transchaco, um nach links einer Erdpiste mit begleitender Stromleitung zu folgen. Nach knapp 3 km folgt man nicht mehr der Straße, die sich hier nach links wendet, sondern fährt geradeaus durch ein offenes Gatter, dem Hinweisschild *Proyecto Taguá – Fortín / Toledo* folgend.

Weg nach Toledo / Proyecto Taguá

Unterstand aus dem Chacokrieg

Man folgt dem Verlauf des Weges 7 km bis **S 22°21.28.2, W 60°20‘30.9“.** Hier weist wiederum ein Schild mit der Aufschrift: *Proyecto Taguá,* dem man nach rechts folgt. Nach einigen hundert Metern liegt links das Haus der Verwalter.

Hier muss man sich melden, um die wenigen Reste des **Fortín Toledo** und die Aufzuchtstation der „Chaco-Wildschweine“ zu besuchen. Freundlich wird man durch das Areal begleitet und erhält bereitwillig in spanischer Sprache ausführliche Auskünfte und Erklärungen.

Das Fortín Toledo war ebenso wie Fortín Boquerón ein wichtiger Stützpunkt Paraguays während des Chacokrieges. Hier fanden von Mitte Februar bis Anfang März 1933 blutige Auseinandersetzungen statt, wobei jedoch die Paraguayer ihre Stellung halten konnten. Nach dem Ende des Krieges wurde besonders hier das zurückgelassene Kriegsmaterial gesammelt und zu Alltagsgegenständen, wie Werkzeuge, verarbeitet. So konnten z.B. aus geschmolzenen Patronenhülsen Nägel und anderes hergestellt werden. Beim Rundgang durch das Gelände ist allerdings nur ein Unterstand vollständig erhalten, der dem Besucher eine Vorstellung von damals geben kann. Im weiteren Verlauf besucht man nun die Aufzuchtstation des **Projektes "Taguá"**. Dieses Projekt wurde ins Leben gerufen, um die Pekariarten und besonders das Taguá zu schützen, zu züchten und wieder auszuwildern.

Die **Pekaris**, Nabelschweine, gehören wie die in Europa bekannten Schweine zu den Paarhufern und sind mit diesen verwandt. Der Ursprung des Namens liegt bei den Tupí-Indianer und bedeutet "Tier, das durch den Wald geht".

Der Verbreitungsraum der Pekaris ist Mittel- und Südamerika. Man unterscheidet **drei Arten:** das Weißbartpekari (Tayassu pecari), das Halsbandpekari (Tayassu tajacu) und das Taguá oder Chaco-Pekari (Catagonus wagneri).

Das Taguá galt lange Zeit als ausgestorben und wurde erst 1972 von einem amerikanische Zoologen wieder entdeckt.

Halsbandpekari

Hier in dieser Station werden alle drei Arten gezüchtet, gehalten und versorgt.
Das **Halsbandpekari** erkennt man an seinem dunkelgrauen Fell und einem weißen Streifen um Hals und Nacken. Es hat scharfe Eckzähne; im Volksmund werden die Tiere deshalb "jabali" genannt, was soviel wie Lanze heißt. Diese Art kommt in Paraguay überall außer im Departement Ñeembucú vor. Sie leben in Gruppen von 10 bis 20 Tieren zusammen und haben eine äußerst laute Stimme, die in ihrer Tonlage variieren kann. So können sie aggressive, unterwürfige oder alarmierende Laute von sich geben. Ihre Nahrung sind neben Kakteen auch Wurzeln, Knollen, Pilze, Nüsse, Früchte, Schlangen, Fische, Frösche und Aas.
Das **Weißbartpekari** erkennt man an seinem weißen "Bart" (Wangen, Nase und Lippen sind weiß). Es ist größer und seine Graufärbung ist dunkler als die des Halsbandpekaris. Es kann eine Körperlänge bis 1,30 m erreichen.

Weißbartpekaris

In Paraguay lebt diese Art im gesamten Gebiet des Chaco, aber auch in Zentralparaguay und in Alto Paraná.
Sie leben in Gruppen von hundert und mehr Tieren zusammen und gilt als Nomaden, da sie auf ihrer Nahrungssuche große Gebiete durchstreifen.
Fühlen sich diese Tiere bedroht, rotten sie sich zusammen und greifen an; sie gelten als besonders gefährlich und können sogar einen Puma vertreiben. Ihre dunklen Grunzlaute und ihr Schmatzen sind mitunter über Hunderte von Metern zu hören. Sie ernähren sich von Samen, Früchten, Blättern, Wurzel, Pilzen, Würmern und Insekten.
Der Lebensraum der **Taguá, auch Chaco-Pekaris** genannt, sind die trockenen Dornbuschwälder und die Savannengebiete des Gran Chaco, wo sie erst 1972 wiederentdeckt wurden. Diese Spezies besitzt eine Drüse, die bei Kontakt ein Sekret absondert, das hilft, die Gruppe zusammenzuhalten. Die Gruppe/ Familie besteht aus vier bis fünf erwachsenen Tieren und ihrem Nachwuchs.
Im Gegensatz zu den anderen Pekaris ernährt sich diese Art rein vegetarisch jedoch mit besonderen Vorlieben für Kakteen, deren Stacheln sie auf elegante Weise abknicken, indem sie die Kaktusteile auf dem Boden rollen. Außerdem zählen zu ihren Lieblingsspeisen Blüten, Wurzeln und Blätter

Taguá - mit langen Borsten

von Bromelien sowie Schoten von verschiedenen Baumarten. Sie benötigen wesentlich weniger Wasser als ihre Artgenossen. Das Borstenfell ist braungrau bis braunschwarz, hat einen etwas dunkleren Streifen auf der Rückenmitte. Schultern und Kopf sind wesentlich heller, die Nackenhaare können bis 20 cm lang werden und sind bei älteren Tieren oft aufgestellt. Es kann eine Länge von 1,10 m und mehr und eine Schulterhöhe von 70 cm erreichen und ist somit die größte Spezies der Pekaris.

Da das Fleisch der Taguás äußerst begehrt und schmackhaft ist und sie leicht zu erlegen sind, ist diese Spezies besonders gefährdet.

Je nach Größe liegt das Gewicht aller Pekariarten zwischen 15 und 50 kg. Sind sie auf der Flucht, können sie durchaus eine Geschwindigkeit von über 30 km/h erreichen. Hier in der Aufzuchtstation wird eigens für diese Tiere die Nahrung zusammengestellt und besteht unter anderem aus gekochten Mandioka, Kürbissen gemischt mit Trockenfutter.

Bolivianischer Soldatenfriedhof bei Toledo

Will man nach der ausführlichen Besichtigung noch den Friedhof der hier gefallenen bolivianischen Soldaten besuchen, muss man noch knapp zwei Kilometer weiter nach rechts fahren. Hier erinnert ein kleines abgezäuntes Feld mit einem Erinnerungskreuz und vielen kleinen Kreuzen an die ca. 1000 Bolivianer, die hier in der Schlacht vom 26. Februar bis 10. März 1933 ihr Leben verloren. Danach fährt man auf dem Weg, den man gekommen ist, zurück auf die Transchaco.

Abstecher 4
Besuch der Schweizer Kolonie Rosaleda - 113 km

Ausgangspunkt: Cruce Filadelfia - km 0

Diese Fahrt führt den Besucher in eine Gegend im Hohen Chaco, wo sich seit 1992 Schweizer Bürger in einer Kolonie zusammenschlossen. Unterschiedliche Berichte liest und hört man über dieses Fleckchen im tropischen Teil des Chacos. Um sich ein Urteil erlauben zu können, sollte man sich diese einsame Kolonie selbst einmal anschauen. Info unter: www.rosaleda.biz

Vom **Cruce Filadelfia** aus fährt man die Transchaco nach Mcal. Estigarribia. Die Fahrt dorthin führt durch eine recht gleichförmige Landschaft. Rechts und links der Fahrbahn wächst Dornbusch, dahinter erheben sich von Zeit zu Zeit typische Chacobäume. Man fährt bei km 33 an der Einfahrt zum Fortín Toledo (Abstecher 3) vorbei. Eine neue Stromleitung auf der rechten Straßenseite begleitet die weitere Fahrt nach Mcal. Estigarribia, das man nach 83 km erreicht hat. Bis hierher dauert die Fahrt etwa 1 Stunde. Man lasse sich nicht von dem Hinweisschild "Picada 500 - 1 km ", das nach rechts zeigt, am Ortseingang irritieren, sondern man fährt weiter auf der Transchaco bis rechter Hand die Einfahrt zum Busterminal kommt, um hier nach links auf die **Picada 500** bei **S 22°02'00.7", W 60°35'50.0"** abzubiegen (Übersieht man diese Abzweigung erreicht man nach 500 m den ersten Eingang zum Militärgelände).

Die breite zweispurige Erd- /Sandstraße führt geradewegs in eine unberührte Natur. Etwa eine Stunde dauert jetzt die Fahrt bei guten Wegverhältnissen. Die Piste wird in regelmäßigen Abständen geschoben. Allerdings bilden sich dabei sandige Aufwerfungen. Bei Regen ist diese Piste nur mit einem Allradfahrzeug zu befahren. Rechts und links ist wieder der typische niedrige Dornbusch zu sehen; dazwischen immer wieder die charakteristischen Chacobäume wie der Palo Blanco oder der Quebracho Blanco. Nach ca. 5 km mündet von rechts eine kleinere Piste in unseren Weg ein. Kurz darauf fährt man auf der Querstraße nach rechts weiter und erreicht 20 km später einen Polizeikontrollposten (**S 22°04'28.9", W 60°48'11.0"**). Hinter diesem biegt man nach rechts ab und wird 2 km danach von einer Ortstafel in **Rosaleda** willkommen geheißen. Nun befindet man sich schon auf dem weitläufigen Gebiet der Kolonie. Man fährt immer geradeaus, überquert einige Querwege und erreicht nach insgesamt 4 km eine Kurve, der man folgt. Nun sieht man kurz darauf das Posthäuschen der Kolonie mit seinen Postfächern. Hier folgt man dem Weg nach links, fährt am geschlossenen Hotel - Restaurant - Suizo vorbei und gelangt schließlich nach etwa 1,5 km zum kleinen Almacen "Chico", wo man etwas zu trinken bekommen kann und freundlich in deut-

Kontrollposten auf der Picada 500

Beginn der Schweizer Kolonie Rosaleda

scher Sprache begrüßt wird.
Zurzeit leben noch etwa 30 Familien in der Kolonie Rosaleda. Als die ersten Siedler hierher kamen, gab es nur Buschland. Straßen mussten geschoben werden.
Trinkwasser konnte man wie im Chaco üblich kaum welches finden. Das Regenwasser wurde und wird in Zisternen gesammelt. Fast 30 km von Mcal. Estigarribia entfernt leben die Schweizer Familien auch heute noch unter manchen Widrigkeiten.
Lange Trockenperioden, staubige Winde, nach Regen kaum befahr-

Das Postfachhäuschen und die Einfahrt zum Almacen Chico

bare Verbindung zur Transchaco und trotzdem sieht man hier liebevoll gepflegte Häuser in schön angelegten Gärten. Die Parzellen sind groß, sodass die Häuser weit auseinanderliegen. Der letzte Informationsstand ist, dass das Hotel Suizo immer noch geschlossen ist.
Man fährt am besten den gleichen Weg zurück nach **Mcal. Estigarribia**. Die frühere kleine Garnisonsstadt hat sich in den letzten Jahren weiterentwickelt. Die Kleinstadt hat heute etwa 2000 Einwohner und einen großen Militärflugplatz, der links von der Transchaco hinter Kasernen auf einem Militärgelände liegt. Der zivile Ortsteil liegt rechts der Ruta. Hier findet man auch das Zollamt (Aduana), wo man sich, will man nach Bolivien ausreisen, den Ausreisestempel holen muss, und das große Busterminal. Die Kirche "Catedral Santa Maria" liegt im Zentrum. Im Museum "Museo del Vicariato Apostólico del Pilcomayo" werden hauptsächlich alte Gebrauchsgegenstände der indigenen Ureinwohner dieser Gegend ausgestellt.
Von hier aus sind es noch 258 km auf der jetzt durchgehend asphaltierten Transchaco zur bolivianischen Grenze. Bis La Patria ist diese immer noch in äußerst schlechtem Zustand.
Will man hier nach Bolivien einreisen, darf man auf keinen Fall vergessen, sich den Ausreisestempel vorab in Mcal.Estigarribia im Zollamt zu holen. An der Grenze gibt es sonst keine Ausreisemöglichkeit.

Abstecher 5
Parque Nacional Tte. Agripino Enciso - 129 km

Ausgangspunkt: Mcal. Estigarribia

Das Gebiet der Großestancia La Patria liegt 106 km hinter Mcal. Estigarribia in Richtung der bolivianischen Grenze. Die Transchaco verläuft hier meist kerzengerade durch den nur äußerst dünn besiedelten Teil des Hohen Chaco. Bei **S 21°21'07.1", W 61°31'19.4"** verlässt man die asphaltierte Straße geradeaus; links führt die Transchaco weiter zur bolivianischen Grenze.

Der **Parque Nacional Tte. Agripino Enciso** liegt im Hohen Chaco, also in einem sehr trockenen Bereich, 23 km von La Patria entfernt. Die Erdstraße zu diesem Nationalpark ist meist in einem guten Zustand und auch für einen PKW bei fast jeder Witterung zu befahren.

Hier regnet es durchschnittlich nur 400 mm im ganzen Jahr. Es gibt weder Fluss- oder Bachläufe noch Lagunen.

Ruta 8 im Hohen Chaco

Allerdings gibt es einige „tajamares", künstliche Wasserstellen, in denen das wenige Regenwasser gesammelt wird.

Sowohl die Vegetation als auch die Tierwelt haben sich diesen extremen klimatischen Verhältnissen angepasst.

Das Areal des Nationalparks hat eine Ausdehnung von 40.000 ha. Seinen Namen hat er von dem gleichnamigen Fortín, das im Chacokrieg eine bedeutende Rolle gespielt hat.

Hier wachsen die typischen Bäume des Hohen Chacos: Quebracho blanco, Flaschenbaum, Palo Santo, Coronillo und vor allen Dingen viele verschiedene Kakteenarten neben Dornengestrüpp und niederem Buschwald.

Typischer Kaktus im Hohen Chaco

Jaguar

rechts: Gürteltier

Die Tierwelt konnte sich in diesem fast menschenleeren Gebiet in vielfältiger Weise erhalten. So streifen Jaguar und Puma sowie Taguás, Gürteltiere und Ameisenbären durch die Gegend.

Der Artenreichtum der Vogelwelt ist unbeschreiblich.

austirnamazone

Der zu den Kuckucksvögeln gehörende „Guira Guira“, die grün gefiederten Blaustirnamazonen, der Tukan und der schwarz-weiße „Urraca común“ sind nur einige Beispiele.

Hyazinthara

Die Pfade und Wege stammen noch aus der Zeit des Chacokrieges. Am Beginn des Gebietes befindet sich der Sitz der Verwaltung (administración), fährt man die Erdstraße weiter liegt am oberen Ende der Kontrollposten "Siracua". Das ehemalige Fortín liegt gleich neben dem Verwaltungsbereich.

Hellroter Ara

Mit Erlaubnis der Parkverwaltung kann man in diesem Gebiet auch zelten und so die Natur hautnah erleben. Außerdem gibt es ein einfaches, aber gut eingerichtetes Gästehaus mit Klimaanlage und warmer Dusche. Pro Person zahlt man einen kleinen Beitrag an die Parkwächter von zurzeit ca. 50.000 GS.

unten: Pekarigruppe

Übersichtskarte zu Tour 9

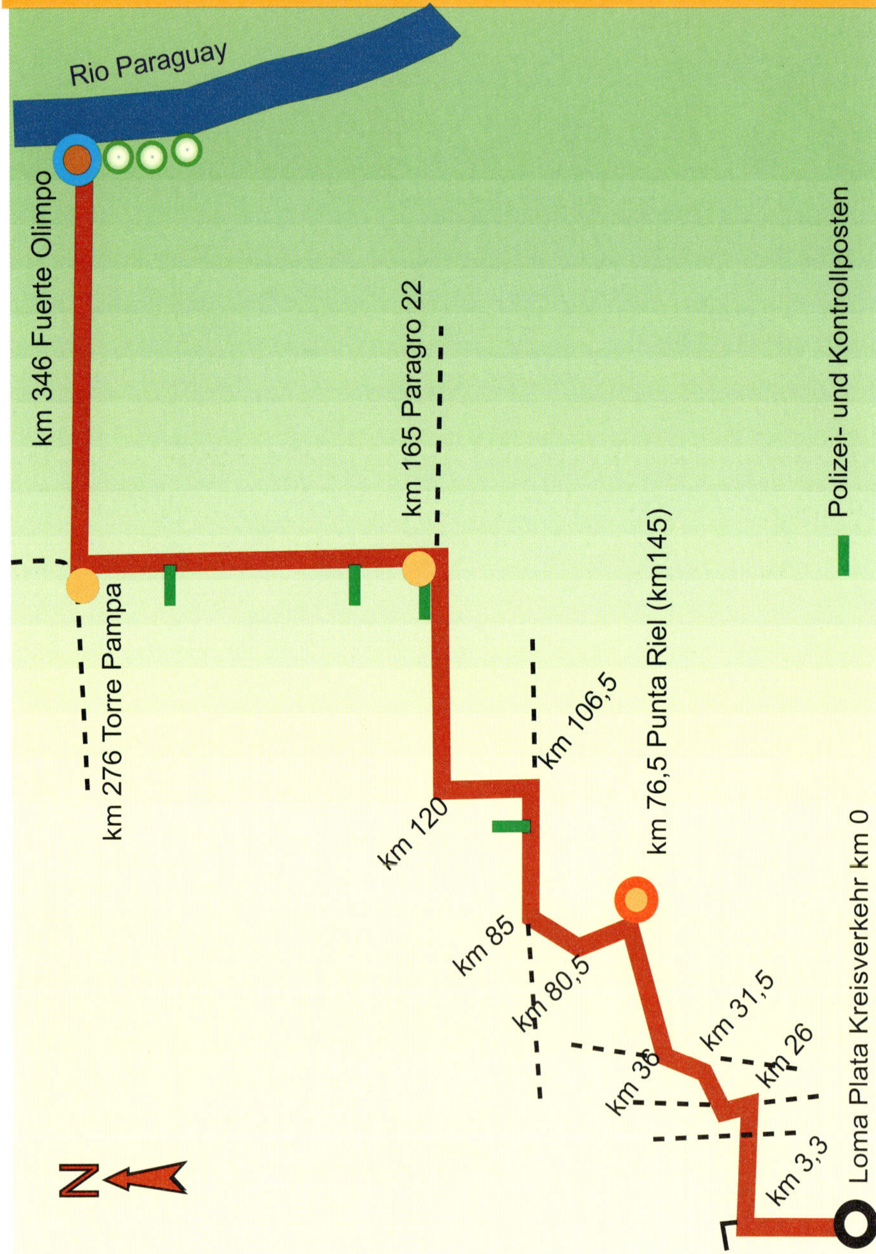

Tour 9
und Abstecher 6

Fahrt von Loma Plata nach Fuerte Olimpo - 346 km einfach
Zeit: ca. 8 bis 10 Stunden einfach

Ausgangspunkt: Loma Plata - Kreisverkehr **(S 22°2'38.4", W 59°50'13.2")**

Die Fahrt nach Fuerte Olimpo führt den Besucher in den unteren Bereich des Pantanals mit dessen besonderer Fauna und Flora.
Zu beachten ist, dass es auf der Wegstrecke dorthin zwar nach 276 km bei Torre Pampa zwei Tanksäulen gibt, wobei man jedoch nicht davon ausgehen kann, dass alle Treibstoffsorten immer vorrätig sind. Auch in Fuerte Olimpo ist eine Tankstelle im eigentlichen Sinne nicht vorhanden und man bekommt Treibstoff am schnellsten und einfachsten durch Mithilfe des Hoteliers. Es ist empfehlenswert genügend Treibstoff in Reservekanistern mitzuführen.
Man sollte auch ausreichend zu essen und zu trinken auf diese Fahrt mitnehmen, da es unterwegs fast keine Einkaufsmöglichkeiten gibt. Selbst in der Distrikthauptstadt, Fuerte Olimpo, ist das Angebot recht mager.
Der Zustand der Piste nach Fuerte Olimpo ist nicht immer für einen 4WD oder gar PKW zu befahren; man bedenke, dass Fuerte Olimpo im Sommer oft vier Monate auf dem Landweg nicht zu erreichen ist, weil die Straßenverhältnisse durch die Niederschläge derart schlecht sind, dass Fahrzeuge die Strecke nicht bewältigen können.
In der übrigen Zeit fährt ein Colectivo einmal die Woche von Asunción über Cruce Pioneros nach Fuerte Olimpo, wobei er um 17 Uhr Asunción verlässt und am nächsten Tag etwa gegen 10 Uhr Fuerte Olimpo erreicht.
Man muss also vor dieser Fahrt mit 4WD oder PKW unbedingt über den Straßenzustand Erkundigungen einholen. Hier ist man mit der Organisation DeSdelChaco in Loma Plata sehr gut verbunden.

Der erste Teil dieser Fahrt ist gleichzeitig

Abstecher 6: Punta Riel 76,5 km, Fahrtzeit ca. 1 1/2 Stunden
- Erd-/Sandstraße -

Die Fahrt beginnt am letzten Kreisverkehr der *Avenida Central* in Loma Plata nach dem Supermarkt, hier ist unser km 0.
Man fährt entlang der Flugpiste in Richtung Filadelfia. Nach ca. 3,3 km, kurz vor einer Linkskurve, an der die Piste nach Filadelfia abbiegt, führt rechts die Piste Richtung Osten, der wir folgen. Der Bewuchs beidseitig der Strecke ist typisch für den trockenen Chaco: mittelhoher, dichter Busch, in dem die hohen Kandelaberkakteen und Flaschenbäume wachsen. Am Straßenrand verläuft die Stromleitung. Bei km 13,6 führt nach links eine Erdstraße und bei km 16,1 mündet rechts eine Erdstraße ein. Nach 22,6 km überquert man eine Kreuzung, um bei Tachokilometer 26,1 die Ostgrenze der Kolonie Menno zu erreichen. (Etwa ab hier hat man auch keine Handyverbindung mehr.) Dort biegt man nach links und sofort darauf nach rechts ab. Die Stromleitung begleitet nun den Weg nicht mehr.
An der nächsten Querpiste (**S 22°20'59.6", W 59°34'16.6"**) bei km 31,5 biegt man nach links ab und folgt dieser eine kurze Wegstrecke, um bei km 36 an einer leicht versetzten

Kreuzung (**S 22°20'51.8", W 59°37'18.5"**) wieder einer Stromleitung nach rechts zu folgen. Bei km 49,1 führt eine Brücke über ein breites, meist fast ganz ausgetrocknetes Flussbett mit den typischen weißen, salzigen Ablagerungen.
Im weiteren Verlauf begleitet wieder ein undurchdringlicher Buschstreifen den Weg, hinter dem die Gebiete ausgedehnter Estancias liegen, was man nur an den hin und wieder großen Einfahrten erkennen kann. Bei km 55,4 passiert man den Eingang der Estancia Pozo Azul, um bei km 62,5 eine Kreuzung geradeaus zu überfahren, an der rechts die Zufahrt zu einer Indianersiedlung der Maskoy liegt.

An der Weggabelung bei Punta Riel, km 145

Bei km 76,5 dieser Fahrt, erreicht man in einer Linkskurve **(S 22°07'55.9", W 59°14'29.1")** die kurze Zufahrt zum Endpunkt - **Punta Riel** (= Spitze / Endpunkt der Schiene), „km 145" - der historischen Schmalspurbahn, mit der die ersten Mennoniten von Puerto Casado in den Chaco kamen. Bis zum Bau der Transchaco 1961 gingen alle Transporte von Asunción zu den Kolonien über diese Strecke und diese Eisenbahnstation. Die Öffnungszeiten des Informationszentrums, das etwas von der Kurve entfernt liegt, muss man in Loma Plata erfragen. Will man jedoch etwas von der alten Bahnlinie sehen, muss man hier an den Gebäuden vorbeifahren und dem kleinen Weg folgen, auf dessen Verlauf die alten Schienen erst rechts auf einem leicht erhöhten Bahnkörper liegen, später ist dieser auf der linken Seite zu

Punta rieles, Km 145, hasta donde llegó el transporte ferroviario. Hasta la construcción de la ruta Transchaco en 1961, todo el transporte entre la Capital y el interior del Chaco, pasó por dicha estación.

Dokumentation aus dem Unger - Museum in Filadelfia

finden.

Teilweise wurden die alten Schienen entfernt, wenn sie im Bereich einer Einfahrt zu einer Estancia lagen. Mit etwas Glück findet man noch intakte Stellen der alten Eisenbahnlinie, sogar kleine Brücken

Reste der ehemaligen Eisenbahnlinie

aus Holzkonstruktionen sind im Busch zu sehen. Im Augenblick lohnt es sich nicht, mehr als 10 km dem Bahnkörper zu folgen.

Weiterfahrt von Tour 9

Nach der Erkundung von Punta Riel muss man zu den neu erbauten Verwaltungsgebäuden zurückkehren. Von hier aus die Zufahrt zurück zur Piste und für die Tour nach Fuerte Olimpo nach rechts und nach 100 m gleich wieder nach rechts weiterfahren. Bei km 80,5 liegen zwei hohe aufgeschüttete Australtanks (Wasserspeicher) mit ihren Windrädern; etwa 4,5 km weiter trifft man auf eine Querstraße (**S 22°04'37.4", W 59°14'35.7"**), der man nach rechts, Richtung Osten, folgen muss. Den ersten Polizei- und Kontrollposten mit wenigen Häuschen auf der Strecke erreicht man bei km 95. Nach dessen Passieren biegt man nach weiteren 10 km bei **S 22°04'37.4", W 59°05'15.9"** nach links ab.

Geradeaus führt eine neue Sandpiste, die jedoch nach einigen Kilometern aufhört.

Jetzt kommt man langsam in den Bereich vieler Brücken. Auf der nächsten Strecke bis zum Punkt Paragro 22 überquert man drei Holzbrücken, bei denen es während der Trockenzeiten zum Teil Umfahrungen gibt, sodass man nicht die oft eigentümlich anmutenden Konstruktionen benutzen

Eine der vielen Brücken

Piste durch Palmenhaine nach Fuerte Olimpo

muss. Bei km 120,2 **(S 21°56'35.4", W 59°05'13.3")** führt die Piste nach einer Rechtskurve wieder nach Osten. Auch auf der folgenden Strecke weisen Einfahrten und kleine Erdstraßen auf in der Nähe liegenden Estancias hin.

Nach ca. 25 km öffnet sich die Landschaft und man fährt durch eine weite Grasebene, die durchsetzt ist mit Chacopalmen. Langsam wird die Gegend feuchter und nun kann man die ersten Vögel rechts und links der Piste sehen. Jetzt begleitet auch wieder eine Stromleitung den Weg. Der Palmenbewuchs nimmt zu, ganze Palmenhaine begleiten zeitweise die Wegstrecke. Nach einem ausgetrockneten, salzhaltigen Flussbett begleitet bis km 164,3, Paragro 22, wieder Buschwald beidseitig den Weg.

Bei **Paragro 22 (S 21°57'25.2", W 58°40'29.6")** liegt wiederum ein Polizeiposten mit einem meist geöffneten großen Tor (Hinweis: sollte ein solches Tor einmal geschlossen sein, kann man es selbstständig öffnen, muss es aber nach dem Hindurchfahren wieder schließen); hier muss man nach links abbiegen und fährt jetzt fast genau nach Norden.

Jetzt wird die „Hauptstraße" zum Verwaltungssitz Fuerte Olimpo einspurig und ähnelt eher einem Feldweg. Man erreicht nun langsam den Beginn des Pantanals, die Gegend wird sumpfiger.

Auf der Strecke bis Torre Pampa überfährt man insgesamt 53 kleine oder größere Brücken.

Kaiman im typischen Pantanal-Sumpfgebiet

Bei km 184,5 und km 200 passiert man bei einem Kontrollposten weitere große Gatter, die meist offen sind. Hier mündet ein Weg ein, der von Cruce Pioneros kommt. Nun wechseln sich Schilf, Buschwald und Palmenhaine ab; ab und zu weisen wieder große Eingangstore auf Estancias hin. Bei km 240,4 erreicht man den Punkt Retiro 24 und die Estancia Bufalo, 3 km weiter liegen an einer kleinen Lagune einige Holzhäuser. Hier bietet sich wieder die Gelegenheit, die vielfältige Vogelwelt eines Feuchtgebietes zu beobachten. Nachdem man das Tor passiert hat, erreicht man bei km 256,7 wieder einen Polizeiposten mit einem Gatter. Jetzt begleiten die Sumpfgebiete und Palmwälder den weiteren Weg und Störche, Reiher, Entenvögel, Jaribus fliegen auf oder kreisen am blauen Himmel.

Jaribu - südamerikanischer Storchenvogel

Bei km 277 liegt **Torre Pampa (S 21°0'09.3", W 58°28'56.0").** Hier stehen rechts zwei Tanksäulen; ein Hinweisschild nach links weist auf Despensa, Farmacia und mehr hin. Hier biegt man nach rechts ab und die letzte Wegstrecke nach Fuerte Olimpo, dem Verwaltungssitz des Departements Alto Paraguay, beginnt. Etwa 10 km begleitet Buschwald den Weg, um dann mehr und mehr durch große Feuchtgebiete und Palmenhaine abgelöst zu werden. Zwanzig Brücken oder Brückchen muss man überqueren, die den allgemein üblichen Holzkonstruktionen entsprechen. Man achte hier auf die Spurbreite des Fahrzeuges in Bezug auf die aufgenagelten Längsbretter der Brücke. Die letzten 16 km fährt man durch regelrechte Palmwälder. Rechts und links liegen Estancias, die man jedoch nur noch an den Eingangstoren erkennt.
Sieht man die drei grünen Hügel, "**Tres Hermanas**", die das Wahrzeichen von Fuerte Olimpo sind und sich aus dem ebenen Land er-

Vogelparadies im Pantanal

heben, hat man sein Ziel fast erreicht. Auf dem mittleren befindet sich eine Antenne. Hier hinauf führt eine mehr oder weniger intakte Stiege.
Bei km 346 erreicht man das hölzerne „Stadtgatter" von **Fuerte Olimpo**.
Dieser Ort wurde am 25. September 1702 als Verteidigungsanlage gegen die vorrückenden Portugiesen errichtet und hieß damals Fuerte Borbón. 1812 benannte Gaspar Rodrigues de Francia den Ort um in Fuerte Olimpo.

Wahrzeichen von Fuerte Olimpo - „Tres Hermanas“

Nach dem Stadtgatter muss man auf einen Damm fahren, dem man nach links ca. 300 m folgt, um ihn dann nach rechts zu verlassen. Jetzt fährt man auf die Türme der Kirche zu, die auf einer kleinen Erhebung liegt und gut zu sehen ist. Nach weitern 240 m biegt man nach rechts und an der nächsten Ecke links ab. Jetzt hat man gleich den Obelisken von Fuerte Olimpo und das „Zentrum“ erreicht. Fuerte Olimpo besteht zum größten Teil aus Holzhäuschen und einigen Steingebäuden.
Gegenüber dem kleinen Gebäude von Senacsa liegt das kleine "Hotel - Chaco Pantanal“. Schräg gegenüber bietet die Hospedaje "Damy" Unterkünfte an. Die Zimmer des "Hotels" entsprechen jedoch keineswegs den Vorstellungen eines Europäers, spärlich eingerichtet mit Gemeinschaftsdusche und WC. Sie genügen jedoch höchstens den einfachen Ansprüchen von abenteuersuchenden Rucksacktouristen.
Fährt man am Obelisken geradeaus, trifft man auf eine betonierte Querstraße, die parallel zum Rio Paraguay verläuft. Wendet man sich nach rechts erinnert ein älteres, auf Stelzen stehendes Holzhaus, das „Hotel AA“ daran, dass nicht nur früher der ganze Verkehr über den Wasserweg erfolgte. Rechts davon soll wohl eine Anle-

AA - Hotel am Rio Paraguay

„Nachtidylle“

gestelle für das in Asunción stationierte Ausflugsschiff entstehen.
Links kann man auf einem Erdwall ein Stück am Rio Paraguay entlang gehen, der hier breit, aber mitunter mit starker Strömung dahinfließt und oft größere und kleinere Inseln aus Wasserpflanzen mitführt. Auf der gegenüberliegenden Seite liegt hier Brasilien. Das rot-goldene Licht des Sonnenuntergangs verzaubert Landschaft und Fluss. Über eine Treppe erreicht man die "Kathedrale" des Örtchens und hat von hier oben einen sehr schönen Blick auf die Landschaft des Rio Paraguay. In der Ferne erheben sich einzelne Berge und Bergrücken im Dunst des brasilianischen Pantanals. Das kleine Museo de los Pueblos Indígenas enthält viel über die Kultur der Ureinwohner. Nach dem Weg fragen sie in Ihrem Hotel. Kurz nach Sonnenuntergang ist es hier schnell fast dunkel und das Leben auf den Straßen hört bald danach auf. Die Pferde und Esel ziehen nach Hause, vereinzelt fahren Jugendliche auf ihren Motorrädern oder Fahrrädern zu ihren Treffpunkten. Auf Anfrage kann man im Hotel eine Kleinigkeit zu Essen bekommen, meist Milanesa aus Flussfisch und die bekannten trockenen Brotkugeln. Bei Bier oder anderen Erfrischungsgetränken kann man die Stille der Nacht genießen, wenn man nicht gerade irgendwo ein Radio oder Fernseher dröhnt. Frühstück am Morgen im Hotel ist oft unbekannt.

Mussurana (Clelia occipitolutea") in der Morgensonne

Die Rückfahrt sollte man kurz nach Sonnenaufgang beginnen, um genügend Zeit für einige schöne Tieraufnahmen und Tierbeobachtungen zu haben. Jetzt sieht man die meisten Vögel, die Schlangen sonnen sich auf dem sich langsam erwärmenden Sand der Straße. Kaimane genießen die Wärme der Sonne auf dem Trocknen. Wenn man Glück hat, kann man ein Gürteltier sehen, das auf dem Weg zu seinem Bau ist, um dort den Tag bis zum Einbruch der Nacht zu verbringen.

Übernachtungsmöglichkeiten - Tour 9

Fuerte Olimpo
> AA Hotel direkt am Rio Paraguay gelegen, Tel.: +595 497 281017
> Hotel CHACO PANTANAL, gegenüber Sencasa, Tel: +595 497 281027
> Hospedaje DAMY, Tel.: +595 497 281142

Tour 10
Abenteuerfahrt in den Hohen Chaco zum Cerro León
220 km einfach

reine Fahrzeit: ca. 6 ½ Stunden einfache Strecke

Ausgangspunkt für diese „Expedition“ (km 0) ist der Abzweig von der Transchaco schräg gegenüber des Eingangs zum Militärgelände Mcal. Estigarribia; von hier aus 220 km einfach

Allgemeine Hinweise

Da es sich bei dieser Fahrt schon mehr um eine kleine Expedition handelt, folgende Hinweise:

Bei schlechtem oder unbeständigem Wetter ist diese Fahrt nicht durchzuführen. In der Regel benötigt man einen Geländewagen; einem guten Fahrer gelingt bei vorsichtiger Fahrweise die Bewältigung der Strecke auch mit einem normalen PKW (Begleitfahrzeug ist empfehlenswert). Es ist auf jeden Fall notwendig, sich vorher gut über den derzeitigen Zustand der Straßen und Fahrwege zu erkundigen. Zeitweise können Teile des Weges nicht einmal für Geländefahrzeuge befahrbar sein. Wer das Gebiet des Cerro León besuchen möchte, sollte unbedingt entsprechende Informationen bei der Fundación DeSdel Chaco in Loma Plata einholen.

Nötige Zusatzausrüstungen sind Spaten, Machete, Abschleppseil, Detaillandkarte, Kompass/ GPS, Taschenlampe, des weiteren ausreichend Trinkwasser, Nahrungsmittel und zusätzlicher Treibstoff, auch für den Rückweg, da es ab Mcal. Estigarribia auf der ganzen Strecke keine Tankstelle mehr gibt. Sonnen- und Insektenschutz, zum Beispiel Spray oder Moskitonetz, sind unab-

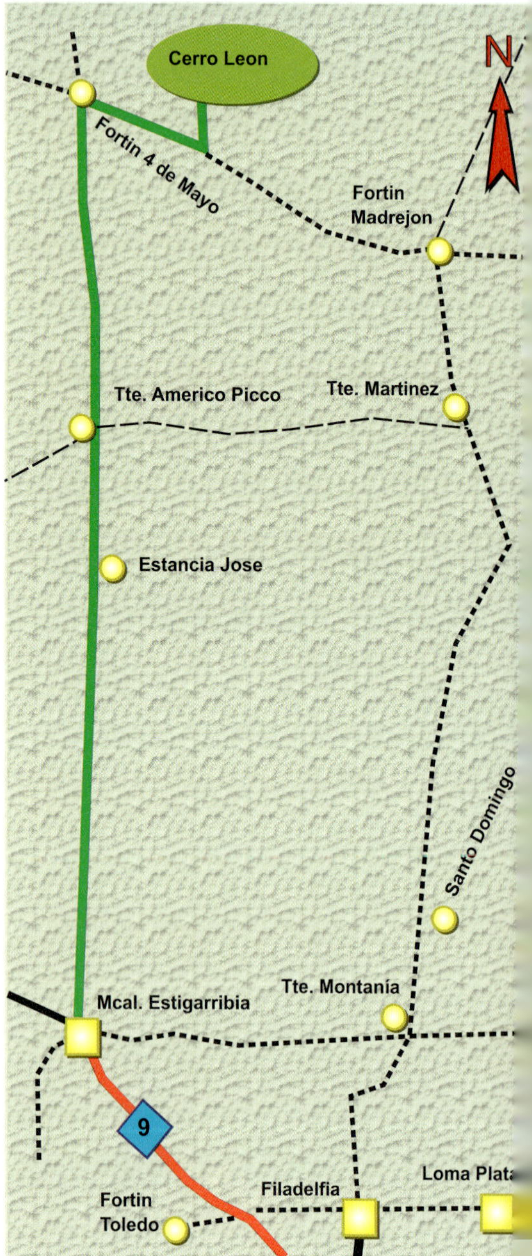

dingbar notwendig. Für Wanderungen sind festes Schuhwerk und Kopfbedeckung unerlässlich.
Da die Fahrt an einem Tag hin und zurück fast unmöglich ist, benötigt man auch die Ausrüstung für eine Outdoor-Übernachtung. Man sollte auch unbedingt hinterlassen, zum Beispiel im Hotel, dass man eine Fahrt zum Cerro León unternimmt. Als Alternative besteht die Möglichkeit, die 49 km nach Fortín Madrejón zu fahren. Dort besteht die Möglichkeit in einem einfachen Gästehaus zu übernachten.
Diese Tour wurde unter Zugrundelegung der Sicherheitsmaßnahmen selbst mit einem ganz normalen PKW gefahren. Von Loma Plata bzw. Filadelfia aus fährt man zur Transchaco und folgt dieser Richtung Mcal. Estigarribia. Je nach Ausgangspunkt sind es bis dorthin ca. 100 km.
Etwa 500 m hinter dem Eingang zur Kaserne in **Mcal. Estigarribia** liegt die letzte Tankstelle auf unserem Weg. Hier sollte man volltanken und das Fahrzeug noch einmal vollständig überprüfen.
Schon 1,6 km nach der Tankstelle verlassen wir die asphaltierte Transchaco nach rechts, gegenüber dem großen Eingangstor zur 6. Infanteriedivision (km 0 dieser Expedition, **S 22°00'40.0", W 60°36'44.9"**, um nun einer breiten, gut befahrbaren Piste zu folgen. Die gute Beschaffenheit verleitet den Fahrer leicht dazu, die Geschwindigkeit sehr zu erhöhen.
Dies ist aber nicht ratsam, denn die dunklen Stellen auf der Fahrbahn erweisen sich meist als sehr lang gezogene, mehr oder weniger tiefe Senken, die bei sehr schneller Fahrt gefährlich werden können. Die Piste führt nun weiter, gesäumt von Dickicht, auf dem sich als beiger Belag die Staubfahnen der Fahrzeuge ablagern. Die dazwischen wachsenden oft mehrere Meter hohen Kakteen mit Blüten und Früchten fordern zu einem kurzen Fotostopp auf.

Typische breite Piste im Hohen Chaco

Vorbei an den verschlossenen Einfahrten zu großen Estancias passiert man ein einsam stehendes Schild, das uns sagt, dass wir schon 600 km von Asunción entfernt sind.
Auf unserem weiteren Weg fahren wir nach 76 km an einer kleinen Farm und nach 104 km an der Estancia San Juan vorbei. Der Militärposten „Tte. Americo Picco" gegenüber der Estancia San Thomas liegt bei km 110. Unterwegs bieten sich immer wieder Fotoobjekte, wie ein blühender Lapa-

cho oder ein markanter Flaschenbaum, vorüberziehende Sittiche oder gar ein Papagei oder sogar ein Tukan an.

Wir folgen der Piste weitere 76 km, die jetzt vermehrt teils gefährliche Schlaglöcher, Spurrinnen und Aufwerfungen aus loser Erde oder Sand aufweist, um sie dann direkt vor der Militäranlage, dem **Fortín 4 de Mayo** (Gral. Patricio Colman genannt) bei km 186 (**S 20°22'35.9", W 60°32'04.7"**) nach rechts, unter den verwunderten Blicken der wachhabenden Soldaten, zu verlassen.

Fortín 4 de Mayo

Für die Strecke ab km 0 bis hierher muss man unter günstigsten Bedingungen vier Stunden Fahrzeit ansetzen.

Der jetzt beginnende Fahrweg ist auf der Landkarte als die Verbindung zum Fortín Madrejón, vorbei am Cerro León eingezeichnet. Es handelt sich um einen ca. 2,5 m breiten Weg. Hier hat man direkte Berührung mit der umgebenden Natur in Gestalt von Bäumen, Büschen, Schmetterlingen und sonstigen Insekten. Größere Tiere sieht man meist nicht, da diese vor dem jetzt sehr langsam herannahenden Fahrzeug flüchten. Wenn man Glück hat, steht an einem der Wasserlöcher trotzdem einmal ein Taguá oder gar ein Tapir. Fahrer und Beifahrer sind aber in der Regel damit ausgelastet, sich auf den Weg zu konzentrieren. Zeitweise sind vorhandene Spurrillen so tief und können nicht umfahren werden, dass es notwendig wird, dass der Beifahrer aussteigt und so einweist, dass das Fahrzeug auf den erhabenen Rändern bzw. der erhabenen Mitte passieren kann. Sollte es abrutschen, würde es, bedingt durch teils knietiefe Furchen vollständig aufsitzen und wäre mit eigener Kraft wohl nicht mehr zu bewegen.

Hat man diese Stellen glücklich passiert, erreicht man nach 27 km und etwa 1 ½ Stunden Fahrzeit das aus Holz gearbeitete Hinweisschild „Cerro León 5 km" (**S 22°28'34.5", W 60°19'08.2"**), nach links. Hier beginnt ein schmaler Weg, der im weiteren Verlauf teils mit hohem Gras bestanden ist. Links stehen drei neu erbaute kleine Steinhäuser, die zum Nationalpark „Defensores del Chaco" gehören. Am Ende des Fahrweges findet man sich auf einer frei gehaltenen Fläche, dem Campamiento, wieder.

Von dieser Stelle aus führt ein beschilderter Wanderrundweg „sendero", in den Bereich des Cerro León hinein, dem man leicht zu Fuß folgen kann. Da nun in der Regel eine

Schwierige Wegstrecke zum Cerro León

Übernachtung notwendig wird, sollte man alsbald das Lager einrichten oder rechtzeitig die 50 km zum Fortín Madrejón weiterzufahren, da die Dämmerungsphase sehr kurz ist.

Landschaft am Cerro León

Während dieser Zeit sieht man eine Menge großer wie kleiner, unbekannter Vögel vorbeiziehen. Die Geräusche aus dem Urwald sind für einen Europäer völlig neu und fremdartig, allerdings nicht die Mücken, von denen man alsbald heimgesucht wird. Nach dem schnellen Einbruch der Dunkelheit fasziniert der Sternenhimmel des Südens oder die zu Tausenden umherschwirrenden Glühwürmchen. Es ist schon ein eigentümliches Gefühl zu wissen, dass in einem Umkreis von ca. 25 km wohl kein anderes menschliches Wesen ist. Für den Rückweg empfiehlt sich die gleiche Strecke.

Alternativer Rückweg 287 km:
Der Weg über Fortín Madrejón, **S 20°37'43.6", W 59°52'46.8"** (50 km von Cerro León) – dann rechts 32 km bis Tte. Martinéz, weiter ca. 140 km bis Santo Domingo (Indianersiedlung) – 15 km bis Tte. Montanía **S 22°03'16.5", W 5957'08.8"** – 50 km bis Filadelfia. Dieser Weg ist auch eine interessante und abwechslungsreiche Strecke.

Eingang zum Fortín Madrejón

Übernachtungsmöglichkeit in Mcal. Estigarribia

> Hotel LA LAGUNA, Tel.: +595 494 247250
> Hotel DEL TRANSITO, Tel.: +595 494 247211
> Hospedaje ARAMI, Avda. Mcal. José F. Estigarribia, Ecke Fortín Carnacho 1299, 100 m vor der „Division de Infateria", Tel.: +595 494 247277

Special 1: „Paraguayisches"

Flugplatz	erschrecken Sie nicht, wenn Sie am Zoll teilweise Koffer oder Taschen öffnen müssen; das ist normal, was gesucht wird, ist nicht klar. Kofferschlüssel bereihalten! Es bewährt sich einen Kofferträger zu nehmen; die Abfertigung geht dann oft schneller.
Grußformel	Como esá? oder Que tal? erfordert, gleich wie es geht, immer die Antwort: „muy bien"
Begrüßungs-zeremonie	unter Bekannten, Freunden üblich: Umarmung mit rechte Wange an rechte Wange, dann linke Wange an linke Wange
Hand geben	ist äußerst beliebt und bei jeder Begrüßung / Verabschiedung üblich; selbst der kontrollierende Polizist liebt es.
klatschen	Meistens gibt es keine Klingel (timbre) oder ähnliches. Man betritt aber keinesfalls ein Grundstück oder Haus, sondern klatscht mehrfach kräftig und laut in die Hände.
„adelante"	Aufforderung: „Kommen Sie herein!"
Daumen hoch	bedeutet: ist in Ordnung; war gut; geht gut; freue mich; bin einverstanden; usw.
mañana	Der Europäer übersetzt hier „morgen", aber üblicherweise meint es: heute nicht; wann, bleibt dabei offen
Adresse außerhalb der Stadt	Straßen und Hausnummern sind hier selten: Meist bekommt man als Adresse die km - Zahl; z.B.: XY findet man bei km ZZ auf der Ruta X (Nummer der Ruta)
Adresse innerhalb der Stadt	Straße und Hausnummer; zusätzlich die Angaben, da die Straßen oft sehr lang sind: cerca (nahe) oder esquina (Ecke) einer Straße XY bzw. y (zwischen) Straße X und Straße Y
Busfahren in Asunción	ist kein Problem. Man muss nicht unbedingt an einer Haltestelle sein. Sieht man „seinen" Bus, so reicht es, die Hand auszustrecken (ähnlich Anhalter) und normalerweise hält der Bus. Bezahlt wird beim Fahrer und der Fahrschein gilt bis zum Aussteigen. Beim Wechsel des Busses ist erneut zu zahlen.
Brot	Brot in unserem Sinne kennen die Paraguayer nicht. Dies ist nur bei den Mennoniten und einigen deutschen Bäckern erhältlich. In den großen Supermärkten bekommt man „Pan Integral", ein meist weiches, etwas dunkleres Brot, in das sich einige Körner verirrt haben.Die gummiartigen Hamburgerbrötchen sind auch erhältlch. „Pan Felipe"ist frisch und warm recht wohlschmeckend.

Einheimisches Essen	Die Einheimischen essen gerne in Bars oder Copetíns. Dort bekommt man Getränke oder kleine Imbisse. Zur Mittagszeit werden hier meist zwei oder drei verschiedene kleinere Gerichte angeboten. Diese sind in der Regel sättigend, wohlschmeckend und gut verträglich, außerdem auch recht preisgünstig
Supermarkt	In den meisten großen Supermärkten kann man mit Kreditkarte bezahlen. Es ist üblich, dass das Gekaufte von Kindern/ Jugendlichen an der Kasse in Plastiktüten verpackt, zum Auto transportiert und dort eingeladen wird. Es wird ein kleines Trinkgeld erwartet.
Kaffee	Man befindet sich zwar in einem Land, in dem Kaffee angebaut wird, doch der hier erhältliche Bohnenkaffee ist für europäische Gaumen kaum akzeptabel. Er ist entweder äußerst bitter oder das Kaffeepulver ist bereits mit Zucker versetzt. Bessere Hotels und Restaurants servieren brasilianischen Kaffee. Sehr oft muss man sich mit Nescafé-Granulat und heißem Wasser zufrieden geben.
Arzt	Es ist absolut undenkbar, dass, auch bei einem Notfall in Paraguay ein Arzt ins Haus kommt. Ausnahmen gibt es neuerdings in großen Städten
Medico / Medica	Diese Bezeichnung wird für Menschen benutzt, die sich mit Heilpflanzen auskennen und die bei kleinen „Wehwehchen“ um Rat gefragt werden. Der studierte Arzt wird als „doctor“ bezeichnet.
Alkohlverbot	Eine Besonderheit bei Wahlen: Ab dem Vorabend 19 Uhr besteht für 24 Stunden das generelle Verbot, Alkohol zu verkaufen.

Gekochte Mandioca

Special 2: Landestypische Speisen und Getränke

Asado	= Gebratenes, Braten meist:auf dem Grill Gebratenes: Fleisch, Geflügel, Würstchen und auch Fisch
Beefe á Caballo	Dieses einfache Essen bekommt man fast überall. Es handelt sich um ein Stück dünnes, gebratenes Rindfleisch, auf dem gedünstete Zweibeln aufgetürmt und mit einem Spiegelei abgedeckt werden. Dazu werden Brötchen oder Mandioca gereicht.
Borí-Borí	Gemüsesuppe mit Maisklößchen
Chipa	Gebäck aus Maismehl, Käse, Eier, Stärke, Schmalz und Gewürzen. Es schmeckt am besten frisch und noch warm. Die runden „Kringel“ sind sehr nahrhaft und sättigend und werden meist an den Rutas verkauft.
Chipa Guazú	herzhafter kuchenartiger Auflauf aus gequetschtem jungen Mais, Öl, Eiern und manchmal Käse.
Chorizo	pikante Würstchen zum Grillen
Dorado	Speisefisch mit festem Fleisch, auch vom Grill
Estofado	Gulasch, meist mit Nudeln
Empañadas	mit Fleisch, Käse oder Huhn gefüllte kleine Teigtaschen
Guiso	eine Art Eintopf mit Fleisch oder Hackfleisch, Gemüse (Bohnen, Karotten, etc.) und Reis oder Nudeln, der in einem dreiviertelkugelförmigen Topf aus Gusseisen meist über offenem Feuer gegart wird.
Lomito	Lendenfiletsteak vom Rind
Mandioca	gekochte kartoffelähnliche Beilage; das Grundnahrungsmittel in Paraguay
Milanesa	ähnlich des Wiener Schnitzels, nur dünner
Pollo para llevar	gegrilltes Hähnchen zum Mitnehmen
Puchero	in Brühe gekochtes Knochenfleisch von Rind oder Huhn, manchmal mit Maisklöschen, Nudeln und Gemüse angereichert. Dazu gibt es Mandioca. Vergleich: Suppenfleisch mit Kartofeln
Queso Paraguayo	ein relativ geschmackloser Weichkäse aus Kuhmilch

Sopa Paraguaya — Keine Suppe! Auflauf aus Maismehl, Öl, Milch, Zweibeln, Käse und Eiern

Surubi — Fisch mit wohlschmeckendem, festem Fleisch; schmeckt am besten gegrillt oder als Milanesa

Getränke

Caipirinha — brasilianischen Ursprungs: Zuckerrorschnaps, Zucker und Limonenstückchen, auf gestoßenem Eis
Dieses Getränk hat viel Alkohol und Kopfschmerzpotenzial.

Cerveza — Bier - paraguayisches Bier ist qualitativ sehr gut. Es wird in Flaschen und Dosen oder auch als Chop, frischgezapftes Bier, vertrieben. Bekannte nationale Biere sind u.a. Baviera, Brahma, Munic und Pilsen.

Maté — heißes Teegetränk aus Yerba Mateblättern

Teréré — eiskalter Yerba Mate Tee - siehe Special 3

Jugo — Saft: entweder frisch gepresst oder im Tetrapack

Gaseosa — kohlensäurehaltige Limonadengetränkewie Coca Cola, landestypisch ist die Geschmacksrichtung Guaraná

Typische Grillstände am Straßenrand

Special 3: Teréré und Ritual

Wenn man in Paraguay unterwegs ist, bleibt es nicht aus, dass man Teréré angeboten bekommt und zum Trinken eingeladen wird.

Überall, gleich ob auf der Straße, im Geschäft, in der Behörde, im Taxi oder im Bus sieht man Menschen, die in der einen Hand ein Thermosgefäß tragen, in dem an kühlen Tagen heißes, aber während der meisten Zeit eiskaltes Wasser enthalten ist. Dafür kann man überall speziell geformtes Eis (hielo para teréré) in Plastikbeuteln kaufen. Dieses passt genau in das Gefäß und kühlt das Wasser auf die passende Temperatur.
Dazu gehört in der anderen Hand ein Becher mit speziellem Röhrchen, dessen Ende in ein löffelartiges Sieb übergeht. Teréré bzw. Matetee ist das Nationalgetränk Paraguays. Es ist aber genauso in Argentinien, Uruguay und Brasilien beliebt.
Man trinkt es immer und überall, soziale Unterschiede gibt es hierbei nicht.

Nationalgetränk - Teréré

Vielfalt des Matetees

Schon die Guaraní-Indianer haben die Blätter des Yerba-Mate-Strauches zur Teeherstellung benutzt.
Wird man in die Teréré-Runde eingeladen, so darf man dies ganz sicherlich als Wertschätzung betrachten. Als Europäer muss man sich erst an den etwas nikotinähnlichen Geschmack gewöhnen; auch ist die Sitte, dass alle aus dem gleichen Becher und dem gleichen Röhrchen saugen aus hygienischen Gründen äußerst gewöhnungsbedürftig. Für eine Ablehnung sollte man sich allerdings eine gute Begründung einfallen lassen, um den Gastgeber nicht zu beleidigen.

Handhabung des Rituals:
Dabei wird ein Trinkbecher aus Horn oder Edelholz zu ca. 1/3 mit den gerösteten, zerriebenen Teeblättern gefüllt. Die bombilla, ein Trinkröhrchen aus Metall, mit einem Sieb am Ende, wird fest hineingestellt und das Ganze wird dann für den durstlöschenden Teréré mit eiskaltem Wasser aufgegossen.
Am Morgen oder im Winter benutzt man heißes, aber nicht kochendes Wasser für Matetee.
Der Becher macht nun die Runde: Zuerst bekommt derjenige, der zur Rechten des Wassereingießenden sitzt, den gefüllten Becher. Hat er ihn bis auf den letzten Tropfen leer getrunken – es sind nicht mehr als zwei oder drei Schlucke Tee - gibt er ihn zurück und der Becher wird erneut gefüllt und weiter nach rechts zum Übernächsten gereicht.
Zuletzt trinkt derjenige in der Runde, der das Wasser eingießt.
Danach beginnt die Runde von vorne. Möchte man keinen Tee mehr, lehnt man mit einem freundlichen „gracias“ ab, und wird dann ab diesem Zeitpunkt immer übergangen.
Beim Teréré trinken wird über vieles gesprochen:
Ereignisse am Wohnort, die aktuellen Vorkommnisse, Dinge des Arbeitslebens. Aber auch als Gast wird man über sein Land und seinen Beruf befragt. Gleichermaßen ist die Teréré-Runde der einleitende Bestandteil der meisten geschäftlichen Besprechungen, in der die üblichen Höflichkeitsformen ausgetauscht werden.
Das heißt, dass das Teréré-Ritual weder aus dem privaten, noch aus dem öffentlichen, noch aus dem Geschäftsleben wegzudenken ist.

Zugleich hat dieser Tee viele Vorzüge:
Er löscht fantastisch den großen Durst und dämpft großen Appetit. Seine medizinische Bedeutung ist nicht zu vernachlässigen:
Er gilt als harntreibend und kräftigend. Ebenso wirkt er sehr anregend, enthält aber weniger Koffein als Kaffee. Das enthaltene Calcium, Eisen, sowie die Vitamine A und B sollen die Intelligenz und den Muskelaufbau fördern. Sogar kleinen Kindern gibt man davon zu trinken.
Oft werden dem Getränk auch Kräuter zugefügt, die eine zusätzliche medizinische Wirkung haben sollen.

Special 4: Autofahren in Paraguay

Außerhalb der Städte muss immer, also auch am Tag, mit Abblendlicht gefahren werden, und es besteht Anschnallpflicht. Es sei ausdrücklich darauf hingewiesen, dass beim Führen eines Fahrzeuges 0,0 Promille einzuhalten sind. Alkoholkontrollen werden durchgeführt; dies alles wird durch die Polizei eifrig kontrolliert und geahndet. Erhält man eine Strafe (multa), wird erwartet, dass man sie sofort und ohne Quittung begleicht. Sonst erhält man eine „nota“ = Vordruck, unter dessen Vorlage man in der dazugehörenden Dienststelle bezahlen muss. An anderer Stelle ist das nicht möglich, da in diesem Fall Dokumente einbehalten werden.

In Paraguay gelten im Straßenverkehr die internationalen Regeln, Verkehrsschilder und das Rechtsfahrgebot.
Daher ist es für den geübten Fahrer nicht allzu schwer, sich im Land mit dem Auto zu bewegen.
Es gibt einige landesspezifische Eigenheiten und Gefahrenquellen:

- In Asunción und in anderen Städten wird die erlaubte Fahrtrichtung auch durch kleine weiße Pfeile auf / an dem Schild mit dem Straßennamen angegeben (Einbahnstraßen).

- In Asunción wird auf zweispurigen Straßen gerne dreispurig gefahren, offenbar ist die „mittlere der beiden Fahrbahnen“ die Schönste. Im Bereich von Ampelkreuzungen ist somit ein Einfädeln notwendig. Da das Reißverschluss-System offenbar unbekannt ist, gilt die Faustregel: wer weiter vorne ist, ist der Nächste.

- Asphaltierte Straßen werden als vorfahrtsberechtigt betrachtet, sofern kein anderes Verkehrsschild vorhanden ist. Die Vorfahrtsregelungen, besonders in Asunción, sind mitunter sehr verworren.

- Ampeln stehen gerne auf der gegenüberliegenden Seite der Kreuzung, sodass man sie leicht zu spät sieht.

- Lichthupe und Hupe bedeuten im Gegensatz zu Europa:
  ich komme, **ich** fahre.

- Es gilt zwar das Rechtsfahrgebot, aber oft fahren auf zweispurigen Fahrbahnen Fahrzeuge, auch langsame, kontinuierlich auf der linken Spur. Die Einheimischen fahren an diesen einfach rechts vorbei.

- Die durchgezogene oder Doppellinie sollte man unbedingt respektieren.

- Tanken: Man bleibt im Auto sitzen und gibt dem Tankwart den Tankschlüssel. Man sagt, was man möchte: voll tanken, eine bestimmte Literzahl oder für einen bestimmten Betrag tanken. Letzteres ist weit verbreitet.

Autowäsche während des Tankens

Scheiben wischen: An vielen Ampeln in Asunción eine beliebte (Un-)Sitte. Vor allem Kinder versuchen, sich so einige Guaranís zu verdienen. Will man diesen „Service“ nicht, winkt man kurz ab; denn der Scheibenputzer putzt auch absolut saubere Scheiben.

„Lomadas“, mehr oder minder hohe rundliche Asphaltschwellen, am Ortseingang und – ausgang sind manchmal leicht zu übersehen, wenn das Hinweisschild fehlt, und können bei zu hoher Geschwindigkeit böse Schäden am Fahrzeug verursachen. Das Gleiche gilt für Querrillen.

Warnschild für Lomada - Straßenschwelle

- Im Großraum Asunción und den an den großen Rutas haben sich mittlerweile erste Radarkontrollen etabliert.

- Parken in Asunción-Innenstadt: Es ist empfehlenswert Parkhäuser oder Parkplätze zu benutzen. Abschleppen oder Parkkrallen sind hier durchaus gängig. Den Autoschlüssel sollte man aber, wie oft auf kleineren Parkplätzen gefordert, möglichst nicht abgeben.
  Von 13 Uhr bis 15 Uhr ist auf ausgewiesenen Parkflächen im Zentrum kein Parkschein notwenig, ebenso an Sonntagen.

- Erste Hilfe Ausstattung ist inzwischen vorgeschrieben, aber meist noch nicht vorhanden.

Ist man mit dem Auto auf dem Lande unterwegs, ist es nicht ungewöhnlich, in eine Polizeikontrolle zu geraten. Man sollte die Papiere bereithalten. Es werden Autopapiere (des Vermieters), internationaler Führerschein und eventuell der Pass gefordert. Auch nach dem Vorhandensein eines funktionierenden Feuerlöschers (Druckanzeige und Gültigkeitsdatum) und **zwei** Warndreiecken wird man gefragt und muss diese mitunter auch vorweisen. Meist kann man nach den Fragen des Woher und Wohin weiterfahren. Gerne wird auch unter manchmal fadenscheinigen Vorwänden bei Touristen versucht, eine „multa“ (Geldstrafe) zu fordern, natürlich ohne Quittung.

Gefahrenstellen bei Überlandfahrten

- Bei Dunkelheit: schlecht oder gar nicht beleuchtete Fuhrwerke oder Lkw und Tiere auf der Fahrbahn

- Diverse kleinere Tiere, die frei herumlaufen

- Rinder, die in gemächlichem Schritt die Fahrbahn überqueren, reagieren nicht auf Hupen, sind aber meist ausreichend frühzeitig zu erkennen.

- ***Lebensgefahr Pferde***:
  Diese Tiere sind in der Regel angebunden, aber manchmal löst sich der Strick oder andere Pferde laufen einfach frei herum. Da Pferde Fluchttiere und damit sehr schnell sind, können sie innerhalb von Sekunden auf der Fahrbahn erscheinen. Ein Brems- oder Ausweichmanöver kann, wie in vielen anderen Fällen auch, zu schwerem oder tödlichem Unfall führen. Dies gilt besonders auf allen großen Rutas, da dort entsprechend schnell gefahren wird.

Kleines Wörterbuch für Autofahrer

deutsch	spanisch	deutsch	spanisch
unterwegs		**Panne**	
wohin?	adonde?	Warndreieck	triangolo
woher?	dedonde?	Reserverad	rueda de repuestos
nach links	a la izquierda	Reifenwerkstatt	gomería
nach rechts	a la derecha	Werkstatt	taller
geradeaus	derecho	Mechaniker	mecanico
Umleitung/Abzweig	desvio	Luft	aire
weit / nah	lejos / cerca	Bremsen	frenos
Fahrweg	camino	Ölwechsel	cambio de aceite
Erdweg	camino rojo	Ersatzteile	repuestos
guter Weg	camino lindo	Blinker	intermitente
schlechter Weg	camino feo	(Abblend-) Licht	luz (baja)
asphaltiert	asfaltado	Glühbirne	foco
Kopfsteinpflaster	empreñado	Wasser	agua
Kreuzung	cruce	Kupplung	embraque
Ampel	semáforo	Wagenheber	gato
Tankstelle	gasolinera	anschieben	empujar
Kontrolle		abschleppen	remolcar
Papiere	papeles, documentos	ziehen	tirar
Führerschein	licencia de conducir	es fehlt	falta ....
Feuerlöscher	matafuego/ extintor	wechseln	cambiar
Sicherheitsgurt	cinturón de seguridad	es funktioniert nicht	no funciona
Strafe	multa	es geht nicht	no anda

Special 5: Straßenverhältnisse

In Asunción sind die großen Hauptverkehrsstraßen asphaltiert, die Verbindungen zwischen ihnen sind gepflastert. Zur Peripherie hin nimmt der Anteil des Asphalts ab. Gleiches gilt für die Städte Encarnación und Ciudad del Este.
Nach wolkenbruchartigem Regen stehen die asphaltierten Straßen der Städte auch gern einmal 10 cm oder mehr unter Wasser, da die Rohre der Kanalisation diese Wassermassen nicht aufnehmen können. Besondere Vorsicht ist geboten, wenn plötzlich die Deckel der Kanalisation herausgespült werden.

Die wichtigsten Punkte des Landes sind über asphaltierte Rutas zu erreichen:

Ruta 7 vor Ciudad del Este mit Mautstelle

Ruta 1	Mariscal Fransisco Solano López von Asunción nach Eincarnación	370 km
Ruta 2	José Felix Estigarribia von Asunción nach Coronel Oviedo	132 km
Ruta 3	General Elizardo Aquino von Asunción nach Yby Yaú	359 km
Ruta 4	General F. Diáz von San Ignacio nach Pilar	432 km
Ruta 5	General Bernadino Caballero von Pozo Colorado nach Pedro J. Caballero	361 km
Ruta 6	Dr. Juan L. Mallorquin von Encarnación nach Ciudad del Este	280 km
Ruta 7	Dr. Gaspar Rodriques Francia von Cnel Oviedo nach Ciudad del Este	195 km
Ruta 8	Dr. Blas Garay von Cnel. Oviedo nach Cnel. Bogado (ab Caazapá bis Gral. Artígas noch nicht asphaltiert)	256 km
Ruta 9	Carlos Antonio López - Transchaco - von Asunción nach Infante Rivarola / Bolivien	783 km
Ruta 10	La Residente von Puerto Rosario bis Salto del Guairá (asphaltiert ab Ruta 8 bis Salto del Guairá)	380 km
Ruta 11	Juana de Lara von Santa Rosa del Aguaray nach Puerto Antequera	86 km

Außerdem sind die Straßen nach Independencia und die in den Abstechern als solche genannten Straßen geteert. Vierspurig sind ein Teilstück der Ruta 2 hinter San Lorenzo, eine autobahnähnliche Teilstrecke der Ruta 7 vor Ciudad del Este, die Ruta 6 und Ruta 1 im Bereich der Zufahrt nach Encarnación.
Der Straßenausbau ist mittlerweile stark fortgeschritten und geht weiter voran. Allerdings sind noch immer nur ca. 19 % der Straßen asphaltiert. Abgelegene Orte sind nach wie vor nur auf Erdstraßen erreichbar.
Auf den Rutas sind Mautstellen, „Peaje“, eingerichtet, die bis auf einige wenige Ausnahmen die Gebühr für nur eine Fahrtrichtung einziehen. Auf der Gegenspur wird oft keine Gebühr verlangt. Die Mautgebühr liegt für den normalen PKW in der Regel bei 5.000 GS, in Ausnahmefällen bei 10.000 GS oder darüber.
Straßenkontrollen durch die „Policia Caminera“ oder die Policia Nacional“ sind üblich.

Mautstellen auf den Rutas

Ruta 1	km 23	Ybyraro
	km 26,1	Acceso Sur
	km 160	Villa Florida
	km 320	Coronel Bogado
Ruta 2	km 38,5	Ypacaraí
	km 125	Coronel Oviedo
Ruta 3	km 98	Tacuará
Ruta 5	km 456	vor Concepción
Ruta 6	km 24,5	Encarnación
	km 78	bei Edilira
Ruta 7	km 25,5	Minga Guazú
	km 201	bei Dr. J.M. Frutos
Ruta 9	km 22	Remansobrücke
	km 48	Cerrito

Häufig gibt es feste Kontrollposten an den großen Rutas, an denen in der Regel immer kontrolliert wird. Daneben können an allen Stellen mobile Einheiten ihre Kontrollen durchführen.
Die übrigen Straßen und Fahrwege im Land sind entweder geschobene und festgewalzte Straßen oder feldwegähnliche Erd- und Sandwege, oft auch ein Gemisch von beiden.
Nach größeren und heftigen Regengüssen füllen sich die etwas tieferen Stellen mit Wasser, sodass eine solche Straße im Extremfall von einem PKW nicht mehr zu befahren ist.
Je lehmhaltiger der Untergrund der Straße ist, desto rutschiger und unbefahrbarer wird diese bei Nässe. Die Reifenprofile setzen sich zu, das Fahrzeug hat keinerlei Haftung mehr und ist nicht mehr zu steuern.
Besondere Vorsicht muss man bei gepflasterten Straßen und Wegen walten lassen, da sie bei Nässe doch sehr rutschig werden und die Tiefe von wassergefüllten Unebenheiten oder gar Löchern nicht abgeschätzt werden kann.
Mit Kopfsteinpflaster gepflasterte Straßen (empreñadas) gibt es auch außerhalb

Erdstraßen nach Regen

von Städten zu bestimmten kleineren Orten, die abseits der Ruta liegen.
Eine Fahrt über eine solche Straße ist für Fahrzeug und Insassen recht anstrengend.
Die Vibrationen beanspruchen das Auto und belasten Fahrer und Mitfahrer. Eine angenehme Geschwindigkeit ist oft schwer zu finden; fährt man zu langsam, empfindet man die „Hoppelpiste“ besonders extrem; wird man zu schnell, ist die Sicherheit nicht immer gewährleistet.
In abgelegenen Gegenden gibt es noch einige abenteuerliche Holzbrücken, auf deren Stabilität man sich aber in der Regel verlassen kann. Notfalls sollte man die Brücke vorher zu Fuß begehen, was manchmal noch abenteuerlicher ist.
Nicht immer passen die aufgenagelten Bretter und Bohlen zu der Spurbreite des eigenen Fahrzeuges.

Sandweg mit Hindernis

Um von Punkt A nach B zu gelangen, gibt es in Paraguay leider meist nur eine Möglichkeit.
Parallelstraßen, Ausweichstrecken oder gar kurze Umfahrungen sind nur selten vorhanden.
Um doch auf einem anderen Weg an sein Ziel zu gelangen, ist es oft notwendig, große Umwege von manchmal bis zu hundert Kilometer oder mehr in Kauf zu nehmen.

Abenteuerliche Brücke

Special 6: Leben auf dem Land

Auf der Fahrt durch Paraguay fährt man größtenteils durch ländliche Gegenden und wird so auch im Vorbeifahren oder bei einem Stopp mit dem Landleben in Berührung kommen. Dieses ist in weiten Bereichen geprägt von materieller Armut. Die Menschen leben in bäuerlichen Strukturen und sind tief in ihren Traditionen verwurzelt. Die geringe Schulbildung, katholische Religiosität mit indianischen Anleihen und teils schwierigen klimatischen Bedingungen stehen im krassen Gegensatz zu einer Lebensweise, die auf Fremde oft heiter und sorglos wirkt. Dies äußert sich auch in dem für Europäer oft unverständlichen freizügigen Umgang mit Terminen und Absprachen und erfordert von Touristen mitunter einige Geduld.
Das Leben auf dem Land spielt sich im Freien ab. Die kleinen Paraguayerhäuschen haben in der Regel nur Schlafzimmer, „gewohnt" wird in einem Zwischenraum bzw.

Typisches Paraguayerhäuschen mit Garten

Durchgang, unter einem großen Vordach im Freien oder unter dem Mangobaum.
Meist beginnt hier der Tag je nach Jahreszeit bei Sonnenaufgang oder schon früher. Zum Tagesbeginn trinkt man zusammen einen Teréré (im Sommer) oder einen heißen Mate eventuell mit Milch (im Winter). Ein ausgiebiges Frühstück in unserem Sinne kennt man nicht. Man knabbert vielleicht ein paar „Galletas", harte, trockene, kleine Brotkugeln, die es offen oder in großen Beuteln zu kaufen gibt und sehr lange haltbar sind. Manchmal gibt es auch warme oder kalte Mandioka vom Vortag.

Die Hausfrau (ama de casa) ist für die häuslichen Tätigkeiten zuständig. Sie kehrt, oft sogar mit einem selbst gebundenen Reiserbesen, mehrmals am Tag penibel den Hof bzw. den Bereich um das Haus. Heruntergefallene Blätter oder Ästchen werden vom Erdboden entfernt.
Das Feuer muss entfacht werden. Einen Küchenraum haben diese einfachen Häuschen nicht. Unter dem Vordach ist ein Herd gemauert, auf dem eine Eisenplatte mit herausnehmbaren Ringen liegt, unter der ein Holzfeuer brennt. Dieses kann auch noch den angeschlossenen einfachen Backofen mit erhitzen. Manchmal sieht man noch, dass die Frau auf dem Boden auf einem Gitterrost kocht, unter dem ein dicker Holzstamm glüht und der immer weiter unter den Rost geschoben wird. So kann man die Hitze regulieren. Auf dem Rost steht ein rußgeschwärzter Topf meist aus Gusseisen, in dem Mandioca, Suppe, Puchero oder Guiso und andere Speisen gekocht werden.

Einfachste Kochstelle auf dem Land

Mandioca wird nach Bedarf frisch geerntet (ausgegraben), sofort geschält, in größeren Mengen in Wasser gekocht und dann für ein bis zwei Tage aufgehoben. Mandioca wird praktisch zu jeder Mahlzeit gegessen und ist entsprechend der Kartoffel ein wichtiges Grundnahrungsmittel.
Die Wasserversorgung besteht teils noch aus einem Ziehbrunnen, der frisches, klares und sauberes Wasser liefert.
Gewaschen wird oft noch mit der Hand. Die Wäsche wird meist in kaltem Wasser, mit

Große Wäsche auf dem Land

Seife und einer Art „Wurzelbürste“ bearbeitet, um sie so von Flecken zu befreien. Zum Trocknen werden die Kleidungsstücke in den meisten Fällen einfach über den Stacheldrahtzaun gelegt. Die Menschen sind sehr reinlich; gehen sie aus, um einzukaufen oder etwas zu erledigen, zieht man sich sauber an.

Schon die Kleinsten lernen kehren

Fast jede Familie hält sich ein paar Hühner, die überall in Haus und Hof frei herumlaufen können. Auch ein oder zwei kleine Schweinchen werden für herannahende Feste gern mit Abfällen gemästet.

In vielen Fällen nimmt man schon etwa um 11 Uhr das Mittagessen ein, das aus einer einfachen Mahlzeit, wie puchero in verschiedenen Ausführungen und Mandioca, besteht. Daran schließt sich eine kurze Siesta an, die fest eingehalten wird, denn um 13 Uhr wird die Arbeit wieder aufgenommen.

Abends, meist aber erst nach Sonnenuntergang, isst man gerne auch einmal etwas Gegrilltes vom Rost, zum Beispiel „costillas“ eine Art Spareribs vom Rind.

Special 7: Familienfeste

Etwas ganz Besonderes ist es, wenn man ein Familienfest als Zaungast erlebt oder gar dazu eingeladen wird.

Spezielle Torte zum 15. Geburtstag

Familienfeste werden in Paraguay gerne und ausführlich gefeiert, ist doch ein Grund vorhanden, dass sich die Großfamilie trifft und ein Asado stattfindet.

Zu diesen Gelegenheiten zählen Geburten, Geburtstage, Weihnachten, Ostern, Beerdigungen und vor allen Dingen Hochzeiten, besonders aber der 15. Geburtstag von Mädchen.

Der **15. Geburtstag – Quinze** - von Mädchen wird immer und überall in überproportionaler Weise begangen. Ursprünglich ist dies ein indianisches Fest, das gefeiert wird, weil das Mädchen dann die frauliche Reife erreicht hat.

Um dieses Fest würdig begehen zu können, stürzen sich die Familien oft in große finanzielle Abenteuer und Schulden. Das Geburtstagskind wird in allen Schichten wie eine Prinzessin gefeiert und entsprechend beschenkt.

In wohlhabenden Familien wird das Mädchen fast wie eine Braut herausgeputzt und beim großen

Tisch des Brautpaares und der Ehrengäste

Ball als Debütantin der eigenen sozialen Schicht vorgestellt. Begleitet werden die großen Bälle der Reichen und Superreichen von der Presse. Für die gefeierten Mädchen schließt sich meist eine Reise an die brasilianische Küste, USA oder gar Europa an.

Eine **Hochzeit** auf dem Land mitzuerleben ist ein ganz besonderes Erlebnis.

Man feiert im Garten um das Haus im Freien unter großen Bäumen, in deren kühlem Schatten die Tische aufgestellt werden. Dieser Bereich wird besonders hergerichtet und geschmückt.

Tische, Stühle, weiße Tischdecken und Geschirr werden geliehen und ins Haus geliefert.

Eine schöne Einrichtung in Paraguay ist es, dass der Standesbeamte mit seinem Schreiber und dem großen Buch des Standesamtes zum Ort der Feier kommt. Neben den Familienangehörigen kommen auch die Nachbarn und Freunde. Sind alle versammelt, beginnt die Trauung mit ähnlichem Ablauf wie bei uns. Auch die Rede des Standesbeamten ist weitgehend den uns bekannten in Europa inhaltsgleich.

Danach werden je nach Tageszeit Speisen aufgetragen, gegessen und getrunken. Sopa paraguaya und auch Gegrilltes dürfen nicht fehlen.

Getanzt wird statt auf spiegelblankem Parkett auf dem Erdboden, eventuell ertönt hier sogar die Melodie der „Schönen, blauen Donau".

Zur Ausstattung gehört neben den weiß gedeckten Tischen ein Torbogen aus vielen Luftballons, die bedingt durch die Hitze langsam nacheinander mit lautem Knall platzen. Auf dem Brauttisch steht die Hochzeitstorte, die wie eine reich verzierte Sahnetorte aussieht. Dem Betrachter unverständlich ist, dass sie bei mehr als 30 Grad nicht „dahinschmilzt" und nach Stunden noch genauso aussieht wie zuvor. Bei neugierig näherer Betrachtung kann man feststellen, dass dieses Kunstwerk aus wunderschön gestaltetem, festem Zuckerguss besteht. Im oberen Teil der Torte sind an Bändchen befestigte kleine Symbole eingebacken. Unter freudigem Hallo dürfen die Nicht-Verheirateten daran ziehen, um herauszufinden, wer die nächste Braut sein wird. Danach wird die Hochzeitstorte angeschnitten und verteilt.

Der „Asado-Grill" darf nie fehlen

Special 8: Die Osterzeit – Semana Santa

Besucht man Paraguay während der Osterzeit, hat man Gelegenheit einige Traditionen kennenzulernen.

Die Woche vor Ostern, die „Semana Santa", wird stark beeinflusst von spanisch-katholischer Tradition.

Für den Palmsonntag werden schon Tage vorher auf den Märkten und Straßen kunstvoll aus Blättern und Gräsern geflochtene Wedel angeboten.

Meist wird schon ab Gründonnerstag nachmittags nicht mehr gearbeitet, und viele Geschäfte, besonders auf dem Land, sind geschlossen. Am Vorabend des Gründonnerstags ist es die Hauptaufgabe der Männer und Söhne, den Mais für die Gründonnerstag-Chipa zu mahlen oder mahlen zu lassen. Die frischen Chipas sind eine besondere Leckerei und ein traditionelles Essen am Gründonnerstag. Die speziellen, hausgemachten Chipas, die sehr kalorienreich sind, werden mit reichhaltigen Zutaten ausgestattet und ab dem späten Nachmittag mit großem Heißhunger und Freude verzehrt.

Karfreitagsgottesdienste und auch Prozessionen auf der Straße finden wie bei uns gegen 15 Uhr statt.

Besonders in dem kleinen Ort Altos (Asunción - Abstecher 4) wird dieser Brauch nach ganz alten Traditionen gepflegt. Man trifft sich auf dem Platz um die Kirche, wo im Schatten der Bäume kunstvoll Golgotha aufgebaut ist. Die Leidensgeschichte wird erzählt. Die Jesusfigur wird vom Kreuz abgenommen und in einen aus Zweigen geflochtenen Sarg gelegt und vor das Hauptportal der Kirche gebracht.

Karfreitagsgottesdienst in Altos

Im weiteren Verlauf des Gottesdienstes bringen weiß gekleidete, dornengekrönte kleine Mädchen Gegenstände, die zur Kreuzigung verwendet wurden und an langen Stangen befestigt sind, zum Sarg.

Im Anschluss findet eine Prozession der Gottesdienstbesucher um den Kirchplatz statt.

Die Zeit von Gründonnerstag bis Ostern wird gerne zu Familientreffen genutzt. So findet in der „Semana Santa" eine regelrechte „Stadtflucht" aus Asunción statt.

Wer ein Häuschen im Grünen, auf dem Land, hat, verbringt dort mit seiner Familie und Freun-

den die Ostertage. Man trifft sich in der Großfamilie zu einem üppigen Asado und in fröhlicher Runde. Die Buslinien sind zu Beginn und zum Ende dieser Zeit jeweils permanent überlastet und voll.
Der Brauch des Ostereierfärbens oder – suchens ist weitgehend unbekannt.
Für die reichen Paraguayer bieten die Supermärkte aber schon ein großes Sortiment an Schokoladenhasen an. Schokolade ist für viele noch immer ein Luxusartikel.

Special 9: Weihnachten und Neujahr

Wer sich in der Vorweihnachtszeit oder über Weihnachten und Neujahr in Paraguay aufhält, wird diese Zeit ganz anders als zu Hause erleben.
Weihnachten fällt in Paraguay in den Hochsommer und somit in die heißeste Zeit des Jahres. Die Vorweihnachtszeit, wie wir sie kennen, mit ihren heimeligen Abenden entfällt hier. Geschmückte Häuser oder Plätze gibt es nur wenige oder eher gegen Ende des Advents. Die großen Supermärkte bieten ab Anfang Dezember verstärkt weihnachtliche Produkte an.
Der 8. Dezember ist in Paraguay Nationalfeiertag und wird in Caacupé gefeiert.
Weihnachten ist auch hier ein religiöses Fest der Familie. Die Krippe, nicht der Weihnachtsbaum, ist das Sinnbild des Festes. Die Krippe mit allen bekannten Personen und den Drei Königen steht im Mittelpunkt. Man findet sie aufgestellt an Straßenecken,

Krippe vor dem Hafengebäude in Asunción

an Tankstellen, bei öffentlichen Gebäuden und in manchem Vorgarten. Eine besonders schöne Krippe kann man vor dem Hafengebäude in Asunción bewundern.
Jetzt wird in Areguá eine riesige Auswahl an Krippenfiguren angeboten. Hier findet man kitschige, aber auch wunderschön künstlerisch gestaltete Figuren in allen Größen, von Miniaturfiguren, die in jeden Reisekoffer passen, bis hin zu fast lebensgroßen Exemplaren.
Auch Krippenhäuschen mit Strohdach werden in den unterschiedlichsten Größen verkauft.
Das Krippenszenario wird liebevoll ausgestaltet. Zweige verschiedener Bäume umgeben die Krippe und sollen die Höhle andeuten. Die Früchte des Sommers werden dem Jesuskind dargeboten und vor der Krippe angeordnet.
Ein besonderer Schmuck bei der Krippe ist die noch geschlossene Palmblüte des „cocotero“. Sie wird vor Weihnachten an den Straßen und auf den Märkten verkauft und fehlt an keiner Krippe. Wenn sie sich öffnet, verströmt sie einen herrlichen Duft, der die ganze Wohnung durchzieht. (Tipp: Mitnehmen lohnt sich nicht, denn sie ist recht schwer und öffnet sich innerhalb von Tagen !)
Zu diesem Fest werden auch wieder die besonderen Speisen wie Sopa paraguaya und Chipa zubereitet.
Es wird Fleisch verschiedener Art gegrillt. Ein kalter Punsch aus dem Saft von Trauben, Melonen, Bananen, Ananas und Wein ist eine besondere Köstlichkeit.
Um Mitternacht besucht man den Gottesdienst. Geschenke für die Kinder bringen wie in Spanien die Heiligen Drei Könige (Los Reyes Magos) am 6. Januar.

Geöffnete Palmblüte

Silvester und Neujahr gestalten sich ähnlich wie in Europa. Nur muss man den Unterschied bedenken, dass um Mitternacht zum Jahreswechsel noch 30 Grad herrschen und man somit im Freien feiert. Man sitzt zusammen in fröhlicher Runde, um den Jahreswechsel mit lauten Böllern und vielen Schüssen in die Luft zu begrüßen. Raketen und Leuchtfeuer sind noch nicht sehr verbreitet.
Leider geschehen in der Weihnachts- und Neujahrszeit viele durch Alkohol bedingte Unfälle, die oft auch Todesopfer fordern.

Weihnachts- und Neujahrsgrüße

Felices Navidades - Frohe Weihnachten   ***Feliz Año Nuevo - Gutes Neues Jahr***

Feliz Navidad y próspero Año Nuevo

Frohe Weihnachten und ein Gutes Neues Jahr

Special 10: Gesundheit

Die im folgenden genannten medizinischen Hinweise ersetzen keinesfalls eine ärztliche Beratung.

Wenn man nach Paraguay fliegt, sollte man keinesfalls vergessen, eine gute Reisekrankenversicherung (RKV) abzuschließen. Achtung: Alle RKV's sind zeitlich befristet, die meisten auf ca. 40 Tage. Außerdem sollte man darauf achten, dass wichtige Punkte, wie Rücktransport eingeschlossen sind, da diese exorbitant teuer werden können.

Für Paraguay sind zurzeit keine besonderen Schutzimpfungen vorgeschrieben. Sollte man sich vorwiegend im tropischen Teil aufhalten oder hat man vor, viel mit Boot oder Schiff unterwegs zu sein, ist es ratsam, sich beim zuständigen Tropeninstitut kundig zu machen.

In den letzten Jahren ist in den Sommermonaten vermehrt **Dengue-Fieber** aufgetreten. Diese Infektionskrankheit wird durch Stechmücken übertragen, die sich in stehendem Wasser vermehren. Aus diesem Grunde ist auch leicht verständlich, dass die Krankheit verstärkt in Gegenden mit mangelnder Hygiene, bzw. Slums oder ärmeren Vierteln auftritt. Dort sind offene Behälter mit Wasser, besonders Schmutzwasser oder gesammeltem Regenwasser in Hausnähe aufgestellt. Aber auch Abwassergräben sind bevorzugte Brutstätten.

Die Anzeichen für Dengue-Fieber sind ähnlich einer schweren Grippe. Da diese Krankheit aber im Einzelfall auch mit inneren Blutungen einhergehen kann, ist die Anwendung von Aspirin oder ähnlichen das Blut verdünnenden Medikamenten nicht anzuraten. Eine bestimmte Therapie gibt es noch nicht. Gefährlich kann diese Krankheit für schwache Menschen und Kleinkinder werden. Einen Impfstoff hat man noch nicht entwickelt. In Paraguay versucht man, durch Aufklärung und den Einsatz von Insektiziden die Gefahr einer Epidemie so gering wie möglich zu halten.

Obwohl Paraguay eigentlich nicht zu den Gelbfiebergebieten gehört, scheint diese Krankheit von Brasilien oder Bolivien her wieder aufzutreten.

Auch **Gelbfieber** ist eine Viruserkrankung, die durch den Stich einer ähnlichen Gattung von Stechmücken wie bei Dengue ausgelöst wird. Eine Übertragung von Mensch zu Mensch ist nicht möglich. Gegen Gelbfieber gibt es eine Schutzimpfung, die 10 Jahre anhält und in einem internationalen Impfpass eingetragen wird. Der Schutz tritt etwa 10 Tage nach der Impfung ein. Gelbfieberimpfungen können nur von bestimmten Ärzten vorgenommen werden. Impfstellen für den eigenen Bereich findet man auf der Internetseite www.cmr.de vom Zentrum für Reisemedizin unter Beratungsstellen, Gelbfieberimpfstellen. Reist man jedoch aus einem Gelbfiebergebiet ein, muss den Nachweis einer Schutzimpfung gegen Gelbfieber vorweisen.

Genaue Informationen hierzu geben besonders der Hausarzt, die Tropeninstituten oder einschlägige Seiten im Internet, z.B. Robert Koch Institut: www.rki.de

Im Bezug auf diese beiden Risikoerkrankungen ist der Mückenschutz besonders wichtig. Es gibt tag- und nachtaktive Stechmücken, sodass man immer auf diesen Schutz achten sollte. Im Freien haben sich neben den entsprechenden Sprays auch das Tragen körperbedeckender, leichter Kleidungsstücke aus Baumwolle bewährt. Man wähle am besten helle Stoffe, da dunkle Farben die Mücken anziehen. In Räumen mit Klimaanlage halten sich die Mücken weniger gern auf, da sie bei kühleren Temperaturen bewegungsunfähiger werden. Man sollte möglichst verhindern, dass Mücken in Schlafräume eindringen; wenn doch ist es zu überlegen, entsprechende Insektensprays einzusetzen (Diese gibt es in jedem Supermarkt).

Ein Insider-Typ: Möchte man doch an einem lauen Abend die frische Luft im Freien genießen, stelle man ein Gefäß mit Wasser auf und platziere eine Lichtquelle oder Taschenlampe so, dass der Lichtschein gebündelt ins Wasser fällt. Die meisten Mücken werden durch den Lichtschein angezogen, ins Wasser fliegen.

Es muss wohl nicht erwähnt werden, dass hier, wie bei allen Fernreisen ein ausreichender Schutz gegen Tetanus, Polio, eventuell Hepatitis A und B als unabdingbar vorausgesetzt werden. Sinnvoll ist auch ein Schutz gegen Typhus und Tollwut. Hier sollten Sie Ihren Hausarzt befragen. Dies gilt auch für die Zusammenstellung einer kleinen Reiseapotheke und die von Ihnen zusätzlich benötigten täglichen Medikamente. Die medizinische Versorgung in Asunción ist gut. Hier lassen sich im Prinzip alle Erkrankungen und Verletzungen behandeln. Als Tourist wird man keinesfalls das staatliche Gesundheitswesen IPS, sondern eine der privaten Kliniken aufsuchen. Neben dem Hospital Bautista in der Avenida Argentina, teilweise mit deutschsprachigem Personal und Ärzten oder dem Sanatorio Americano in der Avenida España und dem Hospital La Costa auf der Avda. Artigas gibt es noch andere private Kliniken. In den privaten Kliniken wird man behandelt und soweit vorhanden mit Medikamenten versorgt, andernfalls müssen Medikamente in einer nahegelegenen Apotheke selbst besorgt und bezahlt werden. In jedem Falle ist gleich nach der Behandlung bar oder mit Kreditkarte zu bezahlen (Rechnung gut aufheben für die RKV).
Besonders auch in den Kliniken der Chaco-Kolonien und im Hospital km 81 auf der Ruta 2 ist eine gut ausgebaute medizinische Versorgung außerhalb der Hauptstadt vorhanden.
In Asunción und in den großen Städten findet man auch niedergelassene Fachärzte aller Fachrichtungen. Die meisten sprechen aufgrund von Auslandsaufenthalten ein wenig Englisch oder Deutsch. Auch hier gelten die gleichen Zahlungsmodalitäten.
Außerhalb Asuncións und der großen Städte nimmt die ärztliche Versorgung rapide ab. In größeren Ortschaften findet sich ein staatliches „Centro de Salud“ (ein in der Regel schlecht ausgestattetes kleines Krankenhaus mit nur geringen Möglichkeiten) und die eine oder andere kleine Privatklinik, die man im Zweifelsfall eher aufsuchen sollte. Die hier niedergelassenen Ärzte sind in der Regel Allgemeinmediziner und verfügen meist nicht über die neueste Ausstattung. (Ärzte im Anhang)

In kleineren Ortschaften und weitab findet man höchstens einen „Puesto de Salud“, eine medizinische Versorgungsstelle, in der meist kein Arzt anwesend ist.

- Ein ausgebautes Verkehrsunfallrettungswesen oder gar Hubschrauber-Rettungseinsatz sind in Paraguay weitestgehend unbekannt.

- Es ist in Paraguay undenkbar, dass auch bei Notfällen der Arzt ins Haus kommt; Ausnahme: Zentrum der Großstädte

- Das üppige Essen, vor allem der sehr reichliche Rindfleischgenuss führt gerne zu Gallenproblemen.

- Besonders auf dem Land wird mitunter die Bezeichnung „Medico/ Medica für Kräuter- und Naturheilkundige verwendet, während der studierte Arzt als „doctor“ bezeichnet wird.

Wörterliste für einen Arztbesuch

ich möchte einen Arzt sprechen	quisiera hablar con un doctor
mir tut es hier weh	me duele acá
ich habe Durchfall	tengo diarrea
... Fieber	... fiebre
... Erkältung	... resfriado
... Insektenstiche	... picas de insecto
... Schnupfen	... resfriada nasal
... einen Sandfloh	... una nigua
ich muss erbrechen	tengo que vomitar
ich habe Halsschmerzen	me duele la garganta
Schmerzen	los dolores
ich bin gestürzt	me cai
Verrenkung	la luxación
Verstauchung	la distorsión
Wunde	la herida
ich brauche etwas gegen...	necesito algo contra...
... Kopfschmerzen	... el dolor de cabeza
... Husten	... la tos
... Bluthochdruck	... la hipertención
... Kreislaufbeschwerden	... la trastorno circulatorio
ich bin allergisch gegen Penicillin	soy alérgico (a la penecilina)
ich bin schwanger	estoy ambrazada

Abführmittel	el laxante
Antibabypille	la píladora anticonseptiva
Apotheke	farmacia
Augenarzt	el oculista
Bandscheibe	el disco intervertebral
Bauchschmerzen	el dolor de panza / vientre
Beruhigungsmittel	el tranquilizante
Bisswunde	el bocado
Blasenentzündung	la cistitis
Blinddarmentzündung	la apendicitis
Blutgruppe	el grupo sanguíneo
Brechreiz	las náuseas
Bronchitis	la bronquitis
Desinfektionsmittel	el desinfectante
Diabetis	el diabetes
Durchfall	la diarrea
Gallensteine	las piedras de la vesícula
Hautarzt	el dermatólogo
Herzanfall	el ataque cardíaco
Herzfehler	la lesión cardíaca
Herzschrittmacher	el marcapasos
Hexenschuss	el lumbago
Ischias	la ciática
Kinderarzt	el pediatra
Krankenhaus	el hospital
Mandelentzündung	la amigdalitis
Mittelohrentzündung	la otitis media
Nasenbluten	la memorragia nasal
Nasentropfen	las gotas nasales
Nebenwirkungen	los efectos secundarios
Nierensteine	los cálculos renales
Plombe	el empaste
Schlaftablette	el somnífero
Schnittwunde	el corte
Schnupfen	el constipato nasal
Schürfwunde	el arañazo
Sehnenzerrung	la distorsión de un tendón
Tablette	el comprimido/ la pastilla
Tropfen	las gotas
Tetanusimpfung	la vacuna contra el tétano
Verbrennung	la quemadura
Wespenstich	la picafura de avispa

Special 11: Post, Telefon und Information

In Paraguay wird, wie in den meisten südlichen Ländern, zwischen Post (Briefpost) – und Post (Telefon) unterschieden. Es handelt sich um zwei verschiedene, voneinander unabhängige Gesellschaften: Briefpost: Correo und die Telefongesellschaft: COPACA, früher Antelco.
Briefpost nach Europa wirft man sinnvollerweise in Asunción bei der Correo Central oder im Flughafengebäude selbst ein. Post von Deutschland nach Paraguay, die wichtig ist, sollte man immer per Einschreiben schicken. Dickere Briefe gehen in Paraguay besonders in der Weihnachtszeit gerne „verloren". Eine Postzustellung, wie wir sie kennen, gibt es nicht. Will man Wertvolles oder Wichtiges nach Paraguay schicken, bieten sich DHL und UPS an. Auf jeden Fall sollte auf der Sendung zusätzlich neben der Adresse deutlich die Telefonnummer des Empfängers vermerkt sein, sonst kann es leicht passieren, dass die Sendung als nicht zustellbar gilt.
Nach Europa **telefonieren** kann man von jedem Hotel aus (teuer).
Normalerweise geht man zu einer der vielen Stellen von COPACO. Von dort kann man die Inlandsgespräche selbst wählen, Auslandsgespräche werden, vor allem auf dem Land, meist noch vermittelt.
Vorwahlnummer von Paraguay nach Deutschland ist +49, nach Österreich +43 und in die Schweiz +41.
Ein **Fax** schickt man nicht von COPACO, sondern aus einem mit „Cabinas" oder „Fax" gekennzeichnetem Laden ab, wo man aber auch telefonieren kann.
Handy heißt hier Celular. Es gibt mehrere Anbieter, z.B. Tigo, Vox oder Personal.
Nur wer mindestens ein Triband-Handy besitzt, kann in den meisten Bereichen mittels Roaming-Verfahren mit seiner europäischen Nummer/ Karte telefonieren. Das Handy lockt sich dann beim Roamingpartner ein und es fallen entsprechend hohe Gebühren an. Weilt man länger in Paraguay und möchte landesweit ohne Roaming telefonieren oder erreichbar sein, besorgt man sich zu seinem Triband- oder Quadbandhandy einen passenden pre-paid Inlandschip. Man achte jeweils auf die Konditionen.

Internet-Cafes gibt es jetzt immer mehr. In Asunción findet man mehrere im Shopping Unicentro und auch auf den großen Straßen, wie Palma und Oliva. Ebenso findet man sie in den anderen größeren Städten. Die Gebühren liegen umgerechnet bei etwa 1 Euro pro Stunde. Die meisten Hotels, besonders in den Städten, bieten mittlerweile kostenlosen W-LAN / WIFI Service an oder stellen eine Workstation zu Verfügung.
Radio: Die Deutsche Welle kann man in den Abendstunden per Kurzwelle empfangen. Ebenso ist der Empfang über Satellit möglich. In Paraguay gibt es auch deutschsprachige Sender: ZP 30, Frequenz MW 610 KHZ, täglich 17 Uhr. Radio Itapúa, Frequenz MW 102,5; die Sender sind jedoch nicht landesweit zu empfangen.
TV: In allen besseren Hotels ist ein Empfang der Deutschen Welle entweder per Satellit oder per Kabel vorhanden. Die in deutscher Sprache gesendeten Informationen werden alle zwei Stunden wiederholt, dazwischen erfolgen sie in englischer und spanischer Sprache. Am Wochenende gibt es ein mehrstündiges deutschsprachiges Unterhaltungsprogramm.
Wer sein eigenes mit W-LAN ausgestattetes Laptop dabei hat, kann die meisten europäischen Radiosender und auch den einen oder anderen europäischen TV-Sender empfangen.

Special 12: Kleine Himmelskunde

Der Reisende, der zum ersten Mal den klaren, nächtlichen Südhimmel erlebt, wird überwältigt sein von der Vielzahl der Sterne, ihrer Helligkeit auf dem tiefschwarzen Hintergrund und der guten Sichtbarkeit der Milchstraße. Im Besonderen außerhalb der Städte erstrahlt die faszinierende Sternenpracht. Natürlich wird jeder das legendäre Sternbild „Kreuz des Südens“ suchen, das von alters her den Seefahrern bei der Orientierung half.

Wer sich allerdings in den Monaten zwischen Oktober und Februar in Paraguay aufhält, wird dieses markante Sternbild abends vergebens suchen, da es sehr tief über dem Horizont und somit oft verdeckt ist oder gar unterhalb des Horizontes steht und somit unsichtbar ist. Erst kurz vor dem Morgengrauen wird dieses Sternbild dann sichtbar. Gut zu sehen sind das „Kreuz des Südens“ und andere bekannte Sternbilder des Südhimmels in der Zeit zwischen März und August. Dann stehen sie am Abend hoch am Himmel. Wenn man Richtung Süden schaut, wandert das „Kreuz“ im Laufe der Nacht immer weiter gegen den Zenit. Man kann sagen, dass das **„Kreuz des Südens“** fast im Sternbild des „**Centaurus**“ liegt, zwischen Kopf und Vorderbeinen. Diese Orientierungsmöglichkeit erleichtert sein Auffinden, da es in der Nähe eine ähnliche Sternformation gibt, die etwas größer ist und zum „Schiffsbug“ gehört.

Neben dem „Kreuz des Südens“ ist das Sternbild des „Centaurus“ eine große, auffällige Formation, die auch den sehr hellen Doppelstern alpha-Centauri oder Toliman (1) genannt, umfasst. Außerdem sind die Sternbilder „**Skorpion**“ mit seinem hellen Stern Antares (2) und „Rabe“ auffällige Sternbilder des Südhimmels. Das uns bekannte Sternbild der nördlichen Hemisphäre, der „**Orion**“, ist hier in Paraguay in den Monaten

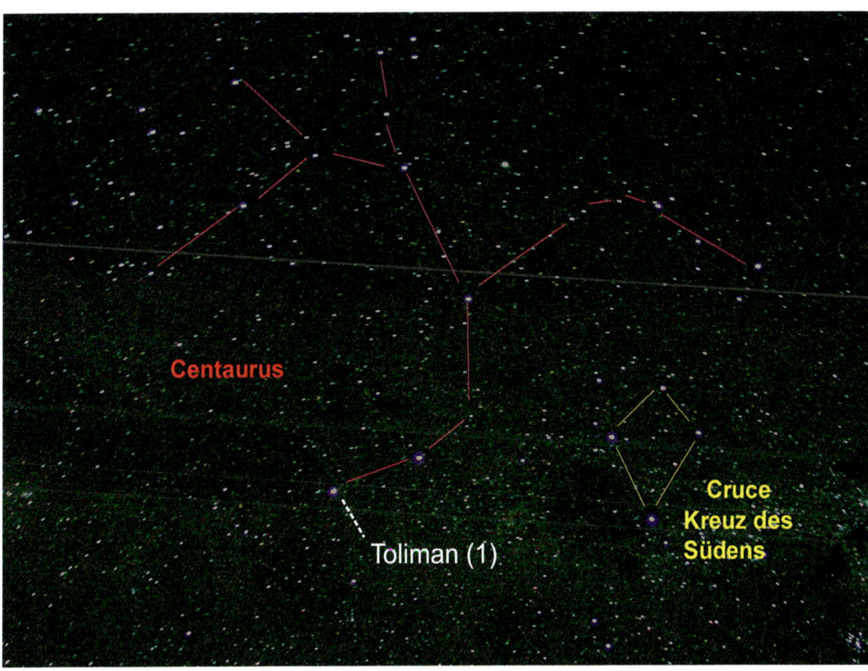

Februar bis April in den frühen Abendstunden fast im Zenit zu finden. Auch einige Fixsterne leuchten je nach Monat besonders hell und sind gut zu sehen.

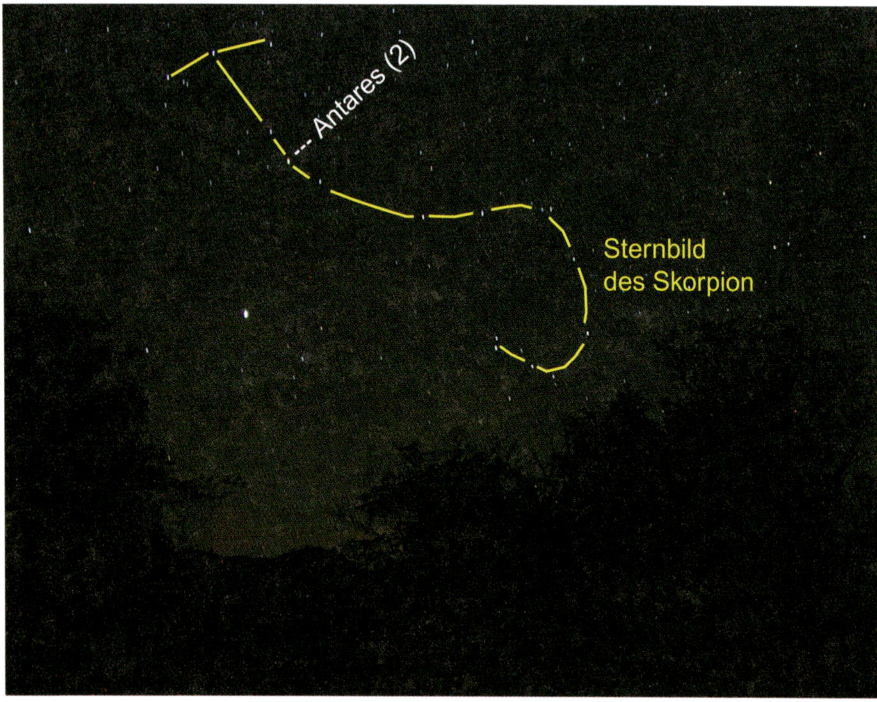

Hilfreich, klein und handlich ist die drehbare Karte aus dem Kosmos-Verlag: Der südliche Sternenhimmel.

Für den „Tagmenschen" eine Auffälligkeit. Da man sich auf der Südhalbkugel befindet, steht die Sonne mittags nicht wie bei uns im Süden, sondern im Norden. Das irritiert oftmals bei der Orientierung. Ein, wenn auch einfacher Kompass, ist ein nützliches Hilfsinstrument.

Special 13: Landwirtschaft

Paraguay ist ein Agrarland, in dem Industrie eine untergeordnete Rolle spielt. 39 % der Bevölkerung arbeiten im Agrarbereich. 2004 machte die Landwirtschaft ca. 22 % des Bruttoinlandsproduktes aus. 8% davon entfiel auf die Viehzucht. Fast die Hälfte des Territoriums wird für die extensive Viehzucht verwendet. Etwa 10 % des Bodens werden bebaut sowie ca. ein weiteres Drittel ist zur Wald- und Forstwirtschaft zu zählen. Forstwirtschaftliche Produkte sind neben Holz vor allen die Gerbsäure Tannin und Petitgrain, ein Öl, das zur Parfümherstellung verwendet wird.

Die Rinderzucht ist eine der Haupteinnahmequellen in der Wirtschaft. Fast überall trifft man auf riesige Weideflächen mit Rinderherden. Brahman, Angus, Cebu und Nelore sowie deren Kreuzungen sind die Rassen, die hier anzutreffen sind.

Das Hauptgewicht liegt bei der Zucht der Rassen auf der Fleischproduktion.
Im Chaco wird durch die Mennoniten zusätzlich eine sehr gut strukturierte und florierende Milchwirtschaft betrieben.
Die großen Rodeos sind die Ausstellungs- und Treffpunkte der Viehzüchter.
Einmal im Jahr, im Juli, findet die Expo, eine große landwirtschaftliche Ausstellung in Mariano Roque Alsonso, einem Vorort Asuncións, statt. Diese Ausstellung für Landwirtschaft, Viehzucht, Industrie, Handel und Dienstleistungen wird jedes Jahr größer und zieht immer mehr Besucher an.
Wer einmal auf einer Estancia das Treiben, Lassieren, oder Impfen der Tiere miterleben kann, wird den Hauch des Viehzüchter- und Gaucholebens erfahren.
Begünstigt durch das fast ganzjährig warme Klima mit genügend Niederschlägen ist der Ackerbau eine weitere wichtige Einnahmequelle des Landes.
In den Departements Itapúa und Alto Paraná, sowie in Caaguazú und San Pedro ist mehrheitlich die Agrarwirtschaft angesiedelt. Hauptanbauprodukte sind Baumwolle, Soja und Weizen. Soja und Sojaprodukte machten 2004 schon 46 % der Exporterlöse aus, Baumwolle erreichte fast 7 %.
Neben diesen landwirtschaftlichen Erzeugnissen spielen auch Zuckerrohr, Yerba Mate, Erdnüsse, Tabak, Reis, Mandioka und Bohnen eine wichtige Rolle. Früchte wie Mango, Erdbeeren, Bananen, Zitronen, Apfelsinen, Mandarinen, Melonen und Ananas werden ebenso kultiviert und teilweise exportiert.
Neben den vielen kleinen Familienbetrieben existieren hier vor allem Großbetriebe, die im europäischen Stil arbeiten und mit wenigen Menschen und großen Maschinen riesige Flächen bearbeiten.

Arbeit im Corral

Special 14: Traditionelle Feste und Veranstaltungen

Nationalfeiertag 8. Dezember

Caacupé ist die religiöse Hauptstadt Paraguays. Sie ist für die Paraguayer das, was für die Franzosen Lourdes oder die Portugiesen Fatima ist.

Jedes Jahr am 8. Dezember feiert man hier das Fest der Unbefleckten Empfängnis Marias „Santísima Virgen de Caacupé“. Viele tausend Gläubige pilgern jährlich schon an den Tagen vorher dorthin.

Es ist eines der größten Pilgerfeste Südamerikas. Die Menschen kommen zu Fuß, mit dem Fahrrad, Moped oder sogar im Massentransport auf der Ladefläche von Lkws. Tage-, oft sogar wochenlang sind manche Pilger unterwegs. In den letzten Tagen vor dem Hochfest reisen tausende Pilger mit den permanent fahrenden und überfüllten „Colectivos“ (Bussen) an.

An den Straßenrändern der Ruta 2 um Caacupé werden in dieser Zeit Erfrischungsstände, kleine Backöfen (hornos) und Grills aufgebaut. Aber auch medizinische Versorgung und Polizei sind vor Ort, denn der Verkehr kommt dann oft fast oder ganz zum Erliegen.

Um Unfälle zu verhüten, müssen die Pilger alle auf der Standspur einer Fahrbahnseite laufen. Die Polizei schützt diesen Bereich durch hunderte Beamte. Nicht nur um die Basilika herum lagern die Pilger auf Decken; auf jedem freien Plätzchen werden Schlafstätten errichtet.

Pilger am 8. Dezember vor Caacupé

Sortija - Jineteada

Wer Paraguay erleben will, darf den Besuch einer Sortija nicht auslassen.

Diese urtypischen Feste gibt es ganzjährig samstags oder sonntags fast überall, selbst in der kleinsten Ansiedlung. Oft sind sie Teil eines Volksfestes, das an die Gründung eines Ortes erinnert, oder werden von privaten Veranstaltern organisiert. Hier zeigen

Teilnehmer einer „sortija“

Reiter auf erstklassigen Reitpferden, aber auch der "einfache" Paraguayer, die Kunst mit seinem Pferd umzugehen. Die Pferde werden für diesen Tag besonders herausgeputzt und gepflegt. Auf einem großen, freien Platz treffen sich je nach Gegend und Veranstalter manchmal 100 Reiter oder mehr. Oft kommen sie sogar von weit her und bringen ihre Reitpferde auf großen Lkws oder mit Pferdetransportern. Immer sind sie gesattelt mit typisch paraguayischem Sattel und Zaumzeug, das oft bunt, kunstvoll und manchmal auch wertvoll ist. Zu dieser Montur gehört traditionell ein dickes, weißes Schaffell, das unter dem Ledersattel liegt.

Zu lebhafter paraguayischer Livemusik galoppieren einzelne Reiter über den Platz und zeigen, welch enge Kurven und Wendungen sie mit ihrem Pferd vollbringen können. Ganze Gruppen reiten im Kreis und wenden oft ihre Pferde in halsbrecherischen Manövern. Dies alles wird begleitet und angespornt durch den brausenden Applaus der Zuschauer. Manch einer zeigt auch, wie gut er im Galopp auf- oder absteigen oder gar im Stehen reiten kann. Ein begeisterter Animateur führt durch das "Programm", indem er die einzelnen Gruppen vorstellt und immer wieder zum Applaudieren auffordert. Fehlen dürfen natürlich nicht das typische Asado, Gegrilltes sowie die üblichen Getränke, vor allem viel Bier. Der Eintritt zu einer Sortija ist oft für einen guten Zweck. Nicht vergessen sollte man, je nach Jahreszeit an einen Sonnenhut zu denken, denn oft sind Schattenplätze rar.

Rodeo

Unter einem Rodeo ist meist eine größere Abendveranstaltung zu verstehen. Mitunter wird eine Art Arena mit tribünenartigen Sitzplätzen, ähnlich einer Zirkusarena aufgebaut. Diese Konstruktion wirkt manchmal recht instabil.

Arena mit Logenplätzen für das Rodeo

Die ersten begeisterten Zuschauer kommen meist schon ab 19 Uhr. Natürlich dürfen auch hierbei das traditionelle Asado und viel Bier nicht fehlen. Die Kapelle spielt ihre lebhafte, ohrenbetäubende, traditionelle Musik. Auch hier zeigen Reiter ihre Fertigkeit im Umgang mit ihren Pferden. Außerdem begeistert die Menschen die Bändigung von starken Stieren. Ähnlich einem spanischen Stierkampf, nur absolut unblutig, wird versucht die Stiere zu besteigen, auf ihnen zu reiten oder sie gar zu Boden zu ringen. Dabei werden besondere Tricks angewandt, aber oftmals bringen sich die Akteure in doch recht gefährliche Situationen.

Zwischendurch können Einlagen traditioneller Tänze die Schau unterbrechen. Auch lustige Clowns bringen mit ihren Späßen die Zuschauer zum Lachen. Für die Paraguayer ein Spektakel der besonderen Art.

Zu späterer Stunde treten alle Akteure in einer mit Fahnen begleiteten Parade zusammen auf, und die Nationalhymne wird mit Inbrunst gemeinsam gesungen.

Nach Mitternacht, nach Beendigung des Programms, wird der Platz zum Tanzen geräumt und man tanzt bis in die frühen Morgenstunden.

Traditioneller Tanz mit Vasen

Patrozinium von San Francisco Solano

- ein besonderes Volksfest am 24. Juli in Emboscada -

Dieses Fest bekommt seinen Charakter aus der Geschichte seiner ersten Bewohner. Dies waren befreite Sklaven aus Brasilien, afrikanischen Ursprungs.

Das Fest zu Ehren des Franziskanerpaters, San Francisco Solano, der hier gewirkt hat, wirkt sehr skurril. Zum Rhythmus von Trommeln bewegt sich eine Prozession durch die Straßen. Die Teilnehmer tragen Masken und aus Hühnerfedern gefertigte Verkleidungen. Damit sollen alle Arten von Teufeln und Geistern erschreckt und vertrieben werden. Tanzend und singend bewegt sich der Zug die Zuschauer mit einbeziehend bis zur Kirche, wo der Bischof von Caacupé eine hl.Messe feiert.

Karneval

Hochburgen des Karnevals sind neben Asunción Encarnación, Villarrica und Caacupé. Hier werden ähnlich des Karnevals von Rio große Umzüge veranstaltet.

Transport zum Rodeo

Special 15: Besonderheiten der Flora und Fauna des Chacos

Bei einem Besuch im Chaco fallen immer wieder ganz bestimmte Bäume auf.
Im unteren feuchten Chaco oder auch im paraguayischen Pantanal ist die Wachspalme - **Karanda'y** - (Copernicia cerifera) der häufigste Baum. Große weite Flächen, ein Meer von Palmen, die oft mit ihren Wurzeln im Wasser stehen. Typisch sind die fächerartigen Blätter, die eine gleichmäßige Krone bilden. Die Blätter sind an der Unterseite mit einer weißen Substanz bedeckt, aus der man das Carnauba-Wachs, ein Naturwachs gewinnt. Das Holz des Stammes ist ein besonders hartes Holz, sodass die Stämme gern als Strompfosten verwendet werden. Die creme-weißen Blüten ragen wie Federbüschel zwischen den Fächern heraus. Die kleinen runden Früchte sind schwarz oder braun.

Karanda'y Palme

Daneben gibt es die ähnlich aussehende nur etwas niedrigere Carandilla-Palme. Ihre Blüten sind leuchtend gelb; auffallend sind die grünen bis gelblichen kleinen an sehr langen Trauben herabhängenden Früchte, die vielen Tieren, wie Vögeln, Wildschweinen und Gürteltieren als wichtige Nahrung dienen.
Kommt man in den mittleren Chaco, erwartet den Naturliebhaber eine Vielzahl an Bäumen.
Im Bereich der Kolonien ist der „Samuí", der **Flaschenbaum** wohl der erste Baum, der dem Besucher ins Auge fällt. Seinen Namen hat dieser Baum aufgrund der bauchigen Form seines Stammes; diese individuelle Form lässt ihn schon weithin sichtbar werden. Je trockener die Gegend, desto größer wird der Umfang, desto dicker ist der „Bauch", in dem er sein Wasser speichert.

Flaschenbaum und Blüte

rechte Seite oben: Samenka

Es gibt mehrere Arten, allen gemeinsam ist der mit Stacheln besetzte grau-grüne Stamm. Im August beginnen die kleinen grünen Blättchen zu sprießen, fast gleichzeitig öffnen sich die Fruchtkapseln, die sich nach der Blüte im April gebildet haben. Aus der fünflappigen, schwarz glänzenden Kapsel quellen weiße, baumwollähnliche Haare, in denen der Samen liegt. Die Blüten erinnern stark an Lilien, deren Farben weiß bis leicht rosa oder auch gelblich sein können. Das Holz des Stammes findet Verwendung beim Bau von kleinen Booten oder Viehtränken.

Der **Algarrobo**, der Johannisbrotbaum, ist ebenfalls im Chaco weit verbreitet. Seine langen, stärkehaltigen, schwarzen Fruchtschoten dienten schon den Indios als Nahrung. Seine Wurzeln reichen tief in die Erde bis zum Grundwasser, sodass er nicht von Niederschlägen abhängig ist. Seine dichte Blätterkrone lässt ihn zu einem beliebten Schattenbaum werden, dessen gelbe, rispenartige Blüten einen unvergesslichen Duft verströmen. Die reife Frucht ist eine gelbe oder schwarze Schote, je nach Sorte. Der Geschmack ist unterschiedlich.

Wer im Herbst (April/Mai) in den Chaco fährt, erkennt den Urundey an seinen gelb bis rotbraun verfärbten Blätter.

Urundey

Der **Urundey** ist einer der wenigen Bäumen im Chaco, dessen Laub eine Herbstfärbung annimmt. Im Gegensatz zu vielen anderen Bäumen der Gegend hat dieser Baum große und paarig gefiederte Blätter. Zerreibt man die Blätter zwischen den Fingern, riecht es leicht nach Mangofrucht.

Nachdem dieser Baum im Winter alle seine Blätter verloren hat, erscheinen im Frühjahr (September) sehr kleine gelbe Blüten; die kleinen leichte Früchte erinnern ein wenig an den Flugsamen unseres Ahornbaumes und werden durch den Wind oft sehr weit getragen. Der Urundey kann bis zu 30 m hoch werden und verzweigt sich nur wenig. Die Rinde ist grau, oft mit hellen Flicken, und hat deutliche Längs- und Querrisse.

Der **Palo Santo** ist an seinem Wuchs gut zu erkennen und ein typischer Baum des Chaco. Sein beliebtes Holz ließ ihn an vielen Stellen fast ganz verschwinden. Seine dunkelgrünen Blätter können

Palo Santo

Palo Santo - Büten und Blätter

mitunter paarig zusammenstehen und erinnern an einen Schmetterling. Die cremefarbigen Blüten sind sternförmig. Seine Früchte sind dreiflügelige Kapseln, die der Wind forttragen kann.

Man unterscheidet zwei Arten: Die eine Art hat eine Krone mit herunterhängenden Zweigen, ähnlich einer Trauerweide, einen dunklen Stamm mit dicker Rinde, bei der zweiten Art weisen alle Äste nach oben. Diese hat einen hellen Stamm.

Das Holz ist sehr hart und widerstandsfähig gegen Nässe und wird deshalb gern für Zaunpfosten und zum Bootsbau verwendet. Es ist sehr harzhaltig und verströmt beim Verbrennen einen guten Geruch. Schnitzereien aus Palosantoholz erkennt man am intensiven Duft, wenn man an ihnen reibt.

Der **Palo Blanco** blüht von März bis Mai. Dabei überziehen die doldenständigen Blüten den ganzen Baum mit ihrer weißen Pracht, die stark duftet. Die Früchte sind sehr kleine braune Kapseln. Der helle fast weiße Stamm ist meist gerade.

Palo Blanco

Der **Paratodo** ist vom Wuchs ein sehr unverkennbarer Baum und verzaubert in seiner Blütezeit den Chaco. Die Blüten erscheinen, wenn er alle Blätter verloren hat, und überziehen den Baum mit gelber Pracht.

Die Früchte sind Kapseln, in denen die geflügelten weißen Samen liegen.

Seine Blätter sind wie Kastanienblätter etwa handförmig. Die Rind ist korkähnlich und grob. Dieser Baum wächst meist in offener Landschaft, sowohl auf sandigem Untergrund als auch in Überschwemmungsgegenden. Wo er wächst, gibt es auch Süßwasser.

Im Chaco gibt es unterschiedliche Arten von Quebrachobäumen. Der **Quebracho blanco** oder amarillo hat seinen Namen aufgrund der Farbe seines Holzes. Seine Blätter sind klein, ledrig und fest und besitzen an der Spitze einen kleinen Stachel. Die kleinen Blüten sind weiß bis gelblich. Seine Früchte dagegen sind große, graue Kapseln, in denen die hauchdünnen papierähnlichen Samenblättchen eingebettet sind.

Paratodo

Der **Kampquebracho** wächst auf sandigem Boden und hat im Gegensatz zum Buschquebracho große, einfache Blätter. Seine Zweige ragen fächerartig in die Höhe.
Der **rote Quebracho** - Quebracho colorado - ist die Sorte, die wegen ihres hohen Tanningehaltes sehr begehrt war und heute nur noch selten zu sehen ist. Er gehört zu den tropischen Hartholzbäumen.
Am auffälligsten ist im Herbst (Mai/ Juni) der **Coronillo - Buschquebracho** mit seinen intensiv roten Früchten, die in Büscheln zusammen wachsen. Seine Blätter setzen sich aus vielen kleinen Blättchen zusammen. Die Blüten sind gelb und unscheinbar klein.

Quebracho blanco

Früchte des Coronillo

Dieser Baum gehört ebenfalls zur großen Gruppe der Quebrachobäume. Sein Holz ist sehr hart und rötlich.
Eine Besonderheit ist der **Caranda,** den die Mennoniten "Tintboom" nennen.
Dieser Baum scheint Nadeln statt Blätter zu haben. Er besitzt jedoch auch Blätter, die sehr klein sind und kaum sind sie erschienen, fallen sie auch schon wieder ab. So sieht man meist nur die vielen kleinen Ästchen, an denen die unzähligen Miniblättchen wachsen.
Seine Blüten sind ähnlich denen des Algarrobo und seine Früchte sind schwarze längliche Schoten. Das Holz ist äußerst hart. Dank seiner sehr dichten Krone ist dieser Baum ein beliebter Schattenbaum.
Auch Bäume, denen man schon in Ostparaguay begegnet ist, wachsen im Chaco.
So ist der Lapacho weit verbreitet, ebenso kann man den Jacaranda und viele andere finden.

Caranda - „Tintboom“

Die **Tierwelt des Chaco** ist besonders reizvoll abseits der großen Straßen.
Auf dem Weg durch den Chaco ist die Vogelwelt noch reicher als in Ostparaguay: Reiher, Störche, Flamingos kann man da neben vielen anderen Stelzvögeln am Rande der Transchaco sehen. Gelegentlich trifft man an Raststellen auf den **Ñandu**, der oft auch „südamerikanischer Strauß" genannt wird.
Im Gegensatz zum Strauß hat er aber nur zwei Zehen.
Dieser Laufvogel wird ca. 1 m hoch und seine Federn sind schwarzbraun.
Der skurrile **Jaribú** gehört zu der Familie der Störchenvögel und tritt meist paarweise auf. Sein Federkleid ist vom Halsansatz nach unten weiß. Die rote Halskrause an der Basis ist weithin zu sehen. Der Kopf mit dem langen Schnabel und der Hals sind tiefschwarz. Junge Jaribus haben ein graues Federkleid. Diese riesigen Vögel, die eine Höhe von 1,40 m erreichen können, beginnen mit dem Bau ihrer großen Nester in Baumkronen oder hohen Palmen im August. Die Nester können einen Durchmesser von 2 m haben und der Bau ist erst im Oktober abgeschlossen. Die Brutzeit liegt zwischen Januar und März.

Ñandu

Jaribu

Diese Nester benutzen sie über mehrere Jahre hinweg. Die Jaribús ernähren sich von Amphibien, Schlangen und kleinen Reptilien. So schwerfällig, wie sich dieser große Vogel in die Luft erhebt, so elegant zieht er in der Höhe seine Kreise.
In den Wipfeln der hohen Bäume leben die **Riesentukane** oft zu Gruppen zwischen 2 und 5 Tieren zusammen.
Am Auffallendsten ist der riesige, übergroße gelb-orange Schnabel, der bis 20 cm lang werden kann. Das übrige Federkleid ist schwarz, die Kehle leuchtet weiß. Diese Vögel sind relativ schlechte Flieger, sie segeln mehr von Baum zu Baum und bewegen sich dort hüpfend von Ast zu Ast. Nachts schlafen sie zu mehreren zusammen in Baumhöhlen. Ihre Nahrung sind Insekten, kleine Reptilien und Früchte. Sie können mehr als 50 cm groß werden und ein Alter von bis zu 20 Jahren erreichen. Haben sich einmal zwei Vögel zu einer Lebensgemeinschaft zusammen geschlossen, bleiben sie das ganze Leben zusammen.

Den falkenartigen **Carancho** wird man zu ersten Mal auf der Fahrt in den Chaco auf der Transchaco treffen. Die überfahrenen Tiere sind seine bevorzugte Nahrung; er ist ein Aas- und Fleischfresser. Der ca. 55 cm große Vogel besitzt ein braunes Federkleid, einen weißen Hals, einen roten Bereich um den Schnabelansatz und sein Kopf trägt eine schwarze Haube.
Der **Brillenkaiman** - Caiman yacaré - lebt in den Lagunen oder Flüssen des Chaco. Wenn er im Wasser schwimmt, sind oft nur die großen Nasenlöcher zu sehen, durch die er atmet. Jedoch kann er auch bedingt durch das große Volumen seiner Lunge lange unter Wasser bleiben. Während er im Wasser schwimmt oder taucht, ist sein großes Maul immer geöffnet, um so jederzeit Nahrung aufneh-

Brillenkaiman

men zu können. Auf dem Land sind diese Tiere mit ihren kurzen Beinen recht ungeschickt, sodass sie sich nur selten an Land aufhalten. Sein Körper ist geschützt mit einer olivgrünen ledrigen Haut, die auf der Bauchseite wesentlich heller ist.
Schlangen kann man im Chaco häufiger begegnen als in Ostparaguay.
Die giftige **Schauer-Klapperschlange** - Cascabel durissus - gehört zu der Familie der Vipern. Sie wird bis 1,50 m lang. Sie kann ihre Grundfärbung dem Lebensraum anpassen, so kommen Farben vom gelblich, über olivgrün bis hin zu allem Brauntönen vor. Diese Art zeigt eine rautenartige Zeichnung, die durch helle Linien begrenzt wird. Die Bauchunterseite ist hell, gelblich, fast einfarbig. Der Kopf ist oft dreieckig und setzt sich vom langen Körper ab, die Augen haben senkrecht geschlitzte Pupillen. Die Klapperschlange lebt auf dem Boden und trägt am Ende ihres kurzen Schwanzes die charakteristische Rassel, lose verbundene Hornschuppen. Diese Rassel wird bei der Häutung nicht mit abgeworfen und wird so immer länger. Je länger also die Schwanzrassel, desto älter ist die Schlange. Manchmal brechen aber die Rasseln bei älteren Exemplaren ab und haben somit nicht mehr ihre volle Länge. Diese Rassel setzen sie bei Gefahr ein und er-

Klapperschlange

zeugen damit einen relativ deutliches Geräusch. Fühlen sie sich dann immer noch bedroht, greifen sie an. Sie lebt sowohl an den Ufern der Flüsse als auch im meist trockenen Gestrüpp des Chacos und ernährt sich von kleinen Säugetieren.
Eine zu den Trugnattern gehörende Art ist die **Clelia occipitolutea**, die bis 2,50 lange werden kann. Auf der Bauchseite ist sie leuchtend gelb, die Oberseite zeigt Braun- und Beigetöne. Der ganze Körper ist durch kleine Rauten gezeichnet.
Die **Boa constrictor occiddentalis** heißt nach ihrem Verbreitungsgebiet, Argentinien und Paraguay, auch argentinische Boa. Ihre Zeichnung ist besonders schön. Auf der grauen bis braunen Grundfärbung zeichnen sich ovale hellen Flecken ab. Diese Würgeschlange kann bis zu 3 m lang werden. Sie ist in der Dämmerung und nachts aktiv, am Tage schläft sie meist versteckt im Gestrüpp.
Viele Schlangen sieht man leider oft nur, wenn sie von einem vorbeifahrenden Auto überrollt wurden. Ansonsten sind sie meist schnell verschwunden, bevor man sie richtig betrachten kann.
Unter den Schildkröten ist die **Klapp-Schildkröte** -Kinosternon scorpioides- eine besondere Art. Ihr Name in der Sprache der Guaraní ist "Carumbe", von ihr haben auch die kleinen Pferdekutschen in Villarrica und Encarnación ihren Namen. Sie kann durch zwei bewegliche Teile ihren Panzer ganz verschließen. Diese Art lebt üblicherweise im Wasser, ist aber in Regenzeiten unterwegs, um andere Tümpel zu besuchen.

Klapp-Schildkröte

Der Große **Ameisenbär** sieht aus wie ein Tier aus der Urzeit und hat in der Sprache der Guaraní den schönen Namen "Yurumi". Sein etwa 2 m langer Körper steht im Gegensatz zu seinem kleinen Kopf mit den kleinen Augen und Ohren. Seine lange Schnauze sieht aus wie eine Trompete. Bemerkenswert ist seine extrem lange, klebrige Zunge von 50 cm, mit der er nachts die Insekten, Ameisen und Termiten sammelt und verspeist. Ameisenbären besitzen keine Zähne. Die Zehen an den Vorderpfoten tragen Krallen, mit diesen reißen sie die oft steinharten Termitenhügel auf, um an die Nahrung zu kommen. Sein langhaariges Fell ist grau meliert, der lange Schwanz ist buschig. Sein Lebensraum sind Savannen und Wüsten, jedoch dringt er auch in die Trockenwälder ein.

Großer Ameisenbär

In der Dämmerungsphase kann auch einmal ein Puma, Reh oder ein Fuchs die Straße überqueren. Hat der Reisende Glück, kann an einer Wasserstelle tief im Busch des hohen Chaco einen **Tapir** oder ein Gürteltier über den Weg laufen sehen.
Im Gegensatz zum schwarz-weißen Schabrackentapir, der in Asien beheimatet ist, sind die Flachlandtapire Südamerikas kleiner und braun bis dunkelgrau gefärbt. Markant ist die zu einem kurzen Rüssel verlängerte Nase. Als Lebensraum bevorzugt der Tapir die tropischen Wälder des Chacos, oftmals im Bereich von Wasserlöchern.

Schönheit des Chacos - der Riesentukan

Wissenswertes zum Schnabel des Riesentukans
Nach einem Artikel der amerikanischen Fachzeitschrift „Science“ dient der Schnabel des Riesentukans, der fast ein Drittel der Körperlänge ausmacht, der Klimatisierung des Körpers. Über den Schnabel können zwischen 30 und 100% Körperwärme abgegeben werden; innerhalb weniger Minuten kann sich der Schnabel um 10 Grad abkühlen. Dies geschieht durch feine Adern unter der Oberfläche des Schnabels.
Bei kühlem Wetter kann der Schnabel aber genauso zur Wärmerückgewinnung genutzt werden.
in Paraguay lebt die Unterart der Riesentukane „Ramphastos toco albolugaris“.
Diese Vögel gehören zu den in der Roten Liste aufgeführten gefährdeten Arten.

Special 16: Persönlichkeiten aus Politik und Wissenschaft

In Paraguay ist es üblich Orte, Straßen und Plätze nach Persönlichkeiten des öffentlichen Lebens zu benennen. So begegnet man manchen Namen immer und überall:
Fulgencio Yegrós, 1780 geboren, stammt aus einer spanischen Familie und schlug schon früh eine militärische Laufbahn ein. Er war maßgeblich an der Schlacht zur Unabhängigkeit bei Tacuary 1811 zusammen mit Capitán **Pedro Juan Caballero**, beteiligt. Er wurde der erste „Präsident" Paraguays und bildete zusammen mit Caballero und **José Gaspar Rodriguez de Francia** und anderen die Junta des neuen unabhängigen Landes.

F. Yegrós

Ab 1814 regierte de Francia Paraguay diktatorisch bis zu seinem Tod 1840. Er schloss die Grenzen zu den Nachbarländern und förderte die Mischehen zwischen Spaniern und Ureinwohnern. Seine Regierungsform stellte die Grundlagen für spätere Diktaturen dar.

Carlos Antonio López

Carlos Antonio López, geboren 1790 in Asunción, war einer der bekanntesten Politiker Paraguays. Von 1844 bis 1862 war er der erste echte Präsident und beendete die Diktatur. Unter seiner Regierung entwickelte sich Paraguay positiv. Er holte englische Ingenieure und begann mit dem Ausbau der ersten südamerikanischen Eisenbahnlinie und schloss wirtschaftliche Verträge mit den USA, Frankreich und England. Die Unabhängigkeit Paraguays wurde unter ihm anerkannt. Seine sozialen Reformen verbesserten die Lebensqualität der Einwohner, auch der indigenen Bevölkerung. Er gab Bauwerke wie den Regierungspalast und den Hauptbahnhof in Auftrag.
Nach seinem Tod übernahm sein Sohn **Francisco Solano López** die Macht. Er lebte von 1826 bis 1870 und führte Paraguay in den überaus verheerenden Triple Allianz Krieg. Als Botschafter Paraguays vertiefte er vor seiner Regierungszeit die Kontakte zu England und Frankreich. Außerdem baute er diplomatische Beziehungen zu Preußen, Spanien und Italien auf. Er studierte in Paris und lernte dort die irische **Elisa Alicia Lynch** kennen, die ihm nach Paraguay folgte und hier unter dem Namen Madame Lynch große Bekanntheit er-

Francisco Solano López

rechts: Elisa Lynch

langte. Sie führte ein schillerndes Leben und gebar neun Söhne, von denen jedoch nur drei überlebten; ihr Sohn Panchito starb zusammen mit seinem Vater bei der letzten Schlacht am Cerro Corá. Nach dem Tod von Solano kehrte sie nach Europa zurück.

José E. Díaz

General José E. Diáz führte die paraguayischen Truppen im Triple Allianz Krieg erfolgreich gegen die Brasilianer und Argentinier in der Schlacht bei Curupayty 1866.

José Felix Estigarribia (1888 - 1940) ist die bekannteste Persönlichkeit des Chaco-Krieges. Er begann 1910 eine militärische Ausbildung, die er hauptsächlich in Chile und Frankreich absolvierte. Während des Krieges stand er an der Spitze des Heeres und war maßgeblich am Erfolg gegen die besser ausgerüsteten Bolivianer beteiligt. 1939 wurde er zum Präsidenten Paraguays gewählt, starb aber 1940 zusammen mit seiner Frau bei einem Flugzeugabsturz. Seine sterblichen Überreste sind im Panteón de los Héroes beigesetzt.

José Felix Estigarribia

Félix de Azara (1746 - 1821) war ein spanischer Naturwissenschaftler und Offizier. Er verbrachte ab 1781 viele Jahre im kolonialen Paraguay und dem Rio de la Plata Gebiet und erforschte die unberührten Gegenden. Er beschrieb die Tier- und Pflanzenwelt und kartografierte das Land.

Dr. Andrés Barbero (1877-1951) wurde als Sohn italienischer Eltern 1877 in Asunción geboren. Er studierte Pharmazie und Medizin. Er engagierte sich in der Forschung, wie z.B. gegen TBC und gründete das Rote Kreuz in Paraguay. Das Museum, das seinen Namen trägt, zeigt viel von der Kultur der Guarani.

Silvio Pettirossi, der Namensgeber des Flughafens der Hauptstadt ist, wurde 1887 in Asunción als Sohn italienischer Einwanderer geboren. Er war Pilot und zählt zu den Pionieren der Luftfahrt. Als junger Mann ging er nach Buenos Aires, wo er seine Liebe zum Fliegen entdeckte. 1912 erwarb er in Frankreich seine Pilotenlizenz.

1914 wurde er Präsident des von ihm neu gegründeten „Aeroclub del Paraguay. Er starb im Rahmen einer akrobatischen Flugvorführung im Jahre 1916 im Alter von nur 29 Jahren in Argentinien.

Silvio Pettirossi

A bis Z

Ärztliche Versorgung

In den größeren Städten und besonders in Asunción hat man keine Probleme. Hier gibt es Krankenhäuser, in denen es teils auch deutschsprachiges Personal oder Ärzte gibt, z.B. das Hospital Bautista auf der Avda. Argentina oder das Sanatorio Americano auf der Avda. España. Behandelt wird nur gegen Barzahlung oder Kreditkarte. Die Ärzte verlangen in der Regel Barzahlung, auch die niedergelassenen deutschsprachigen Privatärzte. Auf dem flachen Land gibt es in jedem größeren Ort ein centro de salud oder zumindest einen puesto de salud. Hier ist keine richtige Behandlung möglich. Man muss nach einer Privatklinik fragen (siehe Special Gesundheit).

Apotheken

In diesen „farmacias" erhält man nicht nur die großteils rezeptfreien Medikamente und Verbandsmaterialien, sondern auch all das, was hierzulande eine Drogerie, wie z.B. Papiertaschentücher, im Sortiment hat.

Angeln

Zum Angeln benötigt man auch in Paraguay einen Angelschein, den man bei den örtlichen Stellen bekommt. Die beiden gigantischen Flussfische Dorado und Surubí werden in den großen Flüssen gefangen, und das Hobby kann leicht zur Leidenschaft werden. Bevorzugte Gegenden sind die Bereiche Hohenau, Villa Florida und entlang des Rio Paraguay, besonders Pilar und Concepción. Schonzeiten beachten!

Ausflüge

siehe Touren und Abstecher

Ausreise

Vor der Ausreise muss ein Ausreiseformular wie bei der Einreise ausgefüllt werden. Dieses erhält man beim Einchecken mit der Bordkarte. Anschließend ist die Ausreisegebühr von derzeit 25 USD bzw. der Gegenwert in Guaranís zu entrichten. Dieser Gebühr ist oft bereits im Flugpreis enthalten.

Ausweispapiere

siehe Stichwort Einreise, Dokumente

Auto

siehe Special: Autofahren in Paraguay

Bademöglichkeiten/ Balneario

Im Sommer, wenn es sehr heiß ist, sucht man gern eine Abkühlung. Wohnt man nicht in einem Hotel mit Pool oder möchte man das freiheitliche Leben genießen, so fährt man hinaus an die Flüsse, wo es immer wieder Hinweisschilder gibt, die ein „Balneario" ankündigen. Diese sind meist nur in der Hochsaison geöffnet und haben sehr unterschiedliche Infrastrukturen.

Banken

Banken findet man in der Hauptstadt und in den großen Städten. Auch internationale

Banken wie Sudameris oder ABM Amro, sowie Western-Union sind vertreten. Die Öffnungszeiten liegen meist in den Vormittagsstunden, bei den großen Banken auch nachmittags. Bankautomaten gibt es in den Banken Asuncións, der großen Städte, sowie in großen Supermärkten. Hier kann man mit EC-Karte und den gängigen Kreditkarten Geld erhalten. In ländlichen Gebieten ist weder Geld abheben noch wechseln möglich. Geld wechselt man üblicherweise nicht in der Bank, sondern in Wechselstuben oder beim Geldwechsler auf der Straße – hier mit der gebotenen Vorsicht.

Bar, Copetín, Comedor
Hier kann man ein Getränk, einen Imbiss oder ein einfaches Mittagessen zu sich nehmen. Es werden meist zwei Gerichte zur Auswahl angeboten (oft sehr gut und billig).

Camping
in unserem Verständnis ist fast unbekannt. Unter Camping versteht man mehr ein sich über den Tag hinziehendes Picknick auf dem „Campamiento". Nur ganz selten bleibt man auf ausgewählten Plätzen über Nacht. Freies Zelten ist weder möglich noch ratsam.

Chipas
siehe Special: Landestypisches Essen

Despensa
Eine Despensa ist eine Art „Tante Emma-Laden". Auf dem Land gibt es oft keine festen Öffnungszeiten. Wenn die Besitzer da sind, kann auch eingekauft werden.

Einwandern
Ist noch immer gut möglich. Informationen hierzu:
José Toeffs: Wissenswertes für Einwanderer, ISBN 978-3-9811460-3-5
Toeffs/ Becker: Leben in Paraguay, ISBN 978-3-9811460-4-2

Botschaft von Paraguay
Hardenbergstrasse 12
10623 Berlin
Tel.: +49 30 31 99 86 0, Fax.: 030 31 99 86 17
E-Mail: embapar@embapar.de

Elektrizität
Spannung 220 Volt. Notwendig ist für die Benutzung von Schuko-Steckern ein Adapterstück. Die einfachen 2-poligen Flachstecker wie z.B. vom Rasierapparat passen direkt in die Steckdosen.

Eis
Man unterscheidet in Paraguay zwischen „helado" (Speiseeis) und „hielo en barra" (Stangeneis) oder „hielo en bolsa" (gewürfeltes Eis für die Kühlboxen). „Hielo para Teréré" wird in die mit wassergefüllte Kanne für den berühmten kalten Matetee gegeben.

Essen und Trinken
In Asunción und anderen großen Städten findet jeder nach seinem Geschmack Mög-

lichkeiten, seinen Hunger zu stillen. Von Imbissbuden am Straßenrand, über kleine Bars mit ein bis zwei Gerichten zur Mittagszeit, über nationale und internationale Restaurants jeder Preisklasse ist hier alles zu finden. Besonders die zarten Rinderfilets (lomitos) sind zu empfehlen, die es hier zu erschwinglichen Preisen gibt. An den Rutas findet man oft auch „Paradors", Restaurants, die mehrere Gerichte, teils auch Buffet anbieten. In der aus Brasilien stammenden Churrasceria, einem meist sehr großen Grillrestaurant mit Buffet vieler erlesener Dinge kann man zu einem Festpreis so viel essen, wie man möchte. Im Regelfall bekommt man auch überall ein „beefe a caballo con cebollas", ein dünnes Rinderschnitzel mit vielen gedünsteten Zwiebeln und einem Spiegelei darauf. Zu empfehlen sind auch die Hähnchen „pollo a llevar" zum Mitnehmen von den vielen Straßengrills. Neben „gaseosas" wie Cola, Sprite und anderen sind auch die Biere nicht zu verachten, ebenso nicht die chilenischen Weine.

Feiertage und Gedenktage

Paraguay kennt neben den internationalen Feiertagen auch einige nationale Feiertage sowie viele Gedenktage.

1. Januar	Neujahr - Año Nuevo
6. Januar	Dreikönigstag - Los Reyes Magos
3. Februar	San Blas -Schutzheilliger Paraguays
1. März	Heldengedenktag - Día de los Héroes
1. Mai	Tag der Arbeit - Día del Obrero
14./15 Mai	**Unabhängigkeitstag** - Día de la Independencia Muttertad - Día de la Madre
12. Juni	Tag des Chacofriedens - Día de la Paz del Chaco
30. Juli	Tag der Freundschaft - Día de la Amistad
15. August	Gründung der Stadt Asunción - Fundación de Asunción
29. September	Ende des Chacokrieges
1. November	Allerheiligen - Día de Todos los Santos -regional-
8. Dezember	Mariä Empfängnis - **Nationalfeiertag** - Virgen de Caacupé
24. Dezember	Heiligabend - La Noche Buena
25. Dezember	Weihnachten - Navidad

Im Gegensatz zu Deutschland haben die Geschäfte nur an ganz wenigen Feiertagen geschlossen. Dazu gehören der Karfreitag, der 1. Januar, der Nationalfeiertag 8. Dezember, der 25. Dezember und der 1. Mai. Auch an diesen Tagen kann der eine oder andere Supermarkt halbtags geöffnet sein. Den zweiten Weihnachtsfeiertag bzw. den Ostermontag/ Pfingstmontag kennt man hier nicht.

Foto / Fotomaterial
Im Zeitalter digitaler Foto- und Filmtechnik sollte man daran denken, ausreichend Akkus und Speichermedien mitzubringen. Das Akkuladegerät, sowie das Überspielkabel für den Laptop sollte man nicht vergessen. Herkömmliches Film- und Fotomaterial ist wesentlich teurer als zu Hause.

Fremdenverkehrsbüro
In Asunción befindet sich das Fremdenverkehrsbüro (Dirección de Turismo) in der Palma 468 c/ 14 de Mayo, Tel.: +595 21- 494110, E-Mail: infosenatur@senatur.gov.py

Gesundheit: siehe Special: Gesundheit

Hotels/ Hospedaje: siehe: Reisen im Land

Impfungen
siehe: Vor der Reise

Internet
siehe: Special: Telefon, Post, Information

Jagd
Jagd ist nur auf Privatgrundstücken mit Einverständnis des Eigentümers erlaubt.

Kartenmaterial
Kartenmaterial bekommt man im Instituto Geográfico Militar in der Avda. Artigás in der Nähe der Avda. Perú in der Regel während des Vormittages, 8 bis 11 Uhr. Hier sind besonders Straßenkarten – auf Aktualität achten – und Ausschnittskarten verschiedener Maßstäbe zu bekommen. Stadtpläne sind auch in besseren Buch- und Papierläden erhältlich. Aktuelle Straßenkarten gibt es beim Touring Club.

Kolonien
Paraguay war schon immer ein Einwanderungsland. Deshalb findet man hier viele Kolonien anderer Nationen. Colonia Independencia, Obligado, Nueva Germania sind von Deutschen gegründete Kolonien, Carlos Pfannl ist eine österreichische Kolonie, Rosaleda eine Schweizer Kolonie im Chaco. Die Mennoniten-Kolonien im Chaco werden hauptsächlich von Aussiedlern aus Russland und Kanada bewohnt, ebenso die Kolonien Friesland und Volendam, Bergthal und Sommerfeld. Der Name Nueva Italia zeigt heute noch, dass zwischen 1906 und 1926 Italiener in Paraguay gesiedelt haben.

Kreditkarten
Die gängigen Kreditkarten werden akzeptiert. Man kann sie sowohl zur Bargeldauszahlung an Automaten wie auch zur Zahlung in Geschäften und Restaurants benutzen; die Akzeptanz wird wie in Europa durch entsprechende Hinweise angezeigt. Außerhalb von Städten ist es fast unmöglich, sich Geld aus Automaten zu beschaffen oder mit Kreditkarte zu bezahlen.

Landwirtschaft
Ostparaguay wird landwirtschaftlich genutzt für Rinderzucht und -mast sowie den Anbau von Mais, Mandioka, Weizen, Soja, Zuckerrohr, Baumwolle, Erdnüsse, Reis und Früchte aller Art - siehe Special: Landwirtschaft

Maniok / Manioka / Mandioka
Eine kartoffelähnliche Frucht, die meist täglich geerntet und frisch zubereitet wird, gibt es zu fast allen Gerichten - siehe auch Fauna und Flora.

Mautstellen
Mautstellen gibt es auf jeder großen Überlandstraße/Ruta. Die Maut beträgt zur Zeit zwischen GS 5000 - 8000. Ausnahme ist die „Autobahn" von und nach Ciudad del Este; hier werden in beide Richtungen je GS 11.000 verlangt.

Mennoniten
siehe: Mennoniten in Paraguay

Mietwagen
siehe: Vor der Reise

Motel
Für Touristen in der Regel nicht geeignet; hier werden die Zimmer normalerweise stundenweise vermietet.

Naturpark
Naturparks werden in vielen Hinweisen und Prospekten erwähnt. Sie zu finden ist manchmal etwas schwierig. Sehr schön ausgebaut sind unter anderem der Park am Salto Monday bei Ciudad del Este, der Naturpark Ybycuí bei La Rosada mit den Ruinen einer der ersten Eisengießereien Südamerikas, der Nationalpark Vapor Cué mit den gehobenen Wracks der untergegangenen paraguayischen Schiffe, sowie der Nationalpark am Cerro Corá.

Osterfest
siehe Special: Ostern

Obst
Obst wird je nach Jahreszeit auf den Märkten und am Straßenrand angeboten: Erdbeeren, Bananen, Mandarinen, Pomelos, Orangen, usw.. Besonders auf den Märkten sind die kleinen aromatischen Ananas erhältlich. Verkaufsmengen bei Bananen nicht nach Gewicht, sondern immer im Dutzend (docena). Andere Früchte werden teilweise einzeln, c/u (cada uno), verkauft.

Öffentliche Verkehrsmittel
In Asunción kommt man fast zu jedem Platz mit einem Bus. Alle Linien werden privat betrieben. Am besten fragt man vor Ort, welche Linie man zu seinem Ziel am besten wählt. Der Preis für eine Strecke ist gleich, ob man zwei Haltestellen fährt oder weiter. Beim Wechsel ist erneut der Fahrpreis fällig. Vom „Terminal de autobus", welches sich am Ende der Avda. Argentina befindet, fahren die Busse zu anderen Orten im Land.

Nach Brasilien und Argentinien gibt es von Terminal aus auch klimatisierte Überlandbusse. Taxistände findet man überall, besonders in den Innenstädten. Die Fahrzeuge entsprechen nicht immer unseren Schönheits-, Funktions- und Sicherheitsvorstellungen. Den Fahrpreis sollte man vorher aushandeln; in Asunción gibt es teils Taxameter.

Öffnungszeiten
Geregelte Öffnungszeiten wie in Deutschland gibt es in Paraguay nicht oft (außer bei Banken, Behörden usw.). Viele kleinere Geschäft öffnen und schließen nach „gusto" (wie sie wollen). Die großen Supermärkte haben meist auch an Sonn- und Feiertagen oft bis 22 Uhr geöffnet. Öffnungszeiten von Museen, Sehenswürdigkeiten, usw. können sich kurzfristig sowie für Sommer- und Winterzeit ändern.

Parken in Asunción
In dieser Hinsicht ist auch Asunción eine Großstadt. Hier gibt es kleine und große Parkhäuser sowie kleine bewachte Parkplätze. Abschleppen und Parkkrallen sind durchaus bekannt und werden angewandt. Freies Parken: 13 bis 15 Uhr.

Reisekrankenversicherung
Der Abschluss einer Reisekrankenversicherung ist dringend zu empfehlen, da man die Arztkosten und Medikamente sofort selbst bezahlen muss - siehe Reisevorbereitung.

Post – Correo
Das Hauptpostamt in Asunción in der Calle Alberdi hat einen sehenswerten Innenhof. Hier befinden sich die vielen Postschließfächer, da eine Postzustellung wie bei uns in Paraguay unbekannt ist. Hier befinden sich auch Paketannahme und -ausgabe sowie eine Briefmarkenausstellung. Dort bekommt man Briefmarken und Sondermarken.
(siehe auch Special: Post)

Sanitäre Einrichtungen
In gehobenen Unterkünften, Hotels und Restaurants entsprechen sie europäischem Standard. Unterwegs auf dem Land, an Tankstellen, einfachen Restaurants oder Hospedajes muss man sich oftmals überwinden, sie zu benutzen. Überall stehen neben der Toilette Eimer, in die das benutzte Papier geworfen wird. Dies ist durchaus notwendig, damit die zu dünn dimensionierten Abflussrohre nicht verstopfen. Sucht man eine Toilette, frage man nach „baño" oder „servicio".
Hinweis: In vielen Unterkünften und einfachen Hotels gibt es keine zentrale Warmwasserbereitung. Das Wasser wird im elektrisch beheizten Duschkopf (Tauchsiederprinzip) erwärmt. Die Temperatur des Duschwassers wird durch die Durchflussmenge des Wassers geregelt. Vorsicht bei Herzschrittmacher!

Sehenswürdigkeiten
Neben den Sehenswürdigkeiten in Asunción gibt es die Wallfahrts-Kathedrale von Caacupé, das Wasserkraftwerk Itaipú, die Jesuitenreduktionen von Trinidad und Jesús, mehrere kleine Kirchen unterwegs, kleinere Wasserfälle oft in Naturparks eingebunden: Salto Cristal, Salto Amambay, Salto Monday und die Wasserfälle von Chololó. Besonders sehenswert im Nahbereich Asuncións sind u.a. die Orte Luque, Areguá, Tobatí und Atyrá - siehe Touren und Abstecher.

Souvenirs
Sowohl in Asunción als auch in umliegenden Orten kann man typisch paraguayisches Kunsthandwerk, Lederprodukte und Musikinstrumente erwerben. Beliebt sind Töpfereiprodukte, wie kleine Vasen, Teller und Schalen mit typisch paraguayischen Motiven. Die aus Balsaholz geschnitzten und von Hand bemalten bunten Vögel, wie Sittiche, Papageien und Tukane erfreuen sich großer Beliebtheit. Ñandutí sind in Handarbeit hergestellte Spitzentischdecken oder kleine Deckchen aus Baumwolle, bunt oder weiß je nach Geschmack. Eine Hochburg dieser handwerklichen Familienbetriebe ist das Städtchen Itauguá. Aus Holz oder Ton gefertigten Masken erinnern an indianische Kultur. Lederwaren aus naturfarbenem oder auch gefärbtem Rindsleder wie Handtaschen, Reisetaschen und Koffer, sowie Gürtel und Schuhe werden gerne gekauft. Die filigranen Silberarbeiten, Broschen und Anhänger sind typisch für Luque. Ein besonderes Reiseandenken ist ein mit Silber verzierter Terérébecher mit einer silbernen bombilla. Ao Po'í sind meist beigefarbene Kleidungsstücke aus Naturfaser, die mit Motiven aus der Natur bestickt sind. Gitarren gibt es in vielen Ausführungen und diversen Preislagen. Eine Harfe wird der Tourist aus Transportgründen wohl kaum mitnehmen wollen. Kleine indianische Schnitzereien in Form von Tieren, wie Schlangen, Gürteltieren, Schildkröten, Schweinen, Leguanen usw. aus Palo Santo, Urundey und Quebracho unterstützen nicht nur die Indianer, sondern nehmen sich zu Hause auf dem Schreibtisch oder im Wohnzimmerschrank recht gut aus.

Sport
Fußball und Volleyball sind der Volkssport. Überall, selbst in der kleinsten Ansiedlung, gibt es mehr oder weniger ausgebaute Plätze. In den Städten gibt es zudem Clubs mit Tennisanlagen und Schwimmanlagen. Reiten kann man auf verschiedenen Estancias. Am Ortseingang von San Bernadino liegt einige hundert Meter von der asphaltierten Straße entfernt ein kleiner Flugplatz für Kleinflugzeuge und Ultraleichte.

Straßenverhältnisse
siehe gleichnamiges Special

Supermärkte
Inzwischen gibt es viele große Supermärkte nach amerikanischen und europäischen Vorbildern, in denen man wie bei uns alles bekommt. In Asunción sind da besonders zu nennen: der Supermarkt im Einkaufszentrum Shopping del Sol, der REAL auf der Avda. España und in Fernando de la Mora, die Supermarktkette Superseis, das Einkaufszentrum Multiplaza bei km 5 auf der Avda. Eusebio Ayala und ständig kommen Neueröffnungen dazu. Nach dem verheerenden Großbrand am 1. August 2004 in einem Supermarkt der Kette Ycuá Bolaños wird jetzt die Sicherheit / Fluchtwege in den Märkten verbessert.

Tankstellen
Das Tankstellennetz ist entlang der Rutas gut ausgebaut, darunter befinden sich auch internationale Marken wie Shell, Esso, Petrobras, usw.

Telefonieren
siehe Special: Post

Teréré
siehe Special: Teréré

Tourismusbüro
Asunción, Av. Palma 486, Tel.: +595 21 441530

Unterkünfte
In den großen Städten findet man Hotels in allen Preisklassen, vom exklusiven First-Class-Hotel bis hin zum Einfach-Hotel. Auf dem Lande oder in kleineren Orten ist es oft schwieriger, eine Unterkunft nach europäischen Maßstäben zu finden. Zimmer in einer Hospedaje sollte man immer zuerst besichtigen.

Verständigung
Will man eigenständig das Land erkunden, ist es sinnvoll ein wenig spanisch zu sprechen. Es ist auch möglich, bedingt durch die Zuwanderung aus Deutschland und den deutschen Kolonien, im ganzen Land Hotels zu finden, in denen jemand ein wenig deutsch spricht. Inzwischen sprechen auch einige junge Menschen englisch.

Waffen
Nach den neuen Gesetzen sind in Paraguay Waffen nur noch schwer zu erwerben. Der Waffenschein muss beim Kauf gleich mit beantragt werden. Dies ist für Ausländer ohne Cedula nicht mehr möglich. Das Mitführen von Waffen unterwegs ist nicht erlaubt.

Wasser
Das Wasser in Asunción ist als Trinkwasser ungeeignet. Viele Touristen kaufen ihr Trinkwasser, um auch die Zähne damit zu putzen. Das Wasser aus den Brunnen auf dem Lande ist in der Regel gut genießbar und immer frisch. Die Landbevölkerung bereitet mit diesem Wasser ihre Nahrung und Teréré zu.

Zeitverschiebung
Die Zeitverschiebung beträgt von März bis Oktober UTC - 4, von Oktober bis März UTC - 3. Im Klartext bedeutet das: Im Bezug auf A, CH und D ist Paraguay von März bis Oktober 6 Stunden später, von Oktober bis März 4 Stunden später.

Zeitungen
Neben den paraguayischen Tageszeitungen erscheinen unregelmäßig zwei deutschsprachige Zeitungen. Man kann sie gleich im Flughafengebäude kaufen, oder im Eingangsbereich der Correo Central, weiterhin in den Kolonien und in den Geschäften und Supermärkten, in denen viele deutschsprachige Kunden verkehren.

Zoll
Reisegepäck ist zollfrei. Dazu zählen auch Fotoapparat, Filmkamera, entsprechende Filme. 200 Zigaretten, 1 Flasche Spirituosen sind ebenfalls zollfrei. Allerdings sollte man bei der Einreise nicht erschrecken, denn jeder Koffer, jede Tasche wird von einem Zollbeamten in der Regel geöffnet und überprüft.

Wichtige Telefonnummern

Policía Nacional: 911

Feuerwehr
BOMBEROS POLICIA Asunción: 131
BOMBEROS VOLUNTARIOS Asunción: 225400
BOMBEROS VOLUNTARIOS außerhal: 132

Abschleppdienst
GRÚA MUNICIPAL Asunción: 164 und 021 493390
AUXILIO TOURING CLUB
Asunción: 021224 366 oder 021 210550
Cnel. Oviedo: 0521 203350
Ciudad del Este: 061 5123340
Encarnación: 071 202203

Erste Hilfe
FONO AYUDA PROTECCIÒN DEL MENOR: 021 559200
CRUZ ROJA (Rotes Kruez) Asunción: 021 204 900 oder 204 999
EMERGENCIAS MÈDICAS: 140
EMERGENCIAS POLICIA NACIONAL: 130
AMBULANCIAS – Emergencias: 141

Private Krankenhäuser in Asunción Vorwahl: 021
Hospital Privado Francés: Avda. Brasilia, Ecke Insaurralde. Tel.: 295252
Sanatorio Italiano: Avda. España, Ecke Zanotti Cavazzoni. Tel.: 660631 oder 214260
Sanatorio Americano: Avda. España 935. Tel.: 200225 oder 213492
Sanatorio Adventista: Avda. Pettirossi 380, Tel.: 200916 oder 222211/2 (teilweise)
Centro Médico Bautista : Avda. Repùblica Argentina y Campos Cervera (teilweise)
Tel.: 600 171/4
Centro Medico La Costa, Acda. Artigas, Nähe Gral. Santos, Tel.: 222 900

Private Krankenhäuser außerhalb
Hospital Loma Plata : Tel.: 0492 52860
Hospital Filadelfia : Tel.: 0491 32851/4
Sanatorio Adventista Hohenau Ruta IV Km 38.5 Hohenau
Tel.: 0753 2235 2513

Allgemeine Telefonnummern in Asunción
Terminal de Omnibus: 021 552154 oder 551732 oder 551740
Aeropuerto Internacional: 021 645600/5
Radio Taxi Asunción: 021 311 080
Tourismusbüro: 021 441530
Telefonauskunft: 112
Zeitansage: 125
Wettervorhersage: 021 420046 oder 420865

Fluggesellschaften
TAM (Transporte Aereo Mercosur): 021 645500 und 646000
AeroSur: 021 614743 / 744
Pluna: 021 448777
LAN CHILE: 021 490782

Internationale Reisebusse
Nuestra Señora de la Asunción: 021 551667
Empresa Godoy: 021 551662 oder 551664
Pluma: 021 445024
Brújula: 021 551662

Regionale Reisebusse
Rysa: 021 557210/2
La Encarnacena: 021 551745/6
Nasa: 021 551731
La Santaniana: 021 551607
Crucero del Norte : 021 559087

Deutschsprachige Ärzte in Asunción - Auswahl

Allgemeinmedizin
> Dr. Heinrich Neufeld (auch Urologe), Azara 131, Nähe Curupayty, Tel.: 021 225340
> Dr. Wesley Schmidt, Av. Rca. Argentina 1383, Tel.: 021 600782

Zahnärzte
> Dr. Victor Boettner, Mcal. Estigarribia 1070, Ecke Estados Unidos, 5. Stock, Tel.: 021 207812
> Dr. Karl Kiep, 25 de Mayo 2153, Nähe 22 de Septiembre, Tel.: 021 205813

Kinderärzte
> Dr. Raúl Olmedo Sisul, Mayor Bullo 264, zwischen Mcal. Estigarribia und Eligio Ayala, Tel.: 021 208275
> Dr. Anibal Carrillo Iramain, Azará 1042, Nähe Estados Unidos, Tel.: 021 211203

Augenarzt
> Dr. Carlos Timcke, Edificio Medico Asunción, Paí Peréz 478, Nähe Cerro Cora, Tel.: 021 225749

HNO Arzt
> Dr. Horst Knecht, Mayor Fleitas 447, Ecke 25 de Mayo, zwischen Cerro Cora und 25 de Mayo, Tel.: 021 227 706

Unfallarzt (Orthopäde)
> Dr. Osvaldo Pangrazio Kullak, Av. Gral. Bernadino Caballero 729, Tel.: 021 214 191

Gynäkologe
> Dr. Leni Funk de Isaak, Teodoro Mongelos, zwischen Peru und Paí Peréz (Sanatorio San Marcos), Tel.: 021 211242

Glossar

Alcalde: Bürgermeister
Almacén: „Tante-Emma-Laden“
Almuerzo: Mittagessen
Alzaprima:Transportmittel für Stämme
ANDE: Administración Nacional de Electricidad- Stromgesellschaft
Ao Po'í: Naturstoff mit Stickerei
Asado: Gegrilltes; Grillfest
AVDA. = Avenida - breite Straße
Baches: Schlaglöcher
Balneario: Badeplatz am Fluss
Baño: Toilette
Bomberos: Feuerwehr
Bombilla: Trinkröhrchen für Teréré
Calle: Straße
Camino: Weg, meist Erdstraße
Camión: LKW
Camioneta: kleiner Transporter
Campesino: Landarbeiter, Kleinbauer; auch für landlose Bauern verwendet
Carreta: Karren, meist Ochsenkarren
Carrito: kleiner Wagen
Cataratas: Wasserfälle
Cedula: parag. Personalausweis
Cena: Abendessen
Chaco: Savannenlandschaft in Paraguay und Argentinein
Churrasceria: brasil. Grillrestaurant
Cimba: Drahttor
Colectivo: Linienbus
Comedor: Imbisslokal
COPACO: Telefongesellschaft
Copetín: Imbisslokal
Corral: Pferch; Umzäunung
Despansa: kleiner Gemischtwarenladen
Desayuno: Frühstück
Desvia: Umleitung
esqu. = esquina: Straßenecke
Estancia: große Rinderfarm
Finca: Landgut
Fortín: Befestigungsanlage
Gaseosas: Erfrischungsgetränke
Gaucho: berittener Viehhirte
Granja: kleine Farm
Gringo: Bezeichnung für Ausländer
Guampa: Matebecher
Guaraná: Pflanze mit koffeinhaltiger Frucht
Guaraní: Währung in Paraguay - indianische Sprachfamilie
Hospedaje: äußerst einfache Unterkunft
Intendente: Bürgermeister
Ladrillos: teilgebrannte Ziegelsteine
Lomada: Bodenschwelle in der Fahrbahn
Macheta: Machete, Buschmesser
Maká: Indianergruppe
Mariscal (Mcal.): Marschall
Mercusur: Mercado Común del Cono Sur - Wirtschaftvereinigung Argentinien, Brasilien, Paraguay und Uruguay
Migración: Ausländerbehörde
Mirador: Aussichtspunkt
Municipalidad: Rathaus
Ñanduti: traditionelle Spitzenarbeit
Oficina: Büro
Parada: Haltestelle
Parador: Restaurant
Patrón: Arbeitgeber, Chef
Peaje: Straßengebühr
Portón: großes Tor oder Portal
Quader: Gebäudekomplex, Viertel
Reduktion: Missionszentrum der Franziskaner oder Jesuiten
Ruta: Landstraße
Tentiente (Tte.): Oberleutnant
Transchaco: Überlandstraße im Chaco
Tung: Öl aus dem Tungölbaum

Weiterführende Literatur

Caraman, Ph.: Ein verlorenes Paradies. Der Jesuitenstaat in Paraguay, München: Kösel 1979

Becker, Felix: Die politische Machtstellung der Jesuiten in Südamerika im 18. Jahrhundert. Zur Kontroverse um den Jesuitenkönig Nikolaus I. von Paraguay. Mit einem Faksimile der ‚Histoire de Nicolas 1' (1756), Köln: Böhlau, 1980.

Bernecker, Walter: Der Kampf um die „Grüne Hölle". Quellen und Materialien zum Chaco-Krieg, Zürich 1993

Dollinger, Gerhard: Briefe aus dem Busch, Betulius 1986
Dollinger, Gerhard: Das Paradies in der grünen Hölle, Betulius 1992
Dollinger, Gerhard: Weitere Briefe aus dem Busch, Betulius 1997

Glüsing, Jens: Das Erbe von Nueva Germania. Über das gescheiterte Experiment deutscher Kolonisten, in: Der Spiegel, 28 (1993)

Herzig, Michael: Der Chaco-Krieg zwischen Bolivien und Paraguay 1932-1935, Frankfurt 1996

Kahle, Gunther: Grundlagen und Anfänge des paraguayischen Nationalbewußtseins, Köln 1962.

Klassen, Peter P.: Immer kreisen die Geier. Ein Buch vom Chaco Boreal in Paraguay, Filadelfia 1986.

Kraus, Heinrich und Täubl, Anton: Mission und Entwicklung. Der Jesuitenstaat in Paraguay, München 1979

Krier, Hubert: Tapferes Paraguay, Würzburg 1976

Lustig, Wolf: „Ein Portrait des guaraní paraguayo", in: Hispanorama, 69 1995
Lustig, Wolf: Kauderwelsch Guarani für Paraguay-Reisende, Bielefeld 1996

Mahie Jacques de: Des Sonnengottes Todeskampf. Die Wikinger in Paraguay, Tübingen 1973

Meister, Jürg: Francisco Solano López - Nationalheld oder Kriegsverbrecher? Der Krieg Paraguays gegen die Triple-Allianz 1864 – 1870, Osnabrück 1987

Quiring, Walter: Deutsche erschließen den Chaco, Karlsruhe, 1936.

Regehr, Walter: Die lebensräumliche Situation der Indianer in Paraguay. Der Indianer im paraguayischen Chaco. Humangeographisch-ethnologische Studie zur Subsistenzfrage und Siedlungsform akkulturierter Chacovölker, Basel 1979

Stäbler, Dieter E.: Pflanzen in Paraguay. Ein Buch zum Erkennen von tropischen und subtropischen Pflanzen in Paraguay. [Zweisprachige Ausgabe Deutsch/Spanisch], Asunción, Dieter Stäbler (Selbstverlag) 1987.

Stäbler, Dieter E.: Tiere in Paraguay. Ein Buch zum Erkennen von südamerikanischen Tieren in Paraguay. [Zweisprachige Ausgabe Deutsch/Spanisch], Asunción, Dieter Stäbler (Selbstverlag) 1991.

Index

Verzeichnis der Karten und Pläne:

Wappen: die Wappen wurden den Internet- Seiten der Departements entnommen
Stadtwappen Asunción: Wikipedia, Urheber: SanchoPanzaXXI
Wappen Ñeembucú: Foto Autoren

Weitere Produkte über Paraguay sind bei uns unter www.stefan-wagner-verlag.de erhältlich:

Die grundlegenden Informationen für Einwanderer

Ausführliche Informationen und **Wissenswertes** zu
- klimatische Bedingungen
- Infrastruktur
- Wirtschaft
- Arbeitsmarkt
- Sicherheit
- den 17 Departements, je mit topografischer Karte, Übersichts-, und Distrikt-karte, sowie Beschreibung und Basisdaten
- Allgemeine Überlegungen zu existenziellen Fragen
- Planung von Besichtigungsreisen
- Vorbereitung der notwendigen Papiere für eine Einwanderung
- Hinweisseiten für österreichische und schweizer Staatsbürger

ISBN 978-3-9811460-3-5

Über 55 Karten, über 40 Grafiken, über 50 Tabellen und über 50 informative Internet- und E-Mail-Adressen Preis: 29,95 Euro

Dieser **objektive und unabhängige Ratgeber** für einen Neuanfang in Paraguay soll helfen, häufig vorkommende Fehlentscheidungen und Fehlinvestitionen zu vermeiden und dadurch tausende von Euros zu sparen. Hier wurde zusammen gestellt, was jeder wissen möchte und wissen muss, was aber fast keiner sagt.
Sie finden Notwendiges und Wichtiges
- über den landesinternen Ablauf des Einwanderungsvorganges
- über Landerwerb und Nutzung
- alles um das Auto
- über Hausbau, Planung und Durchführung
- über die Möglichkeiten, wie man seinen Lebensunterhalt bestreiten kann.
- über den Alltag, mit über 70 erprobten Tipps, vielen Adressen, Wörterlisten und etliches mehr.

ISBN 978-39811460-4-2

252 Seiten, DinA 5, über 160 Farbfotos
über 25 Dokumentenscans und 15 Tabellen 2. Auflage, April 2009 34,95 Euro

Weitere Südamerika Reiseführer

ISBN 978-39811460-5-9

Der **praktische Reiseführer** der ausschließlich Uruguay zum Thema hat, führt auf 6 Touren mit 26 Abstechern in alle wichtigen Teile des Landes.
Man erhält so nicht nur einen Eindruck von der Hauptstadt Montevideo, deren Umgebung und anderen größeren Städten, den bekannten Badeorten an Rio de la Plata und Atlantik, den vielbesuchten Thermen, sondern man wird auch in die Weite des Landes mit seiner Vielfalt und Schönheit von Fauna und Flora, den landschaftlichen Besonderheiten sowie historischen Sehenswürdigkeiten geführt.
Ein **Campingführer** mit über 100 Campingplätzen, Auflistungen ausgewählter Jugendherbergen und Hotels ergänzen den Reiseführer für Individualtouristen.

Daneben findet man Informationen wie
- Planung der Reise
- PLanzen- und Tierwelt
- wesentliche Daten aus der Geschichte
- 5 Specials über Besonderheiten von Land und Leuten

346 Seiten, DinA 5, über 400 Farbfotos
24 Karten und Pläne, 1. Auflage 2009 32,50 Euro

In Vorbereitung

Auf Wiedersehen in Paraguay